Ο DANIEL GILBERT είναι καθηγητής ψυχολογίας στο Πανεπιστήμιο Harvard. Έχει βραβευθεί πολλές φορές για το ερευνητικό και διδακτικό του έργο. Στις διακρίσεις που έχει δεχθεί περιλαμβάνονται το βραβείο διδασκαλίας Phi Beta Kappa, η υποτροφία Guggenheim και το βραβείο διακεκριμένου επιστήμονα με πρώιμη συμβολή στην ψυχολογία, το οποίο απονέμει η Αμερικανική Ένωση Ψυχολόγων (APA). Η ερευνητική του εργασία έχει παρουσιαστεί στο *The New York Times Magazine*, στο *Forbes*, στο *Money*, στο CNN, στο *U.S. News & World Report*, στο *The Wall Street Journal*, στο *Scientific American*, στο *Self*, στο *Men's Health*, στο *Redbook*, στο *Glamour*, στο *Psychology Today* και αλλού. Διηγήματά του έχουν δημοσιευθεί στο *Amazing Stories* και στο *Asimov's Science Fiction Magazine*, καθώς και σε άλλα περιοδικά και ανθολογίες. Ζει στο Καίμπριτζ της Μασαχουσέτης.

ΑΝΑΖΗΤΩΝΤΑΣ ΤΗΝ ΕΥΤΥΧΙΑ

Daniel Gilbert

ΑΝΑΖΗΤΩΝΤΑΣ ΤΗΝ ΕΥΤΥΧΙΑ

Μαθήματα για τις πλάνες του νου

ΜΕΤΑΦΡΑΣΗ: Μαρία Γιατρουδάκη

ΕΠΙΣΤΗΜΟΝΙΚΗ ΕΠΙΜΕΛΕΙΑ: Αζαρίας Καραμανλίδης

ΕΚΔΟΣΕΙΣ *κάτοπτρο*

Τίτλος πρωτοτύπου: Daniel Gilbert, *Stumbling on Happiness*
Πρώτη έκδοση: 2006 από Alfred A. Knopf

Τίτλος ελληνικής έκδοσης: *Αναζητώντας την ευτυχία*

Πρώτη έκδοση: Μάρτιος 2007
ISBN: 978-960-6717-04-8

Μετάφραση: Μαρία Γιατρουδάκη, ψυχολόγος
Επιστημονική επιμέλεια: Αζαρίας Καραμανλίδης, ομότιμος καθηγητής,
Αριστοτέλειο Πανεπιστήμιο Θεσσαλονίκης
Γλωσσική επιμέλεια: Νίκος Ντάικος/Κάτοπτρο
Επιμέλεια έκδοσης: Αλέκος Μάμαλης

Στοιχειοθεσία, σελιδοποίηση: Λ. Μαντζαβίνος/Κάτοπτρο
Φιλμ, μοντάζ εξωφύλλου: Γ. Κεραμάς
Εκτύπωση: Δεκάλογος/Ν. Πουλόπουλος - Αν. Μπινίκος
Βιβλιοδεσία: Libro d'oro/Χρ. Βασιλειάδης - Ιωάν. Μπουντάς

Κεντρική διάθεση: Εκδόσεις ΚΑΤΟΠΤΡΟ
Κορυζή 8, 11743 Αθήνα,
τηλ.: 210 9244827, 210 9244852, fax: 210 9244756
Βιβλιοπωλείο: Στοά του Βιβλίου,
Πεσμαζόγλου 5, 105 64 Αθήνα, τηλ.: 210 3247785
web site: www.katoptro.gr
e-mail: info@katoptro.gr

Για την Oli, κάτω από τη μηλιά

Δεν μπορούμε να μαντέψουμε ή να
προβλέψουμε τις συνθήκες που θα φέρουν
την ευτυχία· μόνο σκοντάφτουμε πάνω
τους τυχαία, σε μια ευλογημένη στιγμή,
κάπου στην άκρη του κόσμου, και
αρπαζόμαστε γερά από αυτές τις μέρες,
όπως από τον πλούτο ή τη δόξα.

—Willa Cather, "Le Lavandou", 1902

Περιεχομενα

Μέρος VI. *Διορθωσιμότητα*

Ευχαριστιες

Αυτο ειναι το μερος του βιβλίου όπου ο συγγραφέας υποστηρίζει ότι κανείς δεν γράφει ένα βιβλίο μόνος του, και ύστερα κατονομάζει όλους τους ανθρώπους που υποτίθεται πως το έγραψαν για χάρη του. Σίγουρα είναι ωραίο να έχεις τέτοιους φίλους. Κρίμα που πρέπει να θεωρούμαι εγώ μοναδικός συγγραφέας τούτου του βιβλίου· επιτρέψτε μου όμως να ευχαριστήσω όλους εκείνους που με τα χαρίσματά τους μου έδωσαν τη δυνατότητα να το γράψω μόνος μου.

Πρώτα και κύρια, ευχαριστώ όσους φοιτητές και συναδέλφους μου διεκπεραίωσαν μεγάλο μέρος των ερευνών που περιγράφονται σε τούτες τις σελίδες, και μου επέτρεψαν έτσι να μοιραστώ κι εγώ τα εύσημα. Ανάμεσά τους είναι ο Stephen Blumberg, ο Ryan Brown, ο David Centerbar, η Erin Driver-Linn, η Liz Dunn, η Jane Ebert, ο Mike Gill, η Sarit Golub, ο Karim Kassam, η Debbie Kermer, ο Matt Lieberman, ο Jay Meyers, ο Carey Morewedge, ο Kristian Myrseth, η Becca Norwick, ο Kevin Ochsner, η Liz Pinel, η Jane Risen, ο Todd Rogers, ο Ben Shenoy και η Thalia Wheatley. Αισθάνομαι πολύ τυχερός που συνεργάστηκα με όλους σας.

Χρωστώ μεγάλη ευγνωμοσύνη στο φίλο και συνεργάτη μου επί μακρόν, τον Tim Wilson από το Πανεπιστήμιο της Βιρτζίνια, του οποίου η δημιουργικότητα υπήρξε για μένα μόνιμη πηγή έμπνευσης, ζήλιας, καθώς και κονδυλίων έρευνας. Η προηγούμενη πρόταση είναι η μοναδική του βιβλίου που ίσως θα μπορούσα να γράψω χωρίς τη βοήθειά του.

Πολλοί συνάδελφοι διάβασαν κεφάλαια, έκαναν προτάσεις, μου έδωσαν πληροφορίες ή με διάφορους τρόπους με γλύτωσαν από μάταιες προσπάθειες. Μεταξύ τους ξεχωρίζω τη Sissela Bok, τον Allan Brandt, τον Patrick Cavanagh, τον Nick Epley, τη Nancy Etcoff, τον Tom Gilovich, τον Richard Hackman, τον Danny Kahneman, τον Boaz Keysar, τον Jay Koehler, τον Steve Kosslyn, τον David Laibson, τον Andrew Oswald, τον Steve Pinker, τη Rebecca Saxe, τον Jonathan Schooler, τη Nancy Segal, τον Dan Simons, τον Robert Trivers, τον Dan Wegner και τον TimWilson. Σας ευχαριστώ όλους.

Η Katinka Matson, η πράκτορας πνευματικών δικαιωμάτων μου, με προκάλεσε να σταματήσω να φλυαρώ για αυτό το βιβλίο και να αρχίσω να το γράφω, και, μολονότι δεν είναι ο μόνος άνθρωπος που μου έχει πει να σταματήσω τη φλυαρία, είναι ο μόνος που εξακολουθώ να συμπαθώ. Ο επιμελητής μου στις Εκδόσεις Knopf, ο Marty Asher, έχει εξαιρετική αντίληψη και κρατά πάντα ένα μεγάλο μπλε στυλό, και αν δεν βρείτε την ανάγνωση αυτού του βιβλίου απολαυστική, φανταστείτε να το διαβάζατε πριν το πιάσει στα χέρια του.

Έγραψα μεγάλο μέρος αυτού του βιβλίου κατά τη διάρκεια εκπαιδευτικών αδειών τις οποίες υποστήριξαν οικονομικά ο Οργανισμός του Προέδρου και των Φίλων του Κολεγίου Harvard, το Ίδρυμα John Simon Guggenheim Memorial, το Ίδρυμα James McKeen Cattell, η Αμερικανική Φιλοσοφική Εταιρεία, το Εθνικό Ινστιτούτο Ψυχικής Υγείας και η Σχολή Διοίκησης Επιχειρήσεων του Πανεπιστημίου του Σικάγου. Ευχαριστώ και τα παραπάνω ιδρύματα διότι επένδυσαν στην απουσία μου.

Και τώρα, οι συναισθηματισμοί. Είμαι ευγνώμων για τη σύμπτωση να έχω μια καλή σύζυγο αλλά και εξαιρετική φίλη με το όνομα Marilynn Oliphant. Κανείς δεν είναι υποχρεωμένος να παριστάνει ότι τον ενδιαφέρει η όποια μισοδιαμορφωμένη σκέψη μου. Κανείς δεν είναι υποχρεωμένος, αλλά κάποιος το κάνει. Ευχαριστώ πολύ τα μέλη της παρέας Gilbert-Oliphant —τους Larry, Gloria, Sherry, Scott, Diana, Mister Mikey, Jo,

Danny, Shona, Arlo, Amanda, Big Z, Sarah B., Wren και Daylyn· η καρδιά μου τούς ανήκει. Εν κατακλείδι, επιτρέψτε μου να θυμηθώ με ευγνωμοσύνη και τρυφερότητα δύο ψυχές που και ο παράδεισος τους είναι λίγος: το μέντορά μου, Ned Jones, και τη μητέρα μου, Doris Gilbert.

Ώρα να αρχίσουμε την αναζήτηση.

Ιούλιος 2005,
Καίμπριτζ, Μασαχουσέτη

Πρόλογος

Πόσο πολύ κι απ' του φιδιού πονεί το
δόντι, να 'χεις τέκνο αχάριστο.

—Ουίλλιαμ Σαίξπηρ, *Βασιλιάς Ληρ**

ΠΟΙΟ ΕΙΝΑΙ ΤΟ ΠΡΩΤΟ ΠΡΑΓΜΑ που θα κάνατε αν μαθαίνατε πως θα πεθάνετε σε δέκα λεπτά; Θα ανεβαίνατε τρέχοντας τις σκάλες να ανάψετε εκείνο το Marlboro που κρύβετε στο συρτάρι με τις κάλτσες από τον καιρό της προεδρίας τού Ford; Ή μήπως θα μπαίνατε χορεύοντας στο γραφείο του αφεντικού σας για να του δώσετε μια λεπτομερή αναφορά με τα προσωπικά του ελαττώματα; Θα πηγαίνατε μήπως σε εκείνο το νέο εστιατόριο κοντά στο εμπορικό κέντρο να παραγγείλετε μια τεράστια μπριζόλα, μισοψημένη, με επιπλέον στρώση από την πραγματικά *κακή* χοληστερόλη; Δύσκολο βέβαια να προβλέψει κανείς· όμως βάζω στοίχημα ότι, από όλα τα πράγματα που θα κάνατε στα τελευταία σας δέκα λεπτά, ελάχιστα πράγματι κάνατε σήμερα.

Κάποιοι βέβαια θα σας οίκτιραν, και θα σας έλεγαν αυστηρά και με δασκαλίστικο ύφος ότι πρέπει να ζείτε κάθε στιγμή της

* Όλα τα παραθέματα στην αρχή των κεφαλαίων έχουν ληφθεί από τα αντίστοιχα βιβλία των Εκδόσεων Επικαιρότητα (1988-1991), σε μετάφραση Βασίλη Ρώτα και Βούλας Δαμιανάκου. (Σ.τ.μ.)

ζωής σας σαν να ήταν η τελευταία (πράγμα που απλώς επιβεβαιώνει ότι ορισμένοι άνθρωποι θα ξόδευαν τα τελευταία τους δέκα λεπτά δίνοντας ανόητες συμβουλές σε άλλους). Τα πράγματα που κάνουμε όταν περιμένουμε ότι η ζωή μας θα συνεχιστεί είναι βεβαίως, και ορθώς, διαφορετικά από εκείνα που θα κάναμε αν περιμέναμε ότι η ζωή μας θα τελείωνε απότομα. Αποφεύγουμε τα λίπη, καπνίζουμε με μέτρο, χαμογελάμε ευσυνείδητα με ένα ακόμα κρύο αστείο του προϊσταμένου μας, διαβάζουμε βιβλία σαν κι αυτό, τη στιγμή που θα μπορούσαμε να το ρίξουμε έξω και να κάνουμε τρελά πράγματα. Και τα κάνουμε όλα τούτα επ' αγαθώ του ανθρώπου στον οποίο πρόκειται να εξελιχθούμε. Φερόμαστε στον μελλοντικό μας εαυτό σαν να ήταν το παιδί μας, και περνάμε τις περισσότερες ώρες και μέρες μας κατασκευάζοντας τα αύριο που ελπίζουμε πως θα του φέρουν ευτυχία. Αντί να υποκύπτουμε στους πειρασμούς της στιγμής, αναλαμβάνουμε την ευθύνη και προνοούμε για το καλό των μελλοντικών μας εαυτών: καταχωνιάζουμε μέρος του μισθού μας κάθε μήνα έτσι ώστε *εκείνοι* να μπορέσουν να χαρούν τη σύνταξή τους σε ένα ήσυχο πράσινο μέρος· κάνουμε τζόκινγκ και βουρτσίζουμε τα δόντια μας συχνά για να αποφύγουν *εκείνοι* τα εμφράγματα και τις οδοντιατρικές επεμβάσεις· υπομένουμε καρτερικά τις λερωμένες πάνες και τις αποβλακωτικές επαναλήψεις της *Κοκκινοσκουφίτσας* έτσι ώστε *εκείνοι* να έχουν μια μέρα στρουμπουλά εγγόνια που θα χοροπηδούν στα γόνατά τους. Ακόμα και το να γλυτώσουμε ένα δολάριο στο μαγαζάκι της γωνίας είναι μια πράξη φιλανθρωπίας, καθώς εξασφαλίζει στον άνθρωπο που θα γίνουμε τη δυνατότητα να απολαμβάνει το κρουασάν το οποίο προς το παρόν πληρώνουμε εμείς. Στην πραγματικότητα, σχεδόν κάθε φορά που *εμείς* θέλουμε κάτι —μια προαγωγή, ένα γάμο, ένα αυτοκίνητο, ένα χάμπουργκερ με τυρί—, περιμένουμε ότι, αν το αποκτήσουμε, τότε ο άνθρωπος που θα έχει τα δακτυλικά μας αποτυπώματα σε ένα δευτερόλεπτο, ένα λεπτό, μία μέρα ή μία δεκαετία από τώρα, θα απολαμβάνει έναν κόσμο που κληρονόμησε από εμάς, τιμώντας τις θυσίες μας καθώς θα δρέπει τους καρπούς των δικών μας έξυπνων επενδύσεων και της διαιτητικής μας εγκράτειας.

Ναι, καλά... Μην απατάσθε. Όπως και οι καρποί της κοιλίας μας, έτσι και οι μελλοντικοί μας εαυτοί είναι συχνά αγνώμονες. Μοχθούμε και ιδρώνουμε για να τους προσφέρουμε όλα αυτά που πιστεύουμε ότι θα τους αρέσουν, και εκείνοι παρατούν τις δουλειές τους, αφήνουν μακρύ μαλλί, μετακομίζουν στο (ή από το) Σαν Φρανσίσκο, και αναρωτιούνται πώς μπορέσαμε και πιστέψαμε τόσο βλακωδώς ότι *αυτά* θα τους άρεσαν. Δεν καταφέρνουμε να αποσπάσουμε τους επαίνους και τις αμοιβές που θεωρούμε απαραίτητα για την ευτυχία τους, και εκείνοι καταλήγουν να ευχαριστούν τον Θεό που τα πράγματα δεν εξελίχθηκαν σύμφωνα με τον μυωπικό και άστοχο σχεδιασμό μας. Ακόμα και εκείνο το άτομο που δαγκώνει το κρουασάν το οποίο αγοράσαμε πριν από λίγα λεπτά μπορεί να ξινίσει τα μούτρα του και να κατηγορήσει *εμάς* ότι δεν αγοράσαμε καλό κολατσιό. Σε κανέναν βέβαια δεν αρέσει η κριτική, αλλά όταν οι μελλοντικοί μας εαυτοί δεν ευχαριστιούνται με τα επιτυχή αποτελέσματα των κόπων μας ενώ αντιθέτως χαίρονται με πράγματα που δεν καταφέραμε να αποφύγουμε, τότε πια τούς φαίνεται δικαιολογημένο (αν και κάπως ανάγωγο) να μας κοιτάξουν λοξά και να αναρωτηθούν τι στο καλό σκεφτόμασταν. Μπορεί να αναγνωρίζουν τις καλές μας προθέσεις και, έστω βαρυγγωμώντας, να παραδέχονται πως κάναμε ό,τι καλύτερο μπορούσαμε, αλλά τελικά θα κλαψουρίζουν στον ψυχαναλυτή τους ότι και η καλύτερή μας επίδοση δεν ήταν αρκετά καλή για τα μέτρα τους.

Μα πώς συμβαίνουν όλα αυτά; Δεν θα έπρεπε να γνωρίζουμε τα γούστα, τις προτιμήσεις, τις ανάγκες και τις επιθυμίες του ανθρώπου που θα είμαστε του χρόνου —ή τουλάχιστον απόψε το βράδυ; Δεν θα έπρεπε να καταλαβαίνουμε τους μελλοντικούς μας εαυτούς αρκετά καλά ώστε να διαμορφώσουμε τη ζωή τους σωστά —να τους βρούμε την κατάλληλη καριέρα και το σύντροφο που θα λατρεύουν, να τους αγοράσουμε ριχτάρια για τον καναπέ που θα τους αρέσουν για πολλά χρόνια; Τότε γιατί καταλήγουν με ζωές και σοφίτες παραγεμισμένες από πράγματα που εμείς είχαμε εκτιμήσει ως απολύτως απαραίτητα ενώ αυτοί τα θεωρούν οδυνηρά, ενοχλητικά ή τελείως άχρηστα; Γιατί επικρίνουν αναδρομικά τις επιλογές των συντρόφων μας και τις στρατηγικές μας για επαγγελματική εξέλιξη, και γιατί δίνουν τόσα λεφτά για να σβήσουν τα τατουάζ που ακριβοπληρώσαμε; Γιατί νιώθουν τύψεις και ανακούφιση αντί για περηφάνια και εκτίμηση όταν μας σκέφτονται; Θα το καταλαβαίναμε αν τους είχαμε παραμελήσει, περιφρονήσει, κακομεταχειριστεί —αλλά, να πάρει η οργή, τους δώσαμε τα καλύτερα χρόνια της ζωής μας! Πώς είναι δυνατόν να απογοητεύονται σε στιγμές που πετυχαίνουμε αξιοζήλευτους στόχους, και πώς στο καλό μπορούν και φέρονται τόσο χαζοχαρούμενα όταν μπλέκουν σε καταστάσεις από τις οποίες μοχθήσαμε για να τους προφυλάξουμε; Έχουν πρόβλημα;

Ή μήπως εμείς έχουμε το πρόβλημα;

ΌΤΑΝ ΗΜΟΥΝ 10 ΧΡΟΝΩΝ, το πιο μαγευτικό αντικείμενο που υπήρχε στο σπίτι μας ήταν ένα βιβλίο για τις οπτικές πλάνες. Μέσα από τις σελίδες του γνώρισα τις γραμμές Müller-Lyer που με τα βέλη στις άκρες έμοιαζαν άνισες ακόμα κι όταν ο χάρακας αποδείκνυε πως ήταν ίσες, τον κύβο τού Necker που τη μια στιγμή φαινόταν να έχει μια ανοιχτή έδρα στο πλάι και την επόμενη να είναι ανοιχτός από πάνω, το σχέδιο ενός βάζου που ξαφνικά μεταμορφωνόταν σε δύο αντικριστά προφίλ προσώπων για να ξαναεμφανιστεί μετά η εικόνα του βάζου (βλ. Εικόνα 1). Καθόμουν στο πάτωμα του γραφείου του πατέρα μου και κοίταζα με τις ώρες το βιβλίο, μαγεμένος από τη δύναμη που είχαν αυτά τα απλά σχέδια να αναγκάζουν τον εγκέφαλό μου να πιστεύει πράγματα τα οποία ήξερα με κάθε βεβαιότητα ότι ήταν λανθασμένα. Τότε έμαθα ότι τα λάθη έχουν ενδιαφέρον, και ξεκίνησα να καταστρώνω μια ζωή με κάμποσα τέτοια. Όμως

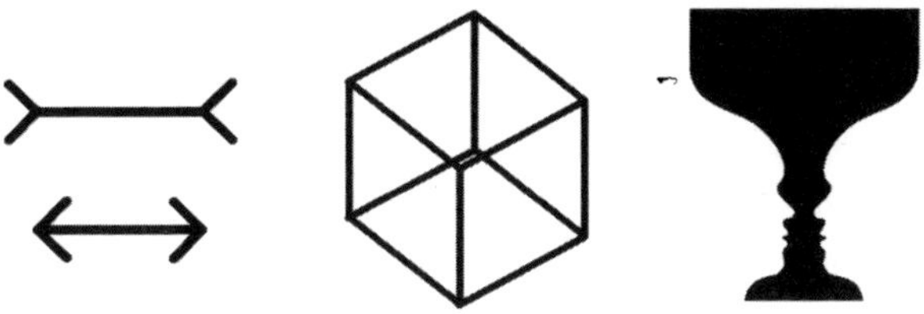

Εικόνα 1.

μια οπτική πλάνη δεν είναι ενδιαφέρουσα μόνο και μόνο επειδή παραπλανά τους πάντες· αντιθέτως, είναι ενδιαφέρουσα επειδή οδηγεί τους πάντες στο *ίδιο* λάθος. Αν εγώ έβλεπα ένα βάζο, εσείς τον Έλβις και ένας φίλος μας έβλεπε κινέζικα λάχανα, τότε το αντικείμενο που θα παρατηρούσαμε θα ήταν μια εξαιρετική προβολική κηλίδα μελανιού για τεστ προσωπικότητας αλλά μια αποτυχημένη οπτική πλάνη. Το συναρπαστικό με τις οπτικές πλάνες είναι ότι όλοι βλέπουν το βάζο πρώτα, τα πρόσωπα μετά και —σε ένα τρεμοπαίξιμο— πάλι το βάζο. Τα σφάλματα αντίληψης που μας προκαλούν οι οπτικές πλάνες υπακούουν σε νόμους, κανονικότητα, συστηματικότητα. Δεν είναι χαζά αλλά έξυπνα σφάλματα —σφάλματα που επιτρέπουν σε όσους τα κατανοούν να ρίξουν μια σύντομη ματιά στην περίτεχνη δομή και στη λειτουργία του οπτικού συστήματος.

Τα λάθη που κάνουμε και εμείς όταν προσπαθούμε να φανταστούμε το προσωπικό μας μέλλον έχουν επίσης κανονικότητα, συστηματικότητα και υπακούουν σε νόμους. Έχουν και αυτά ένα πρότυπο το οποίο μάς αποκαλύπτει τις δυνατότητες και τα όρια της διορατικότητας, όπως ακριβώς οι οπτικές πλάνες μάς αποκαλύπτουν τις δυνατότητες και τα όρια της όρασης. Τούτο το βιβλίο ασχολείται με αυτά. Παρά τη λέξη «ευτυχία» στον τίτλο, δεν είναι εγχειρίδιο για το πώς να γίνει κανείς ευτυχισμένος. Τέτοια βιβλία υπάρχουν στο τμήμα «αυτοβοήθειας» δύο διαδρόμους παρακάτω· και αν αγοράσατε κάποιο από αυτά, κάνατε ό,τι σας είπε αλλά είστε ακόμα δυστυχισμένοι, μπορείτε πάντα να έρθετε σε εμάς για να καταλάβετε το γιατί. Το ανά χείρας βιβλίο, αντιθέτως, περιγράφει όσα έχει να πει η επιστήμη για το πώς και πόσο καλά μπορεί ο ανθρώπινος νους να φανταστεί το μέλλον του, και για το πώς και πόσο καλά μπορεί να προβλέψει το μέλλον εκείνο που θα τον ικανοποιήσει πιο πολύ. Τούτο το βιβλίο ασχολείται με ένα γρίφο ο οποίος έχει απασχολήσει πολλούς διανοητές τις δύο τελευταίες χιλιετίες, και χρησιμοποιεί τις ιδέες τους (και μερικές δικές μου) για να εξηγήσει για ποιο λόγο φαίνεται να γνωρίζουμε τόσο λίγα πράγματα για την καρδιά και το νου του μελλοντικού εαυτού μας. Η εξιστόρηση μοιάζει λίγο με ποτάμι που διασχίζει σύνορα, διότι καμιά επιστήμη από μόνη της δεν έδωσε ποτέ μια ικανοποιητική απάντηση στο γρίφο. Συνυφαίνοντας δεδομένα και θεωρίες από την ψυχολογία, τη γνωσιακή νευροεπιστήμη, τη φιλοσοφία και την οικονομική της συμπεριφοράς, τούτο το βιβλίο καταλήγει σε μια ερμηνεία που προσωπικά τη βρίσκω πειστική, αλλά της οποίας την αξία θα χρειαστεί να κρίνετε οι ίδιοι.

Η συγγραφή ενός βιβλίου είναι αμοιβή από μόνη της, αλλά η ανάγνωσή του σημαίνει αφιέρωση χρόνου και χρημάτων, πράγμα που οπωσδήποτε θα πρέπει να αποδώσει οφέλη. Αν όμως αυτό το βιβλίο δεν σας μορφώσει ή δεν σας διασκεδάσει, σας αξίζει να επιστρέψετε στην αρχική σας ηλικία και οικονομική κατάσταση. Κάτι τέτοιο βέβαια δεν πρόκειται να συμβεί, και επομένως έγραψα ένα βιβλίο που ελπίζω πως θα σας προκαλέσει το ενδιαφέρον και θα σας διασκεδάσει, με δεδομένο ότι δεν παίρνετε τον εαυτό σας υπερβολικά στα σοβαρά και ότι σας απομένουν τουλάχιστον δέκα λεπτά ζωής. Κανείς δεν μπορεί να προβλέψει πώς θα αισθάνεστε όταν θα έχετε φτάσει στο τέλος του βιβλίου, και αυτό αφορά ακόμα και εσάς, που ετοιμάζεστε να το αρχίσετε. Αν όμως ο μελλοντικός σας εαυτός δεν είναι ικανοποιημένος όταν φτάσει στην τελευταία σελίδα, θα ξέρει τουλάχιστον γιατί εσείς πιστεύατε εσφαλμένα ότι θα ήταν[1].

ΜΕΡΟΣ Ι

Προσκόπηση

prospection (προσκόπηση): Η πράξη τού να βλέπει κανείς μπροστά στο χρόνο ή να στοχάζεται το μέλλον.

Κεφάλαιο 1

Ταξίδι στο Καπουκάποτε

Ω! να μπορούσε να 'ξερε κανείς
Από τα πριν το τέλος της ημέρας τούτης!
—Ουίλλιαμ Σαίξπηρ, *Ιούλιος Καίσαρας*

Οι κληρικοι παιρνουν όρκο να μείνουν αγνοί, οι γιατροί να μη βλάψουν και οι ταχυδρόμοι να κάνουν τις καθορισμένες διαδρομές τους παρά το χιόνι, την ολισθηρότητα των δρόμων και τα ορθογραφικά λάθη. Λίγοι άνθρωποι συνειδητοποιούν όμως ότι και οι ψυχολόγοι κάνουν έναν όρκο: να δημοσιεύσουν σε κάποια φάση της επαγγελματικής τους σταδιοδρομίας ένα βιβλίο, ένα κεφάλαιο ή έστω ένα άρθρο, στο οποίο θα περιέχεται η φράση «Ο άνθρωπος είναι το μόνο ζώο που...». Μας επιτρέπεται φυσικά να τελειώσουμε τη φράση αυτή όπως θέλουμε, αλλά πρέπει πάντως να αρχίζει με αυτές τις επτά λέξεις. Οι περισσότεροι περιμένουμε αρκετά χρόνια ώσπου να εκπληρώσουμε τούτη τη σοβαρή υποχρέωση, επειδή ξέρουμε ότι οι επόμενες γενιές ψυχολόγων θα αγνοήσουν όλες τις υπόλοιπες λέξεις που στοιβάξαμε σε μια ολόκληρη ζωή καλοπροαίρετης επιστημοσύνης και θα μας θυμούνται κυρίως για το πώς συμπληρώσαμε *Τη Φράση*. Ξέρουμε επίσης ότι όσο χειρότερα τη συμπληρώσουμε τόσο καλύτερα θα μας θυμούνται. Για παράδειγμα, εκείνους τους ψυχολόγους που τελείωσαν Τη Φράση με το «χρησιμοποιεί γλώσσα», τους θυμήθηκαν ιδιαίτερα καλά όταν κάποιοι χιμπατζήδες έμαθαν να επικοινωνούν με χειρονομίες. Και όταν κάποιοι ερευνητές ανακάλυψαν ότι οι χιμπατζήδες στη φύση χρησιμοποιούν ραβδιά για να ξετρυπώνουν τερμίτες από τις φωλιές τους (και ενίοτε για να δίνουν κατακεφαλιές ο ένας στον άλλο), τότε όλος ο κόσμος ξαφνικά θυμήθηκε ολόκληρα τα ονόματα και τις διευθύνσεις των ψυχολόγων που είχαν συμπληρώσει Τη Φράση με το «χρησιμοποιεί εργαλεία». Οι ψυχολόγοι έχουν λοιπόν σοβαρούς λόγους να αναβάλλουν τη συμπλήρωση Της Φράσης όσο το δυνατόν περισσότερο, ελπίζοντας ότι, αν περιμένουν αρκετά, μπορεί και να πεθάνουν στην ώρα τους, πριν γελοιοποιηθούν δημοσίως από έναν πίθηκο.

Δεν έχω ξαναγράψει ποτέ άλλοτε Τη Φράση, αλλά θα ήθελα να το κάνω τώρα, με εσάς μάρτυρές μου: *Ο άνθρωπος είναι το μόνο ζώο που σκέφτεται το μέλλον.* Θα ήθελα να πω εκ των προτέρων ότι στο παρελθόν είχα ως κατοικίδια γάτες, σκύλους, ποντίκια, χρυσόψαρα και καβούρια (όχι στην τσέπη), και αναγνωρίζω πως τα ζώα συχνά συμπεριφέρονται σαν να έχουν την ικανότητα να σκέφτονται το μέλλον. Αλλά όπως συμβαίνει και με τους φαλακρούς που φορούν περούκες, το να συμπεριφέρεσαι σαν να έχεις κάτι διαφέρει από το να το έχεις στ' αλήθεια, και οποιοσδήποτε εξετάζει το ζήτημα από πιο κοντά μπορεί να δει τη διαφορά. Παραδείγματος χάρη, ζω σε μια γειτονιά του κέντρου της πόλης, και κάθε φθινόπωρο οι σκίουροι στην αυλή μου (η οποία έχει μέγεθος περίπου όσο δύο σκίουροι) συμπεριφέρονται σαν να ξέρουν ότι δεν θα έχουν αργότερα τίποτε να φάνε αν δεν θάψουν τώρα λίγη τροφή. Στην πόλη μου κατοικούν αρκετοί μορφωμένοι πολίτες, αλλά, απ' όσο μπορεί να πει κανείς, οι σκίουροί της δεν είναι και ιδιαίτερα διακεκριμένοι. Έχουν έναν μάλλον κανονικό εγκέφαλο σκίουρου που «τρέχει» το πρόγραμμα θαψίματος τροφής όταν η ποσότητα ηλιακού φωτός η οποία εισχωρεί στα κανονικά, σκιουρίσια, μάτια τους μειώνεται ώς ένα κρίσιμο σημείο. Οι μικρότερης διάρκειας ημέρες πυροδοτούν τη συμπεριφορά θαψίματος τροφής, χωρίς να μεσολαβεί κανενός είδους σχεδιασμός για το αύριο, ενώ ο σκίουρος που αποθηκεύει ένα καρύδι στην αυλή μου «γνωρίζει» το μέλλον όσο περίπου και η πέτρα που πέφτει «γνωρίζει» το νόμο της βαρύτητας —δηλαδή, καθόλου. Μέχρι την ημέρα όπου κάποιος χιμπατζής θα αρχίσει να κλαίει στη σκέψη ότι θα γεράσει μόνος ή θα χαμογελάσει καθώς θα φαντάζεται τις καλοκαιρινές του διακοπές ή θα αρνηθεί ένα καραμελωμένο μήλο επειδή είναι ήδη πολύ χοντρός, θα υποστηρίζω τη δική μου εκδοχή Της Φράσης. Σκεφτόμαστε το μέλλον με έναν τρόπο που κανένα άλλο ζώο δεν το σκέφτεται αλλά και ούτε έχει ποτέ σκεφτεί ή μπορεί να το σκεφτεί. Αυτή η απλή, πανταχού παρούσα, συνηθισμένη πράξη είναι ένα καθοριστικό γνώρισμα της ανθρώπινης υπόστασής μας[1].

Η χαρά τού μετά

Αν σας ζητούσαν να κατονομάσετε το σημαντικότερο επίτευγμα του ανθρώπινου εγκεφάλου, μάλλον τα πρώτα πράγματα που θα σας έρχονταν στο νου θα ήταν τα εντυπωσιακά έργα τέχνης και τεχνολογίας τα οποία έχει δημιουργήσει: η Μεγάλη Πυραμίδα της Γκίζας, ο Διεθνής Διαστημικός Σταθμός ή ίσως η Γέφυρα Golden Gate. Αυτά είναι πράγματι σπουδαία κατορθώματα, και ο εγκέφαλός μας αξίζει χειροκρότημα. Δεν είναι όμως τα σημαντικότερα. Μια εξελιγμένη μηχανή θα μπορούσε να σχεδιάσει και να χτίσει οποιοδήποτε από αυτά, επειδή ο σχεδιασμός και η κατασκευή απαιτούν γνώση, λογική και υπομονή, πράγματα που οι εξελιγμένες μηχανές κατέχουν σε εξαιρετικό βαθμό. Στην πραγματικότητα, υπάρχει μόνο *ένα* επίτευγμα τόσο σπουδαίο ώστε να πούμε με σιγουριά ότι ακόμα και η πιο σύγχρονη μηχανή δεν το έχει πραγματοποιήσει, και αυτό είναι η συνειδητή εμπειρία. Το να *βλέπει* κάποιος τη Μεγάλη Πυραμίδα ή να *θυμάται* τη Γέφυρα Golden Gate ή να *φαντάζεται* τον Διεθνή Διαστημικό Σταθμό αποτελούν πράξεις πολύ πιο αξιοθαύμαστες από την κατασκευή οποιουδήποτε από αυτά. Μάλιστα, μια από αυτές τις σπουδαίες πράξεις αποδεικνύεται ακόμα πιο σημαντική από τις άλλες. Η όραση είναι η εμπειρία του κόσμου όπως αυτός υπάρχει, η μνήμη είναι η εμπειρία του κόσμου όπως υπήρξε, αλλά η φαντασία... —α, το να *φαντάζεται* κάποιος ισοδυναμεί με το να έχει την εμπειρία του κόσμου όπως αυτός δεν είναι τώρα και όπως δεν έχει ποτέ υπάρξει, αλλά όπως θα μπορούσε όμως να γίνει. Το μεγαλύτερο κατόρθωμα του ανθρώπινου εγκεφάλου είναι η ικανότητά του να φαντάζεται αντικείμενα και καταστάσεις που δεν ενοικούν ακόμα στο χώρο του πραγματικού. Αυτή ακριβώς η ικανότητα μας δίνει τη δυνατότητα να σκεφτόμαστε το μέλλον. Όπως σημείωσε ένας φιλόσοφος, ο ανθρώπινος εγκέφαλος είναι μια «μηχανή πρόβλεψης», και η «κατασκευή μέλλοντος» είναι το πιο σπουδαίο πράγμα με το οποίο ασχολείται[2].

Αλλά τι σημαίνει ακριβώς το να «κατασκευάζουμε μέλλον»; Υπάρχουν τουλάχιστον δύο τρόποι με τους οποίους μπορούμε να πούμε ότι ο εγκέφαλος δημιουργεί μέλλον, και τον έναν από αυτούς τον μοιραζόμαστε με πολλά άλλα ζώα· ο άλλος ανήκει μόνο σε εμάς. Όλοι οι εγκέφαλοι —του ανθρώπου, του χιμπατζή, του σκίουρου που θάβει τροφή— κάνουν προβλέψεις για το *άμεσο, τοπικό, προσωπικό τους μέλλον*. Το κάνουν αυτό χρησιμοποιώντας πληροφορίες για τρέχοντα συμβάντα («Μυρίζομαι κάτι») και παρελθόντα συμβάντα («Την τελευταία φορά που το μυρίστηκα αυτό, ένα μεγάλο πράγμα πήγε να με φάει») για να μαντέψουν το γεγονός που είναι πιο πιθανό να τους συμβεί μετά («Ένα μεγάλο πράγμα πρόκειται να με______»)[3]. Προσέξτε όμως δύο χαρακτηριστικά αυτών των λεγόμενων προβλέψεων. Πρώτον, παρά τα χαριτολογήματα των παραπάνω παρενθέσεων, προβλέψεις σαν κι αυτές δεν προϋποθέτουν ότι ο εγκέφαλος ο οποίος τις κάνει έχει κάτι που να μοιάζει έστω και λίγο με τη συνειδητή σκέψη. Όπως ακριβώς μια αριθμομηχανή μπορεί να προσθέσει το 2 με το 2 και να δώσει 4 χωρίς να κάνει αριθμητικές σκέψεις, έτσι και ο εγκέφαλος μπορεί να προσθέσει το παρελθόν στο παρόν και να δημιουργήσει μέλλον χωρίς να σκέφτεται καμιά από αυτές τις καταστάσεις. Στην πραγματικότητα, δεν απαιτείται καν εγκεφάλος για να γίνουν τέτοιες προβλέψεις. Με λίγη μόνο εξάσκηση, το γιγαντιαίο θαλάσσιο σαλιγκάρι *Aplysia parvula* μπορεί να μάθει να προβλέπει και να αποφεύγει ένα ηλεκτροσόκ στο βράγχιό του —και τα θαλάσσια σαλιγκάρια χωρίς αμφιβολία δεν διαθέτουν εγκέφαλο, όπως μπορεί να αποδείξει οποιοσδήποτε έχει πρόχειρο ένα νυστέρι. Και οι ηλεκτρονικοί υπολογιστές είναι ανεγκέφαλοι, αλλά χρησιμοποιούν ακριβώς το ίδιο κόλπο όπως και το σαλιγκάρι, όταν απορρίπτουν την πιστωτική σας κάρτα επειδή δοκιμάσατε να τη χρησιμοποιήσετε για να πληρώσετε ένα δείπνο στο Παρίσι λίγες ώρες αφότου της είχατε χρεώσει μεσημεριανό στη Νέα Υόρκη. Με λίγα λόγια, οι μηχανές και τα ασπόνδυλα αποδεικνύουν ότι δεν απαιτείται ένας έξυπνος, με αυτεπίγνωση και συνείδηση εγκέφαλος για να κάνουμε απλές προβλέψεις για το μέλλον.

Το δεύτερο πράγμα που πρέπει να προσέξετε είναι ότι αυτές οι προβλέψεις δεν είναι ιδιαίτερα μακροπρόθεσμες. Δεν μοιάζουν με εκείνες που θα κάναμε για τον ετήσιο ρυθμό πληθωρισμού, για την επίδραση του μεταμοντερνισμού στη διανόηση, για το θάνατο του Σύμπαντος ή για το τι χρώμα θα έχουν τα μαλλιά τής Madonna στην επόμενη εμφάνισή της. Αντιθέτως, οι προβλέψεις αυτές αφορούν το τι θα συμβεί ακριβώς σε αυτό το σημείο, την ακριβώς *επόμενη* στιγμή, ακριβώς σε μένα, και τις ονομάζουμε *προβλέψεις* μόνο και μόνο επειδή δεν μπορούμε να βρούμε καλύτερη λέξη στη γλώσσα μας για να τις περιγράψουμε. Με τη χρήση όμως αυτού του όρου —που αναπόφευκτα παραπέμπει στον σκόπιμο και συνειδητό αναστοχασμό πάνω σε πράγματα που είναι δυνατόν να συμβούν οπουδήποτε, στον οποιονδήποτε και οποτεδήποτε— διατρέχουμε τον κίνδυνο να επισκιαστεί το γεγονός ότι οι εγκέφαλοι κάνουν συνεχώς προβλέψεις για το άμεσο, επιτόπιο, προσωπικό μέλλον των κατόχων τους, χωρίς την επίγνωση των κατόχων. Συνεπώς, αντί να λέμε ότι αυτοί οι εγκέφαλοι *προβλέπουν*, ας λέμε καλύτερα ότι *επομενίζουν*.

Και ο δικός σας εγκέφαλος επομενίζει τούτη ακριβώς τη στιγμή. Για παράδειγμα, τώρα ίσως σκέφτεστε συνειδητά για τη φράση που μόλις διαβάσατε, ή για τα κλειδιά στην τσέπη σας που σας ενοχλούν στο μηρό ή σχετικά με το πότε θα λιώσουν οι πάγοι της Αρκτικής. Ό,τι κι αν σκέφτεστε πάντως, οι σκέψεις σας σίγουρα δεν αφορούν τον τρόπο με τον οποίο πρόκειται να τελειώσει αυτή εδώ η πρόταση. Από την άλλη μεριά, ακόμα και τούτη τη στιγμή που ακούτε αυτές ακριβώς τις λέξεις να ηχούν μέσα στο κεφάλι σας, και κάνετε τις όποιες σκέψεις σάς εμπνέουν, ο εγκέφαλός σας χρησιμοποιεί τις λέξεις που διαβάζει *ακριβώς τώρα* και τις λέξεις που διάβασε *μόλις προηγουμένως*, για να κάνει μια βάσιμη εικασία για την ταυτότητα της λέξης την οποία θα διαβάσει την αμέσως *επόμενη στιγμή*, πράγμα που αποτελεί το λόγο για τον οποίο μπορείτε και διαβάζετε τόσο απρόσκοπτα[4]. Ένας εγκέφαλος αναθρεμμένος με ταινίες νουάρ και φτηνά αστυνομικά μυθιστορήματα περιμένει με απόλυτη σιγουριά ότι η φράση «Ήταν μια σκοτεινή και βροχερή» θα ακολουθείται από τη λέξη «νύχτα», και έτσι, όταν πραγματικά συναντά τη λέξη, είναι ήδη προετοιμασμένος να τη δεχτεί. Όσο ο εγκέφαλός σας μαντεύει σωστά την επόμενη λέξη, κυλάτε στις σελίδες ευτυχείς, από τα αριστερά στα δεξιά και πάλι στα αριστερά, μετατρέποντας μαύρα σημαδάκια σε ιδέες, σκηνές, χαρακτήρες και έννοιες, χωρίς να έχετε επίγνωση ότι ο «επομενίζων» εγκέφαλός σας προβλέπει το μέλλον των προτάσεων σε καταπληκτικούς ρυθμούς. Μόνο όταν ο εγκέφαλός σας κάνει κακή πρόβλεψη αισθάνεστε ξαφνικά αβοκάντο.

Δηλαδή, έκπληκτοι. Καταλάβατε τώρα;

Σκεφτείτε για λίγο το νόημα τούτης της στιγμής που μείνατε έκπληκτοι. Η έκπληξη είναι το συναίσθημα που νιώθουμε όταν ερχόμαστε αντιμέτωποι με το μη αναμενόμενο —παραδείγματος χάρη, με μια παρέα τριάντα φίλων με χάρτινα καπελάκια που περιμένουν στο καθιστικό μας για να τσιρίξουν «Χρόνια πολλά!» καθώς μπαίνουμε στο σπίτι φορτωμένοι σακούλες με ψώνια και με γεμάτη ουροδόχο κύστη—, και έτσι η ίδια η έκπληξή μας αποκαλύπτει τη φύση των προσδοκιών μας. Η έκπληξη που δοκιμάσατε στο τέλος της προηγούμενης παραγράφου φανερώνει ότι, καθώς διαβάζατε τη φράση «*μόνο όταν ο εγκέφαλός σας κάνει κακή πρόβλεψη αισθάνεστε ξαφνικά…*», ο εγκέφαλός σας έκανε ταυτόχρονα μια υπολογισμένη εικασία για το τι θα επακολουθήσει. Προέβλεψε ότι στα επόμενα χιλιοστά του δευτερολέπτου τα μάτια σας θα συναντούσαν μαύρα σημαδάκια κωδικευμένα σε μια λέξη που περιγράφει ένα συναίσθημα, όπως «λυπημένοι» ή «απογοητευμένοι» ή ακόμα και «έκπληκτοι». Αντιθέτως, συνάντησε ένα φρούτο, πράγμα που σας ξύπνησε από τον δογματικό σας λήθαργο και αποκάλυψε τη φύση των προσδοκιών σας σε όλους όσοι έτυχε να είναι παρόντες. Η έκπληξη μας δείχνει ότι περιμέναμε κάτι διαφορετικό από εκείνο που πήραμε, ακόμα κι όταν δεν ξέρουμε καν ότι περιμένουμε κάτι.

Επειδή το συναίσθημα της έκπληξης γενικά συνοδεύεται από αντιδράσεις παρατηρήσιμες και μετρήσιμες —όπως υψωμένα φρύδια, γουρλωμένα μάτια, ανοιχτό στόμα και ήχοι ακολουθούμενοι από πολλά θαυμαστικά—, οι ψυχολόγοι μπορούν να χρησιμοποιήσουν την έκπληξη για να καταλάβουν πότε ο εγκέφαλος επομενίζει. Παραδείγματος χάρη, όταν οι πίθηκοι παρακολουθούν τον ερευνητή να ρίχνει ένα μπαλάκι μέσα σε ένα σωλήνα, στρέφονται γρήγορα να δουν την μπάλα που επανεμφανίζεται στο κάτω στόμιό του. Όταν με κάποιο πειραματικό τέχνασμα η μπάλα εμφανίζεται από το στόμιο άλλου σωλήνα και όχι εκείνου όπου αρχικά μπήκε, οι πίθηκοι εκδηλώνουν έκπληξη, πιθανότατα επειδή ο εγκέφαλός τους επομένιζε[5]. Και τα μωρά έχουν παρόμοιες αντιδράσεις απέναντι στην «παράξενη φυσική». Για παράδειγμα, όταν τα μωρά βλέπουν σε βίντεο έναν μεγάλο κόκκινο κύβο να συγκρούεται με έναν μικρό κίτρινο κύβο, αντιδρούν με αδιαφορία όσο ο μικρός κίτρινος κύβος εξακοντίζεται και πετάει μέσα στην οθόνη. Αλλά όταν ο μικρός κίτρινος κύβος το σκέφτεται για μια στιγμούλα πριν εκτιναχθεί, τα μωρά γουρλώνουν τα μάτια τους σαν τους περαστικούς μπροστά σε σιδηροδρομικό ατύχημα —δηλαδή, σαν η καθυστέρηση στον εκτοπισμό να παραβίασε κάποια υπόθεση που είχε κάνει ο επομενίζων εγκέφαλός τους[6]. Οι έρευνες αυτού του είδους μάς δείχνουν ότι ο εγκέφαλος του πιθήκου «γνωρίζει» για τη βαρύτητα (τα αντικείμενα πέφτουν προς τα κάτω και όχι πλαγίως) και ότι ο εγκέφαλος του μωρού «γνωρίζει» για την κινητική (τα κινούμενα αντικείμενα μεταφέρουν ενέργεια σε στατικά αντικείμενα ακριβώς μόλις έρχονται σε επαφή με αυτά και όχι έπειτα από λίγα δευτερόλεπτα). Πιο σπουδαίο ακόμα, μας λένε ότι ο εγκέφαλος τόσο του πιθήκου όσο και του μωρού προσθέτει αυτό που ήδη γνωρίζει (το παρελθόν) σε αυτό που τώρα βλέπει (το παρόν) για να προβλέψει εκείνο που θα συμβεί μετά (το μέλλον). Όταν το πραγματικό επόμενο πράγμα είναι διαφορετικό από το προβλεφθέν επόμενο πράγμα, οι πίθηκοι και τα μωρά βιώνουν έκπληξη.

Ο εγκέφαλός μας δημιουργήθηκε για να επομενίζει, και αυτό ακριβώς θα κάνει. Όταν περπατάτε στην αμμουδιά, ο εγκέφαλός σας προβλέπει πόσο σταθερή θα είναι η άμμος όταν την ακουμπήσει το πέλμα σας, και επομένως προσαρμόζει αντιστοίχως την τάση που θα ασκηθεί στο γόνατο. Όταν πηδάμε για να πιάσουμε ένα φρίσμπι, ο εγκέφαλός μας προβλέπει πού θα βρίσκεται ο δίσκος όταν θα συναντήσουμε την τροχιά του, και ύστερα μετακινεί το χέρι μας σε εκείνο ακριβώς το σημείο. Όταν βλέπουμε έναν κάβουρα να τρέχει να κρυφτεί πίσω από ένα ξυλαράκι καθώς κατευθύνεται προς το νερό, ο εγκέφαλός μας προβλέπει πότε και πού θα επανεμφανιστεί το πλασματάκι, και έτσι κατευθύνουμε τη ματιά μας στο ακριβές σημείο. Αυτές οι προβλέψεις προκαλούν θαυμασμό τόσο για την ταχύτητα όσο και για την ακρίβειά τους, και είναι δύσκολο να φανταστούμε πώς θα έμοιαζε η ζωή μας αν τυχόν ο εγκέφαλός μας έπαυε να τις κάνει, αφήνοντάς μας στο έλεος «της στιγμής» και ανίκανους να κάνουμε το επόμενο βήμα. Μολονότι τέτοιες αυτόματες, συνεχείς, ασυνείδητες προβλέψεις του άμεσου, τοπικού, προσωπικού μέλλοντός μας είναι εκπληκτικές και πανταχού παρούσες, εντούτοις δεν ανήκουν στο είδος των προβλέψεων οι οποίες κατέβασαν το είδος μας από τα δέντρα και το έντυσαν με ρούχα. Στην πραγματικότητα, αυτές οι προβλέψεις είναι σαν εκείνες που μπορούν να κάνουν και οι βάτραχοι χωρίς ποτέ να αποχωρίζονται το νούφαρό τους, και επομένως διαφορετικές από εκείνες τις οποίες επιδιώκει να περιγράψει Η Φράση. Όχι, λοιπόν. Το είδος του μέλλοντος που κατασκευάζουμε εμείς οι άνθρωποι —και που *μόνο εμείς* κατασκευάζουμε— είναι εντελώς διαφορετικό είδος.

Ο πίθηκος που έβλεπε μπροστά

Οι ενήλικοι αρέσκονται να κάνουν στα παιδιά βλακώδεις ερωτήσεις για να χαχανίζουν όταν τους δίνουν ανόητες απαντήσεις. Μια ιδιαίτερα βλακώδης ερώτηση που μας αρέσει να κάνουμε στα παιδιά είναι η εξής: «Τι θέλεις να γίνεις όταν μεγαλώσεις;» Τα μικρότερα παιδιά συνήθως ξαφνιάζονται, ίσως μάλιστα ανησυχούν ότι διατρέχουν κάποιο κίνδυνο να μικρύνουν αντί να μεγαλώσουν. Αν μας απαντήσουν, συνήθως λένε πράγματα όπως «ο άνθρωπος με τα γλυκά» ή «αστροναύτης». Γελάμε μαζί τους, επειδή οι πιθανότητες να γίνει το παιδί ο άνθρωπος με τα γλυκά ή αστροναύτης είναι εξαιρετικά μικρές, απλώς διότι τα περισσότερα παιδιά δεν θα θέλουν να γίνουν «τίποτε από όλα αυτά» μόλις θα είναι αρκετά μεγάλα ώστε να μπορούν να κάνουν βλακώδεις ερωτήσεις και τα ίδια. Παρατηρήστε, όμως, ότι τούτες οι απαντήσεις, αν και φαίνονται λαθεμένες για την προηγούμενη ερώτησή μας, είναι πάντως οι σωστές για μια άλλη ερώτηση, δηλαδή: «Τι θέλεις να γίνεις *τώρα*;» Τα μικρά παιδιά δεν μπορούν να πουν τι θέλουν να γίνουν *αργότερα* επειδή δεν καταλαβαίνουν επακριβώς τι σημαίνει το *αργότερα*[7]. Έτσι, σαν τετραπέρατοι πολιτικοί, αγνοούν την ερώτηση που τους έγινε και απαντούν σε εκείνη την οποία μπορούν να απαντήσουν. Οι ενήλικοι τα καταφέρνουν, φυσικά, πολύ καλύτερα. Όταν μια τριαντάρα από το Μανχάταν ερωτάται πού σκοπεύει να εγκατασταθεί μετά τη σύνταξη, εκείνη παραθέτει το Μαϊάμι, το Φοίνιξ ή κάποιο άλλο θέρετρο κοινωνικής απόσυρσης. Μπορεί να λατρεύει τη σκληροτράχηλη αστική της ύπαρξη τούτη τη στιγμή, αλλά μπορεί επίσης να φανταστεί ότι σε μερικές δεκαετίες θα προτιμά το μπίνγκο και την καλή ιατρική περίθαλψη από τα μουσεία τέχνης και τους άντρες με τα γερά μπράτσα. Αντίθετα με το παιδί που μπορεί να σκεφτεί μόνο για το πώς είναι τα πράγματα τώρα, ο ενήλικος μπορεί να σκεφτεί για το πώς θα είναι στο μέλλον. Κάποια στιγμή ανάμεσα στα παιδικά μας καρεκλάκια και τις αναπηρικές μας καρέκλες, μαθαίνουμε για το αργότερα[8].

Αργότερα! Τι εκπληκτική ιδέα! Πόσο ισχυρή έννοια! Τι υπέροχη ανακάλυψη! Μα πώς έμαθαν οι άνθρωποι να προβλέπουν με τη φαντασία τους αλυσίδες από γεγονότα που δεν συνέβησαν ακόμα; Ποιος προϊστορικός ιδιοφυής πρόγονος κατάλαβε πρώτος ότι μπορούσε να διαφύγει από το παρόν κλείνοντας τα μάτια και μεταφέροντας αθόρυβα τον εαυτό του στο αύριο; Δυστυχώς, ακόμα και οι μεγάλες ιδέες δεν αφήνουν απολιθώματα για ραδιοχρονολόγηση, και έτσι η φυσική ιστορία τού *αργότερα* έχει χαθεί για πάντα. Πάντως, οι παλαιοντολόγοι και οι νευροανατόμοι μάς διαβεβαιώνουν ότι αυτό το σημείο καμπής στο δράμα της ανθρώπινης εξέλιξης συνέβη κάποια στιγμή μέσα στα τελευταία 3 εκατομμύρια χρόνια, και ότι συνέβη μάλιστα πολύ ξαφνικά. Οι πρώτοι εγκέφαλοι εμφανίστηκαν στη Γη πριν από περίπου 500 εκατομμύρια χρόνια· έκτοτε πέρασαν με την ησυχία τους άλλα 430 εκατομμύρια χρόνια εξελισσόμενοι στους εγκεφάλους των πιο πρώιμων πρωτευόντων, και περίπου 70 εκατομμύρια χρόνια ακόμα μέχρι να εξελιχθούν σε εγκεφάλους των πρώτων πρωτοανθρώπων. Μετά κάτι συνέβη —κανείς δεν ξέρει ακριβώς τι, αλλά οι εικασίες κυμαίνονται από τη μεταβολή του κλίματος σε ψυχρότερο έως την εφεύρεση του μαγειρέματος—, και έτσι ο «προσεχώς ανθρώπινος» εγκέφαλος μεγάλωσε με μια άνευ προηγουμένου ταχύτητα: Η μάζα του υπερδιπλασιάστηκε μέσα σε λίγο περισσότερο από 2 εκατομμύρια χρόνια και μετασχηματίστηκε από τον εγκέφαλο του *Homo habilis*, που ζύγιζε περίπου μισό κιλό, στον βάρους σχεδόν ενάμισι κιλού εγκέφαλο του *Homo sapiens*[9].

Τώρα, αν σας υπέβαλλαν σε παχυντική δίαιτα με κέικ σοκολάτας και επομένως η μάζα σας διπλασιαζόταν σε πολύ σύντομο χρόνο, δεν θα περιμέναμε να παχύνουν ομοιόμορφα όλα τα μέρη του σώματός σας. Η κοιλιά και τα οπίσθιά σας θα ήταν πιθανότατα οι κύριοι παραλήπτες του νεοαποκτηθέντος λίπους, ενώ η γλώσσα σας και τα δάχτυλα των ποδιών σας θα παρέμεναν, συγκριτικώς, σβέλτα και λυγερά. Με τον ίδιο τρόπο, η δραστική αύξηση του μεγέθους του ανθρώπινου εγκεφάλου δεν επέφερε έναν δημοκρατικό διπλασιασμό όλων των μερών του ώστε οι σύγχρονοι άνθρωποι να έχουν νέους εγκεφάλους, δομικώς πανομοιότυπους με τους παλιούς, αλλά μόνο μεγαλύτερους. Αντιθέτως, ένα δυσανάλογα μεγάλο μέρος της ανάπτυξης επικεντρώθηκε σε συγκεκριμένο τμήμα του εγκεφάλου, γνωστό ως *μετωπιαίος λοβός*, το οποίο —όπως μαρτυρά και το όνομά του— βρίσκεται στη μετωπιαία περιοχή του κεφαλιού, ακριβώς πάνω από τα μάτια (βλ. Εικόνα 2). Τα χαμηλά, σμιχτά φρύδια των αρχαιότερων προγόνων μας σπρώχθηκαν έτσι προς τα πάνω για να γίνουν τα υψωμένα φρύδια που ταιριάζουν στους κοινωνικούς μας ρόλους, ενώ και η αλλαγή στη δομή του κρανίου συνέβη κυρίως για να προσαρμοστεί και αυτό στην ξαφνική αλλαγή μεγέθους του εγκεφάλου μας. Με τι ασχολείται λοιπόν τούτο το καινούργιο εξάρτημα του εγκεφαλικού εξοπλισμού ώστε να δικαιολογεί όλη αυτή την αρχιτεκτονική ανασύνταξη του ανθρώπινου κρανίου; Τι συμβαίνει με αυτό το ιδιαίτερο τμήμα που η φύση μερίμνησε με τόση επιμέλεια ώστε να το έχουμε όλοι μεγάλο; Σε τι μας χρησιμεύει τέλος πάντων ένας μετωπιαίος λοβός;

Έως σχετικά πρόσφατα, οι επιστήμονες πίστευαν πως δεν χρησιμεύει σε τίποτα, επειδή οι άνθρωποι που είχαν υποστεί καταστροφή των μετωπιαίων λοβών φαίνονταν να τα καταφέρνουν καλά και χωρίς αυτούς. Ο Phineas Gage ήταν ένας εργο-

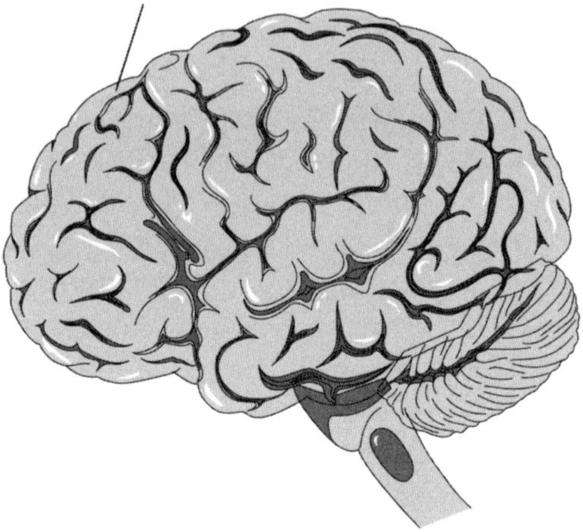

Εικόνα 2. Ο μετωπιαίος λοβός είναι η πρόσφατη προσθήκη στον ανθρώπινο εγκέφαλο η οποία μάς δίνει τη δυνατότητα να φανταζόμαστε το μέλλον.

δηγός τής Rutland Railroad, ο οποίος, κάποια φθινοπωρινή μέρα τού 1848, προκάλεσε μικρή έκρηξη κοντά στα πόδια του, με αποτέλεσμα μια σιδερένια βέργα ενάμισι μέτρου να εκτοξευθεί στον αέρα και να καρφωθεί στο πρόσωπό του. Η βέργα μπήκε ακριβώς κάτω από το αριστερό του μάγουλο και βγήκε από την κορυφή του κρανίου του, ανοίγοντας μια σήραγγα μέσα στο κρανίο και παίρνοντας μαζί της ένα μεγάλο κομμάτι από τον μετωπιαίο λοβό του (βλ. Εικόνα 3). Ο Phineas έπεσε στο έδαφος όπου παρέμεινε για λίγα λεπτά. Ύστερα, προς κατάπληξη όλων, σηκώθηκε και ρώτησε αν κάποιος συνάδελφος θα μπορούσε να τον συνοδέψει ώς το γιατρό, επιμένοντας μάλιστα ότι δεν χρειαζόταν να τον μεταφέρουν, καθώς μπορούσε να περπατήσει μόνος του, παρακαλώ. Ο γιατρός καθάρισε λίγο την πληγή από το χώμα, ένας συνάδελφος καθάρισε λίγο εγκέφαλο από τη βέργα, και σε σχετικά λίγο καιρό, ο Phineas και η βέργα του ξανάπιασαν δουλειά[10]. Η προσωπικότητά του άλλαξε σημαντικά προς το χειρότερο —και σε αυτό το γεγονός οφείλεται η φήμη του έως τις ημέρες μας—, αλλά ίσως το πιο ενδιαφέρον σχετικά με τον Phineas ήταν το πόσο *φυσιολογικός* ήταν από κάθε άλλη άποψη. Αν η βέργα είχε καταστρέψει κάποιο άλλο μέρος του εγκεφάλου του —τον οπτικό φλοιό, την περιοχή Broca, το εγκεφαλικό στέλεχος—, τότε ο Phineas μπορεί να είχε πεθάνει, να είχε τυφλωθεί, να είχε χάσει την ικανότητα να μιλά ή να είχε περάσει την υπόλοιπη ζωή του δίνοντας μια —πειστική— εντύπωση φυτού. Αντιθέτως, για τα επόμενα δώδεκα χρόνια ζούσε, έβλεπε, μιλούσε, εργαζόταν και ταξίδευε τόσο μη υποτυπωδώς ώστε οι νευρολόγοι τελικά συμπέραναν ότι ο μετωπιαίος λοβός δεν κάνει και πολλά απαραίτητα πράγματα[11]. Όπως έγραψε ένας νευρολόγος το 1884, «Ύστερα από την εμφάνιση του περίφημου αμερικανικού περιστατικού με τη σιδερόβεργα, είναι πλέον γνωστό ότι η καταστροφή αυτών των λοβών δεν προκαλεί απαραιτήτως συμπτώματα.»[12]

Αλλά ο συγκεκριμένος νευρολόγος είχε κάνει λάθος. Τον 19ο

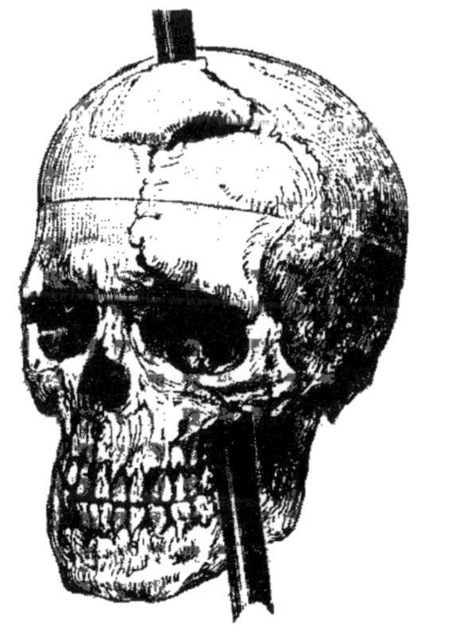

Εικόνα 3. Ένα ιατρικό σκίτσο της εποχής που δείχνει πώς η σιδερόβεργα διαπέρασε το κρανίο τού Phineas Gage.

αιώνα, η γνώση της λειτουργίας του εγκεφάλου βασιζόταν κυρίως στην παρατήρηση ανθρώπων οι οποίοι, όπως και ο Phineas Gage, υπήρξαν τα ατυχή θύματα κάποιου περιστασιακού και ανακριβούς νευρολογικού πειράματος της φύσης. Τον 20ό αιώνα, οι χειρουργοί πήραν τη σκυτάλη από τη φύση και άρχισαν να εκτελούν πιο ακριβή πειράματα, των οποίων τα αποτελέσματα έδωσαν μια πολύ διαφορετική εικόνα της λειτουργίας των μετωπιαίων λοβών. Στη δεκαετία τού 1930, ο πορτογάλος γιατρός António Egas Moniz αναζητούσε έναν τρόπο να ηρεμήσει τους ψυχωτικούς ασθενείς του που βρίσκονταν σε ψυχοκινητική υπερδιέγερση, όταν άκουσε για μια νέα χειρουργική μέθοδο, η οποία ονομαζόταν *μετωπιαία λοβοτομή* και περιλάμβανε χημική ή μηχανική καταστροφή τμημάτων του μετωπιαίου λοβού. Αυτή η διαδικασία είχε δοκιμαστεί σε πιθήκους οι οποίοι υπό κανονικές συνθήκες θύμωναν πολύ όταν στερούνταν το φαγητό τους, αλλά μετά την εγχείρηση αντιδρούσαν απέναντι σε τέτοιες προσβολές με μακάρια υπομονή. Ο Egas Moniz δοκίμασε την εγχείρηση στους ασθενείς του και ανακάλυψε ότι είχε και σε αυτούς παρόμοια κατευναστική επίδραση. (Είχε επίσης ως κατευναστικό αποτέλεσμα την απονομή βραβείου Νόμπελ ιατρικής στον Moniz το 1949.) Μέσα στις επόμενες δεκαετίες, οι χειρουργικές τεχνικές βελτιώθηκαν (η επέμβαση μπορούσε να διεξαχθεί υπό τοπική αναισθησία ακόμα και με έναν παγοκόφτη) και οι παρενέργειες (όπως μειωμένη νοημοσύνη και νυχτερινή ενούρηση) μειώθηκαν. Η καταστροφή κάποιου τμήματος του μετωπιαίου λοβού έγινε η τυπική πρακτική αντιμετώπισης περιπτώσεων άγχους και κατάθλιψης που δεν ανταποκρίνονταν σε άλλες μορφές θεραπείας[13]. Σε αντίθεση προς την παραδοσιακή ιατρική γνώση του περασμένου αιώνα, αναγνωριζόταν πλέον ότι τα πράγματα ήταν διαφορετικά όταν υπήρχε ο μετωπιαίος λοβός και διαφορετικά όταν απουσίαζε. Η διαφορά ήταν πως κάποιοι έδειχναν να τα πηγαίνουν καλύτερα χωρίς το λοβό.

Ενώ όμως κάποιοι χειρουργοί διαφήμιζαν τα οφέλη της λοβοτομής, κάποιοι άλλοι σημείωναν τις επιπτώσεις. Μολονότι οι ασθενείς με κατεστραμμένο μετωπιαίο λοβό τα κατάφερναν καλά σε τυπικά τεστ νοημοσύνης, μνήμης και τα παρόμοια, εντούτοις υστερούσαν σοβαρά σε οποιαδήποτε δοκιμασία —ακόμα και την απλούστερη— περιλάμβανε σχεδιασμό. Για παράδειγμα, όταν τους δινόταν ένας λαβύρινθος ή ένα παζλ των οποίων η λύση απαιτούσε να υπολογίσουν μια ολόκληρη σειρά από κινήσεις πριν κάνουν την πρώτη τους κίνηση, τούτοι οι κατά τα άλλα έξυπνοι άνθρωποι έμεναν αποσβολωμένοι[14]. Η παρουσία ελλειμμάτων στο σχεδιασμό δεν φανερωνόταν μόνο στο εργαστήριο. Αυτοί οι άνθρωποι μπορούσαν να λειτουργούν αρκετά καλά σε καθημερινές καταστάσεις, να πίνουν τσάι χωρίς να το χύνουν και να πιάνουν κουβεντούλα για τις κουρτίνες, αλλά τους ήταν πρακτικώς αδύνατο να πουν τι θα κάνουν αργότερα το ίδιο απόγευμα. Συνοψίζοντας την επιστημονική γνώση πάνω στο συγκεκριμένο θέμα, ένας διακεκριμένος επιστήμονας συμπέρανε: «Κανένα προμετωπιαίο σύμπτωμα δεν έχει αναφερθεί με μεγαλύτερη συστηματικότητα από εκείνο της ανικανότητας για σχεδιασμό. [...] Το εν λόγω σύμπτωμα δείχνει να οφείλεται αποκλειστικά σε δυσλειτουργία του προμετωπιαίου φλοιού [...] και δεν συνδέεται με κλινική καταστροφή οποιασδήποτε άλλης νευρικής δομής.»[15]

Τώρα, αυτό το ζεύγος παρατηρήσεων —ότι η καταστροφή ορισμένων τμημάτων του μετωπιαίου λοβού μπορεί να κάνει τους ανθρώπους να αισθάνονται πιο ήρεμοι αλλά και ότι μπορεί να τους καταστήσει ανίκανους να σχεδιάζουν— φαίνεται να συγκλίνει σε ένα μοναδικό συμπέρασμα. Ποιος είναι ο εννοιολογικός κρίκος που συνδέει το *άγχος* με την ικανότητα *σχεδιασμού*; Και τα δύο, φυσικά, συνδέονται στενά με το στοχασμό για το μέλλον. Αισθανόμαστε άγχος όταν αναμένουμε ότι κάτι κακό θα συμβεί, και καταστρώνουμε με τη φαντασία μας το ξεδίπλωμα των ενεργειών μας μέσα στο χρόνο. Ο σχεδιασμός απαιτεί να κοιτάξουμε προσεκτικά μέσα στο μέλλον μας, και το άγχος είναι μια από τις αντιδράσεις που μπορεί να έχουμε όταν το κάνουμε αυτό[16]. Το γεγονός ότι η καταστροφή του μετωπιαίου λοβού καταργεί και την ικανότητα σχεδιασμού και το άγχος τόσο μοναδικά και επακριβώς, υποδηλώνει ότι ο μετωπιαίος λοβός είναι το σημαντικό εκείνο μέρος του εγκεφαλικού μηχανισμού που δίνει τη δυνατότητα στον φυσιολογικό, σύγχρονο ενήλικο άνθρωπο να προβάλλει τον εαυτό στο μέλλον. Χωρίς αυτό, είμαστε παγιδευμένοι στη στιγμή, ανίκανοι να φανταστούμε το αύριο και, επομένως, χωρίς ανησυχία για το τι μπορεί να μας φέρει. Όπως αναγνωρίζουν πλέον οι επιστήμονες, ο μετωπιαίος λοβός «δίνει τη δύναμη στους υγιείς ενήλικους ανθρώπους να στοχάζονται την επέκταση της ύπαρξής τους μέσα στο χρόνο»[17]. Έτσι, οι άνθρωποι με κατεστραμμένο μετωπιαίο λοβό περιγράφονται από τους μελετητές τους ως «παγιδευμένοι από ερεθίσματα του παρόντος»[18] ή «κλειδωμένοι μέσα στον άμεσο χώρο και χρόνο»[19] ή ως εμφανίζοντες μια «τάση προς το χρονικά συγκεκριμένο»[20]. Με άλλα λόγια, όπως οι άνθρωποι με τα γλυκά και οι αστροναύτες των παιδικών απαντήσεων, ζουν σε έναν κόσμο χωρίς *αργότερα*.

Η θλιβερή περίπτωση του ασθενούς που είναι γνωστός ως Ν.Ν. μάς προσφέρει ένα παράθυρο για να ρίξουμε μια ματιά σε αυτό τον κόσμο. Ο Ν.Ν. υπέστη εσωτερική εγκεφαλική κάκωση σε τροχαίο ατύχημα το 1981, όταν ήταν 31 ετών. Οι εξετάσεις έδειξαν ότι είχε υποστεί εκτεταμένη βλάβη στον μετωπιαίο λοβό. Ένας ψυχολόγος εξέτασε με συνέντευξη τον Ν.Ν. μερικά χρόνια μετά το ατύχημα, και μαγνητοφώνησε τον παρακάτω διάλογο:

Ψυχολόγος: Με τι θα ασχοληθείς αύριο;
Ν.Ν.: Δεν ξέρω.
Ψυχολόγος: Θυμάσαι την ερώτηση που έκανα;
Ν.Ν.: Για το τι θα κάνω αύριο;
Ψυχολόγος: Ναι. Μπορείς να περιγράψεις τι συμβαίνει στο νου σου όταν προσπαθείς να το σκεφτείς;
Ν.Ν.: Κενό, νομίζω... Είναι σαν να κοιμάμαι... σαν να εί-

μαι σε ένα άδειο δωμάτιο και σαν κάποιος να μου λέει να πάω να βρω μια καρέκλα ενώ δεν υπάρχει τίποτα... σαν να κολυμπάω σε μια λίμνη. Δεν υπάρχει τίποτα που να σου τραβάει την προσοχή ή που να μπορείς να το χρησιμοποιήσεις.[21]

Η αδυναμία τού Ν.Ν. να σκεφτεί το μέλλον του είναι χαρακτηριστική των ανθρώπων με βλάβη στον μετωπιαίο λοβό. Για τον Ν.Ν., το αύριο θα είναι για πάντα ένα κενό δωμάτιο και, όταν θα προσπαθεί να φανταστεί το *αργότερα*, πάντοτε θα αισθάνεται όπως εμείς όταν δοκιμάζουμε να φανταστούμε τη μη ύπαρξη ή το άπειρο. Και όμως, αν ανοίγατε κουβέντα με τον Ν.Ν. στο μετρό ή αν συζητούσατε μαζί του καθώς θα περιμένατε σε μια ουρά στο ταχυδρομείο, μάλλον δεν θα καταλαβαίνατε ότι του λείπει κάτι τόσο θεμελιωδώς ανθρώπινο. Εξάλλου, κατανοεί τις αφηρημένες έννοιες του *χρόνου* και του *μέλλοντος*. Γνωρίζει τι είναι οι ώρες και τα λεπτά, πόσα τέτοια έχει κάθε ώρα, και τι σημαίνει *πριν* και *μετά*. Ο ψυχολόγος που εξέτασε τον Ν.Ν. ανέφερε χαρακτηριστικά: «Ξέρει πολλά πράγματα για τον κόσμο, έχει επίγνωση αυτής της γνώσης του και μπορεί να την εκφράσει με ευελιξία. Από αυτή την άποψη, δεν διαφέρει πολύ από έναν φυσιολογικό ενήλικο. Αλλά φαίνεται πως δεν μπορεί να βιώσει την υποκειμενική εμπειρία του παρατεταμένου χρόνου. [...] Δείχνει να ζει σε ένα "μόνιμο παρόν".»[22]

Μόνιμο παρόν —τι ανατριχιαστική έκφραση! Πόσο παράξενο και σουρεαλιστικό πρέπει να είναι το να εκτίνει κανείς ισόβια κάθειρξη στη φυλακή της παρούσας στιγμής, παγιδευμένος για πάντα σε ένα συνεχόμενο τώρα, σε έναν κόσμο χωρίς τέλος, ένα χρόνο χωρίς «αργότερα». Για μας τους άλλους είναι τόσο δύσκολο να φανταστούμε έναν τέτοιο τρόπο ύπαρξης, τόσο ξένο προς τη δική μας φυσιολογική εμπειρία, ώστε μπαίνουμε στον πειρασμό να τον δούμε σαν το «τυχερό» κάποιου —σαν μια ατυχή, σπάνια και φρικτή ανωμαλία που προκλήθηκε από τραυματισμό στο κεφάλι. Στην πραγματικότητα όμως, αυτός ο παράξενος τρόπος ύπαρξης είναι ο κανόνας και *εμείς* είμαστε η εξαίρεση. Για τις πρώτες εκατοντάδες εκατομμύρια χρόνια ύστερα από την εμφάνισή τους στον πλανήτη, όλοι οι εγκέφαλοι ήταν αγκιστρωμένοι σε ένα μόνιμο παρόν, και οι περισσότεροι εγκέφαλοι συνεχίζουν έτσι και σήμερα. Όχι όμως και ο δικός σας ή ο δικός μου, και τούτο διότι, πριν από 2 με 3 εκατομμύρια χρόνια, οι πρόγονοί μας ξεκίνησαν τη μεγάλη τους απόδραση από το εδώ και το τώρα, έχοντας ως όχημα διαφυγής μια εξαιρετικά ειδικευμένη μάζα φαιάς ουσίας, εύθραυστη, με ζάρες και αναδιπλώσεις. Αυτός ο μετωπιαίος λοβός —το τμήμα του ανθρώπινου εγκεφάλου που εξελίχθηκε τελευταίο, που ωριμάζει πιο αργά και εκφυλίζεται πρώτο με την ηλικία— είναι μια χρονομηχανή η οποία μάς επιτρέπει να εγκαταλείψουμε το παρόν και να βιώσουμε το μέλλον πριν αυτό συμβεί. Κανένα άλλο ζώο δεν έχει μετωπιαίο λοβό παρόμοιο έστω και λίγο με τον δικό μας, γι' αυτό και είμαστε το μοναδικό ζώο που σκέφτεται το μέλλον. Αν όμως η ιστορία του μετωπιαίου λοβού μάς εξηγεί τον *τρόπο* με τον οποίο οι άνθρωποι κατασκευάζουν το φανταστικό τους αύριο, δεν μας λέει πάντως το *γιατί*.

Στροφή στο πεπρωμένο

Στα τέλη της δεκαετίας τού 1960, ένας καθηγητής ψυχολογίας του Πανεπιστημίου Harvard πήρε LSD, παραιτήθηκε από τη θέση του (με λίγη ενθάρρυνση και από τη διοίκηση), πήγε στην Ινδία, γνώρισε έναν γκουρού και επέστρεψε για να γράψει το εκλαϊκευμένο βιβλίο *Be Here Now* (Να είσαι εδώ, τώρα), το κεντρικό μήνυμα του οποίου εκφραζόταν με σαφήνεια στην εντολή του τίτλου[23]. Το κλειδί για την ευτυχία, την πλήρωση και τη φώτιση, υποστήριζε ο πρώην καθηγητής, ήταν να σταματήσουμε να σκεφτόμαστε τόσο πολύ το μέλλον.

Γιατί όμως να φτάσει κανείς ώς την Ινδία και να ξοδέψει χρόνο, χρήματα και εγκεφαλικά κύτταρα μόνο και μόνο για να μάθει πώς να μη σκέφτεται το μέλλον; Απλώς διότι, όπως θα ξέρει και όποιος δοκίμασε να μάθει διαλογισμό, το να προσπαθεί κανείς να μη σκέφτεται το μέλλον αποτελεί πολύ μεγαλύτερη πρόκληση από το να είναι καθηγητής ψυχολογίας. Να μη σκεφτόμαστε το μέλλον σημαίνει να πείσουμε τον μετωπιαίο λοβό μας να μην εκτελεί αυτό για το οποίο σχεδιάστηκε, και, όπως ακριβώς κάνει και μια καρδιά που της λένε να σταματήσει να χτυπά, εκείνος φυσικά αρνείται να υπακούσει. Αντίθετα με τον Ν.Ν., οι περισσότεροι από εμάς δεν *κάνουμε αγώνα* για να σκεφτούμε το μέλλον, και αυτό διότι οι νοητικές προσομοιώσεις του μέλλοντος καταφτάνουν στη συνείδησή μας με κανονικότητα, αλλά και απρόσκλητες, και καταλαμβάνουν κάθε γωνιά της ψυχικής μας ζωής. Όταν ρωτάμε ανθρώπους πόσο σκέφτονται το παρελθόν, το παρόν και το μέλλον, εκείνοι διατείνονται πως πιο πολύ από όλα σκέφτονται το μέλλον[24]. Όταν οι ερευνητές *μετρούν* τα στοιχεία εκείνα που πλέουν στο ρεύμα της συνείδησης του μέσου ανθρώπου, βρίσκουν ότι περίπου το 12% από τις καθημερινές μας σκέψεις αφορούν το μέλλον[25]. Με άλλα λόγια, κάθε οκτάωρο σκέψεων περιέχει μία ώρα σκέψης για όσα πράγματα πρόκειται να συμβούν. Αν διαμένατε μία ώρα από το κάθε οκτάωρό σας στην πολιτεία μου, θα χρειαζόταν να πληρώσετε φόρους, πράγμα που σημαίνει ότι, με πολύ πραγματικούς όρους, καθένας μας είναι, εν μέρει, κάτοικος του αύριο.

Αλλά γιατί δεν μπορούμε να είμαστε απλώς στο εδώ και το τώρα; Γιατί δεν μπορούμε να κάνουμε αυτό που και το χρυσόψαρό μας κάνει τόσο εύκολα; Γιατί οι εγκέφαλοί μας επιμένουν πεισματικά να μας προβάλλουν στο μέλλον όταν έχουμε ήδη τόσο πολλά να σκεφτούμε για το εδώ και το τώρα;

Προσκόπηση και συναίσθημα

Η πιο προφανής απάντηση στην παραπάνω ερώτηση είναι ότι η σκέψη του μέλλοντος προκαλεί ευχαρίστηση. Ονειρευόμαστε ότι κερδίζουμε με διαφορά τους συναδέλφους στο σκουός, ότι ποζάρουμε με το διευθυντή τού Λόττο και την τεράστια επιταγή, ότι πιάνουμε κουβεντούλα με την όμορφη ταμία στην τράπεζα —όχι επειδή περιμένουμε ή θέλουμε καν να συμβούν όλα τούτα, αλλά απλώς διότι η φαντασίωση και μόνο αυτών των δυνατοτήτων είναι πηγή χαράς. Κάποιες μελέτες επιβεβαιώνουν ό,τι ήδη υποψιάζεστε: όταν ονειροπολούμε, φανταζόμαστε για τον εαυτό μας κατορθώματα και επιτυχίες, και όχι βέβαια γκάφες και αποτυχίες[26].

Στην πραγματικότητα, η σκέψη του μέλλοντος μπορεί να είναι τόσο ευχάριστη ώστε μερικές φορές προτιμάμε να το σκεφτόμαστε παρά να βρεθούμε εκεί. Στα πλαίσια μιας έρευνας, ανακοινώθηκε στους εθελοντές ότι είχαν κερδίσει ένα δωρεάν δείπνο σε κάποιο πανάκριβο γαλλικό ρεστοράν, και ύστερα ρωτήθηκαν πότε θα ήθελαν να πάρουν το δώρο τους. Τώρα; Απόψε; Αύριο; Μολονότι οι απολαύσεις που υποσχόταν το λουκούλειο γεύμα ήταν προφανείς και δελεαστικές, οι περισσότεροι συμμετέχοντες επέλεξαν να αναβάλουν για λίγο την ευτυχία, κατά κανόνα για την επόμενη εβδομάδα[27]. Προς τι αυτή η αυτοεπιβαλλόμενη αναβολή; Επειδή, περιμένοντας για μία εβδομάδα, αυτοί οι άνθρωποι δεν κέρδισαν μόνο χρόνο πριν απολαύσουν στρείδια και σαμπάνια, αλλά επιπλέον κέρδισαν την προσμονή αυτών των απολαύσεων για όλες τις επτά ημέρες που θα προηγούνταν. Η αναβολή της ευχαρίστησης αποτελεί ένα εφεύρημα για να μεγιστοποιούμε την απόλαυση. Πράγματι, μερικά πράγματα είναι πιο ευχάριστα όταν τα φανταζόμαστε παρά όταν τα βιώνουμε (όλοι έχουμε να θυμηθούμε μια περίσταση κατά την οποία κάναμε έρωτα με τον άνθρωπο που ποθούσαμε ή φάγαμε ένα γλυκό που έδειχνε σκανδαλιστικά νόστιμο αλλά στο τέλος συμπεράναμε ότι η αναπόληση της πράξης ήταν πιο ευχάριστη από την εκτέλεσή της), και σε αυτές τις περιπτώσεις μάλιστα μπορεί να αναβάλλουμε το γεγονός για πάντα. Σε μια έρευνα, παραδείγματος χάρη, ζητήθηκε από τους εθελοντές να φανταστούν ότι πρότειναν ραντεβού στο άτομο με το οποίο ήταν ερωτευμένοι· τελικά διαπιστώθηκε ότι εκείνοι που είχαν δημιουργήσει τις πιο περίτεχνες και απολαυστικές φαντασιώσεις σχετικά με την προσέγγιση του αντικειμένου του πόθου τους ήταν εκείνοι που είχαν και τις *λιγότερες* πιθανότητες να το πλησιάσουν μέσα στους επόμενους μήνες[28].

Φαίνεται λοιπόν ότι μας αρέσει να φαντασιωνόμαστε το καλύτερο από όλα τα δυνατά αύριο —και γιατί όχι; Στο κάτω κάτω, γεμίζουμε τα φωτογραφικά μας λευκώματα με εικόνες από γενέθλια και διακοπές σε τροπικά μέρη, και όχι από τροχαία ατυχήματα και επισκέψεις στα επείγοντα, διότι θέλουμε να αισθανόμαστε ευτυχείς όταν σεργιανίζουμε στην Οδό Μνήμης· επομένως γιατί να μην κάνουμε το ίδιο όταν περπατάμε στη Λεωφόρο Φαντασίας; Η φαντασίωση ενός ευτυχισμένου μέλλοντος μπορεί να μας δώσει χαρά, όμως ενδέχεται να έχει και μερικές απρόβλεπτες συνέπειες. Οι ερευνητές έχουν ανακαλύψει ότι, όταν μπορούμε εύκολα να φανταστούμε ένα γεγονός, υπερεκτιμάμε και τις πιθανότητες που έχει να συμβεί πραγματικά[29]. Επειδή δε οι περισσότεροι εξασκούμαστε πολύ περισσότερο στη φαντασίωση καλών παρά κακών ενδεχομένων, έχουμε την τάση να υπερεκτιμάμε τις πιθανότητες να μας συμβούν καλά πράγματα, και έτσι οδηγούμαστε σε μια πέραν των ρεαλιστικών ορίων αισιοδοξία για το μέλλον μας.

Οι αμερικανοί φοιτητές, για παράδειγμα, περιμένουν ότι θα ζήσουν περισσότερα χρόνια, θα παραμείνουν παντρεμένοι πιο πολύ καιρό και θα ταξιδεύουν πιο συχνά στην Ευρώπη απ' ό,τι ο μέσος πολίτης[30]. Πιστεύουν ότι έχουν περισσότερες πιθανότητες να κάνουν ένα χαρισματικό παιδί, να αποκτήσουν ιδιόκτητο σπίτι και να τους γράψει η εφημερίδα, και ότι έχουν λιγότερες πιθανότητες να πάθουν καρδιακή προσβολή ή αφροδίσια νοσήματα, να γίνουν αλκοολικοί, να πάθουν τροχαίο ατύχημα, κάταγμα ή ουλίτιδα. Οι Αμερικανοί όλων των ηλικιών περιμένουν ότι το μέλλον τους θα είναι μια βελτιωμένη εκδοχή του παρόντος τους[31], αλλά και οι πολίτες άλλων κρατών —αν και όχι τόσο αισιόδοξοι όσο οι Αμερικανοί— έχουν επίσης την τάση να φαντάζονται πως το μέλλον τους θα είναι πιο φωτεινό από εκείνο των συμπολιτών τους[32]. Αυτές οι υπεραισιόδοξες προσδοκίες για το προσωπικό μας μέλλον δεν ξεριζώνονται εύκολα: Η εμπειρία ενός σεισμού κάνει τους ανθρώπους προσωρινά ρεαλιστές όσον αφορά τον κίνδυνο που διατρέχουν να σκοτωθούν σε μια μελλοντική φυσική καταστροφή, αλλά, μέσα σε λίγες εβδομάδες, ακόμα και οι επιζώντες από σεισμό επιστρέφουν στα φυσιολογικά τους επίπεδα αθεμελίωτης αισιοδοξίας[33]. Μάλιστα, κάποια γεγονότα που υποβάλλουν σε σκληρή δοκιμασία τις αισιόδοξες πεποιθήσεις μας είναι δυνατόν μερικές φορές να μας κάνουν *περισσότερο* αντί *λιγότερο* αισιόδοξους. Σε μια μελέτη βρέθηκε ότι ασθενείς με καρκίνο ήταν *περισσότερο* αισιόδοξοι για το μέλλον τους απ' ό,τι οι υγιείς εξεταζόμενοι[34].

Φυσικά, το μέλλον που επιμένει να προσομοιώνει ο εγκέφαλός μας δεν έχει μόνο φιλιά, γευστικά στρείδια και γλυκό κρασί. Πολλές φορές προβλέπει ένα μέλλον ανιαρό, εκνευριστικό, βλακώδες, δυσάρεστο, έως και τρομακτικό. Έτσι, όσοι αναζητούν θεραπεία επειδή δεν μπορούν να σταματήσουν να σκέφτονται το μέλλον είναι συνήθως εκείνοι που μάλλον *ανησυχούν* για αυτό παρά ρεμβάζουν. Όπως ένα δόντι που κουνιέται φαίνεται να προκαλεί τη γλώσσα να τριγυρίζει συνεχώς εκεί, έτσι φαίνεται και ότι όλοι έχουμε πότε πότε τον παράδοξο καταναγκασμό να φανταζόμαστε καταστροφές και τραγωδίες. Πλησιάζοντας στο αεροδρόμιο, φανταζόμαστε το σενάριο με το αεροπλάνο να απογειώνεται χωρίς εμάς, και έτσι να χάνουμε το σημαντικό ραντεβού με τον πελάτη. Καθ' οδόν προς τη δεξίωση, φανταζόμαστε το σενάριο όπου παρουσιαζόμαστε μπρος στην οικοδέσποινα με άδεια χέρια, καταντροπιασμένοι, ενώ οι υπόλοιποι καλεσμένοι τής προσφέρουν από ένα μπουκάλι κρασί. Στο δρόμο για το ιατρικό κέντρο, φανταζόμαστε το σενάριο με το γιατρό να συνοφρυώνεται καθώς εξετάζει την ακτινογραφία του θώρακά μας, και να λέει κάτι δυσοίωνο όπως: «Ας μιλήσουμε λίγο για τις επιλογές σας.» Αφού αυτές οι φοβερές εικόνες μάς κάνουν κυριολεκτικά να φρικιάζουμε, γιατί κοπιάζουμε τόσο για την κατασκευή τους;

Υπάρχουν δύο λόγοι. Πρώτον, όταν τα δυσάρεστα γεγονότα είναι αναμενόμενα, ο αντίκτυπός τους ελαττώνεται. Φέρ' ειπείν, σε μια μελέτη οι εθελοντές δέχτηκαν είκοσι αλλεπάλληλα ηλεκτροσόκ ενώ προειδοποιούνταν για το καθένα 3 δευτερόλεπτα πριν από την έναρξη[35]. Μερικοί εθελοντές (η ομάδα υψηλής έντασης) δέχτηκαν είκοσι σοκ υψηλής έντασης στον δεξιό τους αστράγαλο. Άλλοι εθελοντές (η ομάδα χαμηλής έντασης) δέχτηκαν τρία σοκ υψηλής έντασης και δεκαεπτά σοκ χαμηλής έντασης. Μολονότι τα άτομα της ομάδας χαμηλής έντασης δέχτηκαν συνολικώς λιγότερα αμπέρ από την ομάδα υψηλής έντασης, εμφάνισαν ταχύτερο καρδιακό ρυθμό, ίδρωσαν πολύ περισσότερο και θεώρησαν ότι φοβήθηκαν περισσότερο. Γιατί; Διότι οι εθελοντές της ομάδας χαμηλής έντασης δέχτηκαν ηλεκτροσόκ διαφορετικής έντασης, σε διαφορετικούς χρόνους, και έτσι κατέστη αδύνατο να προβλέψουν το μέλλον. Κατά τα φαινόμενα, τρία ισχυρά σοκ που δεν μπορούν να προβλεφθούν είναι πιο οδυνηρά από είκοσι προβλεπόμενα ισχυρά σοκ[36].

Ο δεύτερος λόγος για τον οποίο καταβάλλουμε προσπάθεια να φανταστούμε δυσάρεστα γεγονότα είναι ότι ο φόβος, η ανησυχία και το άγχος διαδραματίζουν χρήσιμο ρόλο στη ζωή μας. Όπως ακριβώς δραματοποιούμε τις δυσάρεστες συνέπειες που θα είχε η κακή συμπεριφορά εργαζομένων, παιδιών, συντρόφων και κατοικιδίων για να τα κινητοποιήσουμε να κάνουν το σωστό, έτσι και με τη φαντασίωση του δυσάρεστου μέλλοντος που μας περιμένει παρακινούμε τους εαυτούς μας να χρησιμοποιούν πιο πολύ αντηλιακό και να καταναλώνουν λιγότερα γλυκά. Οι προβλέψεις μπορεί να γίνουν έτσι «φοβοβλέψεις»[37], οι οποίες αποσκοπούν όχι τόσο στο να προβλέψουν το μέλλον όσο στο να το αποτρέψουν. Μελέτες έχουν δείξει ότι αυτή η στρατηγική είναι συχνά αποτελεσματική και παρακινεί στην υιοθέτηση συμπεριφορών σύνεσης και προφύλαξης[38]. Εν κατακλείδι, μερικές φορές φανταζόμαστε ένα δυσοίωνο μέλλον μόνο και μόνο για να κατατρομάξουμε τον εαυτό μας και να κάνουμε το σωστό.

Προσκόπηση και έλεγχος

Η προσκόπηση μπορεί να προσφέρει ευχαρίστηση και να αποτρέψει την οδύνη, και αυτός είναι ένας από τους λόγους για τους οποίους ο εγκέφαλός μας επιμένει πεισματικά να «πιπιλίζει» σκέψεις για το μέλλον. Δεν είναι όμως ο πιο σημαντικός λόγος. Πολλοί άνθρωποι ανά τον κόσμο ξοδεύουν κάθε χρόνο τεράστια ποσά για μέντιουμ, συμβούλους επενδύσεων, πνευματικούς καθοδηγητές, μετεωρολόγους και ποικίλους άλλους πραματευτές που ισχυρίζονται ότι μπορούν να προβλέψουν το μέλλον. Όσοι χρηματοδοτούμε αυτή τη βιομηχανία προβλέψεων θέλουμε να ξέρουμε τι είναι πιθανόν να συμβεί όχι μόνο για να γευτούμε τη χαρά της αναμονής του. Θέλουμε να γνωρίζουμε τι είναι πιθανόν να συμβεί έτσι ώστε να μπορέσουμε να κάνουμε και *κάτι* για αυτό. Αν τα επιτόκια πρόκειται να ανεβούν κατακόρυφα τον επόμενο μήνα, τότε θέλουμε να αποσύρουμε άμεσα τα χρήματά μας από ομόλογα. Αν πρόκειται να βρέξει το απόγευμα, τότε θέλουμε να πάρουμε την ομπρέλα από το πρωί. Η γνώση είναι δύναμη, και ο σπουδαιότερος λόγος για τον οποίο ο εγκέφαλός μας επιμένει να προσομοιώνει το μέλλον, ακόμα κι όταν θα προτιμούσαμε να βρισκόμαστε στο εδώ και τώρα, αισθανόμενοι για λίγο χρυσόψαρα, είναι επειδή ο εγκέφαλός μας θέλει να *ελέγχει* τις εμπειρίες που πρόκειται να ζήσουμε.

Γιατί όμως να θέλουμε να ελέγξουμε τις μελλοντικές μας εμπειρίες; Επιφανειακά, αυτό δείχνει τόσο ανόητη ερώτηση όσο και το να ρωτήσει κάποιος γιατί να θέλουμε να έχουμε τον έλεγχο της τηλεόρασής μας και του αυτοκινήτου μας. Ας εμβαθύνουμε όμως λίγο περισσότερο: Έχουμε έναν μεγάλο μετωπιαίο λοβό ώστε να μπορούμε να βλέπουμε μπροστά, στο μέλλον· κοιτάζουμε στο μέλλον ώστε να μπορούμε να κάνουμε προβλέψεις γι' αυτό· κάνουμε προβλέψεις για το μέλλον ώστε να μπορούμε να το ελέγξουμε —αλλά, τελικά, γιατί να θέλουμε να το ελέγξουμε; Γιατί να μην αφήσουμε το μέλλον να ξεδιπλωθεί όπως θέλει, και να το βιώσουμε καθώς θα ρέει; Γιατί να μη βρισκόμαστε *εδώ* τώρα και *εκεί* τότε; Υπάρχουν δύο απαντήσεις σε αυτή την ερώτηση, η μια από τις οποίες είναι εντυπωσιακά σωστή και η άλλη εκπληκτικά λανθασμένη.

Η εντυπωσιακά σωστή απάντηση είναι ότι οι άνθρωποι αρέσκονται να *ασκούν* έλεγχο —όχι μόνο για το μέλλον που εξασφαλίζουν έτσι, αλλά και για την ίδια την άσκηση. Η ανάγκη να είμαστε αποτελεσματικοί —να προκαλούμε αλλαγές, να επηρεάζουμε τα πράγματα, να προκαλούμε συμβάντα— συγκαταλέγεται στις θεμελιώδεις ανάγκες με τις οποίες φαίνεται να είναι εξοπλισμένος εκ φύσεως ο ανθρώπινος εγκέφαλος, και μεγάλο μέρος της συμπεριφοράς μας από τη βρεφική κιόλας ηλικία αποτελεί απλώς έκφραση αυτής της ιδιαίτερης κλίσης μας για έλεγχο[39]. Ως βρέφη, πριν καν φορέσουμε την πρώτη πάνα, έχουμε ήδη μια ακατανίκητη επιθυμία να θηλάζουμε, να κοιμόμαστε, να αφοδεύουμε και γενικά να προκαλούμε γεγονότα. Μάς παίρνει βέβαια λίγο καιρό ώσπου να πραγματοποιήσουμε την τελευταία από τις πιο πάνω επιθυμίες, αλλά τούτο συμβαίνει απλώς και μόνο επειδή περνάει κάποιος χρόνος ώσπου να καταλάβουμε πως έχουμε δάχτυλα —όταν όμως γίνει κι αυτό, ε, τότε τρέμε κόσμε! Τα νήπια αναποδογυρίζουν πύργους από τουβλάκια, εκσφεντονίζουν αντικείμενα ή πασαλείβονται με την κρέμα τους τσιρίζοντας από χαρά. Γιατί; Μα επειδή *το έκαναν εκείνα: Κοίτα, μαμά! Το χέρι μου το έκανε αυτό. Το δωμάτιο είναι τώρα διαφορετικό επειδή εγώ ήμουν εκεί. Σκέφτηκα τουβλάκια να πέφτουν, και παφ, έπεσαν! Πωπώ! Μια ολοδική μου πράξη!*

Στην πραγματικότητα οι ανθρώπινες υπάρξεις έρχονται στον κόσμο έχοντας πάθος για έλεγχο, φεύγουν από τον κόσμο διατηρώντας αυτό το πάθος, και οι έρευνες αναφέρουν πως, αν σε οποιοδήποτε σημείο ανάμεσα στην είσοδο και την έξοδό τους, χάσουν αυτή την ικανότητα να ελέγχουν τα πράγματα, τότε γίνονται δυστυχείς, αισθάνονται αβοήθητοι και απελπισμένοι, και παθαίνουν κατάθλιψη[40]. Κάποτε μάλιστα πεθαίνουν. Στα πλαίσια κάποιας μελέτης, οι ερευνητές έδωσαν στους ηλικιωμένους ενοίκους ενός οίκου ευγηρίας από μια μικρή γλάστρα. Στους μισούς είπαν ότι οι ίδιοι οι ηλικιωμένοι θα είχαν την ευθύνη της φροντίδας του φυτού (ομάδα υψηλού προσωπικού ελέγχου), ενώ στους υπόλοιπους ότι κάποιος από το προσωπικό του οίκου θα φρόντιζε το φυτό (ομάδα χαμηλού ελέγχου)[41]. Έπειτα από έξι μήνες, το 30% των ενοίκων από την ομάδα χαμηλού ελέγχου είχαν πεθάνει, σε σύγκριση με το 15% μόνο της ομάδας υψηλού ελέγχου. Η μελέτη παρακολούθησης επιβεβαίωσε τη σπουδαιότητα που είχε η αίσθηση προσωπικού ελέγχου για την ευεξία ηλικιωμένων, αλλά είχε ένα απροσδόκητο και ατυχές τέλος[42]. Οι ερευνητές φρόντισαν ώστε κάποιοι εθελοντές φοιτητές να επισκέπτονται τακτικά τους ηλικιωμένους. Οι ένοικοι στην ομάδα υψηλού προσωπικού ελέγχου μπορούσαν να καθορίζουν οι ίδιοι το χρόνο και τη διάρκεια των επισκέψεων των φοιτητών («Έλα, σε παρακαλώ, να με επισκεφτείς την επόμενη Πέμπτη για μία ώρα»), ενώ οι ένοικοι της ομάδας χαμηλού ελέγχου δεν είχαν τέτοια δυνατότητα («Θα έρθω να σας επισκεφτώ την επόμενη Πέμπτη για μία ώρα»). Ύστερα από δύο μήνες, οι ηλικιωμένοι της ομάδας υψηλού ελέγχου ήταν πιο χαρούμενοι, υγιέστεροι, πιο ενεργητικοί και έπαιρναν λιγότερα φάρμακα από εκείνους στην ομάδα χαμηλού ελέγχου. Σε αυτό το σημείο, οι ερευνητές, έχοντας ολοκληρώσει τη μελέτη τους, τερμάτισαν τις επισκέψεις των φοιτητών. Μερικούς μήνες μετά, οι ερευνητές προς μεγάλη λύπη τους έμαθαν ότι ένας δυσανάλογα μεγάλος αριθμός ηλικιωμένων που είχαν συμμετάσχει στην ομάδα υψηλού ελέγχου είχαν πεθάνει. Τα αίτια αυτής της τραγικής έκβασης έγιναν κατανοητά μόνο εκ των υστέρων. Οι ηλικιωμένοι στους οποίους είχε δοθεί η αίσθηση προσωπικού ελέγχου ωφελήθηκαν σημαντικά για όσο καιρό τη διατήρησαν· στερήθηκαν όμως αυτή την αίσθηση ελέγχου με τον απρόσεκτο τρόπο που τερματίστηκε η μελέτη. Όπως φαίνεται, η απόκτηση ελέγχου μπορεί να έχει θετική επίδραση στην υγεία και την ευεξία, αλλά η απώλειά του μπορεί να αποβεί χειρότερη και από την πλήρη απουσία του αρχικά.

Η επιθυμία μας για έλεγχο είναι τόσο ισχυρή και το αίσθημα της άσκησης ελέγχου τόσο ευχάριστο ώστε συχνά φερόμαστε σαν να μπορούμε να ελέγξουμε ακόμα και το ανεξέλεγκτο. Λόγου χάρη, αρκετοί άνθρωποι ποντάρουν περισσότερα χρήματα σε τυχερά παιχνίδια όταν οι αντίπαλοι τους φαίνονται ανεπαρκείς —σαν να νομίζουν ότι θα μπορούσαν να ελέγξουν το τυχαίο τράβηγμα χαρτιών από την τράπουλα και να εκμεταλλευτούν έτσι την αδυναμία του αντιπάλου τους[43]. Αισθάνονται επίσης πιο σίγουροι ότι θα κερδίσουν σε μια λοταρία όταν μπορούν να επιλέξουν τον αριθμό στο απόκομμά τους[44], και πιστεύουν ότι θα κερδίσουν στα ζάρια όταν μπορούν να ρίξουν οι ίδιοι τις ζαριές[45]. Επίσης, στοιχηματίζουν περισσότερα χρήματα σε ζάρια που δεν έχουν ακόμα ριφθεί παρά σε ζάρια που έχουν ήδη ριφθεί αλλά των οποίων το αποτέλεσμα δεν είναι ακόμα γνωστό[46], και στοιχηματίζουν περισσότερα όταν οι ίδιοι, και όχι κάποιοι άλλοι, έχουν τη δυνατότητα να αποφασίσουν ποιος αριθμός θα θεωρηθεί ως επιτυχία[47]. Σε όλες αυτές τις περιπτώσεις, η συμπεριφορά των συγκεκριμένων ανθρώπων θα φαινόταν τελείως παράλογη αν δεν είχαν την πεποίθηση ότι μπορούν να ασκήσουν έλεγχο σε τέτοια τυχαία ενδεχόμενα. Αν όμως κάπου πολύ βαθιά μέσα τους πιστεύουν ότι *θα μπορούσαν* να ασκήσουν έλεγχο —έστω και τον ελάχιστο—, τότε η συμπεριφορά τους γίνεται απολύτως λογική. Και, πολύ βαθιά μέσα μας, αυτό ακριβώς φαίνεται να πιστεύουμε όλοι. Γιατί άραγε δεν μας διασκεδάζει καθόλου να δούμε απόψε σε μαγνητοσκόπηση τον χθεσινό αγώνα ποδοσφαίρου, ακόμα κι αν δεν ξέρουμε ποιος νίκησε; Επειδή το γεγονός ότι το παιχνίδι έχει κιόλας παιχτεί αποκλείει την πιθανότητα οι ζητωκραυγές μας να διαπεράσουν με κάποιον τρόπο την οθόνη της τηλεόρασης, να ταξιδέψουν μέσα από τα καλώδια και να φτάσουν ώς το γήπεδο για να επηρεάσουν την τροχιά της μπάλας καθώς εκείνη εξαπολύεται προς το τέρμα! Το πιο παράξενο ίσως πράγμα όσον αφορά τούτη την ψευδαίσθηση ελέγχου δεν είναι τόσο το ότι συμβαίνει, αλλά το ότι φαίνεται να προσφέρει και πολλά από τα ψυχολογικά οφέλη που συνεπάγεται η αίσθηση πραγματικού ελέγχου. Πράγματι, η μόνη ομάδα ατόμων που φαίνεται σε γενικές γραμμές να έχουν ανοσία σε αυτή την ψευδαίσθηση είναι οι κλινικώς καταθλιπτικοί[48], οι οποίοι συνήθως εκτιμούν με ακρίβεια το βαθμό στον οποίο μπορούν να ελέγξουν τα πράγματα σε πολλές περιστάσεις[49]. Αυτά και άλλα ευρήματα οδήγησαν μερικούς ερευνητές στο συμπέρασμα ότι η αίσθηση ελέγχου —πραγματική ή ψευδής— είναι μια πλούσια πηγή ψυχικής υγείας[50]. Έτσι, αν η ερώτηση είναι «Γιατί θέλουμε να ασκούμε έλεγχο στο μέλλον μας;», τότε η εκπληκτικά σωστή απάντηση είναι «Επειδή μας κάνει να αισθανόμαστε καλά», τελεία και παύλα. Η επιρροή είναι ευχάριστη. Όταν νιώθουμε ότι «μετράμε», είμαστε χαρούμενοι. Το να κρατάμε το πηδάλιο της βάρκας μας καθώς κατεβαίνουμε το ποτάμι του χρόνου είναι πηγή ευχαρίστησης, ανεξάρτητα από το λιμάνι που αναζητάμε.

Ίσως σε αυτό το σημείο να πιστεύετε πλέον δύο πράγματα. Πρώτον, πιθανότατα πιστεύετε πως, αν δεν ξανακούσετε τη φράση «το ποτάμι του χρόνου», είναι πολύ νωρίς για να πεθάνετε. Αμήν. Δεύτερον, πιθανότατα πιστεύετε ότι, ακόμα κι αν η μεταφορική πράξη της πλοήγησης μιας συμβολικής βάρκας σε ένα ποτάμι-κλισέ αποτελεί πηγή ευχαρίστησης και ευεξίας, *μεγαλύτερη* σπουδαιότητα έχει το πού κατευθύνεται η βάρκα. Το να παριστάνεις τον καπετάνιο είναι χαρά από μόνο του, αλλά στην πραγματικότητα θέλουμε να βρισκόμαστε στο τιμόνι της βάρκας μας για να μπορέσουμε να την οδηγήσουμε στη Χαβάη και όχι στο Νιου Τζέρσι. Η φύση ενός τόπου καθορίζει το πώς αισθανόμαστε κατά την άφιξή μας εκεί, και η μοναδικά ανθρώπινη ικανότητά μας να σκεφτόμαστε για το μακροπρόθεσμο μέλλον μάς επιτρέπει να επιλέξουμε τους καλύτερους προορισμούς και να αποφύγουμε τους χειρότερους. Είμαστε οι πίθηκοι που έμαθαν να «βλέπουν μπροστά», διότι έτσι μπορούμε να χαζέψουμε τα πολλά διαφορετικά πεπρωμένα που μπορεί να μας περιμένουν εκεί, και να διαλέξουμε το καλύτερο. Τα άλλα ζώα χρειάζεται *να βιώσουν* πρώτα ένα γεγονός για να αντιληφθούν τις χαρές και τις πίκρες του, αλλά η δική μας ικανότητα προορατικότητας μας δίνει τη δύναμη να φανταστούμε αυτό που δεν έχει ακόμα συμβεί και να γλυτώσουμε από τα σκληρά μαθήματα της εμπειρίας. Δεν χρειάζεται να πονέσουμε για να μάθουμε ποια πράγματα είναι οδυνηρά, και δεν χρειάζεται να βιώσουμε την εγκατάλειψη, την περιφρόνηση, την έξωση, τον υποβιβασμό, την ασθένεια ή το διαζύγιο, για να μάθουμε ότι όλα αυτά είναι ανεπιθύμητα αποτελέσματα που καλά θα κάνουμε να τα αποφύγουμε. Θέλουμε —και *θα έπρεπε* να θέλουμε— να ελέγχουμε την κατεύθυνση της βάρκας μας επειδή κάποια μελλοντικά ενδεχόμενα είναι καλύτερα από άλλα, και επειδή, ακόμα και από την απόσταση στην οποία βρισκόμαστε, πρέπει να έχουμε την ικανότητα να τα διακρίνουμε.

Αυτή η ιδέα είναι τόσο προφανής ώστε μόλις που αξίζει την αναφορά, αλλά θα την αναφέρω έτσι κι αλλιώς. Μάλιστα, στο υπόλοιπο μέρος του βιβλίου θα σας την υπενθυμίζω συνέχεια, διότι μόνο έτσι θα σας πείσω ότι αυτό που κατ' αρχήν φαίνεται προφανής ιδέα είναι στην πραγματικότητα η εκπληκτικά λανθασμένη απάντηση στην ερώτησή μας. Επιμένουμε να οδηγούμε τις βάρκες της ζωής μας διότι νομίζουμε ότι ξέρουμε πολύ καλά πού πρέπει να πάμε, αλλά η αλήθεια είναι ότι πολλά γυρίσματα του τιμονιού μας αποδεικνύονται μάταια —όχι επειδή το πλοίο δεν αποκρίνεται, ούτε επειδή δεν μπορούμε να βρούμε τον προορισμό μας, αλλά επειδή το μέλλον είναι εντελώς διαφορετικό από αυτό που δείχνει μέσα από το «προβλεπτισκόπιό» μας. Όπως ακριβώς βιώνουμε οπτικές πλάνες («Δεν είναι παράξενο που η μια γραμμή φαίνεται μακρύτερη από την άλλη ακόμα και αν δεν είναι;») αλλά και πλάνες της μνήμης («Παράξενο δεν είναι που δεν θυμάμαι να έβγαλα έξω τα σκουπίδια, ενώ το έκανα;»), έτσι βιώνουμε και πλάνες πρόβλεψης —μάλιστα, και τα τρία είδη πλάνης εξηγούνται βάσει των ίδιων αρχών της ανθρώπινης ψυχολογίας.

Περαιτέρω

Για να είμαι απολύτως ειλικρινής, δεν σκοπεύω να *αναφέρω* απλώς την εκπληκτικά λάθος απάντηση· θα την υποβάλω σε εξονυχιστικό έλεγχο, θα την απογυμνώσω εντελώς —κυριολεκτικά θα τη βασανίσω. Η εκπληκτικά λάθος απάντηση είναι, κατά τα φαινόμενα, τόσο λογικοφανής και τόσο ευρέως αποδεκτή ώστε μόνο με κατατρόπωση μπορούμε να ελπίζουμε ότι θα την απαλείψουμε από την κοινώς παραδεδεγμένη γνώση. Επομένως, πριν αρχίσει αυτή η αναμέτρηση, επιτρέψτε μου να σας εκθέσω το σχέδιο επίθεσης:

Στο Μέρος ΙΙ, με τίτλο «Υποκειμενικότητα», θα σας μιλήσω για την επιστήμη της ευτυχίας. Όλοι καθοδηγούμε τον εαυτό μας προς το μέλλον που πιστεύουμε ότι θα μας κάνει ευτυχισμένους, αλλά τι σημαίνει στ' αλήθεια αυτή η λέξη; Και πώς είναι δυνατόν να ελπίζουμε ότι θα αποκτήσουμε ποτέ στέρεες, επιστημονικές απαντήσεις για κάτι τόσο άπιαστο όσο ένα συναίσθημα;

Χρησιμοποιούμε την όραση για να δούμε το χώρο, και τη φαντασία μας για να δούμε μέσα στο χρόνο. Όπως ακριβώς τα μάτια μας μας κάνουν μερικές φορές να βλέπουμε τα πράγματα όχι όπως ακριβώς είναι, έτσι και η φαντασία μας κάποτε μας οδηγεί να προβλέψουμε τα πράγματα έτσι όπως δεν θα υπάρξουν. Η φαντασία πάσχει από τρεις περιορισμούς, οι οποίοι προκαλούν τις πλάνες πρόβλεψης, με τις οποίες ασχολείται βασικά αυτό το βιβλίο. Στο Μέρος ΙΙΙ, με τίτλο «Ρεαλισμός», θα σας μιλήσω για τον πρώτο περιορισμό: Η φαντασία εργάζεται τόσο γρήγορα, αθόρυβα και αποτελεσματικά ώστε δεν είμαστε αρκετά δύσπιστοι απέναντι στα προϊόντα της.

Στο Μέρος IV, με τίτλο «Παροντισμός», θα σας πω για τον δεύτερο περιορισμό: Τα προϊόντα της φαντασίας είναι... όχι και τόσο ευφάνταστα, πράγμα που εξηγεί γιατί το μέλλον που φανταζόμαστε μοιάζει συχνά τόσο πολύ με το παρόν μας.

Στο Μέρος V, με τίτλο «Εκλογίκευση», θα σας μιλήσω για τον τρίτο περιορισμό: Η φαντασία δυσκολεύεται πολύ να μας πει πώς θα *σκεφτόμαστε* για το μέλλον όταν θα φτάσουμε εκεί. Αν και δυσκολευόμαστε να προβλέψουμε μελλοντικά γεγονότα, η δυσκολία μας είναι ακόμα μεγαλύτερη όταν προβλέπουμε πώς θα «βλέπουμε» αυτά τα γεγονότα όταν συμβαίνουν.

Τέλος, στο Μέρος VI, με τίτλο «Διορθωσιμότητα», θα σας εξηγήσω γιατί οι πλάνες πρόβλεψης δεν θεραπεύονται με την προσωπική εμπειρία ή με τη σοφία που κληρονομούμε από τους παππούδες μας. Θα ολοκληρώσω τη σκέψη μου παρουσιάζοντας μια απλή θεραπεία για αυτές τις πλάνες, την οποία σίγουρα δεν πρόκειται να αποδεχτείτε.

Όταν θα έχετε διαβάσει αυτά τα κεφάλαια, ελπίζω πως θα καταλαβαίνετε γιατί οι περισσότεροι περνάμε τόσο μεγάλο μέρος της ζωής μας στρίβοντας τιμόνια και σηκώνοντας πανιά μόνο και μόνο για να διαπιστώσουμε τελικά ότι η Εδέμ δεν ήταν ό,τι και όπου νομίζαμε ότι θα είναι.

ΜΕΡΟΣ II

Υποκειμενικότητα

subjectivity (υποκειμενικότητα): Το ότι η εμπειρία δεν είναι παρατηρήσιμη από κανέναν άλλο εκτός από το άτομο που τη βιώνει.

Κεφαλαιο 2

Η θέα εκ των ένδον

Όμως τι πίκρα είναι να κοιτάζεις την
ευτυχία με ξένα μάτια!

—Ουίλλιαμ Σαίξπηρ, *Όπως αγαπάτε*

Η LORI ΚΑΙ Η REBA SCHAPPEL, αν και δίδυμες, είναι πολύ διαφορετικοί χαρακτήρες. Η Reba είναι ντροπαλή, αρκετά πουριτανή και έχει ηχογραφήσει ένα βραβευμένο άλμπουμ μουσικής κάντρι. Η Lori, πιο εξωστρεφής, ετοιμόλογη, με αδυναμία στα κοκτέιλ, εργάζεται σε νοσοκομείο και θέλει να παντρευτεί και να κάνει παιδιά. Τσακώνονται πότε πότε, όπως όλες οι αδελφές, αλλά συνήθως τα πηγαίνουν καλά, κάνουν αμοιβαία κοπλιμέντα και πειράγματα, και αλληλοσυμπληρώνουν τις φράσεις τους. Στην πραγματικότητα, υπάρχουν μόνο δύο ασυνήθιστα πράγματα όσον αφορά τη Lori και τη Reba. Το πρώτο είναι ότι μοιράζονται ένα τμήμα του κυκλοφορικού τους, μέρος του κρανίου τους και λίγο εγκεφαλικό ιστό, καθώς είναι εκ γενετής ενωμένες στο μέτωπο. Η μια πλευρά του μετώπου τής Lori είναι κολλημένη στη μια πλευρά του μετώπου τής Reba, και έτσι έχουν περάσει κάθε στιγμή της ζωής τους «κλειδωμένες» μαζί, πρόσωπο με πρόσωπο. Το δεύτερο ασυνήθιστο πράγμα με τη Lori και τη Reba είναι ότι δεν αισθάνονται παραιτημένες αλλά ευτυχισμένες —όχι απλώς ευχαριστημένες, αλλά χαρούμενες, κεφάτες και αισιόδοξες[1]. Η ασυνήθιστη ζωή τους έχει βέβαια κάθε τόσο προκλήσεις, αλλά και τίνος δεν έχει, όπως λένε και οι ίδιες. Όταν ερωτώνται για το ενδεχόμενο να διαχωριστούν χειρουργικά, η Reba, μιλώντας και για τις δύο, λέει: «Η γνώμη μας είναι όχι, κάθετα όχι. Και γιατί να το θέλει κανείς αυτό; Μα τον Θεό, γιατί; Δύο ζωές θα καταστρέφονταν έτσι.»[2]

Νά λοιπόν μια ερώτηση: Αν αυτή ήταν η δική σας ζωή, πώς θα αισθανόσασταν; Αν πείτε «χαρούμενοι, κεφάτοι και αισιόδοξοι», τότε δεν καταλάβατε το παιχνίδι, και για αυτό θα σας δώσω άλλη μία ευκαιρία. Προσπαθήστε να είστε ειλικρινείς, όχι κοινωνικώς ορθοί. Η ειλικρινής απάντηση είναι «αποκαρδιωμένοι, απελπισμένοι, σε μελαγχολία». Πράγματι, φαίνεται πως κανένας λογικός άνθρωπος δεν θα μπορούσε να είναι *στ' αλήθεια* ευτυχισμένος υπό τέτοιες συνθήκες, πράγμα που εξηγεί το γιατί, σύμφωνα με την παραδοσιακή ιατρική γνώση και πρακτική, οι σιαμαίοι δίδυμοι πρέπει να διαχωρίζονται αμέσως μετά τη γέννηση, ακόμα και με κίνδυνο να πεθάνει ο ένας ή και οι δύο. Όπως έγραψε ένας διακεκριμένος ιστορικός της ιατρικής, «Πολλοί κανονικοί άνθρωποι, και ειδικά οι χειρουργοί, θεωρούν αδιανόητο ότι αξίζει να ζήσει κανείς τη ζωή σιαμαίων διδύμων, ότι μερικοί δεν θα ήταν διατεθειμένοι να ρισκάρουν τα πάντα —κινητικότητα, αναπαραγωγική ικανότητα, τη ζωή του ενός ή και των δύο διδύμων— για να επιχειρηθεί ο διαχωρισμός.»[3] Με άλλα λόγια, κοινή αντίληψη δεν αποτελεί μόνο το ότι οι σιαμαίοι δίδυμοι είναι εξαιρετικά λιγότερο ευτυχισμένοι απ' ό,τι οι φυσιολογικοί άνθρωποι, αλλά και το ότι η ζωή των σιαμαίων είναι τόσο ανάξια ώστε οι επικίνδυνες χειρουργικές επεμβάσεις διαχωρισμού θεωρούνται ηθικά επιβεβλημένες. Ωστόσο, οι ίδιες οι δίδυμες έρχονται να αντικρούσουν αυτή τη σιγουριά μας για τέτοια ζητήματα. Όταν ρωτάμε τη Lori και τη Reba πώς νιώθουν για την κατάστασή τους, μας λένε πως δεν θα την ήθελαν διαφορετική. Κατόπιν εξαντλητικής αναζήτησης στην ιατρική βιβλιογραφία, ο ίδιος ιστορικός της ιατρικής βρήκε πως «η επιθυμία να παραμείνουν μαζί είναι τόσο διαδεδομένη μεταξύ σιαμαίων διδύμων ώστε μπορεί να θεωρηθεί πρακτικώς καθολική»[4]. Κάτι δεν πάει καθόλου καλά εδώ. Αλλά τι;

Φαίνεται να υπάρχουν μόνο δύο ενδεχόμενα. Κάποιος από τους δύο —είτε η Lori με τη Reba, είτε όλοι οι υπόλοιποι στον κόσμο— κάνει τρομερό λάθος όταν μιλά για ευτυχία. Επειδή, εν προκειμένω, «όλοι οι υπόλοιποι» είμαστε εμείς, είναι φυσικό να απορρίψουμε τον ισχυρισμό των διδύμων ότι αισθάνονται ευτυχισμένες, με τις πρόχειρες απαντήσεις «καλά, έτσι το λένε» ή «μπορεί να νομίζουν ότι είναι ευτυχισμένες αλλά δεν είναι» ή με την ακόμα πιο προσφιλή «δεν ξέρουν τι σημαίνει πραγματική ευτυχία» (συνήθως διατυπωμένη σαν εμείς να ξέρουμε). Φαίνεται λογικό. Αλλά, όπως και οι ισχυρισμοί τους οποίους απορρίπτουν, αυτές οι απαντήσεις είναι επίσης ισχυρισμοί —επιστημονικοί και φιλοσοφικοί ισχυρισμοί— οι οποίοι προϋποθέτουν απαντήσεις σε ερωτήσεις που βασάνισαν επιστήμονες και φιλοσόφους επί χιλιετίες. Για τι πράγμα μιλάμε όταν όλοι κάνουμε τέτοιους ισχυρισμούς για την ευτυχία;

Χορεύοντας την αρχιτεκτονική

Σε κάθε μεγάλη βιβλιοθήκη υπάρχουν χιλιάδες βιβλία για την ευτυχία, και τα περισσότερα αρχίζουν με την ερώτηση τι είναι *πράγματι* η ευτυχία. Όπως καταλαβαίνετε, αυτό ισοδυναμεί περίπου με το να ξεκινάει κάποιος ένα μακρύ οδοιπορικό κολλώντας από το πρώτο κιόλας βήμα στο λασπόλακκο που βρίσκει μπροστά του, διότι η ευτυχία *στην πραγματικότητα* δεν είναι τίποτα περισσότερο ή λιγότερο από μια λέξη που χρησιμοποιούμε εμείς, οι κατασκευαστές λέξεων, για να εννοήσουμε ό,τι μάς κάνει ευχαρίστηση. Το πρόβλημα έγκειται στο ότι χρησιμοποιούμε την εν λόγω λέξη για να εννοήσουμε ένα σωρό πράγματα, και αυτό έχει δημιουργήσει μια τρομακτική σύγχυση ορολογίας, πάνω στην οποία στηρίχτηκαν αρκετές θαυμάσιες επιστημονικές καριέρες. Αν τσαλαβουτήσει κανείς για αρκετό διάστημα μέσα σε αυτή τη σύγχυση, καταλήγει να δει ότι οι περισσότερες διενέξεις αναφορικά με το τι είναι *πραγματικά* η ευτυχία αποτελούν περισσότερο σημασιολογικές διαμάχες, σχετικά δηλαδή με το αν η λέξη θα έπρεπε να χρησιμοποιείται για να δηλώνει εκείνο ή το *άλλο*, παρά επιστημονικές ή φιλοσοφικές διαφωνίες σχετικά με τη φύση *εκείνου* ή του *άλλου*. Τι είναι το *εκείνο* και το *άλλο* στα οποία αναφέρεται συνηθέστερα η ευτυχία; Η λέξη *ευτυχία* χρησιμοποιείται για να δηλώσει τουλάχιστον τρία σχετιζόμενα μεταξύ τους πράγματα, τα οποία μπορούμε πρόχειρα να ονομάσουμε *συναισθηματική ευτυχία*, *ηθική ευτυχία* και *αξιολογική ευτυχία*.

Αισθήματα ευτυχίας

Η συναισθηματική ευτυχία είναι η πιο βασική της τριάδας —τόσο βασική μάλιστα ώστε η γλώσσα μας δένεται όταν προσπαθούμε να την ορίσουμε, όπως όταν κάποιος εξυπνάκιας μαθητής μάς προκαλεί να εξηγήσουμε τι σημαίνει η λέξη *αυτό* και συνακόλουθα μας δίνει πειστικότατους λόγους για τη σωματική του τιμωρία. Η συναισθηματική ευτυχία είναι μια φράση που περιγράφει ένα *αίσθημα*, μια *εμπειρία*, μια *υποκειμενική κατάσταση*, και κατά συνέπεια δεν έχει αντικειμενικό αντίστοιχο στον φυσικό κόσμο. Εάν ένας εξωγήινος μας ζητούσε να ορίσουμε αυτό το συναίσθημα, είτε θα δείχναμε τα υλικά αντικείμενα που συνήθως το προκαλούν είτε θα αναφέραμε άλλα συναισθήματα με τα οποία μοιάζει.

Σκεφτείτε, για παράδειγμα, πώς θα μπορούσαμε να ορίσουμε μια πολύ απλή υποκειμενική εμπειρία όπως η εμπειρία του κίτρινου χρώματος. Μπορεί να νομίζετε ότι το κίτρινο είναι χρώμα, αλλά κάνετε λάθος. Είναι μια ψυχολογική κατάσταση. Είναι η εμπειρία που έχουν οι άνθρωποι με φυσιολογικό σύστημα όρασης όταν τα μάτια τους δέχονται φως με μήκος κύματος 580 νανόμετρα. Αν ο εξωγήινος φίλος μάς ζητούσε να ορίσουμε την εμπειρία που βιώνουμε όταν διατεινόμαστε ότι *βλέπουμε κίτρινο*, πιθανότατα θα ξεκινούσαμε δείχνοντάς του ένα σχολικό λεωφορείο, ένα λεμόνι, μια λαστιχένια πάπια, και θα λέγαμε:

«Τα βλέπεις όλα τούτα; Κίτρινο ονομάζεται αυτό που είναι κοινό στις οπτικές εμπειρίες τις οποίες έχεις όταν τα βλέπεις.» Ή μπορεί να προσπαθούσαμε να εξηγήσουμε την εμπειρία του κίτρινου με βάση άλλες εμπειρίες: «Το κίτρινο; Ε, λοιπόν, μοιάζει με την εμπειρία του πορτοκαλιού χρώματος, όταν του αφαιρέσεις λίγη εμπειρία κόκκινου.» Αν ο εξωγήινος ομολογούσε ότι δεν μπορεί να καταλάβει τι κοινό έχουν η πάπια, το λεμόνι και το σχολικό και ότι δεν έχει ποτέ βιώσει την εμπειρία του πορτοκαλιού ή του κόκκινου, τότε θα ήταν ώρα να παραγγείλετε άλλη μια μπίρα και να αλλάξετε θέμα συζήτησης, διότι δεν υπάρχει άλλος τρόπος να οριστεί το κίτρινο. Οι φιλόσοφοι συνηθίζουν να λένε ότι οι υποκειμενικές καταστάσεις δεν επιδέχονται περαιτέρω αναγωγή, όπερ σημαίνει ότι κανένα από τα πράγματα που μπορούμε να δείξουμε, τίποτε με το οποίο μπορούμε να τις συγκρίνουμε και τίποτε από όσα μπορούμε να πούμε για τη νευρολογική τους βάση δεν δύναται να υποκαταστήσει τις ίδιες τις εμπειρίες[5]. Λέγεται ότι ο μουσικός Frank Zappa δήλωσε κάποτε πως το να γράφεις για τη μουσική είναι σαν να χορεύεις την αρχιτεκτονική, και το ίδιο ισχύει με τη συζήτηση για το κίτρινο. Αν ο παράξενος συμπότης σας δεν έχει τον εξοπλισμό που απαιτείται για την έγχρωμη όραση, τότε δεν θα μπορέσει ποτέ να μοιραστεί τη δική σας εμπειρία του κίτρινου —ή δεν θα ξέρει ότι τη μοιράζεται—, ό,τι κι αν του δείχνετε και όσο και αν του μιλάτε[6].

Η συναισθηματική ευτυχία είναι κάπως έτσι. Πρόκειται για το συναίσθημα εκείνο που είναι κοινό σε ό,τι αισθανόμαστε όταν το μωρό μας μας χαμογελάει για πρώτη φορά, όταν μαθαίνουμε ότι προαχθήκαμε, όταν βοηθάμε έναν τουρίστα να βρει το μουσείο, όταν στο στόμα μας λιώνει βελγική σοκολάτα, όταν μυρίζουμε το άρωμα των μαλλιών της αγαπημένης μας, όταν ακούμε εκείνο το τραγούδι που λατρεύαμε στο γυμνάσιο αλλά δεν το είχαμε ακούσει εδώ και χρόνια, όταν ακουμπάμε το μάγουλό μας πάνω στο τρίχωμα ενός γατιού, όταν θεραπεύουμε τον καρκίνο ή όταν παίρνουμε μια γερή δόση κοκαΐνης. Αυτά τα αισθήματα διαφέρουν μεταξύ τους, αλλά έχουν και κάτι κοινό. Άλλο πράγμα είναι μια μετοχή, άλλο ένα ακίνητο και άλλο μια ράβδος χρυσού —αλλά όλα αποτελούν μορφές *πλούτου* που καταλαμβάνουν διαφορετικά επίπεδα σε μια κλίμακα *αξίας*. Ομοίως, η εμπειρία της λήψης κοκαΐνης δεν είναι ίδια με την εμπειρία της αφής ενός γατιού, η οποία επίσης διαφέρει από την εμπειρία της προαγωγής, αλλά όλα αυτά είναι μορφές *αισθημάτων* που καταλαμβάνουν διαφορετικά σημεία στην κλίμακα της ευτυχίας. Σε καθεμία από αυτές τις περιπτώσεις, η συνάντησή μας με κάποιο υλικό αντικείμενο παράγει ένα περίπου όμοιο πρότυπο νευρικής δραστηριότητας[7], και επομένως φαίνεται λογικό να υπάρχει κάτι κοινό στην *εμπειρία* που έχουμε από το καθένα —σε αυτό το συνονθύλευμα φαινομένων υπάρχει κάποια εννοιολογική συνοχή που οδήγησε τους ανθρώπους ήδη από πολύ παλιά να τα ομαδοποιήσουν υπό την ίδια γλωσσολογική κατηγορία. Πράγματι, όταν οι ερευνητές αναλύουν το πώς σχετίζονται σε μια γλώσσα όλες οι λέξεις προς όλες τις άλλες, αναπόφευκτα καταλήγουν στο ότι η θετική ποιότητα των λέξεων —δηλαδή, το κατά πόσο αναφέρονται σε εμπειρίες ευτυχίας ή δυστυχίας— αποτελεί το πιο καθοριστικό στοιχείο των σχέσεών τους[8]. Παρά την αξιοθαύμαστη προσπάθεια του Τολστόι, οι περισσότεροι χρήστες της γλώσσας θεωρούν ότι η λέξη *πόλεμος* σχετίζεται περισσότερο με τη λέξη *εμετός* παρά με τη λέξη *ειρήνη*.

Η ευτυχία λοιπόν είναι το «πώς το λένε» αίσθημα. Αν ζείτε στον ίδιο με μένα αιώνα και έχετε παρόμοιες με τις δικές μου πολιτισμικές προσλαμβάνουσες παραστάσεις, τότε όσα σάς έδειξα και οι συγκρίσεις που έκανα έφεραν αποτέλεσμα και ξέρετε *ακριβώς* για ποιο αίσθημα μιλάω. Αν είστε όμως εξωγήινος και πασχίζετε ακόμα να αντιληφθείτε το κίτρινο, τότε η κατανόηση της ευτυχίας θα είναι για σας πραγματικά πολύ δύσκολη. Μη χάνετε όμως το θάρρος σας: Και εγώ θα αντιμετώπιζα παρόμοιο πρόβλημα αν μου λέγατε πως στον πλανήτη σας υπάρχει ένα συναίσθημα που είναι κοινό στις πράξεις της διαίρεσης αριθμών με το τρία, στο απαλό κοπάνημα του κεφαλιού πάνω σε ένα πόμολο, και στη ρυθμική απελευθέρωση ριπών αζώτου από όλες τις οπές, καθημερινά, εκτός από τις Τρίτες. Δεν θα μπορούσα να καταλάβω τι είναι αυτό το συναίσθημα και θα μάθαινα μόνο το όνομά του, ελπίζοντας ότι θα μπορέσω να το χρησιμοποιήσω σε συζητήσεις χωρίς να γίνω αγενής. Επειδή η συναισθηματική ευτυχία είναι μια εμπειρία, μπορεί να οριστεί μόνο κατά προσέγγιση, με βάση όσα γεγονότα προηγήθηκαν αυτής ή μέσω της σχέσης της με άλλες εμπειρίες[9]. Ο άγγλος ποιητής Alexander Pope αφιέρωσε μεγάλο μέρος του έργου του *Essay on Man* (Δοκίμιο περί Ανθρώπου) στο θέμα της ευτυχίας, καταλήγοντας στην εξής ερώτηση: «Όποιοι λοιπόν την ορίζουν, λένε άραγε κάτι λιγότερο ή περισσότερο από αυτό, ότι η ευτυχία είναι η ευτυχία;»[10]

Η συναισθηματική ευτυχία μπορεί να αντιστέκεται στις προσπάθειές μας να τη δαμάσουμε με περιγραφές, αλλά δεν έχουμε καμιά αμφιβολία για την πραγματικότητα και τη σπουδαιότητά της όταν την αισθανόμαστε. Οποιοσδήποτε έτυχε να παρατηρήσει την ανθρώπινη συμπεριφορά έστω και για λίγα δευτερόλεπτα, θα έχει προσέξει ότι οι άνθρωποι είμαστε ισχυρώς, κυρίως, ίσως μάλιστα και εντελώς, προσηλωμένοι στην επιδίωξη της ευτυχίας. Αν υπήρξαν ποτέ άνθρωποι που προτιμούσαν τη στέρηση από την απόλαυση, την απογοήτευση από την ικανοποίηση, και τον πόνο από την ευχαρίστηση, τότε πρέπει να κρύβονταν πολύ καλά, διότι ποτέ κανείς δεν τους είδε. Θέλουμε να είμαστε ευτυχισμένοι, και όλα τα υπόλοιπα πράγματα που θέλουμε αποτελούν πάντοτε τα μέσα για την επίτευξη αυτού του σκοπού. Ακόμα κι όταν θυσιάζουμε την ευτυχία της στιγμής —κάνοντας δίαιτα αντί να τρώμε, δουλεύοντας ώς αργά αντί να κοιμόμαστε—, συνήθως το κάνουμε για να αυξήσουμε τη μελλοντική μας είσπραξη σε ευτυχία. Το λεξικό μάς λέει ότι η λέξη «προτιμώ» σημαίνει «επιλέγω ή θέλω κάτι, περισσότερο από κάτι άλλο, επειδή το πρώτο *θα ήταν πιο ευχάριστο*», πράγμα που υπονοεί ότι η επιδίωξη της ευτυχίας ενυπάρχει μέσα στον ίδιο τον ορισμό της επιθυμίας. Υπό την έννοια αυτή, η επιλογή του πόνου και των δεινών, πέρα από διαγνώσιμη ψυχιατρική διαταραχή, συνιστά πρωτίστως σχήμα οξύμωρο.

Οι ψυχολόγοι παραδοσιακά θέτουν την επιδίωξη της ευτυχίας ως θεμέλιο λίθο στις θεωρίες τους περί ανθρώπινης συμπεριφοράς, διότι έχουν διαπιστώσει ότι, αν δεν το κάνουν, οι θεωρίες τους δεν λειτουργούν σωστά. Όπως έγραψε ο Sigmund Freud:

> Το ερώτημα για το σκοπό της ζωής του ανθρώπου έχει τεθεί αναρίθμητες φορές· όμως δεν έχει ποτέ απαντηθεί ικανοποιητικά, και ίσως μάλιστα τέτοια απάντηση δεν υπάρχει. [...] Ας στραφούμε λοιπόν σε ένα λιγότερο φιλόδοξο ερώτημα: Ποιος είναι ο σκοπός και η πρόθεση των ανθρώπων στη ζωή όπως συνάγεται από τη συμπεριφορά τους; Τι ζητούν από τη ζωή και τι επιθυμούν να επιτύχουν σε αυτή; Η απάντηση δύσκολα τίθεται υπό αμφισβήτηση: Επιδιώκουν την ευτυχία· επιθυμούν να γίνουν ευτυχείς και να παραμείνουν ευτυχείς. Αυτή η αναζήτηση έχει δύο όψεις, μια θετική και μια αρνητική. Από τη μια πλευρά στοχεύει στην απουσία του πόνου και της δυσαρέσκειας, και από την άλλη στη βίωση δυνατών αισθημάτων ευχαρίστησης.[11]

Ο Freud, αν και διατύπωσε αριστοτεχνικά και σαφέστατα αυτή την ιδέα, δεν υπήρξε πάντως ο πατέρας της· η ίδια παρατήρηση εμφανίζεται με τη μια ή την άλλη μορφή στις ψυχολογικές θεωρίες του Πλάτωνα, του Αριστοτέλη, του Hobbes, του Mill, του Bentham και άλλων. Ο φιλόσοφος και μαθηματικός Blaise Pascal ήταν ιδιαίτερα ξεκάθαρος σε αυτό το σημείο:

> Όλοι οι άνθρωποι επιδιώκουν την ευτυχία. Επ' αυτού δεν υπάρχουν εξαιρέσεις. Όσο διαφορετικά μέσα κι αν χρησιμοποιούν, όλοι έχουν τούτο το σκοπό. Η αιτία που κάποιοι πάνε στον πόλεμο και άλλοι τον αποφεύγουν είναι η ίδια

επιθυμία και στους δύο, η οποία απλώς υπηρετείται από διαφορετικές σκοπιές. Η βούληση δεν παρακινεί παρά μόνο προς αυτό το στόχο. Αυτό είναι το κίνητρο κάθε ενέργειας, κάθε ανθρώπου, ακόμα και εκείνων που αυτοκτονούν.[12]

Ευτυχισμένοι διότι...

Εφόσον οι στοχαστές όλων των εποχών έχουν αναγνωρίσει ότι το ανθρώπινο είδος αναζητά τη συναισθηματική ευτυχία, τότε πώς γίνεται να έχει δημιουργηθεί τόση σύγχυση σχετικά με το νόημα αυτής της λέξης; Ένα πρόβλημα είναι ότι ο περισσότερος κόσμος θεωρεί πως η επιθυμία για ευτυχία μοιάζει με την επιθυμία για εκκένωση του εντέρου: είναι κάτι που έχουμε όλοι, αλλά για το οποίο δεν θα έπρεπε να νιώθουμε και πολύ περήφανοι. Το είδος της ευτυχίας που έχουν στο μυαλό τους είναι ευτελές —μια κατάσταση κενότητας και «νωθρής ικανοποίησης»[13], κάτι στο οποίο δεν θα μπορούσε ποτέ να βασίζεται μια ανθρώπινη ζωή με νόημα. Όπως έγραψε ο φιλόσοφος John Stuart Mill, «Καλύτερα να είσαι άνθρωπος ανικανοποίητος παρά γουρούνι ικανοποιημένο· καλύτερα να είσαι Σωκράτης και δυσαρεστημένος παρά μωρός και ευχαριστημένος. Και αν ο μωρός ή το γουρούνι έχουν διαφορετική γνώμη, φταίει το ότι για το ζήτημα γνωρίζουν μόνο τη δική τους άποψη.»[14]

Ο φιλόσοφος Robert Nozick απέδωσε γλαφυρά την ευρύτατη αποδοχή αυτής της πεποίθησης περιγράφοντας μια φανταστική μηχανή εικονικής πραγματικότητας, η οποία θα έδινε σε οποιονδήποτε τη δυνατότητα να βιώσει όποια εμπειρία επιθυμούσε· το μηχάνημα μάλιστα, πολύ βολικά, θα τον έκανε να ξεχάσει ότι ήταν συνδεδεμένος σε αυτό[15]. Ο Nozick συμπέρανε ότι κανένας άνθρωπος δεν θα δεχόταν να μείνει συνδεδεμένος με το μηχάνημα για όλη του τη ζωή, διότι η ευτυχία που θα βίωνε με αυτό τον τρόπο δεν θα ήταν καθόλου ευτυχία. «Θα διστάζαμε να ονομάσουμε ευτυχή εκείνον του οποίου το συναίσθημα βασίζεται σε ολοφάνερα αστήρικτες και ψευδείς αξιολογήσεις, όπως κι αν αισθανόταν ο ίδιος.»[16] Με λίγα λόγια, η συναισθηματική ευτυχία ταιριάζει στα γουρούνια, αλλά αποτελεί ανάξιο στόχο για πλάσματα τόσο εξευγενισμένα και προικισμένα όσο εμείς.

Ας αναλογιστούμε τώρα τη δύσκολη θέση στην οποία βρίσκεται κάποιος υποστηρικτής αυτής της άποψης, και ας προσπαθήσουμε να μαντέψουμε τη λύση που θα δοκίμαζε να δώσει. Αν θεωρούσατε τραγικό το να μην κατευθύνεται η ανθρώπινη ζωή προς κάτι ουσιαστικότερο και πιο σημαντικό από ένα απλό *αίσθημα*, και εντούτοις βλέπατε γύρω σας όλους τους ανθρώπους να περνούν τις μέρες τους αναζητώντας την ευτυχία, τότε σε ποιο συμπέρασμα θα μπαίνατε στον πειρασμό να καταλήξετε; Σωστά! Ίσως να μπαίνατε στον πειρασμό να συμπεράνετε ότι η λέξη *ευτυχία* δεν σημαίνει ένα ευχάριστο αίσθημα αλλά μάλλον ένα πολύ *ξεχωριστό* ευχάριστο αίσθημα που μπορεί να παραχθεί με πολύ ιδιαίτερους τρόπους —φέρ' ειπείν, με το να διάγει κανείς τη ζωή του με σοβαρό, ηθικό, εποικοδομητικό, βαθύ, πολυδιάστατο, σωκρατικό, και καθόλου γουρουνίσιο, τρόπο. Καμιά αντίρρηση· αυτό θα ήταν πράγματι το είδος του συναισθήματος που δεν θα ντρεπόμασταν να επιδιώξουμε. Οι αρχαίοι Έλληνες, μάλιστα, είχαν μια λέξη για αυτό το είδος ευτυχίας —*ευδαιμονία*— που μεταφράζεται κυριολεκτικά ως «καλός θεός» αλλά πιθανότατα σημαίνει μάλλον «ανθρώπινη ευημερία» ή «ευζωία». Για τον Σωκράτη, τον Πλάτωνα, τον Αριστοτέλη, τον Κικέρωνα, ακόμα και για τον Επίκουρο (ένα όνομα που πολλές φορές συνδέεται με τη γουρουνίσια ευτυχία), αυτό το είδος ευτυχίας θα μπορούσε να το προσφέρει στον άνθρωπο μόνο η ενάρετη εκπλήρωση των καθηκόντων του· ο ορισμός της ακριβούς σημασίας της λέξης «*ενάρετος*» είχε πάντως απομείνει στην ευχέρεια του κάθε φιλοσόφου. Ο Σόλων, ο αρχαίος νομοθέτης των Αθηνών, ισχυρίστηκε ότι δεν θα μπορούσαμε να θεωρήσουμε έναν άνθρωπο ευτυχή πριν φτάσει η ζωή του στο τέρμα της, διότι ευτυχία είναι να μπορέσει να ζήσει κανείς κατά το ύψος των δυνατοτήτων του —και πώς θα μπορούσαμε να εκφέρουμε τέτοια κρίση μέχρι να δούμε πώς θα τελειώσει η όλη υπόθεση; Μερικούς αιώνες αργότερα, οι χριστιανοί θεολόγοι πρόσθεσαν μια περίεργη διάσταση σε αυτή την κλασική σύλληψη: η ευτυχία πλέον δεν ήταν απλώς *αποτέλεσμα* μιας ενάρετης ζωής αλλά η *αμοιβή* για τη ζωή που διάγεται ενάρετα, μια αμοιβή μάλιστα που δεν ήταν υποχρεωτικό ότι θα ερχόταν στη διάρκεια τούτης της ζωής[17].

Επί 2.000 χρόνια, οι φιλόσοφοι θεωρούσαν επιβεβλημένο να ταυτίζουν την ευτυχία με την αρετή, διότι πίστευαν ότι αυτό το είδος ευτυχίας *πρέπει* να θέλουμε. Και ίσως είχαν δίκιο. Όμως, παρότι η ενάρετη ζωή αποτελεί μια συνιστώσα της ευτυχίας, δεν αποτελεί πάντως την ευτυχία αυτή καθεαυτήν, και δεν ωφελεί τη συζήτηση το να προκαλούμε σύγχυση δίνοντας το ίδιο όνομα και στην αιτία και στο αποτέλεσμα. Μπορώ να σας κάνω να αισθανθείτε πόνο τρυπώντας το δάχτυλό σας με μια καρφίτσα ή προκαλώντας ηλεκτρική διέγερση ενός συγκεκριμένου σημείου στον εγκέφαλό σας, και οι δύο αυτοί πόνοι θα είναι *πανομοιότυπες* αισθήσεις που θα έχουν προκληθεί με διαφορετικά μέσα. Καμιά χρησιμότητα δεν θα είχε το να ονομάσουμε τον πρώτο *αληθινό πόνο* και τον δεύτερο *ψεύτικο πόνο*. Ο πόνος είναι πόνος, ό,τι κι αν τον προκαλεί. Μπερδεύοντας τις αιτίες με τα αποτελέσματα, οι φιλόσοφοι έχουν κατά καιρούς υποχρεωθεί να επινοήσουν τραβηγμένες από τα μαλλιά υπερασπίσεις για κάποιους απίστευτους ισχυρισμούς —για παράδειγμα, ότι ένας ναζί εγκληματίας πολέμου που λιάζεται σε μια παραλία της Αργεντινής δεν είναι στ' αλήθεια ευτυχισμένος, ενώ ένας ευλαβής ιεραπόστολος, που τον τρώνε ζωντανό οι κανίβαλοι, είναι. «Η ευτυχία δεν θα κλονιστεί», έγραψε ο Κικέρωνας τον 1ο αιώνα π.Χ., «όσο κι αν τη βασανίσουν»[18]. Αυτή η δήλωση μπορεί να ακούγεται πομπώδης, αλλά κατά πάσα πιθανότητα δεν συλλαμβάνει τα αισθήματα του ιεραποστόλου που του έλαχε να γίνει γεύμα.

Κατά κανόνα χρησιμοποιούμε τη λέξη *ευτυχία* για να εννοήσουμε μια εμπειρία, και όχι τις πράξεις που οδηγούν σε αυτή. Έχει άραγε λογικό ειρμό η φράση «Αφού πέρασε τη μέρα του σκοτώνοντας τους γονείς του, ο Frank ένιωθε ευτυχισμένος»; Πράγματι, έχει. Ελπίζουμε πως δεν υπήρξε ποτέ τέτοιος άνθρωπος, αλλά η πρόταση είναι γραμματικώς ορθή, σωστά δομημένη και κατανοητή. Ο Frank είναι σίγουρα πολύ άρρωστο παιδί, αλλά, αν εκείνος λέει ότι είναι ευτυχισμένος και αν δείχνει ευτυχισμένος, υπάρχει κατ' αρχήν λόγος να τον αμφισβητούμε; Είναι λογική η φράση «Η Sue αισθανόταν ευτυχισμένη που βρισκόταν σε κώμα»; Όχι βέβαια. Αν η Sue δεν έχει τις αισθήσεις της, δεν μπορεί να είναι ευτυχισμένη, όσες καλές πράξεις κι αν είχε κάνει πριν τη χτυπήσει η συμφορά. Τι θα λέγατε για την έκφραση «Ο υπολογιστής υπάκουσε και στις Δέκα Εντολές, και ήταν ευτυχισμένος σαν μύδι»; Και πάλι, δυστυχώς όχι. Υπάρχει ελάχιστη πιθανότητα να μπορούν και τα μύδια να είναι ευτυχισμένα, διότι υπάρχει ελάχιστη πιθανότητα να μπορούν και αυτά να νιώθουν. Η εμπειρία μάλιστα του να είσαι μύδι μπορεί να μοιάζει με κάτι, αλλά μπορούμε να είμαστε σίγουροι ότι η εμπειρία τού να είσαι υπολογιστής δεν μοιάζει με τίποτε· άρα ένας υπολογιστής δεν μπορεί να είναι ευτυχισμένος, όσες συζύγους των γειτόνων του και αν καταφέρει να μην επιθυμήσει[19]. Η ευτυχία αναφέρεται σε αισθήματα ενώ η αρετή σε πράξεις· και οι πράξεις μπορούν να προκαλέσουν αισθήματα, όχι όμως απαραιτήτως και όχι αποκλειστικά.

Ευτυχισμένοι με...

Με τη λέξη *ευτυχία* συνήθως μιλάμε για αυτό το «πώς το λένε» συναίσθημα, αλλά δεν είναι το μόνο πράγμα που εννοούμε. Μπορεί οι φιλόσοφοι να μπέρδεψαν το ηθικό με το συναισθηματικό νόημα της λέξης *ευτυχία*, αλλά οι ψυχολόγοι κατάφεραν να μπερδέψουν το συναισθηματικό με το αξιολογικό νόημά της εξίσου καλά και συχνά. Για παράδειγμα, όταν κάποιος λέει «Συνολικά, είμαι ευτυχισμένος με τον τρόπο που έχει κυλήσει η ζωή μου», οι ψυχολόγοι κατά κανόνα φαίνονται έτοιμοι να δεχτούν ότι αυτός ο άνθρωπος είναι ευτυχισμένος. Το πρόβλημα όμως έγκειται στο ότι χρησιμοποιούμε συχνά τη λέξη «ευτυχισμένος» για να εκφράσουμε τις πεποιθήσεις μας αναφορικά με διάφορα πράγματα, όπως όταν λέμε «Χαίρομαι που έπιασαν εκείνο το παλιόπαιδο το οποίο μού έσπασε το παρμπρίζ», και εκφραζόμαστε έτσι ακόμα και όταν αισθανόμαστε πράγματα τα οποία ούτε αμυδρά δεν μοιάζουν με ευχαρίστηση. Πώς ξέρουμε λοιπόν πότε ένας άνθρωπος εκφράζει μια άποψη και πότε δηλώνει ότι βιώνει μια υποκειμενική εμπειρία; Όταν η λέξη ευτυχισμένος ακολουθείται από λέξεις όπως *με* ή *που*, οι ομιλητές μάς υποδεικνύουν συνήθως ότι πρέπει να αντιληφθούμε τη λέξη ευτυχισμένος ως δηλούσα όχι τα αισθήματά τους αλλά τις απόψεις τους. Για παράδειγμα, όταν η σύντροφός μας μας πληροφορεί όλο χαρά ότι της ζητήθηκε από τη δουλειά της να πάει για τους επόμενους έξι μήνες στην Ταϊτή —ενώ εμείς θα μείνουμε στο σπίτι να προσέχουμε τα παιδιά—, μπορεί να απαντήσουμε: «Αυτό δεν με κάνει ευτυχισμένο, φυσικά, αλλά είμαι ευτυχισμένος επειδή εσύ είσαι ευτυχισμένη.» Κάτι τέτοιες προτάσεις κάνουν τους φιλολόγους να παθαίνουν αποπληξία, αλλά στην πραγματικότητα είναι αρκετά δόκιμες αν καταφέρουμε να αντισταθούμε στον πειρασμό να ερμηνεύσουμε τη λέξη *ευτυχισμένος* ως δηλούσα σε όλες τις περιπτώσεις την παρουσία συναισθηματικής ευτυχίας. Πράγματι, την πρώτη φορά που προφέρουμε τη λέξη, πληροφορούμε τη σύντροφό μας ότι, παραπάνω από σίγουρα, δεν αισθανόμαστε το «πώς το λένε» αίσθημα (συναισθηματική ευτυχία), ενώ τη δεύτερη φορά δείχνουμε ότι επιδοκιμάζουμε το γεγονός πως η σύντροφός μας είναι ευτυχισμένη (αξιολογική ευτυχία). Όταν λέμε είμαι ευτυχισμένος *με* ή ευτυχισμένος *που*, απλώς επισημαίνουμε ότι κάτι αποτελεί πιθανή πηγή ευχάριστων αισθημάτων ή ότι υπήρξε πηγή ευχάριστων αισθημάτων στο παρελθόν ή ότι καταλαβαίνουμε ότι θα έπρεπε να αποτελεί πηγή ευχάριστων αισθημάτων, αλλά επίσης ότι σίγουρα δεν αισθανόμαστε έτσι τούτη τη στιγμή. Στην πραγματικότητα, δηλώνουμε ότι δεν αισθανόμαστε τίποτα που να του μοιάζει έστω και λίγο. Ίσως θα ακουγόταν πιο κυριολεκτικό αν λέγαμε στη σύντροφό μας: «Δεν είμαι ευτυχισμένος, αλλά καταλαβαίνω ότι εσύ είσαι· μπορώ μάλιστα να φανταστώ ότι, αν πήγαινα εγώ στην Ταϊτή, και έμενες εσύ στο σπίτι με αυτούς τους ανήλικους παραβάτες, θα *ένιωθα* εγώ ευτυχία, αντί να θαυμάζω τώρα τη δική σου.» Φυσικά, τρόποι έκφρασης σαν κι αυτόν συνοδεύουν την εγκατάλειψη κάθε ελπίδας για ανθρώπινη συντροφικότητα, και γι' αυτό επιλέγουμε την κοινή ελλιπή εκδοχή και λέμε ότι είμαστε ευτυχισμένοι *για* τα πράγματα ακόμα κι όταν αισθανόμαστε τελείως αλλόφρονες. Όλα αυτά είναι τέλεια —μόνο όμως για όσο θυμόμαστε όλοι οι ενδιαφερόμενοι ότι δεν εννοούμε πάντα εκείνο που λέμε.

Οι νεότερες δυσκολίες

Αν συμφωνούσαμε να κρατήσουμε τη λέξη *ευτυχία* για να αναφερόμαστε σε αυτή την κατηγορία συναισθηματικών εμπειριών που περιγράφονται αορίστως ως *τερπνές* ή *ευχάριστες*, και αν υποσχόμασταν να μη χρησιμοποιούμε την ίδια λέξη για να δηλώσουμε την ηθικότητα που έχουν οι ενέργειες κάποιου όταν επιδιώκει να επιφέρει αυτές τις εμπειρίες, ούτε για να εκφράσουμε τις κρίσεις μας αναφορικά με την αξία αυτών των εμπειριών, τότε ενδεχομένως θα εξακολουθούσαμε να αναρωτιόμαστε αν η ευτυχία που απολαμβάνουμε όταν βοηθάμε μια γριούλα να περάσει το δρόμο συνιστά διαφορετικό είδος συναισθηματικής εμπειρίας —μεγαλύτερο, καλύτερο, βαθύτερο— από το είδος της ευτυχίας που αισθανόμαστε όταν τρώμε ένα κομμάτι τούρτα μπανάνα. Ίσως η ευτυχία που βιώνει κάποιος έπειτα από μια καλή πράξη να έχει διαφορετική *αίσθηση* από τα άλλα είδη. Μάλιστα, την ώρα που τρώμε μπορεί να αναρωτιόμαστε κιόλας αν η ευτυχία που νιώθουμε τρώγοντας τούρτα μπανάνα έχει διαφορετική αίσθηση από την ευτυχία να τρώμε τούρτα καρύδα —ή από την ευτυχία να τρώμε ένα κομμάτι από *αυτή* ή από *εκείνη* την τούρτα μπανάνα. Πώς μπορούμε να ξεχωρίσουμε αν οι συναισθηματικές εμπειρίες είναι όμοιες ή διαφορετικές;

Στην πραγματικότητα δεν μπορούμε —τουλάχιστον όχι περισσότερο από όσο μπορούμε να διακρίνουμε αν η εμπειρία του κίτρινου που έχουμε όταν βλέπουμε το σχολικό λεωφορείο είναι ίδια με την εμπειρία του κίτρινου που έχουν και οι άλλοι όταν κοιτάζουν το ίδιο λεωφορείο. Οι φιλόσοφοι βασανίστηκαν για κάμποσο καιρό με αυτό το πρόβλημα χωρίς όμως να καταλήξουν σε σημαντικά αποτελέσματα[20], διότι, σε τελική ανάλυση, ο μόνος τρόπος να μετρήσουμε επακριβώς την ομοιότητα δύο πραγμάτων είναι να τα συγκρίνουμε δίπλα δίπλα —δηλαδή, να τα βιώσουμε δίπλα δίπλα. Αλλά αντίθετα με ό,τι συμβαίνει σε βιβλία επιστημονικής φαντασίας, κανένας δεν μπορεί να βιώσει πραγματικά την εμπειρία ενός άλλου ανθρώπου. Όταν ήμασταν παιδιά, οι μητέρες μας μας έμαθαν να ονομάζουμε κίτρινο αυτή τη «βλέπω-το σχολικό» εμπειρία, και καθώς ήμασταν υπάκουοι μαθητές, κάναμε ό,τι μας είπαν. Χαρήκαμε αργότερα όταν είδαμε ότι και όλοι οι υπόλοιποι στο νηπιαγωγείο δήλωναν ότι είχαν την εμπειρία του κίτρινου όταν κοίταξαν το σχολικό. Όμως αυτές οι ετικέτες τις οποίες μοιραζόμαστε όλοι μπορεί να αποκρύπτουν το γεγονός ότι, στην πραγματικότητα, οι εμπειρίες που ο καθένας μας έχει από το κίτρινο μπορεί να είναι πολύ διαφορετικές —και έτσι εξηγείται γιατί πολλοί άνθρωποι ανακαλύπτουν ότι έχουν αχρωματοψία σε μεγάλη ηλικία, μόνο όταν κάποιος οφθαλμίατρος παρατηρήσει ότι δεν κάνουν τις διακρίσεις που οι άλλοι κάνουν με ευκολία. Έτσι, ενώ φαίνεται μάλλον απίθανο να έχουμε ριζικά διαφορετικές εμπειρίες ο ένας από τον άλλον όταν κοιτάζουμε ένα σχολικό λεωφορείο, όταν ακούμε ένα μωρό να κλαίει ή όταν μυρίζουμε έναν ασβό, στην πραγματικότητα αυτό *είναι* πιθανό, και έχετε κάθε δικαίωμα να το πιστεύετε αυτό αν θέλετε —και κανένας άνθρωπος που εκτιμά το χρόνο του δεν πρέπει να προσπαθήσει να σας λογικέψει.

Η μνήμη των διαφορών

Ελπίζω πως δεν τα παρατάτε *τόσο* εύκολα. Ίσως ένας τρόπος να καθορίσουμε αν κάποιο ζεύγος ευτυχιών προκαλούν διαφορετικά αισθήματα είναι να αφήσουμε κατά μέρος τη σύγκριση ανάμεσα σε δύο διαφορετικές νοήσεις και απλώς να ρωτήσουμε κάποιον που έχει βιώσει και τις δύο εμπειρίες. Μπορεί να μη μάθω ποτέ αν η *δική μου* εμπειρία του κίτρινου είναι διαφορετική από τη *δική σας*, αλλά σίγουρα μπορώ να διακρίνω αν η εμπειρία που έχω για το *κίτρινο* είναι διαφορετική από εκείνη που έχω για το *μπλε* όταν τις συγκρίνω νοητικά. Σωστά; Δυστυχώς, αυτή η στρατηγική είναι πιο περίπλοκη από όσο δείχνει. Το πρόβλημα έγκειται στο ότι, όταν λέμε πως συγκρίνουμε νοητικά δύο προσωπικές υποκειμενικές εμπειρίες, στην πραγματικότητα δεν *βιώνουμε* τις δύο αυτές εμπειρίες ταυτόχρονα. Αντιθέτως, στην καλύτερη περίπτωση βιώνουμε τη μία από αυτές, αφού έχουμε ζήσει την προηγούμενη, και έτσι, όταν κάποιος μάς ρωτάει ποια από τις δύο μάς έκανε να νιώσουμε πιο ευτυχισμένοι ή αν και οι δύο ευτυχίες ήταν ίδιες, στην καλύτερη περίπτωση συγκρίνουμε κάτι που βιώνουμε αυτή τη στιγμή με την *ανάμνηση* εκείνου που βιώσαμε στο παρελθόν. Αυτός ο τρόπος δεν θα θεωρούνταν απαράδεκτος αν οι αναμνήσεις —ιδιαίτερα μάλιστα οι αναμνήσεις εμπειριών— δεν ήταν διαβόητες για την αναξιοπιστία τους, ένα γεγονός που έχει καταδειχθεί τόσο από ταχυδακτυλουργούς όσο και από επιστήμονες. Πρώτα το ταχυδακτυλουργικό τρικ: Κοιτάξτε τα έξι τραπουλόχαρτα της Εικόνας 4 και επιλέξτε ένα. Όχι, μη μου πείτε ποιο. Κρατήστε το για σας. Απλώς κοιτάξτε την κάρτα σας και πείτε το όνομά της μια-δυο φορές (ή γράψτε το), ώστε να τη θυμάστε για μερικές σελίδες από εδώ και κάτω.

Ωραία. Τώρα ας δούμε ποια προσέγγιση επέλεξαν οι επιστήμονες για το πρόβλημα της ανάμνησης των εμπειριών. Σε μια μελέτη, οι ερευνητές έδωσαν στους εθελοντές τους από μία καρτέλα-δείγμα χρώματος όπως εκείνες που βρίσκει κανείς στα

Εικόνα 4.

χρωματοπωλεία, και τους άφησαν να την παρατηρήσουν επί πέντε δευτερόλεπτα[21]. Ύστερα δόθηκε η δυνατότητα σε κάποιους εθελοντές να περιγράψουν για τριάντα δευτερόλεπτα το χρώμα που είδαν· οι υπόλοιποι δεν το περιέγραψαν. Στη συνέχεια παρουσίασαν σε όλους τους εθελοντές έξι χρωματιστές καρτέλες, μεταξύ των οποίων και εκείνη που είχαν δει πριν από μισό λεπτό, και τους ζήτησαν να την ξεχωρίσουν. Το πρώτο ενδιαφέρον εύρημα ήταν ότι μόνο το 73% των ατόμων που δεν είχαν προηγουμένως περιγράψει την καρτέλα κατάφεραν να επιλέξουν το σωστό χρώμα. Με άλλα λόγια, λιγότεροι από τα 3/4 αυτών των ανθρώπων μπόρεσαν να διακρίνουν αν *αυτή* η εμπειρία κίτρινου ήταν ίδια με την εμπειρία που είχαν βιώσει μόλις πριν από μισό λεπτό. Το δεύτερο ενδιαφέρον εύρημα ήταν ότι η περιγραφή του χρώματος μάλλον χειροτέρεψε παρά βελτίωσε την απόδοση στη δοκιμασία αναγνώρισης του χρώματος. Μόνο το 33% των ατόμων που είχαν περιγράψει προφορικά το χρώμα κατάφεραν και να το αναγνωρίσουν με επιτυχία. Προφανώς, η λεκτική περιγραφή των εμπειριών τους είχε «επιγραφεί» πάνω στην ανάμνηση της ίδιας της εμπειρίας, και κατέληξαν να θυμούνται όχι εκείνο που είχαν βιώσει αλλά εκείνο που είχαν *πει* ότι είχαν βιώσει. Και αυτό που είχαν πει δεν ήταν αρκετά ξεκάθαρο και ακριβές ώστε να τους βοηθήσει να το αναγνωρίσουν όταν το είδαν ξανά μπροστά τους ύστερα από τριάντα δευτερόλεπτα.

Οι περισσότεροι έχουμε βρεθεί σε παρόμοια θέση. Λέμε σε ένα φίλο ότι απογοητευτήκαμε με το κρασί σε εκείνο το μοντέρνο μπιστρό του κέντρου ή με τον τρόπο που το κουαρτέτο εγχόρδων ερμήνευσε το αγαπημένο μας «Τέταρτο Κουαρτέτο» του Bartok, αλλά στην πραγματικότητα είναι απίθανο να θυμόμαστε, την ώρα που τα λέμε όλα αυτά, τι ακριβώς γεύση είχε το κρασί ή πώς ακουγόταν το κουαρτέτο. Αντιθέτως, είναι πολύ πιθανόν να θυμόμαστε ότι, καθώς φεύγαμε από τη συναυλία, είπαμε στην παρέα μας ότι και το κρασί και η μουσική έδειχναν πολλά υποσχόμενα στην αρχή αλλά τελικά δεν ήταν και σπουδαία. Οι εμπειρίες μας από κρασιά, κουαρτέτα για έγχορδα, αλτρουιστικές πράξεις και τούρτες μπανάνα είναι πλούσιες, πολύπλοκες, πολυδιάστατες και όχι χειροπιαστές. Μία όμως από τις λειτουργίες της γλώσσας είναι να μας βοηθάει να τις κάνουμε χειροπιαστές —να αφαιρούμε και να θυμόμαστε τα σημαντικά γνωρίσματα των εμπειριών μας έτσι ώστε να μπορούμε να τις αναλύουμε και να τις εκφράζουμε αργότερα. Το αρχείο κινηματογράφου των *New York Times*, που διατίθεται στο Διαδίκτυο, έχει αποθηκευμένες συνοπτικές κριτικές για τις ταινίες και όχι τις ίδιες τις ταινίες, καθώς κάτι τέτοιο θα απαιτούσε πολύ περισσότερο χώρο, η δε αναζήτηση θα γινόταν εξαιρετικά δύσκολη, και το αρχείο θα ήταν εντελώς άχρηστο σε όποιον θα ήθελε να μάθει πόσο καλή ήταν μια ταινία χωρίς να τη δει κιόλας. Οι εμπειρίες μας μοιάζουν με ταινίες, με κάμποσες όμως επιπλέον παραμέτρους: αν ο εγκέφαλός μας επρόκειτο να αποθηκεύει όλο το μήκος των «ταινιών» της ζωής μας, και όχι μόνο τις νοικοκυρεμένες περιλήψεις τους, τότε το κεφάλι μας θα έπρεπε να είναι πολύ μεγαλύτερο· κι όταν θα θέλαμε να μάθουμε ή να πούμε σε άλλους αν η θεατρική παράσταση άξιζε το ακριβό εισιτήριό της, θα χρειαζόταν να ξαναπαίξουμε όλο το επεισόδιο από την αρχή για να αποφανθούμε σχετικά. Η επανεκτέλεση όμως κάθε πράξης μνήμης θα διαρκούσε όσο ακριβώς και το ίδιο το ανακαλούμενο γεγονός —κατάσταση η οποία θα μας έβγαζε οριστικώς εκτός μάχης από την πρώτη κιόλας φορά που θα μας ρωτούσε κάποιος αν περάσαμε όμορφα παιδικά χρόνια. Έτσι, ανάγουμε τις εμπειρίες μας σε λέξεις όπως *ευτυχισμένος*, οι οποίες βέβαια τις αδικούν, αλλά είναι όμως οι αποσκευές που μπορούμε να μεταφέρουμε αξιόπιστα και βολικά μαζί μας στο μέλλον. Η μυρωδιά του τραντάφυλλου που μυρίσαμε δεν μπορεί να αναστηθεί, αλλά, εάν ξέρουμε ότι ήταν *καλή* και *γλυκιά*, τότε ξέρουμε πως καλά θα κάνουμε να σταματήσουμε και να μυρίσουμε το επόμενο.

Η αντίληψη των διαφορών

Η μνήμη μας για παρελθοντικά γεγονότα δεν είναι τέλεια, επομένως η σύγκριση της νεότερης ευτυχίας μας με την ανάμνηση της παλιάς, για να καθορίσουμε αν δύο υποκειμενικές εμπειρίες είναι πράγματι διαφορετικές, φαίνεται παρακινδυνευμένη μέθοδος. Ας δοκιμάσουμε λοιπόν μια ελαφρώς τροποποιημένη προσέγγιση. Αν δεν μπορούμε να θυμηθούμε την αίσθηση της χθεσινής τούρτας αρκετά καλά για να τη συγκρίνουμε με την αίσθηση της σημερινής καλής πράξης μας, ίσως θα έπρεπε να συγκρίνουμε εμπειρίες τόσο κοντινές χρονικά ώστε να είναι δυνατόν να τις παρατηρούμε καθώς αλλάζουν. Για παράδειγμα, αν αλλάζαμε το πείραμα με τη χρωματιστή καρτέλα, μειώνοντας το χρόνο ανάμεσα στην παρουσίαση της αρχικής και την παρουσίαση της δέσμης των διαφορετικών καρτών, τότε οι εξεταζόμενοι δεν θα δυσκολεύονταν να βρουν την πρώτη καρτέλα, έτσι δεν είναι; Επομένως, τι θα γινόταν αν μειώναμε το χρόνο σε είκοσι πέντε, ας πούμε, δευτερόλεπτα; Ή ακόμα και στα δεκαπέντε; Στα δέκα; Τι θα λέγατε για μερικά κλάσματα δευτερολέπτου; Και τι θα γινόταν άραγε αν κάναμε τη δοκιμασία της αναγνώρισης ακόμα πιο εύκολη, και παρουσιάζαμε στους εθελοντές τη χρωματιστή καρτέλα για λίγα μόνο δευτερόλεπτα, την αποσύραμε για ένα κλάσμα του δευτερολέπτου και μετά τούς δείχναμε μόνο μία χρωματιστή καρτέλα (αντί για έξι) ρωτώντας τους αν η τελευταία κάρτα ήταν ίδια με την πρώτη; Χωρίς καμιά ενδιάμεση λεκτική περιγραφή που θα προκαλούσε σύγχυση στις αναμνήσεις τους, και με μία μόνο στιγμούλα ανάμεσα στην παρουσίαση της πρώτης και της δεύτερης καρτέλας. Τρομερό! Τόσο εύκολο που το κάναμε, δεν θα προβλέπαμε ότι όλοι θα περνούσαν τη δοκιμασία άνετα και χωρίς λάθη;

Ναι, έτσι θα προβλέπαμε αν μας άρεσαν τα λάθη. Σε μια παρόμοια μελέτη, οι ερευνητές ζήτησαν από τους εξεταζόμενους να κοιτάξουν την οθόνη ενός υπολογιστή και να διαβάσουν ένα αρκετά παράξενο κείμενο[22], όπου τα κεφαλαία γράμματα εναλλάσσονταν με τα πεζά, ώστε το κείμενο φΑιΝοΤαΝ κΑπΩς ΕτΣι. Τώρα, όπως ίσως ήδη γνωρίζετε, όταν οι άνθρωποι κοιτάζουν σταθερά σε κάποιο σημείο, στην πραγματικότητα τα μάτια τους αποκλίνουν από το σημείο εστιασμού ανά τρεις ή τέσσερεις φορές το δευτερόλεπτο, και γι' αυτό τα μάτια φαίνονται να κινούνται πολύ γρήγορα όταν τα εξετάζουμε από κοντινή απόσταση. Οι ερευνητές χρησιμοποίησαν μια συσκευή ανίχνευσης των κινήσεων του ματιού η οποία μετέδιδε πληροφορίες στον υπολογιστή για το πότε τα μάτια των εθελοντών βρίσκονταν εστιασμένα στο ερέθισμα της οθόνης και πότε είχαν αποκλίνει ελαφρώς από αυτό. Όποτε τα μάτια των εθελοντών απομακρύνονταν από τη φράση για ένα κλάσμα του δευτερολέπτου, ο υπολογιστής άλλαζε τα κεφαλαία με τα πεζά γράμματα της φράσης ώστε, αν αυτή φΑιΝοΤαΝ κΑπΩς ΕτΣι, ξαφνικά ΦαΙνΟτΑν ΚαΠωΣ εΤσΙ. Το εκπληκτικό αποτέλεσμα ήταν ότι οι εθελοντές δεν πρόσεξαν, καθώς διάβαζαν, ότι τα γράμματα εναλλάσσονταν αρκετές φορές το δευτερόλεπτο με αυτό τον τρόπο. Οι επόμενες έρευνες έδειξαν ότι οι άνθρωποι δεν καταφέρνουν να αντιληφθούν ένα μεγάλο φάσμα τέτοιων «οπτικών ασυνεχειών», γεγονός που εξηγεί και το γιατί οι κινηματογραφιστές μπορούν να αλλάξουν ξαφνικά το στιλ ντυσίματος μιας γυναίκας ή την κόμμωση ενός άντρα από τη μια σκηνή στην άλλη, ή ακόμα και να εξαφανίσουν εντελώς ένα αντικείμενο, χωρίς το κοινό να προσέξει ποτέ τη διαφορά[23]. Ενδιαφέρον παρουσιάζει μάλιστα το γεγονός ότι, όταν ζητείται από εθελοντές να προβλέψουν αν θα μπορούσαν ή όχι να εντοπίσουν τέτοιες ασυνέχειες, εκείνοι είναι αρκετά σίγουροι ότι θα τα κατάφερναν[24].

Δεν μας διαφεύγουν όμως μόνο οι ανεπαίσθητες διαφορές. Ακόμα και δραστικές μεταβολές στην όψη μιας σκηνής ενίοτε παραβλέπονται. Σε ένα πείραμα που θύμιζε κάντιτ κάμερα, οι ερευνητές σκηνοθέτησαν μέσα σε μια πανεπιστημιούπολη περιστατικά όπου ένας πειραματιστής προσέγγιζε περαστικούς και ζητούσε πληροφορίες για κάποιο κτήριο[25]. Καθώς ο περαστικός και ο πειραματιστής ήταν σκυμμένοι πάνω από το χάρτη τού δεύτερου, δύο εργάτες που μετέφεραν μια μεγάλη πόρτα εισέβαλλαν αγενώς και περνούσαν ανάμεσά τους, εμποδίζοντας προσωρινά την οπτική επαφή μεταξύ των πρωταγωνιστών. Καθώς οι εργάτες περνούσαν, ο πειραματιστής πήγαινε πίσω από την κινούμενη πόρτα και έφευγε μαζί με τους μεταφορείς, ενώ ένας άλλος πειραματιστής, που κρυβόταν εξαρχής πίσω από την πόρτα, έπαιρνε τη θέση του πρώτου και συνέχιζε το διάλογο με τον περαστικό. Το ύψος και η διάπλαση των δύο πειραματιστών, του αρχικού και του αντικαταστάστη του, ήταν διαφορετικά και είχαν επίσης πολύ διαφορετική χροιά φωνής, ντύσιμο και κόμμωση. Κανείς δεν θα δυσκολευόταν να τους ξεχωρίσει αν έμπαιναν δίπλα δίπλα. Τι παρατήρησαν άραγε ύστερα από αυτή την αντικατάσταση όσοι είχαν σταματήσει να βοηθήσουν τον τουρίστα; Όχι και πολλά πράγματα. Μάλιστα, οι περισσότεροι περαστικοί δεν πρόσεξαν τίποτα —*δεν πρόσεξαν πως ο άνθρωπος στον οποίο μιλούσαν προηγουμένως είχε μεταμορφωθεί σε ένα εντελώς διαφορετικό άτομο.*

Πρέπει επομένως να πιστέψουμε ότι δεν μπορούμε να διακρίνουμε πότε αλλάζει η δική μας εμπειρία του κόσμου; Αν οδηγούσαμε τα συμπεράσματα αυτής της έρευνας έως το λογικά ακραίο σημείο τους, θα καταλήγαμε όπως όλοι οι εξτρεμιστές: χωμένοι στο τέλμα του παραλογισμού, διανέμοντας φυλλάδια. Αν δεν μπορούσαμε να αντιληφθούμε πότε άλλαξε η εμπειρία μας του κόσμου, πώς θα καταλαβαίναμε ποτέ ότι κάτι κινείται, πώς θα αποφασίζαμε να προχωρήσουμε ή να σταματήσουμε σε μια διασταύρωση, και πώς θα μετρούσαμε πιο πέρα από το ένα; Αντιθέτως, αυτά τα πειράματα δείχνουν ότι οι εμπειρίες των «πρώην εαυτών» μας μας είναι *μερικές φορές* τόσο απροσπέλαστες όσο και οι εμπειρίες των άλλων ανθρώπων, αλλά, ίσως το σπουδαιότερο, μας εξηγούν πότε αυτό είναι περισσότερο ή λιγότερο πιθανό να συμβεί. Ποιο κρίσιμο στοιχείο επέτρεψε στις προαναφερθείσες μελέτες να φτάσουν στα συγκεκριμένα συμπεράσματα; Σε καθεμιά από τις παραπάνω περιπτώσεις, οι εθελοντές δεν είχαν την *προσοχή* τους στραμμένη στο συγκεκριμένο γνώρισμα του ερεθίσματος τη στιγμή που εκείνο μεταμορφωνόταν. Στη μελέτη με τις χρωματιστές καρτέλες, οι καρτέλες αντικαθίσταντο κατά τη διάρκεια του διαλείμματος των τριάντα δευτερολέπτων· στη μελέτη με το κείμενο στην οθόνη, τα γράμματα άλλαζαν όταν τα μάτια των εθελοντών είχαν στιγμιαία αποκλίνει από το ερέθισμα· στη μελέτη με την πόρτα, οι πειραματιστές άλλαζαν θέσεις όταν ένα μεγάλο αντικείμενο εμπόδιζε την επαφή με τον εθελοντή. Δεν θα περιμέναμε οι έρευνες αυτές να έχουν τα ίδια αποτελέσματα αν η οπτή όμβρα γινόταν φθορίζουσα μωβεΐνη, ή αν **αυτό** μετατρεπόταν σε **εκείνο**, ή αν μια τυπική λογίστρια μεταμορφωνόταν στη βασίλισσα Ελισάβετ ΙΙ την ώρα ακριβώς που ο εθελοντής θα είχε την προσοχή του στραμμένη σε όλα αυτά. Πράγματι, η έρευνα έχει δείξει ότι, όταν οι εξεταζόμενοι παρατηρούν προσεκτικά ένα ερέθισμα τη στιγμή ακριβώς που μεταβάλλεται, τότε αντιλαμβάνονται αυτή την αλλαγή γρήγορα και αξιόπιστα[26]. Οι συγκεκριμένες μελέτες δεν αποδεικνύουν ότι είμαστε απελπιστικά ανεπαρκείς στην ανίχνευση μεταβολών της εμπειρίας που έχουμε από τον κόσμο. Αντιθέτως, δείχνουν ότι, για να εντοπίσουμε την αλλαγή, υποχρεωνόμαστε να βασιστούμε στις αναμνήσεις μας, αν ο νους μας δεν είναι έντονα εστιασμένος στη συγκεκριμένη διάσταση της εμπειρίας μας ακριβώς τη στιγμή που εκείνη αλλάζει —όταν υποχρεωνόμαστε, δηλαδή, να συγκρίνουμε την τρέχουσα εμπειρία μας με την ανάμνηση της παλαιότερης εμπειρίας.

Οι ταχυδακτυλουργοί, φυσικά, τα γνωρίζουν όλα αυτά εδώ και αιώνες, και παραδοσιακά έχουν χρησιμοποιήσει τη γνώση τους για να μας απαλλάξουν από περιττά χρήματα. Πριν από λίγες σελίδες επιλέξατε το ένα από τα έξι τραπουλόχαρτα. Εκείνο που δεν σας είπα τότε είναι πως διαθέτω υπερφυσικές δυνάμεις και επομένως ήξερα ποια κάρτα θα διαλέγατε, πριν τη διαλέξετε. Για να σας το αποδείξω, ρίξτε μια ματιά στην Εικόνα 5: έχω βγάλει το χαρτί που διαλέξατε από την ομάδα των έξι. Μη μου πείτε ότι δεν σας κατέπληξα! Πώς το έκανα; Αυτό το κόλπο γίνεται πολύ πιο ενδιαφέρον, βέβαια, αν δεν ξέρετε εξαρχής ότι είναι κόλπο και αν δεν έχετε διαβάσει κάμποσες σελίδες κειμένου μέχρι να ακούσετε την ατάκα. Μάλιστα, δεν πιάνει καθόλου αν συγκρίνετε τις δύο ομάδες χαρτιών δίπλα δίπλα, διότι τότε καταλαβαίνετε αμέσως ότι κανένα τραπουλόχαρτο της Εικόνας 4 (συμπεριλαμβανομένου και εκείνου που διαλέξατε) δεν εμφανίζεται στην Εικόνα 5. Όταν όμως υπάρχει κάποια πιθανότητα να γνωρίζει ο ταχυδακτυλουργός το χαρτί που επιλέξατε —με κλέψιμο ή με προσεκτικό υπολογισμό ή ακόμα και με τηλεπάθεια— και όταν τα ταχέως κινούμενα μάτια σας δεν παρακολουθούν άμεσα την πρώτη ομάδα των έξι χαρτιών καθώς μεταμορφώνεται στην αντίστοιχη των πέντε, τότε η ψευδαίσθηση μπορεί πράγματι να είναι ισχυρή. Όταν το εν λόγω τέχνασμα πρωτοεμφανίστηκε σε μια ιστοσελίδα, μερικοί από τους πιο έξυπνους επιστήμονες που γνωρίζω υπέθεσαν πως ο διακομιστής, με κάποια υπερσύγχρονη τεχνολογία, μπορούσε να μαντέψει το τραπουλόχαρτο που επέλεγαν παρακολουθώντας την ταχύτητα και την επιτάχυνση με την οποία πίεζαν τα πλήκτρα τους. Εγώ μάλιστα πήρα αμέσως το χέρι μου από το

Εικόνα 5.

ποντίκι, για να βεβαιωθώ ότι οι ανεπαίσθητες κινήσεις του δεν καταγράφονταν από κάτι. Δεν μου πέρασε από το νου, παρά μόνο την τρίτη φορά πια, ότι, αν και είχα *δει* την πρώτη ομάδα των έξι χαρτιών, στην πραγματικότητα είχα *κρατήσει στη μνήμη μου* μόνο τη λεκτική μου ετικέτα για το τραπουλόχαρτο που είχα επιλέξει, και επομένως δεν είχα καταφέρει να αντιληφθώ ότι και όλα τα άλλα χαρτιά είχαν επίσης αλλάξει[27]. Παρεμπιπτόντως, αξίζει να σημειώσουμε ότι τέτοια κόλπα με τραπουλόχαρτα πετυχαίνουν για τους ίδιους ακριβώς λόγους που διαζευγμένοι άνθρωποι δυσκολεύονται να δηλώσουν πόσο ευτυχισμένοι υπήρξαν σε προηγούμενους γάμους τους.

Χαρούμενες κουβέντες

Η Reba και η Lori Schappell ισχυρίζονται πως είναι ευτυχισμένες, πράγμα που μας ταράζει. Είμαστε απολύτως σίγουροι ότι αυτό *δεν μπορεί* να είναι αλήθεια, αλλά από την άλλη δεν φαίνεται να υπάρχει και κάποια έξυπνη μέθοδος για να συγκρίνουμε την ευτυχία τους με τη δική μας. Αν δηλώνουν ευτυχισμένες, τότε πάνω σε ποια βάση θα μπορούσαμε να συμπεράνουμε ότι έχουν άδικο; Θα μπορούσαμε βέβαια να ακολουθήσουμε μια πιο δικολαβίστικη τακτική και να θέσουμε υπό αμφισβήτηση την ικανότητά τους να γνωρίζουν, να αξιολογούν και να περιγράφουν την προσωπική τους εμπειρία. «Μπορεί να *νομίζουν* ότι είναι ευτυχισμένες», θα μπορούσαμε να πούμε, «και αυτό μόνο και μόνο διότι δεν ξέρουν τι είναι η πραγματική ευτυχία». Με άλλα λόγια, επειδή η Lori και η Reba δεν έχουν βιώσει πολλές από τις εμπειρίες που έχουμε βιώσει εμείς οι μη σιαμαίοι —να κάνουμε τούμπες σε λιβάδια και υποβρύχιο ψάρεμα ή να περπατάμε στο δρόμο χωρίς να προσελκύουμε χιλιάδες αδιάκριτα βλέμματα—, υποψιαζόμαστε ότι ενδεχομένως διαθέτουν ένα φτωχό παρελθόν από εμπειρίες ευτυχίας, το οποίο τις κάνει να αξιολογούν τη ζωή τους διαφορετικά απ' ό,τι εμείς οι υπόλοιποι. Παραδείγματος χάρη, αν δίναμε στις δίδυμες μια τούρτα

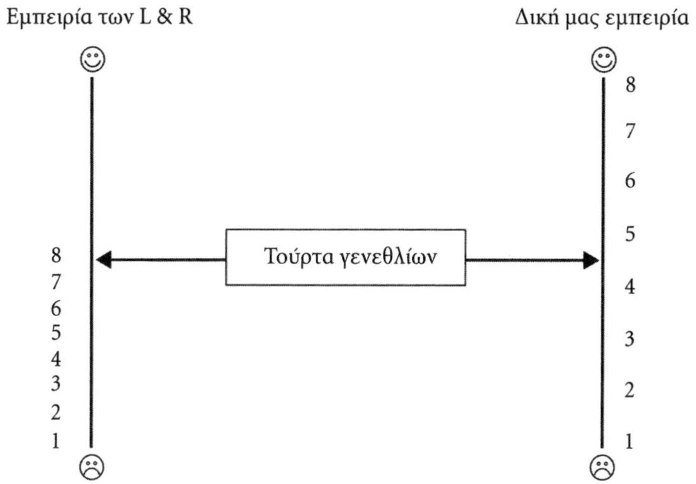

Εικόνα 6. Η *υπόθεση συμπίεσης της γλώσσας* υποστηρίζει ότι, όταν προσφέρεται στη Lori και τη Reba μια τούρτα γενεθλίων, εκείνες αισθάνονται ακριβώς όπως και εσείς, αλλά μιλούν για αυτό με διαφορετικό τρόπο.

γενεθλίων και μια κλίμακα μέτρησης οκτώ βαθμών (η οποία μπορεί να θεωρηθεί ως μια τεχνητή γλώσσα με οκτώ λέξεις για οκτώ διαφορετικής εντάσεως ευτυχίες) και τους ζητούσαμε να μας εκθέσουν την υποκειμενική τους εμπειρία με βάση αυτή την κλίμακα, ίσως να μας έλεγαν ότι νιώθουν ένα τρισευτυχισμένο *οκτώ*. Δεν θα μπορούσε όμως το δικό τους και το δικό μας *οκτώ* να αντιπροσωπεύουν θεμελιακώς διαφορετικά επίπεδα χαράς; Αποκλείεται να έχει παραμορφωθεί ο τρόπος που χρησιμοποιούν τη γλώσσα των οκτώ λέξεων εξαιτίας της ατυχούς κατάστασής τους, εμποδίζοντάς τες να ανακαλύψουν πόσο πραγματικά ευτυχισμένος μπορεί να είναι κάποιος; Η Lori και η Reba μπορεί να χρησιμοποιούν τη γλώσσα των οκτώ λέξεων διαφορετικά απ' ό,τι εμείς, διότι για εκείνες η τούρτα γενεθλίων ίσως είναι ό,τι καλύτερο μπορεί να τους συμβεί. Φυσικά, χαρακτηρίζουν την πιο ευτυχισμένη τους εμπειρία με την πιο ευτυχισμένη λέξη στη γλώσσα των οκτώ, αλλά αυτό δεν πρέπει να μας οδηγεί σε παράβλεψη του γεγονότος ότι η εμπειρία που εκείνες ονομάζουν οκτώ μπορεί να είναι μια εμπειρία την οποία εμείς θα χαρακτηρίζαμε ως *τέσσερα και μισό*. Εν συντομία, δεν εννοούν το *ευτυχισμένος* όπως το εννοούμε εμείς. Η Εικόνα 6 δείχνει πώς ένα φτωχό σε εμπειρίες παρελθόν θα μπορούσε να οδηγήσει σε συμπίεση της γλώσσας, έτσι ώστε το συνολικό εύρος των λεκτικών σημείων να χρησιμοποιείται για να περιγράψει ένα περιορισμένο εύρος εμπειριών. Με αυτή τη λογική, όταν οι σιαμαίες λένε ότι έχουν εκστασιαστεί, στην πραγματικότητα *αισθάνονται* αυτό που εμείς νιώθουμε όταν λέμε ότι είμαστε ευχαριστημένοι.

Συμπιέζοντας τη γλώσσα

Τα καλά με αυτή την *υπόθεση συμπίεσης της γλώσσας* είναι ότι (α) υποδηλώνει πως όλοι και παντού έχουμε την ίδια υποκειμενική εμπειρία όταν μας προσφέρουν μια τούρτα γενεθλίων, ακόμα και αν περιγράφουμε αυτή την εμπειρία με διαφορετικούς τρόπους —και άρα ο κόσμος μας είναι βολικό μέρος για να ζούμε και να κάνουμε ζαχαροπλαστική— και (β) μας επιτρέπει να συνεχίζουμε να πιστεύουμε ότι, παρά τα όσα αναφέρουν για τους εαυτούς τους, η Lori και η Reba στην *πραγματικότητα* δεν είναι καθόλου ευτυχισμένες, και άρα έχουμε κάθε λόγο να συνεχίζουμε να προτιμάμε τις δικές μας ζωές από τις δικές τους. Τα όχι και τόσο καλά σχετικά με αυτή την υπόθεση είναι πολυάριθμα, και αν ανησυχούμε ότι η Lori και η Reba χρησιμοποιούν διαφορετικά τη γλώσσα των οκτώ λέξεων επειδή ποτέ δεν δοκίμασαν την έξαψη μιας τούμπας, τότε καλά θα κάναμε να ανησυχούμε και για μερικά άλλα ζητήματα. Φέρ' ειπείν, θα μπορούσε ίσως να μας ανησυχεί το γεγονός ότι δεν έχουμε νιώσει ποτέ την απέραντη αίσθηση γαλήνης και ασφάλειας που προκύπτει από την επίγνωση ότι η αδελφή μας βρίσκεται πάντοτε δίπλα μας· ότι δεν θα χάσουμε ποτέ τη φιλία της όσα απαίσια πράγματα κι αν πούμε ή κάνουμε μια μέρα που θα έχουμε τις κακές μας· ότι θα υπάρχει πάντοτε κάποιος ο οποίος μάς ξέρει τόσο καλά όσο ξέρουμε και εμείς τον εαυτό μας, και επιπλέον μοιράζεται τις ελπίδες μας, ανησυχεί με όσα μάς ανησυχούν, και τόσα άλλα. Μπορεί η Lori και η Reba να μην έχουν βιώσει τις εμπειρίες μας, αλλά δεν έχουμε βιώσει ούτε εμείς τις δικές τους, και μάλιστα ίσως να είμαστε *εμείς* που μιλάμε τη συμπιεσμένη γλώσσα —δηλαδή, όταν λέμε ότι αισθανόμαστε καταχαρούμενοι, να μην έχουμε ιδέα για τι πράγμα μιλάμε, επειδή δεν έχουμε νιώσει ποτέ τη συντροφική στοργή, τη μακάρια ένωση, την ανόθευτη αγάπη, που έχουν η Lori και η Reba. Και όλοι μας —εσείς, εγώ, η Lori, η Reba— θα έπρεπε μάλλον να ανησυχούμε μήπως υπάρχουν εμπειρίες πολύ πιο ωραίες από όσες έχουμε βιώσει έως τώρα —όπως η εμπειρία να πετάς χωρίς αεροπλάνο, να βλέπεις τα παιδιά σου να κερδίζουν βραβεία Όσκαρ ή Πούλιτζερ, να συναντάς τον Θεό και να βιώνεις τη θεία έκσταση— και μήπως ο τρόπος που όλοι μας χρησιμοποιούμε τη γλώσσα με τις οκτώ λέξεις είναι ελαττωματικός και μήπως κανένας μας δεν ξέρει τι είναι στην πραγματικότητα η ευτυχία. Με αυτή τη συλλογιστική, θα έπρεπε να ακολουθήσουμε όλοι τη συμβουλή του Σόλωνα, και να μη λέμε *ποτέ* ότι είμαστε ευτυχισμένοι όσο ζούμε, διότι αλλιώς, αν ποτέ η αληθινή ευτυχία μάς επισκεφτεί, θα έχουμε σπαταλήσει τη λέξη και δεν θα έχουμε κανέναν τρόπο να μιλήσουμε στις εφημερίδες για αυτό που μας συνέβη.

Αυτές είναι μόνο οι αρχικές ανησυχίες. Υπάρχουν και άλλες. Αν θέλαμε να κάνουμε ένα νοητικό πείραμα ώστε να αποδείξουμε μια για πάντα ότι η Lori και η Reba απλώς δεν ξέρουν τι είναι η πραγματική ευτυχία, θα χρειαζόταν να φανταστούμε ότι με το κούνημα ενός μαγικού ραβδιού τις ξεχωρίζουμε για να αποκτήσουν την εμπειρία της ζωής που έχουν και οι υπόλοιποι άνθρωποι. Αν έπειτα από μερικές εβδομάδες έρχονταν από μόνες τους να μας ικετέψουν, αποκηρύσσοντας όλους τους έως πρότινος ισχυρισμούς τους, να μην τις επαναφέρουμε στην προηγούμενη κατάστασή τους, αυτό δεν θα αρκούσε να μας πείσει —όπως προφανώς θα είχαν πειστεί και οι ίδιες— ότι προηγουμένως μπέρδευαν τα τεσσάρια και τα οκτάρια τους; Όλοι τυχαίνει να γνωρίζουμε κάποιον που έχει προσηλυτιστεί σε κάποιο θρήσκευμα, ή που πήρε διαζύγιο, ή που επιβίωσε από καρδιακή προσβολή και τώρα διατείνεται ότι για πρώτη φορά άνοιξε τα μάτια του —ότι, παρά τα όσα σκεφτόταν και έλεγε προηγουμένως, δεν είχε υπάρξει *στ' αλήθεια* ευτυχισμένος έως τώρα. Είναι σωστό να παίρνουμε τοις μετρητοίς τα λόγια ανθρώπων που έχουν υποστεί τέτοιες εκπληκτικές μεταμορφώσεις;

Όχι απαραιτήτως. Ας εξετάσουμε μια μελέτη στην οποία οι εθελοντές χρειάστηκε να υπολογίσουν τις πιθανότητες που είχαν να απαντήσουν σωστά σε ερωτήσεις τύπου τηλεπαιχνιδιών. Σε μερικούς εξεταζόμενους δόθηκαν μόνο οι ερωτήσεις (η ομάδα ερωτήσεων), ενώ σε άλλους δόθηκαν και οι ερωτήσεις και οι αντίστοιχες απαντήσεις (η ομάδα ερωτήσεων και απαντήσεων). Οι εθελοντές της ομάδας ερωτήσεων θεώρησαν τις ερωτήσεις αρκετά δύσκολες, ενώ οι άλλοι —που είχαν δει τόσο τις ερωτήσεις («Τι εφηύρε ο Philo T. Farnsworth;») όσο και τις απαντήσεις («Την τηλεόραση»)— πίστευαν ότι θα μπορούσαν να είχαν απαντήσει με ευκολία και σωστά στις ερωτήσεις, ακόμα κι αν δεν είχαν δει ποτέ τις απαντήσεις. Καθώς δείχνουν τα πράγματα, όταν οι εθελοντές ήξεραν τις απαντήσεις, οι ερωτήσεις τούς φαίνονταν εύκολες («Μα φυσικά είναι η τηλεόραση· όλοι το ξέρουν αυτό!»), και δεν ήταν πλέον σε θέση να κρίνουν πόσο δύσκολες θα φαίνονταν σε κάποιον που δεν είχε, όπως εκείνοι, άμεση γνώση των απαντήσεων[28].

Μελέτες σαν και αυτή αποδεικνύουν ότι, αφού αποκτήσουμε μια εμπειρία, δεν μπορούμε να την αφήσουμε κατά μέρος και να βλέπουμε τον κόσμο γύρω μας όπως θα τον βλέπαμε αν αυτή δεν είχε υπάρξει. Προς μεγάλη δυσαρέσκεια των δικαστών, οι ένορκοι δεν μπορούν να αγνοήσουν εντελώς τα δηκτικά σχόλια του κατηγόρου. Οι εμπειρίες μας γίνονται αμέσως μέρος του φακού μέσα από τον οποίο βλέπουμε όλο το παρελθόν, το παρόν και το μέλλον μας, και, όπως κάθε φακός, σχηματίζουν αλλά και παραμορφώνουν ό,τι βλέπουμε. Αυτός ο φακός δεν μοιάζει με γυαλιά όρασης που τα αφήνουμε στο κομοδίνο όποτε μας βολεύει· αντιθέτως, είναι σαν φακοί επαφής που κόλλησαν στα μάτια μας για πάντα. Από τη στιγμή που μαθαίνουμε να διαβάζουμε, δεν μπορούμε ποτέ πια να δούμε τα γράμματα απλώς και μόνο σαν μαύρα σημαδάκια από μελάνι. Από τη στιγμή που γνωρίζουμε τη free jazz, δεν μπορούμε πια να ακούσουμε το σαξόφωνο του Ornette Coleman σαν πηγή θορύβου. Αφού μάθουμε ότι ο Van Gogh έπασχε από ψυχική ασθένεια, ή ότι ο Ezra Pound ήταν αντισημίτης, δεν μπορούμε πια να δούμε την τέχνη τους με τον ίδιο τρόπο. Αν η Lori και η Reba διαχωρίζονταν για λίγες εβδομάδες, και αν μας έλεγαν ότι τώρα ήταν πιο ευτυχισμένες απ' ό,τι παλιότερα, μπορεί να είχαν δίκιο. Αλλά μπορεί και όχι. Ίσως απλώς να μας «έλεγαν» ότι τα διαχωρισμένα άτομα στα οποία είχαν τώρα μεταμορφωθεί θεωρούσαν πλέον την κατάσταση της σιαμαίας ένωσης τόσο δεινή όσο τη θεωρούμε και όλοι εμείς που ήμασταν ανέκαθεν χωριστοί. Ακόμα κι αν κατάφερναν να θυμηθούν τι σκέφτονταν, έλεγαν και έκαναν ως σιαμαίες δίδυμες, θα ήταν αναμενόμενο η πιο πρόσφατη εμπειρία τους ως διαχωρισμένα άτομα να χρωμάτιζε τον τρόπο με τον οποίο θα αξιολογούσαν την εμπειρία τους ως σιαμαίες. Έτσι, δεν θα μπορούσαν να πουν πια με βεβαιότητα πώς νιώθουν στ' αλήθεια τα σιαμαία αδέλφια που δεν έχουν διαχωριστεί ποτέ. Από μια άποψη, η εμπειρία του διαχωρισμού θα τις έκανε σαν κι εμάς, και επομένως θα βρίσκονταν στην ίδια δύσκολη θέση όπως κι εμείς όταν προσπαθούμε να φανταστούμε την εμπειρία τού να είναι κανείς σιαμαίος. Ο διαχωρισμός θα επηρέαζε την άποψή τους για το παρελθόν με τρόπο που δεν θα μπορούσαν να τον αγνοήσουν. Όλα αυτά σημαίνουν ότι, όταν οι άνθρωποι αποκτούν νέες εμπειρίες που τους κάνουν να ισχυρίζονται ότι η γλώσσα τους ήταν παλιότερα συμπιεσμένη —δηλαδή, ότι στην πραγματικότητα δεν ήταν ευτυχισμένοι ακόμα κι αν έλεγαν ή νόμιζαν έτσι προηγουμένως—, μπορεί να κάνουν λάθος. Με άλλα λόγια, είναι δυνατόν να σφάλλουμε στο παρόν όταν λέμε ότι σφάλλαμε στο παρελθόν.

Τεντώνοντας την εμπειρία

Η Lori και η Reba δεν έχουν κάνει αρκετά από εκείνα τα πράγματα τα οποία σε εμάς τους υπόλοιπους προκαλούν αισθήματα που ανήκουν στην κορυφή σχεδόν της κλίμακας της ευτυχίας —τούμπες, καταδύσεις και ό,τι άλλο θες—, και αυτό σίγουρα συνιστά μεγάλη διαφορά. Εάν όμως το φτωχό σε εμπειρίες παρελθόν δεν προκαλεί απαραιτήτως συμπίεση της γλώσσας, μήπως ενδεχομένως προκαλεί κάτι άλλο; Ας υποθέσουμε ότι η Lori και η Reba έχουν πράγματι ένα φτωχό σε εμπειρίες παρελθόν ως βάση για να αξιολογήσουν ακόμα και κάτι τόσο απλό όσο, ας πούμε, μια τούρτα γενεθλίων που τους προσφέρεται. Μια πιθανότητα θα ήταν να προκληθεί συμπίεση της γλώσσας τους εξαιτίας των φτωχότερων εμπειριών τους. Υπάρχει όμως και η πιθανότητα το φτωχότερο σε βιώματα παρελθόν τους να προκαλούσε όχι τη συμπίεση της γλώσσας τους αλλά, αντιθέτως, τη διάταση της εμπειρίας τους: όταν δηλαδή λένε *οκτώ*, να εννοούν το ίδιο ακριβώς πράγμα που εννοούμε και εμείς λέγοντας *οκτώ*, επειδή, όταν εκείνες δέχονται μια τούρτα γενεθλίων, αισθάνονται όπως ακριβώς εμείς οι υπόλοιποι όταν κάνουμε υποβρύχιες τούμπες. Η Εικόνα 7 παρουσιάζει την *υπόθεση της διάτασης της εμπειρίας.*

Η διάταση της εμπειρίας είναι αλλόκοτη έκφραση αλλά όχι και αλλόκοτη ιδέα. Συχνά λέμε «απλώς νομίζουν ότι είναι ευτυχισμένοι διότι δεν ξέρουν τι χάνουν», για όσους δηλώνουν ευτυχισμένοι παρά τις συνθήκες της ζωής τους, οι οποίες κατά τη γνώμη μας αποκλείουν την ευτυχία. Εντάξει, σύμφωνοι, *αλλά αυτό ακριβώς είναι το ζήτημα.* Αν δεν ξέρουμε τι χάνουμε, τότε ίσως είμαστε όντως ευτυχισμένοι σε συνθήκες υπό τις οποίες δεν θα ήμασταν ευτυχισμένοι αν είχαμε παλιότερα βιώσει

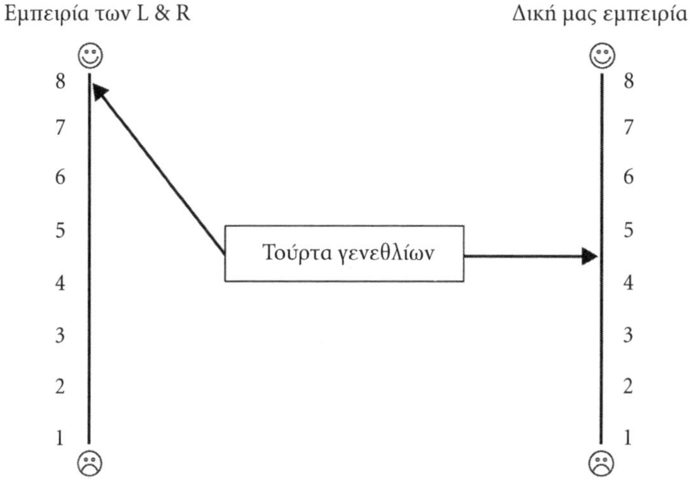

Εικόνα 7. Η *υπόθεση της διάτασης της εμπειρίας* δηλώνει ότι, όταν προσφέρεται μια τούρτα γενεθλίων στη Lori και τη Reba, εκείνες μιλούν για τα αισθήματά τους με τον ίδιο τρόπο που μιλάτε και εσείς, αλλά αισθάνονται κάτι διαφορετικό.

αυτό που χάνουμε. Δεν σημαίνει δηλαδή ότι όσοι δεν ξέρουν τι χάνουν είναι *λιγότερο* ευτυχισμένοι από εκείνους που δεν το χάνουν. Τέτοια παραδείγματα υπάρχουν άφθονα, και στη δική μου και στη δική σας ζωή· ας μιλήσουμε για τα δικά μου, λοιπόν. Μου αρέσει πότε πότε να καπνίζω κανένα πούρο, διότι αυτό με κάνει ευτυχισμένο. Αλλά η γυναίκα μου δεν μπορεί πότε πότε να καταλάβει γιατί χρειάζομαι ένα πούρο για να είμαι ευτυχισμένος, καθώς εκείνη προφανώς μπορεί να αισθάνεται το ίδιο ευτυχισμένη χωρίς να καπνίσει κανένα πούρο (και πιο ευτυχισμένη μάλιστα αν δεν καπνίσω και εγώ). Αλλά η υπόθεση της διάτασης της εμπειρίας υποστηρίζει ότι θα μπορούσα και εγώ να είμαι ευτυχισμένος χωρίς πούρα μόνο στην περίπτωση όπου δεν θα είχα δοκιμάσει τα παράξενα φαρμακολογικά αποτελέσματά τους όσο ήμουν νέος και επιπόλαιος. Τα δοκίμασα όμως και, επειδή το έκανα, τώρα ξέρω τι χάνω όταν δεν καπνίζω· έτσι, οι υπέροχες στιγμές που απολαμβάνω κατά την ανοιξιάτικη άδειά μου, ξαπλωμένος στη σεζλόνγκ μου, στις χρυσές αμμουδιές της Χαβάης, σιγοπίνοντας Talisker και παρακολουθώντας τον ήλιο να δύει στην κατακόκκινη θάλασσα, δεν είναι τέλειες αν δεν έχω επιπλέον και ένα βρομερό κουβανέζικο πούρο στο στόμα μου. Θα μπορούσα να προκαλέσω και την τύχη μου και τη σταθερότητα του γάμου μου παρουσιάζοντας στη γυναίκα μου την υπόθεση συμπίεσης της γλώσσας, εξηγώντας της προσεκτικά ότι, επειδή η ίδια δεν έχει ποτέ βιώσει την αψιά, χωματένια γεύση ενός Montecristo No. 4, διαθέτει ένα φτωχό σε εμπειρίες παρελθόν και, κατά συνέπεια, δεν γνωρίζει σε τι συνίσταται η πραγματική ευτυχία. Θα έχανα, βεβαίως, αφού πάντα έτσι γίνεται, αλλά αυτή τη φορά θα μου άξιζε κιόλας. Δεν είναι πιο λογικό να πούμε ότι, όταν έμαθα να απολαμβάνω τα πούρα, άλλαξα το υπόβαθρο των εμπειριών μου και επομένως αναπόφευκτα κατέστρεψα όλες τις μελλοντικές εμπειρίες που δεν τα περιέχουν; Το ηλιοβασίλεμα στη Χαβάη έπαιρνε οκτώ, ώσπου το χαβανέζικο ηλιοβασίλεμα «μετά πούρου» εκτόπισε και υποβίβασε το άνευ πούρου ηλιοβασίλεμα, που βαθμολογείται πλέον με επτά[29].

Αρκετά είπαμε όμως για εμένα και την άδειά μου. Ας μιλήσουμε τώρα λίγο για εμένα και την κιθάρα μου. Παίζω κιθάρα εδώ και χρόνια, αλλά αντλώ ελάχιστη ευχαρίστηση πια όταν εκτελώ επαναλαμβανόμενα, ατελείωτα ακόρντα. Όταν όμως ως έφηβος πρωτομάθαινα να παίζω κιθάρα, καθόμουν στο δωμάτιό μου και γρατζουνούσα όλο χαρά τρεις συγκεκριμένες χορδές, ώσπου οι γονείς μου άρχιζαν να χτυπούν το ταβάνι και να επικαλούνται τα δικαιώματά τους από τη Συνθήκη της Γενεύης. Θα μπορούσαμε, υποθέτω, να δοκιμάσουμε και εδώ την υπόθεση της συμπίεσης της γλώσσας, και να υποστηρίξουμε ότι τα μάτια μου άνοιξαν αφού οι μουσικές μου ικανότητες βελτιώθηκαν, και ότι τώρα διαπιστώνω πως δεν ήμουν *πραγματικά* ευτυχισμένος εκείνες τις μέρες της εφηβείας μου. Δεν φαίνεται όμως πιο λογικό να επικαλεστούμε την υπόθεση για τη διάταση της εμπειρίας και να πούμε ότι η εμπειρία εκείνη που κάποτε ήταν για μένα πηγή ευχαρίστησης δεν είναι πλέον τέτοια; Όποιος πίνει ένα ποτήρι νερό αφού έχει περιπλανηθεί για μία εβδομάδα στην έρημο, μπορεί εκείνη τη στιγμή να βαθμολογήσει την ευτυχία του με δέκα. Ένα χρόνο αργότερα όμως, το ίδιο ποτήρι νερό πιθανότατα δεν θα του δώσει ευχαρίστηση μεγαλύτερη από δύο. Πρέπει να συμπεράνουμε ότι αυτός ο άνθρωπος έκανε λάθος για το πόσο ευτυχισμένος υπήρξε πίνοντας εκείνες τις σωτήριες γουλιές νερό από μια άθλια καντίνα, ή είναι πιο λογικό να πούμε ότι μια γουλιά νερό μπορεί να προκαλεί έκσταση ή απλώς ενυδάτωση, ανάλογα με το παρελθόν εμπειριών τού κάθε ατόμου; Εάν ένα φτωχό σε εμπειρίες παρελθόν προκαλεί περισσότερο συμπίεση της γλώσσας μας παρά διάταση των εμπειριών μας, τότε τα παιδιά που λένε ότι τρελαίνονται για φιστικοβούτυρο με ζελέ πλανώνται πλάνην οικτρά, και θα το παραδεχτούν αργότερα στη ζωή τους, όταν θα δοκιμάσουν την πρώτη τους μπουκιά από φουά γκρα —οπότε πλέον θα έχουν δίκιο, έως ότου όμως μεγαλώσουν αρκετά για να αποκτήσουν καούρες από τις λιπαρές τροφές, και επομένως θα ανακαλύψουν ότι έκαναν λάθος και για το φουά γκρα. Έτσι, η κάθε μέρα μας θα ήταν μια αποκήρυξη της προηγούμενης, καθώς θα δοκιμάζαμε εντονότερες και πλουσιότερες εμπειρίες ευτυχίας και θα διαπιστώναμε το μέγεθος της αυταπάτης μας —μέχρι την παρούσα στιγμή, βεβαίως.

Ποια από τις δύο υποθέσεις λοιπόν αληθεύει; Δεν είναι δυνατόν να καταλήξουμε. Αυτό όμως που *μπορούμε* να πούμε είναι ότι όλες οι δηλώσεις σχετικά με την ευτυχία αποτελούν ισχυρισμούς από τη *σκοπιά* του καθενός —από την οπτική τού κάθε ανθρώπου, για τον οποίο το σύνολο των μοναδικών εμπειριών που έχει αποκομίσει λειτουργούν ως πλαίσιο αναφοράς, ως φακός, ως βάση για την αξιολόγηση κάθε τρέχουσας εμπειρίας. Όσο κι αν θα το επιθυμούσε ο επιστήμονας, δεν υπάρχει σκοπιά από το πουθενά. Από τη στιγμή που αποκτάμε μια εμπειρία, δεν μπορούμε πια να δούμε τον κόσμο όπως τον βλέπαμε προηγουμένως. Η αθωότητά μας χάνεται, και δεν μπορούμε πια να επιστρέψουμε στα παλιά. Ίσως θυμόμαστε τι σκεφτόμασταν (αν και όχι απαραιτήτως) και μπορεί να θυμόμαστε τι κάναμε (αν και όχι απαραιτήτως, επίσης), αλλά η πιθανότητα να καταφέρουμε να αναστήσουμε την εμπειρία μας και να την αξιολογήσουμε όπως θα την αξιολογούσαμε ακριβώς τότε, είναι αποκαρδιωτικά μικρή. Από κάποιες απόψεις, οι άνθρωποι στους οποίους έχουμε πλέον μεταμορφωθεί —δηλαδή, οι άνθρωποι που καπνίζουμε πούρα, που παίζουμε κιθάρα, που τρώμε φουά γκρα— έχουμε τόση δικαιοδοσία να μιλάμε εκ μέρους των ανθρώπων που είχαμε κάποτε υπάρξει όση έχει και ένας έξωθεν παρατηρητής. Οι διαχωρισμένοι σιαμαίοι ίσως μπορούν να μας πουν πώς αισθάνονται *τώρα* για την εποχή που ήταν ενωμένοι, αλλά οι ίδιοι δεν μπορούν να μας μιλήσουν για το πώς αισθάνονται για την κατάσταση συνένωσής τους όσοι σιαμαίοι δεν διαχωρίστηκαν ποτέ. Κανείς δεν ξέρει εάν το *οκτώ* τής Lori και της Reba αντιστοιχεί στο ίδιο αίσθημα του δικού μας *οκτώ*, και αυτό ισχύει για όλες τις Reba και Lori που θα υπάρξουν ποτέ.

Περαιτέρω

Το πρωινό της 15ης Μαΐου τού 1916, ο εξερευνητής της Ανταρκτικής Ernest Shackleton ξεκίνησε για το τελευταίο μέρος μιας από τις πιο εξουθενωτικές περιπέτειες στην ιστορία. Το πλοίο του, το *Endurance*, είχε τσακιστεί στους πάγους της Θάλασσας του Ουέντελ, αφήνοντας εκείνον και το πλήρωμά του αποκλεισμένους στο νησί Έλεφαντ. Ύστερα από επτά μήνες στο νησί, ο Shackleton και πέντε από τους άντρες του επιβιβάστηκαν σε μια μικρή σωστική λέμβο και πέρασαν σε αυτή τρεις εβδομάδες, διασχίζοντας 800 μίλια παγωμένου, μανιασμένου ωκεανού. Όταν έφτασαν στη Νότια Γεωργία, ένα νησί του αρχιπελάγους των Φόκλαντ, οι άντρες αυτοί, υποφέροντας από κρυοπαγήματα και στα όρια της λιμοκτονίας, ετοιμάστηκαν να αποβιβαστούν και να περάσουν στην απέναντι πλευρά του νησιού με τα πόδια, ελπίζοντας να βρουν εκεί κάποιο σταθμό φαλαινοθηρικών. Κανένας μέχρι τότε δεν είχε επιβιώσει από ένα τέτοιο οδοιπορικό. Αντιμέτωπος με σχεδόν σίγουρο θάνατο, εκείνο το πρωινό ο Shackleton έγραψε:

> Περάσαμε από το στενό στόμιο του ορμίσκου με τα απειλητικά βράχια και, σπρώχνοντας τα φύκια από δεξιά κι αριστερά, στρίψαμε προς τα ανατολικά και πλεύσαμε χαρούμενοι μέχρι τον κόλπο καθώς ο ήλιος διαπερνούσε την ομίχλη και έκανε τα ταραγμένα νερά γύρω μας να λαμπυρίζουν. Φαινόμασταν σαν μια πολύ παράξενη συντροφιά εκείνο το πρωινό, αλλά ήμασταν ευτυχισμένοι. Αρχίσαμε μάλιστα να τραγουδάμε, και, με εξαίρεση τη ροβινσώνεια όψη μας, σε έναν τυχαίο παρατηρητή θα δίναμε την εντύπωση παρέας που κάνει πικνίκ πλέοντας δίπλα σε κάποιο νορβηγικό φιορδ ή μέσα σε ένα από τα όμορφα στενά της δυτικής ακτής της Νέας Ζηλανδίας.[30]

Είναι δυνατόν ο Shackleton να εννοούσε πραγματικά αυτά που έλεγε; Μπορεί το δικό του *ευτυχισμένοι* να είναι το ίδιο με το δικό μας *ευτυχισμένος*, και, επιπλέον, υπάρχει τρόπος για να συμπεράνουμε σχετικά; Όπως έχουμε ήδη δει, η ευτυχία είναι μια υποκειμενική εμπειρία, η οποία δύσκολα περιγράφεται στον εαυτό μας και στους άλλους. Επομένως, το να αξιολογηθούν οι δηλώσεις ανθρώπων σχετικά με την προσωπική τους ευτυχία αποτελεί ένα εξαιρετικά περίπλοκο εγχείρημα. Μην ανησυχείτε όμως —διότι τα πράγματα, πριν καλυτερέψουν, πάντα γίνονται πολύ πιο περίπλοκα.

Κεφαλαιο 3

Κοιτάζοντας από έξω μέσα

Έμπα βαθιά στο στήθος σου και ρώτα την καρδιά σου, μήπως ξέρει.

—Ουίλλιαμ Σαίξπηρ, *Με το ίδιο μέτρο*

Δεν υπαρχουν και πολλα ανέκδοτα για καθηγητές ψυχολογίας, γι' αυτό μας αρέσουν τα λίγα που κυκλοφορούν. Νά ένα: Τι λένε δύο καθηγητές ψυχολογίας όταν συναντιούνται στο διάδρομο; «Καλημέρα, είσαι πολύ καλά· εγώ τι κάνω;» Ξέρω, ξέρω. Δεν το βρίσκετε και πολύ αστείο. Αλλά *υποτίθεται* ότι είναι αστείο, διότι δεν γίνεται να γνωρίζουμε πώς αισθάνονται οι άλλοι, ενώ πρέπει να γνωρίζουμε πώς αισθανόμαστε οι ίδιοι. Το «Τι κάνεις;» είναι πολύ οικείο για τον ίδιο λόγο που το «Τι κάνω;» είναι ιδιαίτερα παράξενο. Και μολονότι ακούγεται αλλόκοτο, υπάρχουν πάντως κάποιες στιγμές όπου φαίνεται να μη γνωρίζουμε τα ίδια μας τα συναισθήματα. Όταν οι σιαμαίοι δίδυμοι δηλώνουν ευτυχισμένοι, πρέπει να αναρωτηθούμε μήπως απλώς νομίζουν ότι είναι ευτυχισμένοι —πράγμα που σημαίνει ότι μπορεί να πιστεύουν αυτό που λένε, αλλά αυτό που λένε ίσως είναι λανθασμένο. Πριν αποφασίσουμε αν θα αποδεχτούμε τις δηλώσεις ανθρώπων ότι αισθάνονται ευτυχισμένοι, πρέπει πρώτα να αποφασίσουμε, κατ' αρχήν, αν είναι δυνατόν οι άνθρωποι να κάνουν λάθος σχετικά με το τι αισθάνονται. Μπορεί να κάνουμε λάθος για πολλά πράγματα —για την τιμή των σπόρων σόγιας, για τη διάρκεια ζωής των ακάρεων, για την ιστορία του φανελένιου υφάσματος—, αλλά είναι δυνατόν να κάνουμε λάθος για την προσωπική μας συναισθηματική εμπειρία; Είναι δυνατόν να πιστεύουμε ότι αισθανόμαστε κάτι που δεν νιώθουμε; Υπάρχουν πράγματι άνθρωποι που δεν μπορούν να απαντήσουν σωστά στην πιο συνηθισμένη ερώτηση του κόσμου;

Και βέβαια υπάρχουν· θα δείτε έναν όταν κοιταχτείτε στον καθρέφτη σας. Διαβάστε παρακάτω.

Σαστισμένοι και μπερδεμένοι

Πριν όμως συνεχίσετε, σας προκαλώ να σταματήσετε και να κοιτάξετε καλά τον αντίχειρά σας. Στοιχηματίζω ότι δεν δεχτήκατε την πρόκλησή μου. Είμαι σίγουρος ότι συνεχίσατε απλώς να διαβάζετε, διότι το να κοιτάξετε τον αντίχειρά σας είναι τόσο εύκολο ώστε αποτελεί μάλλον ανιαρό σπορ —σκοράρουν όλοι, και το παιχνίδι τελειώνει λόγω βαρεμάρας. Αν όμως πιστεύετε πως το να κοιτάξετε τον αντίχειρά σας σας υποτιμά, σκεφτείτε για λίγο τι πρέπει στ' αλήθεια να συμβεί για να δούμε ένα αντικείμενο στο περιβάλλον μας —έναν αντίχειρα, ένα ντόνατ με γλάσο ή έναν λυσσασμένο λύκο. Μέσα στον ελάχιστο χρόνο που μεσολαβεί αφότου το ανακλώμενο φως από την επιφάνεια του αντικειμένου φτάνει στα μάτια μας μέχρι να αναγνωρίσουμε την ταυτότητα του αντικειμένου, ο εγκέφαλός μας χρειάζεται να αφαιρέσει και να αναλύσει τα χαρακτηριστικά του αντικειμένου και να τα συγκρίνει με πληροφορίες τις οποίες διατηρούμε στη μνήμη μας, για να προσδιορίσει το είδος του αντικειμένου και τι πρέπει να κάνουμε με αυτό. Αυτά είναι περίπλοκα πράγματα —τόσο περίπλοκα ώστε κανένας επιστήμονας δεν ξέρει ακόμα πώς ακριβώς συμβαίνουν, και κανένας υπολογιστής δεν μπορεί ακόμα να προσομοιώσει το κόλπο· όμως συγκαταλέγονται σε εκείνο το είδος των πραγμάτων που ο εγκέφαλός μας εκτελεί με εξαιρετική ταχύτητα και ακρίβεια.

Μάλιστα, ο εγκέφαλός μας εκτελεί αυτές τις αναλύσεις με τέτοια ευχέρεια ώστε εμείς έχουμε απλώς την εμπειρία ότι κοιτάζουμε αριστερά, βλέπουμε ένα λύκο, φοβόμαστε, και ετοιμαζόμαστε να εκτελέσουμε όλες τις υπόλοιπες αναλύσεις από την ασφάλεια του κοντινότερου ψηλού δέντρου.

Σκεφτείτε για μια στιγμή πώς *θα όφειλε* να λειτουργεί η οπτική αντίληψη. Αν επρόκειτο να σχεδιάσετε έναν εγκέφαλο εξαρχής, πιθανότατα θα τον σχεδιάζατε έτσι ώστε *πρώτα* να αναγνωρίζει τα αντικείμενα στο περιβάλλον του («Μυτερά δόντια, καφετιά γούνα, παράξενοι απειλητικοί ήχοι, καυτά σάλια —Τι μου λες! Είναι ένας λυσσασμένος λύκος!») και *ύστερα* να αποφασίζει τι θα κάνει («Το να φύγω ακριβώς τώρα ακούγεται θαυμάσια ιδέα»). Όμως ο ανθρώπινος εγκέφαλος δεν σχεδιάστηκε παίρνοντας τα πράγματα από την αρχή. Αντιθέτως, οι πιο σημαντικές λειτουργίες του σχεδιάστηκαν πρώτες, και οι λιγότερο κρίσιμες προστέθηκαν σαν διακοσμητικά καθώς περνούσαν οι χιλιετίες· και αυτός είναι ο λόγος για τον οποίο τα πραγματικά σημαντικά μέρη του εγκεφάλου σας (φέρ' ειπείν, όσα ελέγχουν την αναπνοή) βρίσκονται χαμηλά, στη βάση, και εκείνα που πιθανότατα δεν θα σας ήταν απαραίτητα για την επιβίωση (φέρ' ειπείν, όσα ελέγχουν την αυτοκυριαρχία σας) κάθονται πάνω στα προηγούμενα, όπως το παγωτό πάνω στο χωνάκι. Όπως φαίνεται λοιπόν, το να τρέχει κανείς πολύ γρήγορα μακριά από λυσσασμένους λύκους αποδεικνύεται πολύ πιο σημαντικό από το να γνωρίζει τι πράγματα είναι αυτοί οι λύκοι. Μάλιστα, ενέργειες όπως η διαφυγή με τρέξιμο είναι τόσο ζωτικά σημαντικές για την επιβίωση των χερσαίων θηλαστικών, από τα οποία καταγόμαστε, ώστε η εξέλιξη δεν πήρε ρίσκα και σχεδίασε τον εγκέφαλο ώστε να απαντάει στην ερώτηση «Τι πρέπει να κάνω;» πριν από την ερώτηση «Τι είναι αυτό;»[1]. Τα πειράματα έχουν δείξει ότι τη στιγμή που ερχόμαστε αντιμέτωποι με ένα αντικείμενο, ο εγκέφαλός μας αναλύει αμέσως μερικά μόνο από τα καίρια χαρακτηριστικά του και ύστερα χρησιμοποιεί την παρουσία ή απουσία αυτών των χαρακτηριστικών για να πάρει μια πολύ γρήγορη και απλή απόφαση: «Είναι αυτό το πράγμα κάτι σημαντικό, στο οποίο χρειάζεται να αντιδράσω αμέσως;»[2] Οι λυσσασμένοι λύκοι, τα μωρά που κλαίνε, οι πέτρες που εκσφενδονίζονται, τα ταίρια που μας γνέφουν, τα θηράματα που ζαρώνουν και κρύβονται, όλα αυτά είναι πράγματα που μετρούν πολύ στο παιχνίδι της επιβίωσης. Ως εκ τούτου, απαιτείται να ενεργήσουμε άμεσα όταν συναντήσουμε κάτι από τα παραπάνω, και όχι να χασομεράμε στοχαζόμενοι πάνω στα πιο λεπτά χαρακτηριστικά τους. Επομένως, ο εγκέφαλός μας είναι σχεδιασμένος για να αποφασίζει *πρώτα* αν τα αντικείμενα «μετρούν» και ύστερα σχετικά με το τι ακριβώς είναι αυτά. Τούτο σημαίνει ότι, όταν στρέφετε το κεφάλι σας αριστερά, υπάρχει ένα κλάσμα του δευτερολέπτου κατά το οποίο ο εγκέφαλός σας *δεν* ξέρει ότι βλέπει ένα λύκο, αλλά *ξέρει* ότι βλέπει κάτι απειλητικό.

Πώς όμως συμβαίνει αυτό; Πώς μπορούμε να ξέρουμε ότι κάτι είναι απειλητικό αν δεν ξέρουμε τι είναι; Για να αντιληφθείτε πώς μπορεί να συμβεί αυτό, σκεφτείτε απλώς τι θα κάνατε για να αναγνωρίσετε έναν άνθρωπο που έρχεται προς το μέρος σας διασχίζοντας μια τεράστια έκταση ερήμου. Το πρώτο πράγμα που θα έπιανε το μάτι σας θα ήταν μια τρομώδη κίνηση στον ορίζοντα. Καθώς θα προσπαθούσατε να διακρίνετε καλύτερα, θα αντιλαμβανόσασταν σύντομα ότι η κίνηση αφορά ένα αντικείμενο κατευθυνόμενο προς εσάς. Καθώς θα πλησίαζε περισσότερο, θα βλέπατε ότι η κίνηση είναι βιολογική, μετά θα βλέπατε ότι το βιολογικό αντικείμενο είναι ένα δίποδο, ύστερα ότι είναι άνθρωπος, μια γυναίκα, μετά μια παχιά γυναίκα με σκούρα μαλλιά που φοράει ένα μπλουζάκι με έντονα σχέδια, και μετά —έι, τι γυρεύει η θεία Mabel στη Σαχάρα; Η αναγνώριση της θείας Mabel θα γινόταν προοδευτικά —δηλαδή, θα ξεκινούσε με αρκετά γενικό τρόπο και θα γινόταν πιο ειδική καθώς θα περνούσε ο χρόνος, για να καταλήξει σε μια οικογενειακή επανασύνδεση. Παρομοίως, η αναγνώριση ενός λύκου δίπλα σας γίνεται *προοδευτικά* —μόνο που αυτή διαρκεί λίγα χιλιοστά του δευτερολέπτου— και προχωρά επίσης από το γενικό στο ειδικό. Η έρευνα καταδεικνύει ότι, στα πολύ αρχικά, πολύ γενικά στάδια αυτής της διαδικασίας αναγνώρισης, η διαθέσιμη πληροφορία είναι αρκετή για να αποφασιστεί εάν ένα αντικείμενο συνιστά απειλή, αλλά δεν είναι επαρκής για να γνωρίζουμε τι είναι το αντικείμενο. Από τη στιγμή που ο εγκέφαλός μας θα αποφασίσει ότι αντιμετωπίζει κάτι απειλητικό, δίνει οδηγίες στους αδένες μας να παράγουν ορμόνες οι οποίες δημιουργούν μια κατάσταση αυξημένης φυσιολογικής διέγερσης —η πίεση του αίματος αυξάνεται, ο καρδιακός ρυθμός επιταχύνεται, οι κόρες των οφθαλμών συστέλλονται, οι μύες συσπώνται—, πράγμα που μας προετοιμάζει να αναλάβουμε αμέσως δράση. Πριν ο εγκέφαλός μας τελειώσει τη συνολική ανάλυση που θα μας επιτρέψει να αντιληφθούμε ότι το αντικείμενο είναι ένας λύκος, έχει ήδη φέρει το σώμα μας σε κατάσταση ετοιμότητας για διαφυγή —είμαστε «ντοπαρισμένοι» και έτοιμοι να τρέξουμε.

Το γεγονός ότι μπορεί να αισθανόμαστε διεγερμένοι χωρίς να γνωρίζουμε τι ακριβώς είναι εκείνο που μας προκάλεσε τη διέγερση, έχει σημαντικές προεκτάσεις όσον αφορά την ικανότητά μας να αναγνωρίζουμε τα ίδια μας τα συναισθήματα[3]. Για παράδειγμα, κάποιοι ερευνητές εξέτασαν τις αντιδράσεις μιας ομάδας νέων αντρών οι οποίοι διέσχισαν μια μακρόστενη κρεμαστή γέφυρα, φτειαγμένη από ξύλινες σανίδες και συρματόσχοινα, η οποία λικνιζόταν και ταλαντευόταν σε ύψος εβδομήντα μέτρων πάνω από ένα ποτάμι του Βόρειου Βανκούβερ[4]. Μια νεαρή γυναίκα πλησίασε καθέναν από τους άντρες και τον ρώτησε αν θα ήθελε να συμπληρώσει ένα ερωτηματολόγιο. Μετά τη συμπλήρωση του ερωτηματολογίου, η γυναίκα έδινε στον καθένα το τηλέφωνό της και υποσχόταν πως θα του εξηγούσε με περισσότερες λεπτομέρειες το σκοπό της εργασίας της εάν της τηλεφωνούσε. Η κρίσιμη παράμετρος του πειράματος ήταν η εξής: Η γυναίκα προσέγγισε κάποιους άντρες την ώρα που περνούσαν τη γέφυρα και κάποιους άλλους αφού την είχαν διασχίσει. Όπως φάνηκε αργότερα, όσοι εθελοντές είχαν συναντήσει τη γυναίκα καθώς περνούσαν τη γέφυρα ήταν πολύ περισσότερο πιθανόν να της τηλεφωνήσουν μέσα στις επόμενες μέρες. Γιατί; Όσοι άντρες βρέθηκαν κοντά στη γυναίκα στα μισά της κλυδωνιζόμενης γέφυρας βίωναν εκείνη τη στιγμή έντονη φυσιολογική διέγερση, την οποία υπό κανονικές συνθήκες θα είχαν ερμηνεύσει ως φόβο. Επειδή όμως την ίδια στιγμή τούς έπαιρνε συνέντευξη μια όμορφη γυναίκα, ερμήνευσαν λανθασμένα τη διέγερσή τους ως σεξουαλική έλξη. Κατά τα φαινόμενα, αισθήματα ικανά να ερμηνευθούν ως φόβος κατακρήμνισης μπορούν επίσης να ερμηνευθούν ως ερωτική επιθυμία μπροστά σε ένα βαθύ ντεκολτέ —πράγμα που απλώς δείχνει ότι *είναι δυνατόν* να σφάλλουμε σχετικά με το τι ακριβώς νιώθουμε[5].

Αναπαυτικώς αναίσθητοι

Ο μυθιστοριογράφος Graham Green έγραψε: «Το μίσος φαίνεται πως χρησιμοποιεί τους ίδιους αδένες όπως και η αγάπη.»[6] Πράγματι, από ερευνητικές εργασίες αποδεικνύεται ότι η φυσιολογική διέγερση μπορεί να ερμηνευθεί με διάφορους τρόπους, και ότι η ερμηνεία που θα της δώσουμε εξαρτάται από το τι πιστεύουμε ότι την προκάλεσε. Είναι δυνατόν να παρερμηνεύσουμε το φόβο ως επιθυμία, την ανησυχία ως ενοχή[7], την ντροπή ως άγχος[8]. Πάντως, ακόμα κι αν δεν ξέρουμε πάντοτε πώς να *ονομάσουμε* τη συναισθηματική μας εμπειρία, αυτό δεν σημαίνει και ότι δεν ξέρουμε με τι *μοιάζει* αυτή η εμπειρία —σωστά; Είναι ποτέ δυνατόν να πιστεύουμε ότι αισθανόμαστε κάτι ενώ στην πραγματικότητα δεν αισθανόμαστε *τίποτε απολύτως*; Ο φιλόσοφος Daniel Dennett έθεσε το ερώτημα ως εξής:

> Υποθέστε ότι σε κάποιον υπνωτιζόμενο δίνεται η μεταϋπνωτική υποβολή ότι, όταν ξυπνήσει, θα *πονάει* στον καρπό του. Αν η ύπνωση πιάσει, τότε αυτό που θα έχουμε μπροστά μας θα είναι μια περίπτωση πόνου ο οποίος έχει

> επέλθει με ύπνωση, ή μήπως απλώς η περίπτωση ενός ανθρώπου που οδηγήθηκε να *πιστέψει* ότι πονάει; Αν απαντήσουμε ότι η ύπνωση έχει προκαλέσει πραγματικό πόνο, τότε υποθέστε τι θα γινόταν αν η μεταϋπνωτική υποβολή ήταν «Όταν ξυπνήσεις, θα *πιστεύεις* ότι πονάς στον καρπό σου». Αν τούτη η υποβολή λειτουργήσει, μήπως η κατάσταση θα είναι ακριβώς όμοια με την προηγούμενη; Το να πιστεύεις ότι πονάς δεν είναι ισοδύναμο με το να πονάς;[9]

Με μια πρώτη ματιά, η ιδέα ότι είναι δυνατόν να πιστεύουμε εσφαλμένα πως νιώθουμε πόνο ακούγεται εξωφρενική, αν όχι για άλλους λόγους, τουλάχιστον επειδή η διάκριση ανάμεσα στο «αισθάνομαι πόνο» και «πιστεύω ότι αισθάνομαι πόνο» φαίνεται γλωσσικά ασαφής. Δώστε όμως μια δεύτερη ευκαιρία σε αυτή την ιδέα, εξετάζοντας το ακόλουθο σενάριο: Κάθεστε σε ένα υπαίθριο καφέ, πίνοντας τον εσπρέσο σας και ξεφυλλίζοντας ευχαριστημένοι την κυριακάτικη εφημερίδα. Χαμογελαστές παρέες σουλατσάρουν τριγύρω τούτο το όμορφο πρωινό, ενώ οι περιπτύξεις του νεαρού ζευγαριού στο διπλανό τραπέζι μαρτυρούν το αιώνιο θαύμα της άνοιξης. Τα κελαϊδίσματα των πουλιών δένουν με την υπέροχη μυρωδιά των φρεσκοψημένων κρουασάν που αναδίδεται από τον διπλανό φούρνο. Το άρθρο που διαβάζετε, για τη μεταρρύθμιση στις χρηματοδοτήσεις των εκλογικών εκστρατειών, είναι ενδιαφέρον, και όλα βαίνουν καλώς —έως ότου ξαφνικά διαπιστώνετε πως διαβάζετε την τρίτη παράγραφο, αλλά κάπου στα μισά της πρώτης αρχίσατε να μυρίζετε φρεσκοψημένα κρουασάν και να ακούτε τιτιβίσματα πουλιών, και τώρα συνειδητοποιείτε ότι δεν έχετε την παραμικρή ιδέα για το άρθρο που διαβάζατε. Διαβάσατε στ' αλήθεια εκείνη τη δεύτερη παράγραφο ή το ονειρευτήκατε; Ρίχνετε μια ματιά πιο πάνω, και είστε σίγουροι ότι οι λέξεις σάς φαίνονται οικείες. Καθώς μάλιστα τις ξαναδιαβάζετε, μπορείτε ακόμα και να θυμηθείτε πώς τις πρόφερε πριν από λίγες στιγμές αυτός ο αφηγητής μέσα στο κεφάλι σας που ηχεί καταπληκτικά όμοια με εσάς και του οποίου η φωνή χάθηκε για κάνα δυο παραγράφους, υποκύπτοντας στους γλυκούς περισπασμούς της άνοιξης.

Ερχόμαστε λοιπόν αντιμέτωποι με δύο ερωτήματα: Πρώτον, είχατε την εμπειρία της παραγράφου την πρώτη φορά που τη διαβάσατε; Δεύτερον, αν ναι, το γνωρίζατε ότι είχατε αυτή την εμπειρία; Οι απαντήσεις είναι ναι και όχι, αντίστοιχα. Είχατε την εμπειρία της παραγράφου, και γι' αυτό σάς ήταν τόσο οικεία όταν την ξαναδιαβάσατε. Αν είχε τοποθετηθεί στο τραπέζι σας ένας ανιχνευτής της κίνησης των ματιών σας, θα αποδείκνυε ότι δεν σταματήσατε να διαβάζετε σε κανένα σημείο. Αντιθέτως μάλιστα, ήσασταν τελείως απορροφημένοι στο διάβασμα όταν ξαφνικά πιάσατε τον εαυτό σας... πιάσατε τον εαυτό σας... πιάσατε τον εαυτό σας, να κάνει τι; Να έχει μια εμπειρία χωρίς να έχει επίγνωση του γεγονότος ότι έχει μια εμπειρία! Τώρα, επιτρέψτε μου να κάνω μια μικρή παρέκβαση και να εξηγήσω κάποια πράγματα σχετικά με τις παρακάτω λέξεις για να μην αρχίσετε κι εσείς να ακούτε κελαϊδίσματα. Η λέξη *experience* [εμπειρία] προέρχεται από το λατινικό *experientia*, που σημαίνει «να δοκιμάζεις κάτι», ενώ η λέξη *aware* [ο έχων επίγνωση] προέρχεται από το ελληνικό *οράν*, που σημαίνει «να βλέπεις κάτι». Η εμπειρία υποδηλώνει τη συμμετοχή σε ένα γεγονός, ενώ η επίγνωση [awareness] υποδηλώνει την παρατήρηση ενός γεγονότος. Οι δύο αυτές λέξεις μπορούν να υποκαταστήσουν η μια την άλλη στην καθημερινή ομιλία χωρίς ιδιαίτερα προβλήματα, αλλά διαφέρουν σημαντικά. Η πρώτη μάς δίνει την αίσθηση ότι κάποιος είναι απασχολημένος, ενώ η δεύτερη ότι ο ίδιος είναι ενήμερος για το ότι είναι απασχολημένος. Η μια σηματοδοτεί το στοχασμό, ενώ η άλλη το αντικείμενο του στοχασμού. Πράγματι, η επίγνωση μπορεί να γίνει αντιληπτή ως ένα είδος εμπειρίας της εμπειρίας μας[10]. Όταν δύο άνθρωποι διαφωνούν σχετικά με το αν τα σκυλιά τους έχουν συνείδηση [consciusness], συνήθως ο ένας από τους δύο χρησιμοποιεί αυτό τον όρο, που επίσης έχει πολύ κακοπάθει, για να εννοήσει το «ικανός να βιώσει εμπειρίες», ενώ ο άλλος τον χρησιμοποιεί για να εννοήσει το «ικανός για επίγνωση των εμπειριών». Οι σκύλοι βέβαια δεν είναι πέτρες, λέει ο πρώτος, άρα φυσικά και έχουν συνείδηση. Οι σκύλοι δεν είναι άνθρωποι, απαντά ο άλλος, άρα φυσικά και δεν έχουν συνείδηση. Πιθανότατα έχουν δίκιο και οι δύο. Οι σκύλοι μάλλον έχουν την εμπειρία του κίτρινου και του γλυκού: Κάπως πρέπει να μοιάζει αυτή η εμπειρία τού να είσαι σκύλος και να βρίσκεσαι μπροστά σε ένα κίτρινο και γλυκό αντικείμενο, ακόμα κι αν οι άνθρωποι δεν θα μάθουν ποτέ τι είναι αυτό το κάπως. Όμως ο σκύλος που έχει αυτή την εμπειρία πιθανότατα δεν έχει ταυτόχρονα και την επίγνωση ότι βιώνει αυτή την εμπειρία —δηλαδή, καθώς μασάει δεν σκέφτεται «Αυτό το άτιμο το κέικ είναι πεντανόστιμο».

Η διάκριση μεταξύ της εμπειρίας και της επίγνωσης είναι δύσκολη, διότι τις περισσότερες φορές ταιριάζουν καλά μεταξύ τους. Τρώμε μια μπουκιά κέικ, βιώνουμε την εμπειρία του γλυκού, ξέρουμε ότι έχουμε την εμπειρία της γλυκιάς γεύσης, και τίποτε από όλα αυτά δεν φαίνεται ιδιαίτερα ενδιαφέρον. Αν όμως ο συνήθως γερός δεσμός ανάμεσα στην εμπειρία και την επίγνωσή της σάς κάνει να νομίζετε ότι η διάκρισή τους απαιτεί ιδιαίτερη εξάσκηση και ευφυΐα, το μόνο που χρειάζεται είναι να γυρίσετε λίγο πίσω την κασέτα και να φανταστείτε τον εαυτό σας πάλι στο καφέ, την ώρα ακριβώς που τα μάτια σας πηγαινοέρχονταν πάνω στις τυπωμένες λέξεις και ο νους σας ήταν έτοιμος να αρχίσει να ξεμακραίνει για να προσέξει τους ήχους και τις μυρωδιές γύρω σας. Τώρα, πατήστε το *play* και φανταστείτε ότι ο νους σας αρχίζει να περιπλανιέται· χάνεται και δεν ξαναγυρίζει πίσω. Ωραία. Φανταστείτε ότι, καθώς έχετε την εμπειρία του διαβάσματος εκείνου του άρθρου, η επίγνωσή σας αποσυνδέεται οριστικώς από την εμπειρία σας και ποτέ πια δεν πιάνετε τον εαυτό σας να έχει αφαιρεθεί —δεν ξαναγυρνάτε δηλαδή στη συγκεκριμένη στιγμή για να ανακαλύψετε με έκπληξη ότι διαβάζετε. Το νεαρό ζευγάρι στο διπλανό τραπέζι σταματά τις περιπτύξεις για όση ώρα απαιτείται ώστε να σκύψουν προς τη μεριά σας και να σας ρωτήσουν ποιες είναι οι τελευταίες ειδήσεις σχετικά με το νομοσχέδιο για τη μεταρρύθμιση στη χρηματοδότηση των εκλογικών εκστρατειών, και εσείς απαντάτε με φυσικότητα ότι δεν θα μπορούσατε να το γνωρίζετε αυτό, διότι —όπως σίγουρα θα έβλεπαν και οι ίδιοι, εάν έδιναν προσοχή και σε μερικά άλλα πράγματα εκτός από τις ορμές τους— εσείς βέβαια ακούτε ήσυχα και ωραία τους ήχους της άνοιξης και *δεν διαβάζετε εφημερίδα*. Το νεαρό ζευγάρι παραξενεύεται με αυτή την απάντησή σας, καθώς, από όσο μπορούν να παρατηρήσουν στην κατάστασή τους, εσείς πράγματι κρατάτε μια εφημερίδα στα χέρια σας, και τα μάτια σας πράγματι κινούνται ταχέως δεξιά-αριστερά στη σελίδα, ακόμα και τη στιγμή που το αρνείστε. Ύστερα από μερικά ψιθυρίσματα και ένα ακόμα ηχηρό φιλί, αποφασίζουν να σας υποβάλουν σε δοκιμασία για να δουν αν λέτε την αλήθεια. «Συγγνώμη που σας ενοχλούμε πάλι, αλλά θέλουμε απεγνωσμένα να μάθουμε πόσοι γερουσιαστές ψήφισαν υπέρ του νομοσχεδίου μεταρρύθμισης για τη χρηματοδότηση των εκλογικών εκστρατειών την περασμένη εβδομάδα, και αναρωτιόμαστε αν θα είχατε τουλάχιστον την καλοσύνη να μαντέψετε.» Επειδή εσείς οσφραίνεσθε τα κρουασάν, ακούτε τα κελαϊδίσματα των πουλιών και *δεν διαβάζετε εφημερίδα*, δεν έχετε βεβαίως ιδέα πόσοι γερουσιαστές ψήφισαν το νομοσχέδιο. Φαίνεται όμως ότι ο μόνος τρόπος να πείσετε αυτούς εδώ τους περίεργους να κοιτούν τη δουλειά τους είναι να τους πείτε *κάτι*, οπότε και εσείς επινοείτε έναν αριθμό. «Το σαράντα ένα ακούγεται καλό;», τους λέτε. Και προς κατάπληξη κανενός άλλου παρά μόνο του εαυτού σας, ο αριθμός είναι ακριβώς αυτός.

Το συγκεκριμένο σενάριο μπορεί να δείχνει πολύ αλλόκοτο για να είναι πραγματικό —στο κάτω κάτω, πόσες πιθανότητες υπάρχουν να ψήφιζαν σαράντα ένας γερουσιαστές υπέρ του νομοσχεδίου μεταρρύθμισης για τη χρηματοδότηση των εκλογικών εκστρατειών;—, αλλά πάντως είναι και τα δύο. Η οπτική μας εμπειρία και η επίγνωσή μας για αυτή την εμπειρία παράγονται από διαφορετικά τμήματα του εγκεφάλου μας, και επομένως ορισμένα είδη εγκεφαλικής βλάβης (συγκεκριμένα, βλάβες στην περιοχή του πρωτοταγούς οπτικού φλοιού που είναι γνωστός ως περιοχή V1) είναι δυνατόν να βλάψουν τη μια αλλά όχι την άλλη, κάνοντας έτσι την εμπειρία και την επίγνωση να χάσουν τη στενή σύνδεση μεταξύ τους. Για παράδειγμα, άτομα που υποφέρουν από μια πάθηση γνωστή ως τυφλωπία δεν έχουν καμιά επίγνωση ότι βλέπουν, και θα σας πουν πολύ ειλικρινά ότι είναι εντελώς τυφλοί[11]. Οι λειτουργικές εγκεφαλικές τομογραφίες υποστηρίζουν τους ισχυρισμούς τους, καθώς δείχνουν ότι υπάρχει μειωμένη δραστηριότητα στις περιοχές που κανονικά σχετίζονται με την επίγνωση της οπτικής εμπειρίας. Από την άλλη, οι ίδιες τομογραφίες αποκαλύπτουν σχετικώς φυσιολογική δραστηριότητα στις σχετικές με την όραση περιοχές[12]. Έτσι, αν προβάλουμε μια φωτεινή κηλίδα σε ένα συγκεκριμένο σημείο του τοίχου και ρωτήσουμε τον «τυφλό» ασθενή να μας πει αν είδε το φως, εκείνος μάς απαντά: «Φυσικά και όχι. Όπως θα μπορούσατε να συμπεράνετε και από την παρουσία του σκύλου-οδηγού που έχω, είμαι τυφλός.» Αν όμως του ζητήσουμε να μαντέψει το σημείο στο οποίο εμφανίστηκε η φωτεινή κηλίδα —*απλώς κάντε μια δοκιμή, πείτε ό,τι θέλετε, δείξτε εντελώς τυχαία αν θέλετε*—, εκείνος «μαντεύει» σωστά με πολύ μεγαλύτερη συχνότητα από εκείνη που θα αναμενόταν αν επέλεγε τυχαία. *Βλέπει*, εάν με το *βλέπει* εννοούμε ότι έχει την εμπειρία του φωτός και ότι αποκτά τη γνώση της θέσης του, αλλά είναι *τυφλός*, εάν με το *τυφλός* εννοούμε ότι δεν έχει επίγνωση ότι είδε. Τα μάτια του προβάλλουν την ταινία της πραγματικότητας στη μικρή οθόνη μέσα στο κεφάλι του, αλλά οι θεατές έχουν πάει στην καντίνα για ποπ κορν.

Αυτή η αποσύνδεση της επίγνωσης από την εμπειρία μπορεί να προκαλέσει την ίδια αίσθηση του αλλόκοτου και όσον αφορά τα συναισθήματα. Μερικοί άνθρωποι φαίνεται να έχουν οξυδερκέστατη επίγνωση των διαθέσεων και των αισθημάτων τους, και μάλιστα μπορεί να έχουν και το συγγραφικό χάρισμα να περιγράφουν κάθε τόνο και απόχρωσή τους. Άλλοι ερχόμαστε στον κόσμο εξοπλισμένοι με ένα κάπως πιο στοιχειώδες συναισθηματικό λεξιλόγιο, το οποίο, προς μεγάλη δυσαρέσκεια των συντρόφων μας, αποτελείται κυρίως από τα: *καλά*, *όχι και πολύ καλά* και *σου είπα ήδη*. Εάν το έλλειμμά μας στην έκφραση είναι τόσο μεγάλο και επιμένει τόσο ώστε να εκδηλώνεται και εκτός της ποδοσφαιρικής σεζόν, ίσως μας διαγνωσθεί *αλεξιθυμία*, που κυριολεκτικά σημαίνει «απουσία λέξεων που περιγράφουν συναισθηματικές καταστάσεις». Όταν οι αλεξιθυμικοί ερωτώνται *τι* αισθάνονται, συνήθως απαντούν «Τίποτα», ενώ όταν τους ρωτάνε *πώς* αισθάνονται, συνήθως λένε «Δεν ξέρω». Αλίμονο, η πάθησή τους δεν μπορεί να θεραπευτεί με ένα λεξικό τσέπης ή με ταχύρρυθμα μαθήματα για τη δύναμη της λέξης, επειδή οι αλεξιθυμικοί δεν στερούνται τόσο το παραδοσιακό λεξικό συναισθημάτων όσο την ενδοσκοπική επίγνωση των συναισθηματικών τους καταστάσεων. Φαίνεται να *έχουν* συναισθήματα, αλλά δεν φαίνεται να γνωρίζουν για αυτά. Λόγου χάρη, όταν ερευνητές παρουσιάζουν σε εθελοντές εικόνες που προκαλούν συναισθηματικές αντιδράσεις, όπως ακρωτηριασμούς και τροχαία ατυχήματα, οι φυσιολογικές αντιδράσεις των αλεξιθυμικών δεν διαφέρουν καθόλου από εκείνες των άλλων ανθρώπων. Όταν όμως τους ζητείται να βαθμολογήσουν λεκτικώς τη δυσαρέσκεια που τους προκάλεσαν αυτές οι εικόνες, οι αλεξιθυμικοί επιδεικνύουν σημαντικά μειωμένη ικανότητα σε σχέση με τους φυσιολογικούς ανθρώπους στη διάκριση αυτών των εικόνων από άλλες που δείχνουν ουράνια τόξα και κουταβάκια[13]. Σύμφωνα με κάποια στοιχεία, η αλεξιθυμία προκαλείται από δυσλειτουργία στο φλοιό της έλικας του προσαγωγίου, ένα τμήμα του εγκεφάλου που γνωρίζουμε ότι διεκπεραιώνει την επίγνωσή μας για πολλά πράγματα, συμπεριλαμβανομένων και των εσωτερικών μας καταστάσεων[14]. Όπως ο διαχωρισμός της επίγνωσης από την οπτική εμπειρία είναι δυνατόν να προκαλέσει τυφλωπία, έτσι και η αποσύνδεση της επίγνωσης από τη συναισθηματική εμπειρία ενδέχεται να οδηγεί σε ό,τι θα μπορούσαμε να ονομάσουμε *αναίσθηση*. Όπως δείχνουν τα πράγματα, *είναι* δυνατόν —τουλάχιστον για κάποιους ανθρώπους και κάποιες φορές— να είμαστε ευτυχισμένοι, στενοχωρημένοι, να νιώθουμε πλήξη ή περιέργεια, και να μην το γνωρίζουμε.

Ας ζεστάνουμε το ευτυχιόμετρο

Μια φορά κι έναν καιρό ήταν ένας Θεός με γένια, που δημιούργησε μια μικρή, επίπεδη Γη, και την κόλλησε στη μέση του ουρανού για να βρίσκονται οι άνθρωποι στο κέντρο του Σύμπαντος. Μετά ήρθε η φυσική και μπέρδεψε τα πράγματα με Μεγάλες Εκρήξεις, κουάρκ, βράνες και υπερχορδές, και το όφελος ύστερα από όλη αυτή την επιστημονική ανάλυση είναι ότι τώρα πια, κάμποσες εκατοντάδες χρόνια μετά, οι περισσότεροι δεν έχουμε ιδέα για το πού βρισκόμαστε. Η ψυχολογία έχει επίσης δημιουργήσει προβλήματα εκεί όπου αρχικά δεν υπήρχαν, αποκαλύπτοντας τα σφάλματα που κάνουμε κατά τη διαισθητική κατανόηση του εαυτού μας. Ίσως το Σύμπαν έχει κάμποσες ακόμα μικρές διαστάσεις περιελιγμένες μέσα στις μεγαλύτερες, ίσως ο χρόνος τελικά θα «παγώσει» ή θα αρχίσει να ρέει προς τα πίσω, και ίσως άνθρωποι σαν και εμάς δεν πρόκειται ποτέ να καταλάβουμε τίποτε από όλα αυτά. Το μοναδικό πράγμα όμως στο οποίο μπορούμε πάντοτε να στηριζόμαστε είναι η εμπειρία μας. Ο φιλόσοφος και μαθηματικός Καρτέσιος (René Descartes) συμπέρανε ότι η εμπειρία μας αποτελεί το *μόνο* πράγμα για το οποίο μπορούμε να είμαστε σίγουροι, και πως οτιδήποτε άλλο νομίζουμε ότι ξέρουμε είναι απλώς κάτι που έχει συναχθεί από αυτή. Εντούτοις, έχουμε δει έως τώρα ότι, όταν χρησιμοποιούμε με μέτρια ακρίβεια λέξεις όπως *ευτυχία*, δεν μπορούμε ακόμα να είμαστε σίγουροι ότι δύο άνθρωποι που δηλώνουν ευτυχισμένοι βιώνουν πράγματι την ίδια εμπειρία, ή αν η τρέχουσα εμπειρία ευτυχίας που βιώνουμε διαφέρει από την παλιότερη, ή αν βιώνουμε πράγματι μια εμπειρία ευτυχίας ή όχι. Αν στόχος της επιστήμης είναι να μας κάνει να αισθανόμαστε αμήχανοι και αδαείς μπροστά σε πράγματα τα οποία στην αρχή κατανοούσαμε τέλεια, τότε η ψυχολογία έχει καταφέρει τη μεγαλύτερη επιτυχία από όλες τις επιστήμες.

Ακριβώς όπως και η ευτυχία, όμως, η *επιστήμη* είναι μια από κείνες τις λέξεις που σημαίνουν πολλά και διαφορετικά πράγματα για πολλούς και διαφορετικούς ανθρώπους, και συνεπώς διατρέχει συχνά τον κίνδυνο να μη σημαίνει τίποτε απολύτως. Ο πατέρας μου είναι ένας διακεκριμένος βιολόγος, ο οποίος, αφού εξέτασε το ζήτημα για μερικές δεκαετίες, μου αποκάλυψε πρόσφατα ότι η ψυχολογία δεν μπορεί να θεωρηθεί πραγματική επιστήμη, αφού η τελευταία απαιτεί τη χρήση ηλεκτρισμού. Προφανώς, τα ηλεκτροσόκ σε αστραγάλους δεν μετράνε. Ο δικός μου ορισμός της επιστήμης είναι κατά τι πιο εκλεκτικός, αλλά αυτό ως προς το οποίο εγώ, ο πατέρας μου και οι περισσότεροι άλλοι επιστήμονες συμφωνούμε είναι ότι, αν ένα πράγμα δεν μπορεί να μετρηθεί, τότε δεν μπορεί και να μελετηθεί με την επιστημονική μέθοδο. Μπορεί βέβαια να μελετηθεί —και μάλιστα κάποιοι θα επιχειρηματολογούσαν ότι η μελέτη τέτοιων πραγμάτων που δεν επιδέχονται ποσοτικοποίηση αξίζει περισσότερο απ' ό,τι όλες οι επιστήμες αραδιασμένες η μία δίπλα στην άλλη. Αυτή η μελέτη δεν είναι όμως επιστήμη, διότι η επιστήμη απαιτεί μετρήσεις· και αν ένα πράγμα δεν μπορεί να μετρηθεί —δεν μπορεί δηλαδή να συγκριθεί με ένα ρολόι ή με έναν κανόνα ή με κάτι διαφορετικό από τον εαυτό του—, τότε δεν αποτελεί πιθανό αντικείμενο επιστημονικής διερεύνησης. Όπως έχουμε δει, είναι εξαιρετικά δύσκολο να μετρήσουμε την ευτυχία κάποιου ατόμου και να αισθανόμαστε απόλυτη σιγουριά για την εγκυρότητα και την αξιοπιστία αυτής της μέτρησης. Οι εξεταζόμενοι μπορεί να μην ξέρουν πώς αισθάνονται, ή να μη θυμούνται πώς αισθάνονταν, ή, ακόμα κι αν το ξέρουν ή το θυμούνται, οι επιστήμονες δεν μπορούν ποτέ να είναι σίγουροι πώς ακριβώς ταιριάζει η εμπειρία αυτών των ανθρώπων με την περιγραφή που θα έδιναν για την εμπειρία τους, και επομένως δεν μπορούν να γνωρίζουν πώς ακριβώς να ερμηνεύσουν τις δηλώσεις τους. Όλα τα παραπάνω δείχνουν πως η επιστημονική διερεύνηση της υποκειμενικής εμπειρίας δεν πρόκειται να είναι εύκολο εγχείρημα.

Δύσκολο ναι, αλλά όχι αδύνατο, επειδή το χάσμα ανάμεσα στις εμπειρίες μπορεί να γεφυρωθεί —όχι βεβαίως με ατσάλινες δοκούς και με οδόστρωμα πολλών λωρίδων, αλλά με λίγο, αρκετά γερό σχοινί— αν κάνουμε τρεις παραδοχές.

Μετρώντας σωστά

Η πρώτη από τις παραδοχές είναι κάτι που θα μπορούσε να σας πει οποιοσδήποτε ξυλουργός: Τα ατελή εργαλεία αποτελούν πραγματικό μπελά, αλλά σε σχέση με τα δόντια σας σίγουρα είναι αποτελεσματικότερα στο να καρφώνουν πρόκες. Η ίδια η φύση της υποκειμενικής εμπειρίας φανερώνει ότι δεν θα υπάρξει ποτέ ένα *ευτυχιόμετρο* —ένα πλήρως αξιόπιστο όργανο που θα επέτρεπε σε κάποιον παρατηρητή να μετρήσει με απόλυτη ακρίβεια τα χαρακτηριστικά της εμπειρίας ενός άλλου ανθρώπου, έτσι ώστε να γίνει η μέτρηση, να καταγραφεί και να συγκριθεί με κάποια άλλη[15]. Αν απαιτούμε αυτό το επίπεδο τελειότητας από τα εργαλεία μας, τότε καλύτερα να καταργήσουμε τους ανιχνευτές κίνησης ματιών, τους τομογράφους εγκεφάλου και τις χρωματιστές καρτέλες, και να παραχωρήσουμε τη μελέτη της υποκειμενικής εμπειρίας στους ποιητές, οι οποίοι ούτως ή άλλως τα έχουν καταφέρει πολύ καλά εδώ και λίγες χιλιάδες χρόνια. Αν όμως κάναμε κάτι τέτοιο, τότε θα ήταν δίκαιο επίσης να τους παραδώσουμε και τη μελέτη όλων των υπόλοιπων πραγμάτων. Τα χρονόμετρα, τα θερμόμετρα, τα βαρόμετρα, τα φασματόμετρα, και κάθε άλλη επινόηση που χρησιμοποιούν οι επιστήμονες για να μετρήσουν τα αντικείμενα του ενδιαφέροντός τους, είναι ατελή. Το καθένα τους εισάγει κάποιο βαθμό σφάλματος στις μετρήσεις που μπορεί να εκτελέσει, και έτσι εξηγείται γιατί οι κυβερνήσεις και τα πανεπιστήμια ξοδεύουν κάθε χρόνο υπέρογκα ποσά χρημάτων για να προμηθευτούν τις ελαφρώς πιο τελειοποιημένες εκδοχές τους. Αν προσπαθήσουμε να απαλλαχτούμε από όλα τα πράγματα που μας προσφέρουν μόνο ατελείς προσεγγίσεις της αλήθειας, τότε θα έπρεπε να απορρίψουμε όχι μόνο την ψυχολογία και τις φυσικές επιστήμες αλλά και τη νομική, τα οικονομικά και την ιστορία επίσης. Με λίγα λόγια, αν εμμέναμε στο κριτήριο της τελειότητας για όλα μας τα εγχειρήματα, τότε τα μόνα που θα μας απέμεναν θα ήταν τα μαθηματικά και το *White Album* των Beatles. Επομένως, ίσως χρειάζεται να αποδεχτούμε λίγη ασάφεια και να σταματήσουμε τα παράπονα.

Η δεύτερη παραδοχή είναι ότι, από όλες τις ατελείς μετρήσεις που μπορούμε να κάνουμε σχετικά με την υποκειμενική εμπειρία, η ειλικρινής, σε πραγματικό χρόνο αναφορά την οποία δίνει ένα άτομο προσηλωμένο στο ζήτημα, είναι εκείνη που περιέχει το μικρότερο σφάλμα[16]. Υπάρχουν πολλοί άλλοι τρόποι, φυσικά, για να μετρηθεί η ευτυχία, και μερικοί *εμφανίζονται* ως περισσότερο επιστημονικοί, συστηματικοί και αντικειμενικοί απ' ό,τι οι δηλώσεις κάποιου ατόμου. Για παράδειγμα, η ηλεκτρομυογραφία μάς επιτρέπει να μετρήσουμε τα ηλεκτρικά σήματα που παράγονται από τους γραμμωτούς μυς του προσώπου, όπως από τον *επισκύνιο μυ*, ο οποίος αυλακώνει το μέσον των φρυδιών μας όταν βιώνουμε κάτι δυσάρεστο, ή από τον *μείζονα ζυγωματικό μυ*, ο οποίος τραβάει τις άκρες του στόματός μας προς τα αφτιά μας όταν χαμογελάμε. Η ηλεκτροφυσιολογία μάς δίνει τη δυνατότητα να μετρήσουμε την ηλεκτροδερμική, αναπνευστική και καρδιακή δραστηριότητα του αυτόνομου νευρικού συστήματος, οι οποίες μεταβάλλονται όταν βιώνουμε ισχυρά συναισθήματα. Η ηλεκτροεγκεφαλογραφία, η τομογραφία εκπομπής ποζιτρονίων και η μαγνητική τομογραφία μάς επιτρέπουν να μετρήσουμε την ηλεκτρική δραστηριότητα και τη ροή του αίματος σε διαφορετικές περιοχές του εγκεφάλου, όπως είναι ο αριστερός και ο δεξιός προμετωπιαίος φλοιός, που συνήθως εμφανίζουν αυξημένη δραστηριότητα όταν έχουμε την εμπειρία θετικών ή αρνητικών συναισθημάτων, αντίστοιχα. Ακόμα και ένα ρολόι μπορεί να είναι χρήσιμο εργαλείο για τη μέτρηση της ευτυχίας, διότι οι έκπληκτοι άνθρωποι έχουν την τάση να ανοιγοκλείνουν πιο αργά τα βλέφαρά τους όταν αισθάνονται ευτυχισμένοι παρά όταν αισθάνονται φοβισμένοι ή αγχωμένοι[17].

Επιστήμονες βασιζόμενοι στις ειλικρινείς, πραγματικού χρόνου αναφορές ατόμων που έχουν στραμμένη την προσοχή τους στην εμπειρία τους, συχνά αισθάνονται την ανάγκη να υποστηρίξουν την επιλογή τους, υπενθυμίζοντάς μας ότι αυτές οι αναφορές συσχετίζονται ισχυρά με άλλες μεταβλητές ευτυχίας. Αλλά από μια άποψη, με αυτό τον τρόπο αναποδογυρίζουν τα πράγματα. Στο κάτω κάτω, ο μόνος λόγος για τον οποίο θεωρούμε όλα αυτά τα σωματικά συμβάντα —από τη σύσπαση των μυών έως την εγκεφαλική ροή αίματος— ως δείκτες ευτυχίας είναι επειδή *οι άνθρωποι μας λένε ότι αισθάνονται ευτυχισμένοι* εκείνη τη στιγμή. Εάν όλοι δήλωναν ότι αισθάνονται θυμό ή βαριά κατάθλιψη τη στιγμή που θα συσπόταν ο ζυγωματικός τους μυς, όταν οι βλεφαρισμοί τους θα επιβραδύνονταν και ο αριστερός πρόσθιος εγκέφαλός τους θα πλημμύριζε με αίμα, τότε θα χρειαζόταν να αναθεωρήσουμε τις ερμηνείες μας για αυτές τις φυσιολογικές μεταβολές και να τις εκλάβουμε, αντιθέτως, ως δείκτες δυστυχίας. Αν θέλουμε να μάθουμε πώς αισθάνεται ένας άνθρωπος, πρέπει να ξεκινήσουμε με την αποδοχή του γεγονότος ότι υπάρχει ένας και μόνο ένας παρατηρητής τοποθετημένος στην κρίσιμη οπτική γωνία. Αυτός μπορεί να μη θυμάται πάντοτε τι αισθάνθηκε προηγουμένως, και μπορεί να μην έχει πάντοτε επίγνωση του τι νιώθει ακριβώς τώρα. Μπορεί να μπερδευτούμε από τις αναφορές του, να αμφισβητήσουμε τις μνήμες που ανασύρει ή να αμφιβάλουμε αν μπορεί να χρησιμοποιεί τη γλώσσα με τον ίδιο τρόπο που τη χρησιμοποιούμε κι εμείς. Αφού όμως σκεφτούμε αγωνιωδώς όλα τούτα τα ενδεχόμενα, πρέπει να παραδεχτούμε πως αυτός είναι ο *μόνος* άνθρωπος που έχει έστω και την παραμικρή πιθανότητα να περιγράψει «τη θέα εκ των ένδον», και γι' αυτό το λόγο οι δηλώσεις του χρησιμεύουν ως το χρυσό κριτήριο με το οποίο θα συγκριθούν όλες οι άλλες μετρήσεις. Θα είμαστε περισσότερο σίγουροι για τις δηλώσεις του όταν θα συμφωνούν με όσα μάς λένε άλλοι παρατηρητές, ευρισκόμενοι σε λιγότερο προνομιακή θέση, και όταν θα επιβεβαιώνουμε ότι αξιολογεί την εμπειρία του με βάση ένα υπόβαθρο ίδιο με το δικό μας, και όταν το σώμα του θα κάνει ό,τι κάνουν και τα περισσότερα άλλα σώματα τη στιγμή που βιώνουν εκείνο που και αυτός ισχυρίζεται ότι βιώνει, κ.ο.κ. Αλλά ακόμα και όταν όλοι τούτοι οι διάφοροι δείκτες ευτυχίας συμφωνούν πολύ ωραία μεταξύ τους, δεν μπορούμε να είμαστε απολύτως σίγουροι ότι γνωρίζουμε την αλήθεια για τον εσωτερικό κόσμο αυτού του ανθρώπου. Μπορούμε, όμως, να είμαστε σίγουροι ότι τον προσεγγίσαμε όσο θα ήταν ποτέ δυνατόν να προσεγγιστεί από εξωτερικούς παρατηρητές, και αυτό *πρέπει* να αρκεί.

Μετρώντας συχνά

Η τρίτη παραδοχή είναι ότι οι ελαττωματικές μετρήσεις αποτελούν πάντοτε πρόβλημα, αλλά γίνονται τρομερό πρόβλημα μόνο όταν δεν τις αναγνωρίζουμε. Αν τα γυαλιά μας έχουν μια βαθιά γρατζουνιά και δεν το ξέρουμε, μπορεί να συμπεράνουμε ότι έχει δημιουργηθεί μια μικρή ρωγμή στο συνεχές του χώρου, η οποία μάς ακολουθεί όπου κι αν πηγαίνουμε. Εάν όμως έχουμε υπόψη μας την ύπαρξη της γρατζουνιάς, μπορούμε να κάνουμε ό,τι περνάει από το χέρι μας για να αποκλείσουμε την επίδραση που ασκεί στις παρατηρήσεις μας —υπενθυμίζοντας συνεχώς στον εαυτό μας ότι τούτο που μοιάζει με ρωγμή στο χώρο στην πραγματικότητα οφείλεται στο ελάττωμα του εργαλείου το οποίο χρησιμοποιούμε για την παρατήρησή του. Τι μπορούν να κάνουν οι επιστήμονες για να «διακρίνουν» μέσα από τις αδυναμίες που είναι εγγενείς σε κάθε αναφορά υποκειμενικής εμπειρίας; Η απάντηση βρίσκεται σε ένα φαινόμενο το οποίο οι στατιστικολόγοι αποκαλούν *νόμο των μεγάλων αριθμών*.

Όσον αφορά τους μεγάλους αριθμούς, πολλοί έχουμε την εσφαλμένη εντύπωση ότι είναι σαν τους μικρούς, αλλά μεγαλύτεροι. Επομένως, θεωρούμε αναμενόμενο ότι κάνουν *περισσότερα* από όσα κάνουν οι μικροί αριθμοί, αλλά όχι κάτι *διαφορετικό*. Για παράδειγμα, γνωρίζουμε ότι δύο νευρώνες που ανταλλάσσουν ηλεκτροχημικά σήματα μέσω των νευραξόνων και των δενδριτών τους δεν είναι δυνατόν να έχουν συνείδηση. Τα νευρικά κύτταρα είναι απλές συσκευές, λιγότερο πολύπλοκες απ' ό,τι τα γουόκι-τόκι, και εκτελούν κάτι απλό: αντιδρούν στις χημικές ουσίες που υποδέχονται με το να εκλύουν δικές τους χημικές ουσίες. Εάν όμως συνεχίζαμε έτσι ξέγνοιαστα, υποθέτοντας ότι δέκα δισεκατομμύρια τέτοιες απλές συσκευές μπορούν να κάνουν μόνο δέκα δισεκατομμύρια απλά πράγματα, δεν θα αντιλαμβανόμασταν ποτέ ότι δισεκατομμύρια νευρώνων μαζί εμφανίζουν μια ιδιότητα που δεν την έχουν οι δύο, δέκα, ή δέκα χιλιάδες νευρώνες. Η συνείδηση είναι ακριβώς αυτή η *αναδυόμενη ιδιότητα* —ένα φαινόμενο που εν μέρει προκύπτει ως αποτέλεσμα του *μεγάλου αριθμού* και μόνο των διασυνδέσεων μεταξύ των νευρώνων του ανθρώπινου εγκεφάλου— η οποία δεν υπάρχει σε κάποιο συγκεκριμένο τμήμα τους ή σε κάποια σύνδεση μεταξύ λίγων νευρώνων[18]. Ένα παρόμοιο μάθημα παίρνουμε από την κβαντική φυσική. Γνωρίζουμε ότι τα υποατομικά σωματίδια έχουν την παράξενη και γοητευτική ικανότητα να υπάρχουν σε δύο σημεία του χώρου ταυτόχρονα, οπότε, αν υποθέταμε πως οτιδήποτε αποτελείται από τέτοια σωματίδια πρέπει και να συμπεριφέρεται με τον ίδιο τρόπο, θα αναμέναμε όλες οι αγελάδες να βρίσκονται σε όλους τους δυνατούς σταύλους την ίδια στιγμή. Αλλά αυτό προφανώς δεν συμβαίνει, διότι η σταθερότητα είναι επίσης μια ιδιότητα που αναδύεται από την αλληλεπίδραση ενός τρομερά μεγάλου αριθμού εξαιρετικά μικρών σωματιδίων, τα οποία όμως δεν εμφανίζουν τέτοια ιδιότητα από μόνα τους. Με λίγα λόγια, το πιο πολύ δεν είναι απλώς περισσότερο· μερικές φορές είναι *διαφορετικό* από το λιγότερο.

Η μαγεία των μεγάλων αριθμών δουλεύει συνεργατικά με τους νόμους των πιθανοτήτων, έτσι ώστε αποκαθίστανται κάποια από τα προβλήματα που προκύπτουν από τις ατελείς μετρήσεις της υποκειμενικής εμπειρίας. Γνωρίζετε ήδη ότι, αν ρίξετε κάμποσες φορές ένα αμερόληπτο νόμισμα, πρέπει τις μισές φορές περίπου να έρθει κορώνα. Αν λοιπόν δεν έχετε τίποτε καλύτερο να κάνετε τα απογεύματα της Τρίτης, σας προσκαλώ να με βρείτε στο μπαρ της οδού Grafton στην πλατεία Harvard, να παίξουμε ένα συμπαθέστατο και πανεύκολο παιχνιδάκι που λέγεται «Η μοιρασιά του λογαριασμού με τον Dan». Παίζεται ως εξής: Ρίχνουμε ένα νόμισμα, εγώ διαλέγω κορώνα και εσείς γράμματα, και όποιος χάνει πληρώνει τις μπίρες μας στον καλό μας μπάρμαν, τον Paul. Αν λοιπόν ρίξουμε τέσσερεις φορές αυτό το νόμισμα και εγώ κερδίσω στις τρεις από αυτές, χωρίς αμφιβολία θα αποδώσετε το γεγονός στην κακή σας τύχη, και θα με προκαλέσετε σε μια παρτίδα βελάκια. Αν όμως ρίχναμε το νόμισμα τέσσερα εκατομμύρια φορές και εγώ κέρδιζα στα τρία εκατομμύρια φορές, τότε εσείς και οι συνεργάτες σας πιθανότατα θα πηγαίνατε να παραγγείλετε μια γερή ποσότητα πίσσα και πούπουλα. Γιατί; Μα επειδή ακόμα κι αν δεν έχετε την παραμικρή ιδέα για τη θεωρία των πιθανοτήτων, έχετε εντούτοις μια ιδιαίτερα οξεία διαίσθηση που λέει ότι, όταν οι αριθμοί είναι μικροί, κάποια μικροπροβλήματα —όπως ένα ξαφνικό ρεύμα αέρα, ή μια σταγόνα ιδρώτας στο δάχτυλο— είναι δυνατόν να επηρεάσουν το αποτέλεσμα στο ρίξιμο του νομίσματος. Όταν όμως οι αριθμοί είναι μεγάλοι, τέτοια προβλήματα παύουν να έχουν σημασία. Μπορεί πράγματι να υπήρχε μια σταγονίτσα ιδρώτας πάνω στο νόμισμα σε μερικά από τα ριξίματα, και μπορεί όντως να είχε φυσήξει ένα περιστασιακό ρεύμα αέρα σε κάποια άλλα —μάλιστα αυτά τα προβλήματα ίσως εξηγούν γιατί το νόμισμα ήρθε κορώνα μία φορά παραπάνω απ' ό,τι αναμενόταν, όταν το ρίξαμε τέσσερεις φορές. Πόσες είναι όμως οι πιθανότητες αυτά τα μικροπροβλήματα να προκάλεσαν την προσγείωση του νομίσματος σε κορώνα ένα εκατομμύριο φορές παραπάνω απ' ό,τι αναμενόταν; Απείρως λίγες, σας λέει η διαίσθησή σας, και πολύ σωστά κάνει. Οι πιθανότητες αυτές είναι όντως τόσο απειροελάχιστες όσο απειροελάχιστα φαίνονται και όλα τα πράγματα πάνω στη Γη σε σχέση με το μέγεθός της.

Η ίδια συλλογιστική μπορεί να εφαρμοστεί και στην περίπτωση του προβλήματος της υποκειμενικής εμπειρίας. Ας υποθέσουμε ότι προσφέρουμε σε ένα ζευγάρι εθελοντών δύο εμπειρίες οι οποίες υποτίθεται πως προκαλούν ευτυχία —ας πούμε ότι δίνουμε στον πρώτο ένα εκατομμύριο δολάρια και στον δεύτερο ένα μικρού διαμετρήματος περίστροφο. Ύστερα ζητάμε από τον καθένα να μας πει πόσο ευτυχισμένος αισθάνεται. Η νεόπλουτη εθελόντρια μας λέει ότι έχει εκστασιαστεί, ενώ ο οπλισμένος εθελοντής μάς λέει ότι είναι ελαφρά ικανοποιημένος (μάλλον όχι όσο ικανοποιημένος θα έπρεπε να φροντίσουμε να μείνει ένας οπλισμένος εθελοντής έρευνας). Θα ήταν δυνατόν οι δυο τους να έχουν στην πραγματικότητα την ίδια υποκειμενική εμπειρία αλλά να την περιγράφουν διαφορετικά; Ναι. Η εκατομμυριούχος ίσως να επιδεικνύει αβρότητα και όχι τόσο χαρά. Ή ενδεχομένως ο κάτοχος του πιστολιού να βιώνει έκσταση, αλλά, επειδή προσφάτως έζησε την έκσταση κοντά στο Μεγάλο Κοραλλιογενές Φράγμα, περιγράφει τη μεγάλη του χαρά ως απλή ικανοποίηση. Τα συγκεκριμένα ζητήματα συνιστούν πραγματικά προβλήματα, σπουδαία προβλήματα, και θα ήμασταν ανόητοι να συμπεράνουμε, βασιζόμενοι σε τούτες τις δύο αναφορές, ότι η ευτυχία δεν είναι ένα ζεστό πιστόλι —όπως τραγουδούν οι Beatles. Εάν όμως χαρίζαμε *ένα εκατομμύριο πιστόλια* και *ένα εκατομμύριο φακέλους με λεφτά*, και αν το 90% των ατόμων που θα είχαν πάρει τα χρήματα δήλωναν ότι ήταν πιο ευτυχισμένοι από το 90% των ατόμων που θα είχαν πάρει όπλα, οι πιθανότητες να μας εξαπατά η ιδιοσυγκρασιακή ποιότητα των λεκτικών περιγραφών γίνονται, πράγματι, ελάχιστες. Παρομοίως, αν ένα άτομο δηλώνει πιο ικανοποιημένο με την τούρτα μπανάνα που έφαγε σήμερα παρά με τη χθεσινή τούρτα καρύδα, ίσως δικαιούμασταν να αναρωτηθούμε μήπως δεν θυμάται με ακρίβεια την προηγούμενη εμπειρία του. Αν όμως το ίδιο συνέβαινε, ξανά και ξανά, με εκατοντάδες ή χιλιάδες ανθρώπους, μερικοί από τους οποίους θα δοκίμαζαν πρώτα την τούρτα καρύδα και ύστερα την τούρτα μπανάνα ενώ μερικοί θα τα δοκίμαζαν αντίστροφα, τότε θα είχαμε σοβαρούς λόγους να πιστεύουμε ότι οι διαφορετικές τούρτες πράγματι προσφέρουν διαφορετικές εμπειρίες, και η μία από αυτές είναι πιο ευχάριστη από την άλλη. Στο κάτω κάτω, τι πιθανότητες υπάρχουν να θυμούνται *όλοι* εσφαλμένα ότι η τούρτα μπανάνα ήταν καλύτερη και η τούρτα καρύδα χειρότερη απ' ό,τι στ' αλήθεια;

Το κεντρικό πρόβλημα στην επιστήμη της εμπειρίας είναι ότι, είτε αληθεύει η υπόθεση της συμπίεσης της γλώσσας είτε αντιθέτως η υπόθεση της διάτασης της εμπειρίας, ο καθένας μας μπορεί να διατηρεί μια διαφορετική αντιστοίχηση ανάμεσα σε ό,τι βιώνουμε και σε ό,τι λέμε —και επειδή μπορούμε να μοιραστούμε τις υποκειμενικές μας εμπειρίες μόνο μέσω του λόγου, η αληθινή φύση αυτών των εμπειριών δεν γίνεται να μετρηθεί ποτέ με τέλεια ακρίβεια. Με άλλα λόγια, αν οι κλίμακες της εμπειρίας και της περιγραφής της είναι βαθμονομημένες κάπως διαφορετικά για κάθε άνθρωπο που τις χρησιμοποιεί, τότε είναι *αδύνατο να συγκρίνουν οι επιστήμονες τους ισχυρισμούς δύο ατόμων*. Αυτό αποτελεί πρόβλημα. Το πρόβλημα όμως δεν βρίσκεται στη λέξη *συγκρίνω* αλλά στη λέξη *δύο*. Το δύο είναι πολύ μικρός αριθμός, αλλά όταν γίνεται διακόσια ή δύο χιλιάδες, τότε οι διαφορετικές βαθμονομήσεις διαφορετικών ατόμων αρχίζουν να εξουδετερώνουν η μία την άλλη. Αν ποτέ οι εργάτες μιας βιομηχανίας που θα κατασκεύαζε σε παγκόσμια αποκλειστικότητα μετροταινίες, χάρακες και κάθε είδους όργανα μέτρησης, μεθούσαν ύστερα από μια γιορτή και άρχιζαν να παράγουν εκατομμύρια ελαφρώς διαφορετικού μήκους όργανα μέτρησης, τότε δεν θα μπορούσαμε να είμαστε σίγουροι ότι ένας δεινόσαυρος είναι πραγματικά μεγαλύτερος από ένα κολοκύθι, αν εγώ μετρούσα το πρώτο και εσείς το δεύτερο. Στο κάτω κάτω, μπορεί να χρησιμοποιήσαμε μεθυσμένες μετροταινίες. Αν όμως εκατοντάδες άνθρωποι με εκατοντάδες υποδεκάμετρα πλησίαζαν αυτά τα αντικείμενα και τούς έπαιρναν τα μέτρα, θα μπορούσαμε να εξαγάγουμε τους μέσους όρους αυτών των μετρήσεων και να βεβαιωθούμε ότι ένας τυραννόσαυρος είναι όντως μεγαλύτερος από κολοκύθι. Εξάλλου, πόσο πιθανόν είναι να χρησιμοποίησαν τεντωμένο μέτρο όλοι όσοι μέτρησαν το δεινόσαυρο, και συνεπτυγμένο μέτρο όσοι μέτρησαν το κολοκύθι; Ναι, είναι *δυνατόν*, και οι πιθανότητες αυτού του ενδεχομένου μπορούν να υπολογιστούν με αρκετή ακρίβεια, αλλά θα σας απαλλάξω από τις μαθηματικές πράξεις και θα σας αποκαλύψω ότι είναι τόσο μικρές ώστε, αν ήθελα να τις γράψω, θα έθετα σε κίνδυνο το παγκόσμιο απόθεμα μηδενικών.

Η κατακλείδα είναι η εξής: Η ειλικρινής, πραγματικού χρόνο και προσεκτική αναφορά ενός ατόμου είναι ατελής προσέγγιση της υποκειμενικής του εμπειρίας, αλλά μόνο αυτό το παιχνίδι μπορούμε να παίξουμε. Όταν μια φρουτοσαλάτα, ένας εραστής ή ένα τζαζ τρίο είναι πολύ υποδεέστερα των απαιτήσεών μας, σταματάμε να τρώμε, να φιλάμε ή να ακούμε. Αλλά ο νόμος των μεγάλων αριθμών υποδηλώνει ότι, όταν μια μέτρηση έχει πολλές αδυναμίες για τις απαιτήσεις μας, δεν πρέπει να σταματήσουμε να μετράμε. Το αντίθετο μάλιστα —πρέπει να μετρήσουμε ξανά και ξανά ώσπου αυτές οι μικρές ατέλειες να υποχωρήσουν στην κατά μέτωπο επίθεση των δεδομένων. Εκείνα τα υποατομικά σωματίδια που αρέσκονται να βρίσκονται παντού την ίδια στιγμή, φαίνεται πως εξουδετερώνουν το ένα τη συμπεριφορά του άλλου, και έτσι οι μεγάλες συσσωρεύσεις σωματιδίων που ονομάζονται αγελάδες, αυτοκίνητα και Γαλλοκαναδοί μένουν εκεί ακριβώς όπου τα τοποθετούμε. Με την ίδια συλλογιστική, η προσεκτική συγκέντρωση μεγάλου αριθμού υποκειμενικών αναφορών επιτρέπει την εξουδετέρωση των αδυναμιών της μιας από εκείνες της άλλης. Η αναφορά που λαμβάνεται από έναν και μόνο άνθρωπο δεν μπορεί να θεωρηθεί ως μια άψογη, τέλεια ένδειξη της εμπειρίας του —ούτε η δική μου αναφορά ούτε η δική σας—, αλλά μπορούμε να είμαστε σίγουροι ότι, αν κάνουμε σε αρκετούς ανθρώπους την ίδια ερώτηση, η μέση απάντηση θα είναι ένας σχεδόν ακριβής δείκτης της μέσης εμπειρίας. Η επιστήμη της ευτυχίας απαιτεί να πάρουμε το ρίσκο, και επομένως διατρέχουμε τον κίνδυνο οι πληροφορίες που μας παρέχει να είναι εσφαλμένες. Αν όμως θέλετε να βάλετε στοίχημα εναντίον της, τότε γυρίστε ακόμα μια φορά το νόμισμα, βγάλτε το πορτοφόλι σας και πείτε στον Paul να μου δώσει μια μπύρα.

Περαιτέρω

Ένα από τα πιο εκνευριστικά τραγούδια στη συχνά εκνευριστική ιστορία τής ποπ μουσικής ξεκινάει με τον εξής στίχο: «Αισθήματα, τίποτε παραπάνω από αισθήματα.» Μορφάζω όταν το ακούω, διότι μου δημιουργεί μια εντύπωση παρόμοια με εκείνη ενός ύμνου που θα άρχιζε με τα λόγια «Ιησούς, τίποτε παραπάνω από Ιησούς». Τίποτε *περισσότερο* από αισθήματα; Τι θα μπορούσε να είναι πιο σημαντικό από τα αισθήματα; Φυσικά, μπορεί να μας έρθουν στο μυαλό ο *πόλεμος* και η *ειρήνη*, αλλά μήπως ο πόλεμος και η ειρήνη είναι σημαντικά μόνο για τα αισθήματα που προκαλούν; Εάν ο πόλεμος δεν ήταν αιτία για οδύνη και αγωνία, και αν η ειρήνη δεν παρείχε τις συνθήκες για απολαύσεις, σαρκικές και υπερβατικές, θα είχαν την όποια σημασία για μας; Πόλεμος, ειρήνη, τέχνη, χρήματα, γάμος, γέννηση, θάνατος, ασθένεια, θρησκεία —τούτα είναι λίγα μόνο από τα Πραγματικά Μεγάλα Ζητήματα, για τα οποία έχουν χυθεί ωκεανοί αίματος και μελανιού· είναι όμως σημαντικά ζητήματα για έναν και μοναδικό λόγο: Το καθένα τους αποτελεί παράγοντα πρόκλησης ισχυρών ανθρώπινων συναισθημάτων. Εάν όλα αυτά δεν μας έκαναν να αισθανόμαστε ανάταση, απόγνωση, ευγνωμοσύνη ή απελπισία, δεν θα ξοδεύαμε τόσο αίμα και μελάνι. Όπως αναρωτήθηκε ο Πλάτωνας: «Μήπως αυτά τα πράγματα είναι καλά όχι για κανέναν άλλο λόγο παρά μόνο για το γεγονός ότι αποσκοπούν στην ευχαρίστηση, και μας απαλλάσσουν ή μας αποτρέπουν από την οδύνη; Αναζητάς μήπως οποιοδήποτε άλλο κριτήριο πέρα από την ευχαρίστηση ή την οδύνη όταν τα ονομάζεις καλά;»[19] Στην πραγματικότητα, τα αισθήματα δεν είναι απλώς σημαντικά —αυτά τα ίδια *σημαίνουν* τι είναι σημαντικό. Θα περιμέναμε ότι, εάν ένα πλάσμα νιώθει πόνο όταν καίγεται και ευχαρίστηση όταν τρέφεται, θα ονοματίσει το έγκαυμα και την τροφή *κακό* και *καλό* αντίστοιχα, όπως ακριβώς θα αναμέναμε ότι ένα πλάσμα φτειαγμένο από αμίαντο και χωρίς πεπτικό σύστημα θα θεωρούσε αυτούς τους χαρακτηρισμούς αυθαίρετους. Οι ηθικοί φιλόσοφοι έχουν προσπαθήσει εδώ και αιώνες να βρουν άλλους ορισμούς για το *καλό* και το *κακό*, αλλά κανείς δεν έχει ποτέ πείσει τους υπόλοιπους —ή τουλάχιστον εμένα. Δεν μπορούμε να αποφανθούμε ότι κάτι είναι καλό αν δεν μπορούμε να ορίσουμε *για ποιο λόγο* είναι καλό· και αν εξετάσουμε ολόκληρο το πλήθος αντικειμένων και εμπειριών που το είδος μας ονομάζει καλά, και ρωτήσουμε *για ποιο λόγο* είναι καλά, τότε προκύπτει η ξεκάθαρη απάντηση: Σε γενικές γραμμές, είναι καλά επειδή μας κάνουν να αισθανόμαστε ευτυχισμένοι.

Με δεδομένη τη μεγάλη σημασία των συναισθημάτων, θα ήταν καλό να μπορούσαμε να ορίσουμε τη φύση τους και να περιγράψουμε πώς θα ήταν δυνατόν να μετρηθούν. Όπως έχουμε δει ήδη, αυτό δεν μπορούμε να το κάνουμε με το επίπεδο της ακρίβειας που επιζητά διακαώς η επιστήμη. Εντούτοις, ακόμα και αν τα μεθοδολογικά και εννοιολογικά εργαλεία που έχει αναπτύξει η επιστήμη δεν μας επιτρέπουν να μετρήσουμε τα συναισθήματα κάποιου ανθρώπου με ακρίβεια χιλιοστού, μας δίνουν πάντως τη δυνατότητα, έστω και σκουντουφλώντας στο σκοτάδι και με χαλασμένες μετροταινίες, να ξεκινήσουμε και να μετρήσουμε πολλά άτομα, ξανά και ξανά. Το πρόβλημα που αντιμετωπίζουμε αποδεικνύεται δύσκολο, και πολύ σπουδαίο για να το αγνοήσουμε: Για ποιους λόγους, και μάλιστα τόσο συχνά, δεν καταφέρνουμε να αντιληφθούμε τι είναι αυτό που θα μας κάνει ευτυχισμένους στο μέλλον; Η επιστήμη προσφέρει μερικές πολύ ενδιαφέρουσες απαντήσεις σε τούτο το ερώτημα, και τώρα, που έχουμε αποκτήσει κάποια αίσθηση του προβλήματος και μια γενική μέθοδο για τη λύση του, είμαστε έτοιμοι να τις εξετάσουμε.

ΜΕΡΟΣ III

Ρεαλισμός

realism (ρεαλισμός): Η πίστη ότι τα αντικείμενα της πραγματικότητας υφίστανται έτσι όπως εμφανίζονται στο νου.

ΚΕΦΑΛΑΙΟ 4

Στο τυφλό σημείο του ματιού της νόησης

Κι ό,τι μορφές από άγνωστα μάς πλάθει η φαντασία,
η πένα του ποιητή σε σκήμα τις τορνεύει
και στο αιθέριο τίποτα του δίνει θέση
να στέκει κι όνομα.

—Ουίλλιαμ Σαίξπηρ, *Όνειρο Καλοκαιρινής Νύχτας*

ΤΟ ΜΟΝΟ ΠΟΥ ΞΕΡΟΥΜΕ σίγουρα είναι πως ο Adolph Fischer δεν οργάνωσε την εξέγερση. Δεν υποκίνησε την εξέγερση. Μάλιστα, δεν βρισκόταν καν κοντά στον τόπο της εξέγερσης τη νύχτα που σκοτώθηκαν οι αστυνομικοί. Όμως, το εργατικό σωματείο του είχε εναντιωθεί στις απάνθρωπες συνθήκες εργασίας τις οποίες είχαν επιβάλει, στα τέλη του 19ου αιώνα, οι μεγαλοβιομήχανοι του Σικάγου στους άντρες, στις γυναίκες και στα παιδιά που ιδροκοπούσαν ατέλειωτες ώρες στα εργοστάσιά τους· και έτσι, το σωματείο έπρεπε να πάρει ένα μάθημα. Ο Adolph Fischer δικάστηκε και, βάσει εξαγορασμένων και ψευδών μαρτυριών, καταδικάστηκε σε θάνατο για ένα έγκλημα που ποτέ δεν διέπραξε. Στις 11 Νοεμβρίου τού 1887, ανέβηκε στο ικρίωμα, και εξέπληξε τους πάντες με τις τελευταίες του λέξεις: «Αυτή είναι η πιο ευτυχισμένη στιγμή της ζωής μου.» Λίγα δευτερόλεπτα μετά, άνοιξε η καταπακτή κάτω από τα πόδια του, και το σχοινί σφίχτηκε στο λαιμό του σκοτώνοντάς τον[1].

Ευτυχώς, το όραμα του Fischer για βελτίωση των συνθηκών εργασίας στην Αμερική δεν πέθανε το ίδιο εύκολα. Ένα χρόνο μετά τον απαγχονισμό του, κάποιος πανέξυπνος νέος τελειοποίησε τη μέθοδο της ξηρής φωτογραφίας, λάνσαρε την επαναστατική φωτογραφική μηχανή Kodak, και έγινε σύντομα ένας από τους πλουσιότερους ανθρώπους του κόσμου. Στις επόμενες δεκαετίες, ο George Eastman ανέπτυξε επίσης μια επαναστατική φιλοσοφία διοίκησης, προσφέροντας στους εργάτες του λιγότερες ώρες εργασίας, επιδόματα αναπηρίας, συντάξεις γήρατος, ασφάλιση, συμμετοχή στα κέρδη και, τελικά, το ένα τρίτο των μετοχών της εταιρείας του. Στις 14 Μαρτίου τού 1932, ο κοσμαγάπητος εφευρέτης και ανθρωπιστής κάθισε στο γραφείο του, έγραψε ένα σύντομο σημείωμα, έβαλε προσεκτικά στη θέση της την πένα του, και κάπνισε ένα τσιγάρο. Ύστερα εξέπληξε τους πάντες, αυτοκτονώντας[2].

Ο Fischer και ο Eastman αποτελούν ένα εκπληκτικό ζεύγος αντιθέτων. Και οι δύο πίστευαν ότι οι εργάτες έχουν δικαίωμα σε δίκαιες αμοιβές και ανθρώπινες συνθήκες εργασίας, και αφιέρωσαν επίσης μεγάλο μέρος της ζωής τους στην προσπάθεια για κοινωνική αλλαγή, στην αυγή μάλιστα της βιομηχανικής εποχής. Ο Fischer απέτυχε παταγωδώς και πέθανε σαν κοινός εγκληματίας, φτωχός και διασυρμένος. Ο Eastman πέτυχε απολύτως και πέθανε νικητής, πάμπλουτος και έχοντας κερδίσει το σεβασμό όλων. Πώς γίνεται λοιπόν ένας φτωχός άνθρωπος που είχε καταφέρει τόσο λίγα να ένιωσε τόση ευτυχία πριν από τον απαγχονισμό του, ενώ ένας πλούσιος που είχε κατορθώσει τόσα και τόσα να ωθήθηκε να βάλει τέρμα στη ζωή του; Οι αντιδράσεις τού Fischer και του Eastman στις αντίστοιχες συγκυρίες της ζωής τους φαίνονται τόσο ανάποδες, τόσο διαμετρικώς αντίθετες, ώστε υποκύπτει κανείς στον πειρασμό να τις αποδώσει σε ψευτοπαλικαρισμό τη μια και σε ψυχική διαταραχή την άλλη. Καθώς φαίνεται, ο Fischer ήταν ευτυχισμένος την τελευταία μέρα της άθλιας ζωής του, ενώ ο Eastman ήταν δυστυχισμένος την τελευταία μέρα μιας γεμάτης ζωής, αλλά ξέρουμε πολύ καλά ότι, αν *εμείς* είχαμε βρεθεί στις θέσεις τους, *εμείς* θα είχαμε νιώσει τα ακριβώς αντίθετα συναισθήματα. Ποιο ήταν το πρόβλημα, λοιπόν, αυτών των δύο ανθρώπων; Θα σας ζητήσω να εξετάσετε την πιθανότητα αυτοί οι άνθρωποι να μην είχαν κανένα πρόβλημα, αλλά, αντιθέτως, να *υπάρχει* κάποιο πρόβλημα με εσάς —και με εμένα επίσης. Το κακό και με τους δυο μας είναι ότι κάνουμε συστηματικά ένα ορισμένο σύνολο λαθών όταν προσπαθούμε να φανταστούμε «πώς θα αισθανόμασταν αν».

Το να φανταζόμαστε «πώς θα αισθανόμασταν αν» ακούγεται κάπως σαν επιπόλαιη ονειροπόληση, αλλά στην πραγματικότητα είναι από τις πιο σοβαρές νοητικές πράξεις που μπορούμε να κάνουμε, και την εκτελούμε καθημερινά. Αποφασίζουμε ποιον θα παντρευτούμε, πού θα δουλέψουμε, πότε θα κάνουμε παιδιά, πού θα αποσυρθούμε μετά τη σύνταξη, και παίρνουμε αυτές τις αποφάσεις βασιζόμενοι κατά μείζονα λόγο στις πεποιθήσεις μας αναφορικά με το πώς θα αισθανόμασταν αν *αυτό* το γεγονός συνέβαινε και *εκείνο* δεν συνέβαινε[3]. Η ζωή μας δεν παίρνει πάντοτε τους δρόμους που ευχόμαστε ή που σχεδιάζουμε, αλλά είμαστε σίγουροι ότι, αν τα πράγματα είχαν συμβεί όπως τα σχεδιάζαμε, η ευτυχία μας θα ήταν απεριόριστη και οι στενοχώριες μας μικρές και παροδικές. Είναι αλήθεια πως δεν μπορούμε πάντοτε να παίρνουμε αυτό που θέλουμε, αλλά αισθανόμαστε σίγουροι ότι τουλάχιστον ξέρουμε κατ᾽αρχήν τι θέλουμε. Γνωρίζουμε, δηλαδή, ότι θα βρούμε την ευτυχία στο γήπεδο του γκολφ και όχι στην αλυσίδα παραγωγής, με τη Lana και όχι με τη Lisa, ως αγγειοπλάστες και όχι ως υδραυλικοί, στην Ατλάντα και όχι στο Αφγανιστάν, και τα ξέρουμε όλα αυτά επειδή μπορούμε να κοιτάξουμε μπροστά, στο χρόνο, και να προσομοιώσουμε κόσμους ανύπαρκτους ακόμα. Όποτε βρισκόμαστε αντιμέτωποι με μια απόφαση —*Να φάω άλλο ένα πιάτο ή να πάρω επιδόρπιο; Να δεχτώ τη δουλειά στο Κάνσας ή να μείνω εδώ ελπίζοντας σε προαγωγή; Να κάνω την εγχείρηση στο γόνατο ή να δοκιμάσω πρώτα τη φυσικοθεραπεία;*—, φανταζόμαστε το μέλλον που διαμορφώνει η κάθε εναλλακτική λύση και ύστερα φανταζόμαστε πώς θα αισθανόμασταν με κάθε τέτοιο μέλλον («Αν η εγχείρηση δεν πετύχει, θα μετανιώσω που δεν δοκίμασα τη φυσικοθεραπεία»). Δεν χρειάζεται λοιπόν να φανταστούμε πολύ για να αντιληφθούμε ότι θα ήμασταν πιο ευτυχισμένοι ως διευθυντές μιας μεγάλης εταιρείας απ' ό,τι στη θέση ενός απαγχονισμένου. Επειδή είμαστε ο πίθηκος που έβλεπε μπροστά, δεν χρειάζεται να *ζήσουμε* πραγματικά τη ζωή τού Adolph Fischer ή του George Eastman για να μάθουμε πώς θα αισθανόμασταν αν βρισκόμασταν για λίγο στη θέση τους.

Υπάρχει μία παραφωνία μόνο: Οι κάτοχοι των αντίστοιχων θέσεων δεν φαίνεται να συμφωνούσαν με τα δικά μας συμπεράσματα. Ο Fischer δήλωσε ότι ήταν ευτυχισμένος, ενώ ο Eastman συμπεριφέρθηκε σαν δυστυχισμένος· επομένως, αν αυτοί οι άνθρωποι δεν έκαναν λάθος για το πώς αισθάνονταν με τη ζωή τους, τότε είμαστε υποχρεωμένοι να εξετάσουμε την πιθανότητα να σφάλλουμε εμείς —δηλαδή, καθώς προσπαθήσαμε να φανταστούμε πώς θα αισθανόμασταν στις περιπτώσεις τού Fischer και του Eastman, η φαντασία μας, με κάποιον περίεργο τρόπο, να απέτυχε. Είμαστε υποχρεωμένοι να σκεφτούμε πως ό,τι φαίνεται ως η καλύτερη ζωή, μπορεί στην πραγματικότητα να είναι η χειρότερη ζωή, και πως, όταν περιεργαζόμαστε με τις φαντασιώσεις μας τις διαφορετικές ζωές που θα μπορούσαμε να διάγουμε, ίσως να μην μπορούμε πάντοτε να διακρίνουμε την καλή από την κακή ζωή. Είμαστε υποχρεωμένοι να σκεφτούμε ότι υπάρχει η πιθανότητα να κάναμε κάποιο θεμελιώδες σφάλμα την ώρα που γλιστρήσαμε νοητικώς έξω από τη δική μας θέση και μέσα στη δική τους, και ότι αυτό το θεμελιώδες σφάλμα ενδέχεται να μας οδηγήσει να επιλέξουμε το λάθος μέλλον.

Ποιο θα μπορούσε να είναι αυτό το σφάλμα; Η φαντασία αποδεικνύεται ισχυρό εργαλείο, αφού μας επιτρέπει να συνθέτουμε εικόνες «από το τίποτα». Όπως όλα τα εργαλεία όμως, έχει και αυτό τα μειονεκτήματά του: Στο παρόν και στο επόμενο κεφάλαιο θα σας μιλήσω για το πρώτο από αυτά. Ο καλύτερος τρόπος για να γίνει κατανοητή αυτή η συγκεκριμένη ανεπάρκεια της *φαντασίας* (της νοητικής ικανότητας που μας επιτρέπει να ατενίζουμε το μέλλον) είναι να κατανοήσουμε πρώτα τις ανεπάρκειες της *μνήμης* (της νοητικής ικανότητας που μας επιτρέπει να κοιτάζουμε το παρελθόν) και της *αντίληψης* (της νοητικής ικανότητας που μας επιτρέπει να αντικρίζουμε το παρόν). Όπως θα μάθετε, το μειονέκτημα αυτό όχι μόνο γίνεται αιτία να έχουμε εσφαλμένη ανάμνηση του παρελθόντος και εσφαλμένη αντίληψη του παρόντος, αλλά είναι ακριβώς το ίδιο με εκείνο που μας κάνει να φανταζόμαστε εσφαλμένα το μέλλον. Το συγκεκριμένο μειονέκτημα οφείλεται σε ένα κόλπο που κάνει ο εγκέφαλός σας κάθε λεπτό, κάθε ώρα, κάθε μέρα —ακόμη και τούτη ακριβώς τη στιγμή. Επιτρέψτε μου τώρα να σας αποκαλύψω αυτό το άτιμο μυστικό του εγκεφάλου σας.

Μικρό μεγάλο κεφάλι

Στις περισσότερες πρώιμες ταινίες των αδελφών Marx υπάρχει μια σκηνή όπου ο Χάρπο, ο καταπληκτικός μίμος, ψαχουλεύει στη φαρδιά γκαμπαρντίνα του και βγάζει από μέσα ένα κόρνο, μια κούπα αχνιστό καφέ, ένα νιπτήρα ή ένα πρόβατο. Έως την ηλικία των 3 ετών, οι περισσότεροι έχουμε μάθει πως τα μεγάλα πράγματα δεν χωράνε μέσα σε μικρά, και η παραβίαση αυτής της αρχής έχει κωμικό αποτέλεσμα, όπως όταν κάποιος βγάζει είδη υγιεινής ή άλλα πράγματα από τις τσέπες του. Πώς είναι δυνατόν να χωρέσει ένα κόρνο μέσα στο παλτό; Πώς γίνεται ένα μικροσκοπικό αυτοκινητάκι να κουβαλάει τόσους γελαστούς κλόουν; Πώς γίνεται να διπλώνεται η βοηθός του ταχυδακτυλουργού μέσα σε κείνο το μικρό κουτάκι; Τίποτα από όλα αυτά δεν γίνονται, φυσικά, και το ξέρουμε άπαντες —αυτός μάλιστα είναι ο λόγος που εκτιμάμε τόσο πολύ την ψευδαίσθηση ότι μπορεί να γίνουν.

Η συμπλήρωση της μνήμης

Ο ανθρώπινος εγκέφαλος δημιουργεί κάποια παρόμοια ψευδαίσθηση. Αν προσπαθήσατε ποτέ να αποθηκεύσετε μια ολόκληρη σεζόν της αγαπημένης σας τηλεοπτικής σειράς στον σκληρό δίσκο του υπολογιστή σας, τότε ξέρετε ήδη ότι η πιστή αναπαράσταση των πραγμάτων του κόσμου απαιτεί τεράστιο χώρο. Εντούτοις, οι εγκέφαλοί μας αποτυπώνουν εκατομμύρια στιγμιότυπα, καταγράφουν εκατομμύρια ήχους, προσθέτουν οσμές, γεύσεις, υφές, μια τρίτη χωρική διάσταση, μια χρονική ακολουθία, έναν συνεχή ταυτόχρονο σχολιασμό —και τα κάνουν όλα αυτά όλη τη μέρα, κάθε μέρα, χρόνο με το χρόνο, αποθηκεύοντας τούτες τις αναπαραστάσεις του κόσμου σε μια τράπεζα μνήμης η οποία δείχνει να μην ξεχειλίζει ποτέ, αλλά αντιθέτως μας επιτρέπει να θυμηθούμε στη στιγμή την απαίσια εκείνη μέρα στην έκτη τάξη που κοροϊδέψαμε τον διπλανό μας για τα σιδεράκια του και εκείνος μάς είπε πως θα μας δείρει μετά το σχόλασμα. Πώς πατικώνουμε το αχανές σύμπαν της εμπειρίας μας μέσα στον σχετικώς μικρό αποθηκευτικό χώρο ανάμεσα στα αφτιά μας; Κάνουμε ό,τι και ο Χάρπο —«κλέβουμε». Όπως είπαμε στο προηγούμενο κεφάλαιο, η περίτεχνη ταπισερί της εμπειρίας μας δεν αποθηκεύεται στη μνήμη μας —τουλάχιστον όχι ολόκληρη. Αντ' αυτού, συμπιέζεται πριν από την αποθήκευση, αφού πρώτα περιορίζεται σε λίγα κρίσιμα νήματα, όπως είναι μια περιληπτική φράση («Το δείπνο ήταν σκέτη αποτυχία») ή μια μικρή ομάδα από λέξεις-κλειδιά (σκληρή μπριζόλα, ξινισμένο κρασί, ξιπασμένος σερβιτόρος). Αργότερα, όταν θέλουμε να θυμηθούμε την εμπειρία μας, ο εγκέφαλός μας ξαναδημιουργεί γρήγορα την ταπισερί, στην πραγματικότητα ξαναυφαίνοντας —και όχι ανασύροντας— τις περισσότερες από τις πληροφορίες που εμείς βιώνουμε ως ανάμνηση[4]. Αυτή η διαδικασία συμβαίνει τόσο γρήγορα και άκοπα ώστε έχουμε την ψευδαίσθηση (όπως οι θεατές κάθε επιδέξιου ταχυδακτυλουργού) ότι όλη η εμπειρία βρισκόταν μέσα στο κεφάλι μας εξαρχής.

Αλλά δεν βρισκόταν εκεί, και αυτό το γεγονός έχει καταδειχθεί πολλές φορές. Για παράδειγμα, σε κάποια έρευνα οι εθελοντές παρακολούθησαν μια σειρά διαφανειών οι οποίες έδειχναν ένα κόκκινο αυτοκίνητο να προχωρά προς ένα σήμα παραχώρησης προτεραιότητας, να στρίβει δεξιά και να χτυπά έναν πεζό[5]. Αφού είδαν τις διαφάνειες, μερικοί από τους εθελοντές δεν ερωτήθηκαν τίποτε (η ομάδα χωρίς ερωτήσεις) και οι υπόλοιποι (η ομάδα ερώτησης) ερωτήθηκαν κάτι. Η ερώτηση που έγινε στους τελευταίους ήταν η εξής: «Υπήρξε κάποιο άλλο αυτοκίνητο που προσπέρασε το κόκκινο όταν το κόκκινο ήταν σταματημένο στο σήμα στοπ;» Ύστερα παρουσιάστηκαν σε όλους τους εθελοντές δύο εικόνες —μια στην οποία το κόκκινο αυτοκίνητο πλησίαζε ένα σήμα παραχώρησης προτεραιότητας και μια όπου το κόκκινο αυτοκίνητο πλησίαζε ένα σήμα στοπ— και τους ζητήθηκε να δείξουν ποια από τις δύο εικόνες είχαν πράγματι δει προηγουμένως. Αν λοιπόν οι εθελοντές είχαν αποθηκεύσει τις εμπειρίες τους στη μνήμη τους, θα έπρεπε να δείξουν την εικόνα του αυτοκινήτου που πλησίαζε το σήμα παραχώρησης προτεραιότητας, και πράγματι πάνω από το 90% των εθελοντών στην ομάδα χωρίς ερωτήσεις έκαναν ακριβώς αυτό. Όμως το 80% των εθελοντών της ομάδας ερώτησης έδειξαν την εικόνα του αυτοκινήτου που πλησίαζε το σήμα στοπ. Προφανώς, η ερώτηση άλλαξε τις αναμνήσεις που είχαν αποκτήσει οι εθελοντές από την αρχική εμπειρία τους, και αυτό είναι ό,τι ακριβώς θα αναμέναμε εάν ο εγκέφαλός τους είχε *ξαναυφάνει* τις εμπειρίες τους —και ακριβώς ό,τι *δεν* θα περίμενε κανείς εάν ο εγκέφαλός τους είχε *ανασύρει* τις εμπειρίες τους.

Αυτό το γενικό εύρημα —ότι οι πληροφορίες που αποκτώνται έπειτα από ένα γεγονός αλλάζουν την ανάμνηση του *γεγονότος*— έχει αναπαραχθεί τόσες φορές και σε τόσο πολλές διαφορετικές συνθήκες (εργαστηρίου και φυσικού περιβάλλοντος) ώστε έχει πείσει πλέον τους περισσότερους επιστήμονες για δύο πράγματα[6]: Πρώτον, ότι η λειτουργία της ενθύμησης περιέχει και «συμπλήρωση» λεπτομερειών που δεν είχαν πραγματικά αποθηκευτεί· και δεύτερον, ότι γενικά δεν μπορούμε να αντιληφθούμε πότε το κάνουμε αυτό, διότι η συμπλήρωση λαμβάνει χώρα γρήγορα και ασυνείδητα[7]. Πράγματι, το συγκεκριμένο φαινόμενο είναι τόσο ισχυρό ώστε συμβαίνει ακόμα κι όταν ξέρουμε ότι κάποιος προσπαθεί να μας κάνει κάποιο τέχνασμα. Για παράδειγμα, διαβάστε τις παρακάτω λέξεις και, όταν τελειώσετε, σκεπάστε γρήγορα με το χέρι σας τη λίστα. Μετά θα σας κάνω ένα κόλπο.

Κρεβάτι
Ξεκούραση
Ξύπνιος
Κουρασμένος
Όνειρο
Ξυπνώ
Χουζούρι
Κουβέρτα
Λαγοκοιμάμαι
Λήθαργος
Ροχαλίζω
Σιέστα
Γαλήνη
Χασμουρητό
Νυσταγμένος

Και νά το κόλπο μου: Ποια από τις ακόλουθες λέξεις δεν υπήρχε στη λίστα; *Κρεβάτι, λαγοκοιμάμαι, ύπνος* ή *βενζίνη*; Η σωστή απάντηση είναι η *βενζίνη*, φυσικά. Η άλλη μία σωστή απάντηση όμως είναι ο *ύπνος*, και αν δεν με πιστεύετε, τότε σηκώστε το χέρι σας από τη σελίδα. (Εδώ που τα λέμε, πρέπει να σηκώσετε το χέρι σας από τη σελίδα έτσι κι αλλιώς, διότι χρειάζεται να προχωρήσουμε παρακάτω.) Αν μοιάζετε με τον μέσο άνθρωπο, καταλάβατε ότι η *βενζίνη* δεν ήταν στη λίστα, αλλά θυμηθήκατε εσφαλμένα ότι διαβάσατε τη λέξη *ύπνος*[8]. Επειδή όλες οι λέξεις της λίστας σχετίζονται τόσο στενά μεταξύ τους, ο εγκέφαλός σας διατήρησε το κύριο θέμα όσων διαβάσατε («λέξεις για τον ύπνο») αντί να αποθηκεύσει όλες τις λέξεις. Κανονικά, αυτή είναι έξυπνη και οικονομική στρατηγική υπενθύμισης: Η κεντρική ιδέα μπορεί να χρησιμεύσει ως οδηγία, που δίνει τη δυνατότητα στον εγκέφαλό σας να ξαναϋφάνει την εικόνα της εμπειρίας σας και σε εσάς να «θυμηθείτε» ότι διαβάσατε τις λέξεις που είδατε. Σε τούτη όμως την περίπτωση, ο εγκέφαλός σας έπεσε θύμα ενός τεχνάσματος: Η λέξη που αντιπροσωπεύει την κεντρική ιδέα, η ίδια η λέξη-κλειδί, η άκρως απαραίτητη λέξη, στην πραγματικότητα δεν περιλαμβανόταν στη λίστα. Όταν ο εγκέφαλός σας έπλεξε ξανά τον ιστό της εμπειρίας σας, συμπεριέλαβε εσφαλμένα μια λέξη η οποία υπονοούνταν βέβαια, λόγω του κεντρικού θέματος, αλλά στην πραγματικότητα δεν είχε εμφανιστεί (όπως ακριβώς οι εθελοντές στην παραπάνω έρευνα συμπεριέλαβαν λανθασμένα ένα σήμα στοπ, το οποίο υπονοήθηκε μέσω της ερώτησης που τους έγινε, αλλά στην πραγματικότητα δεν είχε εμφανιστεί στις διαφάνειες).

Αυτό το πείραμα έχει γίνει δεκάδες φορές, με δεκάδες διαφορετικούς καταλόγους λέξεων. Όλες οι μελέτες έχουν καταλήξει σε δύο εκπληκτικά ευρήματα: Πρώτον, οι εξεταζόμενοι δεν θυμούνται αμυδρώς ότι είδαν τη λέξη του κεντρικού θέματος, ούτε και απλώς μαντεύουν ότι είχαν δει αυτή τη λέξη. Αντιθέτως, έχουν τη ζωηρή ανάμνηση ότι την είδαν και είναι εντελώς σίγουροι ότι είχε εμφανιστεί[9]. Δεύτερον, αυτό το φαινόμενο λαμβάνει χώρα ακόμα και όταν οι εθελοντές έχουν προειδοποιηθεί σχετικά[10]. Ακόμα και όταν οι εθελοντές ξέρουν ότι ο ερευνητής θα προσπαθήσει να τους ξεγελάσει, ωθώντας τους να θυμηθούν εσφαλμένα την παρουσία μιας λέξης-κλειδί, αυτή η ψευδής ανάκληση δεν αποτρέπεται.

Η συμπλήρωση της αντίληψης

Οι πολύ ισχυρές και μη ανιχνεύσιμες συμπληρώσεις που κατακλύζουν τις αναμνήσεις μας για παρελθόντα γεγονότα, διαποτίζουν επίσης την αντίληψή μας για τα πράγματα του παρόντος. Για παράδειγμα, εάν, μη έχοντας τίποτα καλύτερο να κάνετε ένα βαρετό βράδυ, αποφασίζατε να εξετάσετε την ανατομική του βολβού του ματιού σας, τελικά θα ανακαλύπτατε εκείνο το σημείο στο πίσω μέρος του αμφιβληστροειδούς σας, από όπου το οπτικό νεύρο εγκαταλείπει το βολβό και κατευθύνεται προς το εσωτερικό του εγκεφάλου. Το μάτι δεν μπορεί, φυσικά, να καταγράψει εικόνα στο σημείο από όπου ξεκινά το οπτικό νεύρο, και έτσι, αυτό το σημείο είναι γνωστό ως *τυφλό σημείο*. Κανένας δεν μπορεί να δει ένα αντικείμενο που προβάλλεται πάνω στο τυφλό σημείο, διότι εκεί δεν υπάρχουν οπτικοί υποδοχείς. Ωστόσο, αν ρίξετε μια ματιά γύρω στο καθιστικό σας, δεν διαπιστώνετε καμιά μαύρη τρύπα στην κατά τα άλλα τέλεια εικόνα της πεθεράς σας, η οποία στρογγυλοκάθεται στον καναπέ σας και καταβροχθίζει τα κρακεράκια. Γιατί; Διότι ο εγκέφαλός σας χρησιμοποιεί πληροφορίες από τις περιοχές γύρω από το τυφλό σημείο ώστε να κάνει μια λογική εικασία σχετικά με το τι θα έβλεπε το τυφλό σημείο αν δεν ήταν τυφλό, και ύστερα ο εγκέφαλός σας συμπληρώνει τη σκηνή με τις συγκεκριμένες πληροφορίες. Ακριβώς! Εφευρίσκει πράγματα, δημιουργεί πράγματα, τα κατασκευάζει! Δεν σας συμβουλεύεται για να το κάνει, ούτε ζητά έγκριση. Απλώς κάνει την καλύτερη δυνατή υπόθεση σχετικά με τη φύση των πληροφοριών που λείπουν και προχωρεί σε συμπλήρωση της εικόνας· έτσι, το μέρος της οπτικής σας εμπειρίας το οποίο οφείλεται στο πραγματικό φως που αντανακλάται από το πραγματικό πρόσωπο της πεθεράς σας, και το μέρος το οποίο ο εγκέφαλός σας απλώς κατασκεύασε, σας φαίνονται *ακριβώς όμοια*. Μπορείτε, αν θέλετε, να βεβαιωθείτε σχετικά: κλείστε το αριστερό σας μάτι, εστιάστε το δεξιό στον ταχυδακτυλουργό της Εικόνας 8 και μετά πλησιάστε αργά το βιβλίο προς το μέρος σας. Μείνετε εστιασμένοι στον ταχυδακτυλουργό και θα δείτε ότι, όταν η υδρόγειος προβληθεί πάνω στο τυφλό σας σημείο, θα εξαφανιστεί. Ξαφνικά θα έχετε την αντίληψη λευκής σελίδας εκεί όπου στην πραγματικότητα βρίσκεται η υδρόγειος, επειδή ο εγκέφαλός σας βλέπει λευκή σελίδα γύρω από αυτή και υποθέτει εσφαλμένα ότι υφίσταται κενό και πάνω στο τυφλό σας σημείο. Αν εξακολουθήσετε να πλησιάζετε το βιβλίο προς το μέρος σας, η υδρόγειος θα επανεμφανιστεί, και τελικά η μύτη σας θα ακουμπήσει φυσικά πάνω στο κουνέλι.

Το τέχνασμα της συμπλήρωσης δεν περιορίζεται μόνο στην οπτική αντίληψη. Κάποιοι ερευνητές μαγνητοφώνησαν τη φράση «The state governors met with their respective legislatures convening in the capital city» [Οι κυβερνήτες των πολιτειών συναντήθηκαν με τα αντίστοιχα νομοθετικά σώματα που συνεδρίαζαν στην πρωτεύουσα]. Ύστερα επενέβησαν στην εγγραφή και αντικατέστησαν το πρώτο s της λέξης legislatures με ένα βήξιμο[11]. Όταν εθελοντές άκουσαν τη φράση, άκουσαν βέβαια το βήξιμο, αλλά έλεγαν ότι ακούστηκε *μεταξύ* των λέξεων, επειδή «άκουσαν» και το παραλειπόμενο s. Ακόμα κι όταν

Εικόνα 8. Αν κοιτάζετε σταθερά τον ταχυδακτυλουργό με το δεξιό σας μάτι και κινήσετε αργά το βιβλίο προς τη μύτη σας, η υδρόγειος θα χαθεί όταν προβληθεί πάνω στο τυφλό σας σημείο.

τους δόθηκε η οδηγία να ακούσουν προσεκτικά για να βρουν τον ελλείποντα ήχο, ακόμα κι όταν τους δόθηκε η δυνατότητα να κάνουν δεκάδες δοκιμές, οι εθελοντές δεν κατάφεραν να εντοπίσουν το παραλειπόμενο γράμμα, το οποίο οι εγκέφαλοί τους ήξεραν πολύ καλά ότι θα έπρεπε να βρίσκεται εκεί, και επομένως το είχαν προσθέσει από μόνοι τους[12]. Σε μια ακόμα πιο εντυπωσιακή έρευνα, οι εθελοντές άκουσαν τη λέξη eel ενώ προηγούνταν ένα βήξιμο (θα συμβολίζεται με* στο εξής). Οι εξεταζόμενοι άκουσαν τη λέξη *peel* [φλούδα] όταν η λέξη βρισκόταν στο πλαίσιο της πρότασης «The *eel was on the orange» [Η φλούδα ήταν πάνω στο πορτοκάλι], αλλά άκουσαν τη λέξη *heel* [τακούνι] όταν βρισκόταν μέσα στην πρόταση «The *eel was on the shoe» [Το τακούνι ήταν πάνω στο παπούτσι][13]. Αυτό το εύρημα είναι εντυπωσιακό διότι οι δύο προτάσεις διαφέρουν μόνο ως προς την τελευταία λέξη τους, πράγμα που σημαίνει ότι οι εγκέφαλοι των εθελοντών χρειάστηκε να περιμένουν έως και την τελευταία λέξη της πρότασης για να καταφέρουν να συμπληρώσουν την πληροφορία που έλειπε και αφορούσε τη δεύτερη λέξη. Το έκαναν όμως, και μάλιστα τόσο αθόρυβα και γρήγορα ώστε οι εξεταζόμενοι πράγματι άκουσαν την ελλείπουσα πληροφορία να προφέρεται στη θέση όπου θα βρισκόταν κανονικά.

Πειράματα όπως τα παραπάνω μάς επιτρέπουν να παρακολουθήσουμε πώς ο εγκέφαλος στήνει τη «μαγική» παράστασή του. Φυσικά, αν ποτέ τρυπώνατε στα παρασκήνια μιας παράστασης ταχυδακτυλουργίας και βλέπατε από κοντά όλα τα σύρματα, τους καθρέφτες και τις καταπακτές, καθώς θα επιστρέφατε στη θέση σας η παράσταση θα είχε χάσει όλη της τη γοητεία. Στο κάτω κάτω, από τη στιγμή που ξέρουμε ποιο μυστικό κρύβεται πίσω του, δεν ξεγελιόμαστε πια από το τέχνασμα. Και όμως, αν ξαναγυρίσετε και δοκιμάσετε πάλι το κόλπο της Εικόνας 7, θα παρατηρήσετε ότι, παρά τη λεπτομερή επιστημονική ερμηνεία που σας δόθηκε στις τελευταίες σελίδες σχετικά με το οπτικό τυφλό σημείο, το κόλπο εξακολουθεί να λειτουργεί θαυμάσια. Πράγματι, όσα κι αν μάθετε για την οπτική και όσο χρόνο κι αν σπαταλήσετε κολλώντας τη μύτη σας πάνω στο κουνέλι, το κόλπο δεν θα αποτύχει ποτέ. Πώς γίνεται αυτό; Προσπάθησα να σας πείσω ότι τα πράγματα δεν είναι πάντοτε όπως φαίνονται. Τώρα αφήστε με να προσπαθήσω να σας πείσω πως δεν μπορείτε να κάνετε τίποτε άλλο παρά να πιστεύετε ότι είναι όπως φαίνονται.

Το κεφάλι τού Οζ

Αν δεν είστε η περίπτωση του ανδρώπου που παρέκαμψε την παιδική του ηλικία και πήγε κατευθείαν από τη φρουτόκρεμα στην αποπληρωμή στεγαστικών δανείων, τότε πιθανότατα θα θυμάστε τη σκηνή από το βιβλίο *Ο θαυμάσιος μάγος τού Οζ*, όπου η Ντόροθι και τα φιλαράκια της ζαρώνουν φοβισμένοι μπροστά στον φοβερό και τρομερό Οζ, ο οποίος εμφανίζεται με την απειλητική μορφή ενός γιγάντιου, αιωρούμενου κεφαλιού. Ξαφνικά, ο Τοτός, ο σκύλος τής Ντόροθι, ξεφεύγει και ορμάει, ρίχνοντας κάτω ένα παραπέτασμα που στέκει στη γωνιά του δωματίου, οπότε αποκαλύπτεται πίσω του ένας μικρός ανθρωπάκος να πατάει τα κουμπιά μιας μηχανής. Οι πρωταγωνιστές μένουν κατάπληκτοι, και το Σκιάχτρο κατηγορεί τον ανθρωπάκο πως είναι απατεώνας.

> «Ακριβώς!», δήλωσε ο ανθρωπάκος, τρίβοντας τα χέρια του σαν να ήταν ευχαριστημένος. «Είμαι ένας απατεώνας.»
>
> «Δεν ξέρει κανένας άλλος ότι είσαι απατεώνας;», ρώτησε η Ντόροθι.
>
> «Κανείς άλλος, παρά μόνο εσείς οι τέσσερεις —κι εγώ», απάντησε ο Οζ.
>
> «Τους έχω ξεγελάσει όλους τόσο πολύ καιρό που νόμιζα ότι δεν θα με ανακάλυπταν ποτέ.»
>
> «Μα, δεν καταλαβαίνω», είπε η Ντόροθι, παραξενε-

μένη. «Πώς έγινε και μου παρουσιάστηκες σαν ένα τεράστιο Κεφάλι;»

«Αυτό ήταν ένα από τα κόλπα μου», απάντησε ο Οζ.

«Μου φαίνεται πως είσαι πολύ κακός άνθρωπος», είπε η Ντόροθι.

«Α, όχι, αγαπητή μου· στην πραγματικότητα είμαι πολύ καλός άνθρωπος. Είμαι όμως πολύ κακός Μάγος.»[14]

Ανακαλύπτοντας τον ιδεαλισμό

Προς το τέλος του 18ου αιώνα, οι φιλόσοφοι δοκίμασαν μια παρόμοιου είδους, αφυπνιστική εμπειρία, όπως και η Ντόροθι, και συμπέραναν (αν και λίγο απρόθυμα) ότι ο ανθρώπινος εγκέφαλος, αν και πολύ καλό όργανο, είναι πάντως πολύ κακός μάγος. Πριν από εκείνη την εποχή, οι φιλόσοφοι θεωρούσαν τις αισθήσεις αγωγούς μέσω των οποίων ταξίδευαν, από το εξωτερικό περιβάλλον στο νου, οι πληροφορίες για τις ιδιότητες των αντικειμένων. Ο νους θεωρούνταν κάτι σαν οθόνη κινηματογράφου στην οποία προβαλλόταν ξανά το αντικείμενο. Η διεργασία μερικές φορές αποτύγχανε, και έτσι οι άνθρωποι ενίοτε έβλεπαν τα πράγματα διαφορετικά απ' ό,τι ήταν στην πραγματικότητα. Αλλά όταν οι αισθήσεις λειτουργούσαν κανονικά, έδειχναν ό,τι στ' αλήθεια υπήρχε. Αυτή ήταν η θεωρία του *ρεαλισμού*, η οποία περιγράφηκε το 1690 από το φιλόσοφο John Locke:

> Όταν οι αισθήσεις μας μεταφέρουν στη νόησή μας κάποια ιδέα, δεν μπορούμε παρά να νιώθουμε ικανοποιημένοι που εκείνη τη στιγμή υπάρχει κάτι έξω από εμάς, το οποίο επηρεάζει τις αισθήσεις μας και, μέσω αυτών, διεγείρει την αντιληπτική ικανότητά μας και παράγει ύστερα την ιδέα που αντιλαμβανόμαστε εμείς: Έως εδώ, δεν μπορούμε να δυσπιστήσουμε απέναντι στη μαρτυρία τους [των αισθήσεών μας] και να αμφιβάλουμε αν αυτά τα σύνολα απλών

ιδεών, που έχουμε παρατηρήσει με τις αισθήσεις μας ως ενότητες, πράγματι υπάρχουν ως ενότητες[15].

Με άλλα λόγια, ο εγκέφαλος πιστεύει —δεν προσποιείται. Αν βλέπουμε αιωρούμενα γιγαντιαία κεφάλια, είναι επειδή πράγματι υπάρχουν τέτοια γιγαντιαία κεφάλια στο οπτικό μας πεδίο, και έτσι ένας φιλόσοφος με ψυχολογικό προσανατολισμό δεν έχει παρά να αναρωτηθεί για το πώς ο εγκέφαλος επιτυγχάνει αυτή την εκπληκτική, πιστή αντανάκλαση. Το 1781 όμως, ένας αναχωρητής γερμανός φιλόσοφος ονόματι Immanuel Kant έριξε κάτω το παραπέτασμα που στεκόταν στη γωνιά, και ξεμπρόστιασε τον εγκέφαλο ως απατεώνα πρώτης τάξεως. Η νέα θεωρία τού Kant για τον *ιδεαλισμό* πρόβαλε τον ισχυρισμό ότι οι αντιλήψεις μας δεν είναι αποτέλεσμα φυσιολογικής διεργασίας κατά την οποία τα μάτια μας με κάποιον τρόπο μεταδίδουν μια εικόνα του κόσμου στον εγκέφαλό μας, αλλά, αντιθέτως, ότι αυτές είναι αποτέλεσμα μιας ψυχολογικής διεργασίας η οποία συνδυάζει ό,τι βλέπουν τα μάτια μας με εκείνο που ήδη σκεφτόμαστε, νιώθουμε, ξέρουμε, θέλουμε και πιστεύουμε, και ύστερα χρησιμοποιεί αυτό το συνδυασμό αισθητηριακών πληροφοριών και προϋπάρχουσας γνώσης για να κατασκευάσει την αντίληψή μας περί πραγματικότητας. «Η νόηση δεν μπορεί να διαισθανθεί τίποτα, και οι αισθήσεις δεν μπορούν να σκεφτούν τίποτα», έγραψε ο Kant. «Μόνο μέσω της ενοποίησής τους μπορεί να αναδυθεί η γνώση.»[16] Ο ιστορικός Will Durant έφτασε στο εκπληκτικό κατόρθωμα να συνοψίσει το επιχείρημα του Kant σε μια απλή πρόταση: «Ο κόσμος, όπως τον γνωρίζουμε, είναι μια κατασκευή, ένα τελειωμένο προϊόν, σχεδόν —θα μπορούσε κανείς να πει— ένα επινοημένο αντικείμενο, στο οποίο συμβάλλει τόσο ο νους, με τις σχηματοποιές φόρμες του, όσο και το αντικείμενο, με τα ερεθίσματά του.»[17] Ο Kant θα υποστήριζε πως, όταν κάποιος έχει την αντίληψη ενός αιωρούμενου κεφαλιού, αυτή η αντίληψη *κατασκευάζεται* από τη γνώση που έχει ο άνθρωπος σχετικά με αιωρούμενα κεφάλια, από τη μνήμη του για αιωρούμενα κεφάλια, την πίστη του σε αιωρούμενα κεφάλια, την ανάγκη του για αιωρούμενα κεφάλια, και μερικές φορές —αλλά όχι πάντα— από την πραγματική παρουσία ενός αιωρούμενου κεφαλιού. Η αντίληψη δημιουργεί πορτρέτα· δεν τραβάει φωτογραφίες. Και η μορφή αυτών των πορτρέτων αντανακλά βέβαια το απεικονιζόμενο αντικείμενο, άλλο τόσο όμως αποκαλύπτει και το χέρι του καλλιτέχνη.

Η συγκεκριμένη θεωρία αποτέλεσε αποκάλυψη, και στους επόμενους αιώνες οι ψυχολόγοι την επεξέτειναν, υποστηρίζοντας ότι κάθε άτομο κάνει περίπου το ίδιο ταξίδι ανακάλυψης όπως και η φιλοσοφία. Στη δεκαετία τού 1920, ο ψυχολόγος Jean Piaget παρατήρησε ότι το μικρό παιδί συχνά δεν μπορεί να κάνει τη διάκριση ανάμεσα στην αντίληψή του για ένα αντικείμενο και τα πραγματικά γνωρίσματα του αντικειμένου, και επομένως τείνει να πιστεύει πως τα πράγματα είναι όντως όπως φαίνονται —άρα ότι και οι άλλοι τα βλέπουν έτσι. Όταν ένα νήπιο 2 ετών βλέπει το παιδάκι που έπαιζαν μαζί να φεύγει από το δωμάτιο και ύστερα έναν ενήλικο να βγάζει από την τσέπη του ένα μπισκότο και να το κρύβει στο συρτάρι, περιμένει πως και το άλλο παιδάκι, όταν επιστρέψει, θα αναζητήσει το μπισκότο στο συρτάρι —παρά το γεγονός ότι εκείνο δεν βρισκόταν στο δωμάτιο όταν ο ενήλικος έβαλε το μπισκότο στο συρτάρι[18]. Γιατί; Επειδή το δίχρονο παιδί ξέρει ότι το μπισκότο βρίσκεται στο συρτάρι και επομένως αναμένει ότι όλοι επίσης το ξέρουν αυτό. Χωρίς την ικανότητα διάκρισης μεταξύ των *αντικειμένων του κόσμου* και των *αντικειμένων του νου*, το παιδί δεν μπορεί να κατανοήσει πώς είναι δυνατόν διαφορετικές νοήσεις να περιέχουν διαφορετικά πράγματα. Μεγαλώνοντας, φυσικά, τα παιδιά στρέφονται από το ρεαλισμό στον ιδεαλισμό, φτάνοντας στη διαπίστωση ότι οι αντιλήψεις αποτελούν απλώς απόψεις και, συνεπώς, ότι εκείνο που βλέπουν δεν είναι απαραιτήτως αυτό που υπάρχει, και ότι δύο άνθρωποι μπορεί να έχουν διαφορετικές αντιλήψεις ή πεποιθήσεις αναφορικά με το ίδιο αντικείμενο. Ο Piaget συμπέρανε ότι «το παιδί είναι ρεαλιστής στη σκέψη» και ότι «η πρόοδός του συνίσταται στην απελευθέρωσή του από αυτό τον αρχικό ρεαλισμό»[19]. Με άλλα λόγια, όπως οι φιλόσοφοι, έτσι και ο μέσος άνθρωπος ξεκινά ως ρεαλιστής, αλλά το ξεπερνά σχετικά γρήγορα.

Ξεφεύγοντας από το ρεαλισμό

Ο ρεαλισμός ξεπερνιέται βέβαια, αλλά όχι εντελώς. Η έρευνα δείχνει ότι ακόμα και οι ενήλικοι συμπεριφέρονται σαν ρεαλιστές υπό ορισμένες συνθήκες. Για παράδειγμα, σε μια μελέτη[20], δύο εθελοντές κάθισαν αντικριστά στις πλευρές ενός επίπλου με θυρίδες, όπως αυτό που φαίνεται στην Εικόνα 9. Συνήθη αντικείμενα είχαν τοποθετηθεί σε μερικές θυρίδες, ορισμένες από τις οποίες ήταν διαμπερείς, έτσι ώστε κάποια αντικείμενα, όπως το μεγάλο φορτηγό και το μεσαίο φορτηγό, ήταν πλήρως ορατά και από τους δύο εξεταζόμενους. Άλλες θυρίδες ήταν ανοικτές μόνο από τη μια πλευρά, και έτσι μερικά αντικείμενα, όπως το μικρό φορτηγό, τα έβλεπε μόνο ένας εθελοντής. Οι ε-

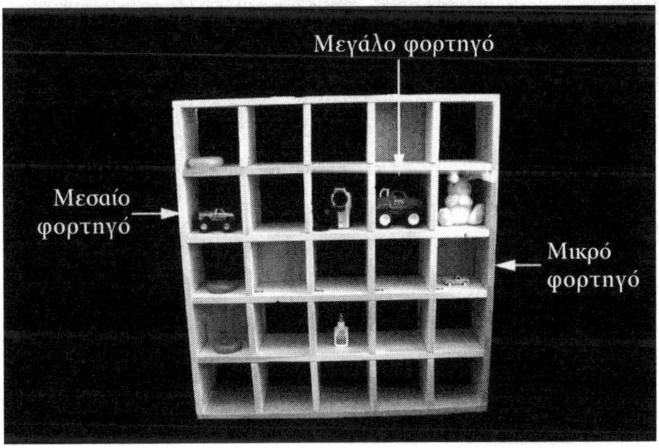

Εικόνα 9.

θελοντές έπαιζαν ένα παιχνίδι σύμφωνα με το οποίο το άτομο που δεν είχε ορατότητα (ο «διευθυντής») έλεγε στο άτομο που είχε ορατότητα (το «μεταφορέα») να κινήσει ορισμένα αντικείμενα σε συγκεκριμένες θυρίδες. Τι θα έπρεπε να συμβεί λοιπόν όταν ο διευθυντής θα έλεγε «Μετακίνησε το μικρό φορτηγό στην τελευταία σειρά»; Αν ο μεταφορέας ήταν ιδεαλιστής, θα κινούσε το μεσαίο φορτηγό, επειδή θα καταλάβαινε ότι ο διευθυντής δεν μπορεί να δει το μικρό φορτηγό, και επομένως ότι υποχρεωτικά αναφερόταν στο μεσαίο φορτηγό, το οποίο, από τη σκοπιά του διευθυντή, ήταν το μικρότερο. Από την άλλη μεριά, αν ο μεταφορέας ήταν ρεαλιστής, τότε θα μετακινούσε το μικρό φορτηγό, μη δίνοντας σημασία στο γεγονός ότι ο διευθυντής δεν μπορούσε, σε αντίθεση με τον ίδιο, να το δει, αγνοώντας επομένως το γεγονός ότι δεν θα ήταν δυνατόν να αναφερόταν σε αυτό όταν έδωσε τη συγκεκριμένη οδηγία. Ποιο φορτηγό λέτε να μετακίνησαν οι εθελοντές;

Το μεσαίο φορτηγό, φυσικά. Τι; Τους θεωρείτε βλάκες; Κι όμως ήταν φυσιολογικοί ενήλικοι. Είχαν σώας τας φρένας, καλές δουλειές, τραπεζικούς λογαριασμούς, καλούς τρόπους στο τραπέζι, τα γνωστά. Γνώριζαν ότι ο διευθυντής είχε διαφορετική οπτική γωνία και, επομένως, ότι πιθανότατα είχε αναφερθεί στο μεσαίο φορτηγό όταν είπε «Μετακίνησε το μικρό φορτηγό». Όμως, μολονότι τούτοι οι φυσιολογικοί ενήλικοι με τον κανονικό εγκέφαλο συμπεριφέρονταν ως τέλειοι *ιδεαλιστές*, τα χέρια τους έδειχναν μόνο τη μισή ιστορία. Εκτός του ότι κατέγραφαν τις κινήσεις των χεριών των μεταφορέων, οι ερευνητές χρησιμοποίησαν και έναν ανιχνευτή των κινήσεων των ματιών τους, ο οποίος έδειξε ότι, τη στιγμή που ο μεταφορέας άκουγε τη φράση «Μετακίνησε το μικρό φορτηγό», αυτός κοίταξε για λίγο προς το μικρό φορτηγό —*όχι* το μεσαίο φορτηγό, δηλαδή το μικρότερο που μπορούσε να δει ο διευθυντής, αλλά το πραγματικά μικρό φορτηγό, δηλαδή το μικρότερο που μπορούσε να δει ο *ίδιος*. Με άλλα λόγια, ο εγκέφαλος του μεταφορέα αρχικά ερμήνευε τη φράση «το μικρό φορτηγό» ως αναφορά στο μικρότερο φορτηγό από την *προσωπική του σκοπιά*, χωρίς να λαμβάνει υπόψη το γεγονός ότι η οπτική γωνία του διευθυντή ήταν διαφορετική. Μόνο αφού είχε σύντομα φλερτάρει με την ιδέα να κινήσει το μικρό φορτηγό, ο εγκέφαλος του μεταφορέα λάμβανε τελικά υπόψη το γεγονός ότι ο διευθυντής είχε διαφορετική άποψη των πραγμάτων και, επομένως, ότι πιθανότατα εννοούσε το μεσαίο φορτηγό, οπότε και ο εγκέφαλός του έδινε στο χέρι του την οδηγία να μετακινήσει το σωστό φορτηγό. Το χέρι συμπεριφέρθηκε ως ιδεαλιστής, αλλά το μάτι αποκάλυψε πως ο εγκέφαλος υπήρξε για μια στιγμή ρεαλιστής.

Από παρόμοια πειράματα φαίνεται ότι δεν ξεπερνάμε το ρεαλισμό αλλά μάλλον μαθαίνουμε να τον ξεγελάμε, και ότι ακόμα και ως ενήλικοι οι αντιλήψεις μας χαρακτηρίζονται από μια αρχική στιγμή ρεαλισμού[21]. Σύμφωνα με αυτή τη συλλογιστική, αυτομάτως υποθέτουμε ότι η υποκειμενική μας εμπειρία για ένα αντικείμενο αποτελεί πιστή αναπαράσταση των χαρακτηριστικών του. Μόνο αργότερα —αν έχουμε το χρόνο, την αντυχή και την ικανότητα— απορρίπτουμε αυτή την υπόθεση και εξετάζουμε την πιθανότητα ο πραγματικός κόσμος να μην είναι έτσι όπως μας φαίνεται[22]. Ο Piaget περιέγραψε το ρεαλισμό ως «μια άμεση και αυθόρμητη τάση να συγχέεται το σημαίνον με το σημαινόμενο»[23], και οι έρευνες δείχνουν ότι αυτή η τάση να εξομοιώνουμε την υποκειμενική μας αίσθηση για τα αντικείμενα με τις αντικειμενικές ιδιότητες των ίδιων των αντικειμένων παραμένει άμεση και αυθόρμητη σε όλη μας τη ζωή. Δεν φεύγει για πάντα, και ούτε εξαλείφεται ανάλογα με την περίσταση. Είναι μεν στιγμιαία, ασαφής και διαλύεται πολύ γρήγορα, αλλά αποτελεί πάντοτε το πρώτο βήμα που κάνουμε όταν αντιλαμβανόμαστε τον κόσμο γύρω μας. Πιστεύουμε ό,τι βλέπουμε, και ύστερα το ξεπιστεύουμε, όταν απαιτείται.

Όλα αυτά υποδηλώνουν ότι ο ψυχολόγος George Miller είχε δίκιο όταν έγραφε: «Η κορωνίδα των νοητικών επιτευγμάτων του εγκεφάλου είναι ο κόσμος της πραγματικότητας.»[24] Η βάρους ενός σχεδόν κιλού μάζα που βρίσκεται ανάμεσα στα αφτιά μας δεν είναι μια απλή συσκευή καταγραφής αλλά ένας εξαιρετικά έξυπνος υπολογιστής ο οποίος συλλέγει πληροφορίες, κρίνει έξυπνα και μαντεύει ακόμα εξυπνότερα, προσφέροντάς μας την καλύτερη δυνατή ερμηνεία για το πώς έχουν τα πράγματα. Επειδή, συνήθως, αυτές οι ερμηνείες είναι τόσο καλές και επειδή η ομοιότητά τους με τον κόσμο όπως αυτός πράγματι υφίσταται είναι τόσο έντονη, *δεν συνειδητοποιούμε ότι βλέπουμε μια ερμηνεία*. Αντιθέτως, αισθανόμαστε σαν να καθόμαστε αναπαυτικά μες στο κεφάλι μας, κοιτάζοντας έξω μέσα από το καθαρό τζάμι των ματιών μας, παρακολουθώντας τον κόσμο όπως αυτός υφίσταται στ' αλήθεια. Έχουμε την τάση να ξεχνάμε ότι ο εγκέφαλός μας είναι ταλαντούχος πλαστογράφος που πλέκει εικόνες μνήμης και αντίληψης με τόσο πειστικές λεπτομέρειες ώστε η έλλειψη γνησιότητάς τους σπανίως επισημαίνεται. Από μια άποψη, όλοι μας λειτουργούμε ως παραχαράκτες: Τυπώνουμε ψεύτικα χαρτονομίσματα και ύστερα τα δεχόμαστε ως πληρωμή, χωρίς να έχουμε επίγνωση πως είμαστε και ο δράστης και το θύμα μιας καλά ενορχηστρωμένης απάτης. Όπως θα δείτε, όταν μερικές φορές επιτρέπουμε στον εαυτό μας να ξεχάσει αυτό το θεμελιώδες γεγονός, το πληρώνουμε πολύ ακριβά, επειδή το λάθος που κάνουμε όταν αγνοούμε στιγμιαία το κόλπο της συμπλήρωσης και αποδεχόμαστε άκριτα την εγκυρότητα των αναμνήσεων και των αντιλήψεών μας είναι ακριβώς το ίδιο λάθος που κάνουμε όταν φανταζόμαστε το μέλλον μας.

Μια ντροπή του μέλλοντος

Όταν ο John Lennon μάς ζητούσε να «φανταστούμε πως δεν υπάρχουν κράτη», συμπλήρωνε αμέσως ότι «δεν είναι τόσο δύσκολο». Πράγματι, η φαντασία συνήθως δεν απαιτεί προσπάθεια. Όταν σκεφτόμαστε το κοκκινιστό που πρόκειται να φάμε για μεσημεριανό, ή τις καινούργιες φανελένιες πιτζάμες που μας ταχυδρόμησε η μαμά μας από την περασμένη εβδομάδα, δεν χρειάζεται να ξεκλέψουμε λίγο χρόνο από τα ραντεβού μας, να προσαρμόσουμε το πρόγραμμά μας και να στρωθούμε στη σκληρή δουλειά της σύνθεσης εικόνων με κοκκινιστό και πιτζάμες. Αντίθετα, από τη στιγμή κιόλας που έχουμε και την αμυδρότερη πρόθεση να ασχοληθούμε με τέτοια πράγματα, ο εγκέφαλός μας χρησιμοποιεί αβίαστα ό,τι ξέρει σχετικά με λιχουδιές, μεσημεριανά, πακέτα και μαμάδες, για να δημιουργήσει νοητικές εικόνες (ζεστό φαγητό, μαύρο ψωμί από σίκαλη, καρό πιτζάμες με παντόφλες-λαγουδάκια) τις οποίες βιώνουμε ως προϊόντα της φαντασίας. Όπως και τα προϊόντα της μνήμης και της αντίληψης, αυτές οι νοητικές εικόνες αναδύονται στη συνείδησή μας ως *τετελεσμένα γεγονότα.* Θα έπρεπε να νιώθουμε ευγνωμοσύνη για την ευκολία με την οποία η φαντασία μας μας παρέχει τούτες τις χρήσιμες υπηρεσίες, όμως επειδή δεν εποπτεύουμε συνειδητά την κατασκευή αυτών των νοητικών εικόνων, έχουμε την τάση να τις αντιμετωπίζουμε όπως αντιμετωπίζουμε τις αναμνήσεις και τις αντιλήψεις μας: θεωρώντας αρχικά ότι είναι *ακριβείς αναπαραστάσεις* των αντικειμένων που φανταζόμαστε.

Για παράδειγμα, τούτη ακριβώς τη στιγμή μπορείτε ίσως να φανταστείτε ένα πιάτο μακαρόνια και να μου πείτε πόσο θα σας άρεσε να τα φάτε για δείπνο αύριο το βράδυ. Τέλεια. Τώρα προσέξτε δύο πράγματα. Πρώτον, το όλο εγχείρημα δεν ήταν ιδιαίτερα κοπιαστικό. Θα μπορούσατε να φαντάζεστε ζυμαρικά όλη μέρα χωρίς να χύσετε ούτε σταγόνα ιδρώτα, αφήνοντας τον εγκέφαλό μας να κάνει όλη τη βαριά δουλειά, ενώ εσείς θα χαλαρώνετε μέσα στις καινούργιες σας πιτζάμες. Δεύτερον, προσέξτε ότι τα μακαρόνια που φανταστήκατε ήταν πολύ πιο πλούσια από αυτά που εγώ σας ζήτησα. Ίσως τα φανταστικά σας μακαρόνια να ήταν χθεσινά και σκέτα, ή μπορεί να ήταν φρέσκα με βασιλικό και δεντρολίβανο, γαρνιρισμένα με σάλτσα μπολονέζ· ή πάλι η σάλτσα μπορεί να ήταν με τομάτα, κρέμα, με θαλασσινά, μέχρι και ζελέ σταφυλιού· ίσως να είχαν κεφτέδες από πάνω, ή πέντε-έξι μπουκίτσες λουκάνικο πάπιας και να ήταν γαρνιρισμένα με κάπαρη και κουκουνάρι. Ίσως φανταστήκατε ότι τρώτε τα μακαρόνια σας καθισμένοι στον πάγκο της κουζίνας διαβάζοντας εφημερίδα και πίνοντας κόκα κόλα, ή πάλι να φανταστήκατε ότι ο σερβιτόρος σάς είχε οδηγήσει στο μικρό τραπέζι δίπλα στο τζάκι, στο αγαπημένο σας ιταλικό εστιατόριο, και σας σέρβιρε λευκό κρασί για αρχή. Ό,τι κι αν φανταστήκατε, στοιχηματίζω πως, όταν είπα *μακαρόνια*, δεν είχατε την επιτακτική ανάγκη να με ανακρίνετε σχετικά με τα χαρακτηριστικά που θα έπρεπε να έχει η σάλτσα ή ο τόπος κατανάλωσης για να μπορέσετε να οραματιστείτε το πρώτο μακαρόνι. Αντιθέτως μάλιστα, ο εγκέφαλός σας συμπεριφέρθηκε όπως ένας καλλιτέχνης που του παρήγγειλαν να ζωγραφίσει μια πλήρη ελαιογραφία από ένα αδρό σχεδίασμα με κάρβουνο, και συμπλήρωσε όλες τις υπόλοιπες λεπτομέρειες από την ερώτησή μου, σερβίροντάς σας μια εξόχως καλή μερίδα φανταστικών ζυμαρικών. Όταν επίσης υπολογίσατε πόσο θα απολαμβάνατε τα μελλοντικά μακαρόνια, ανταποκριθήκατε σε αυτή τη συγκεκριμένη νοητική εικόνα όπως ανταποκρίνεστε και σε συγκεκριμένες αναμνήσεις και συγκεκριμένες αντιλήψεις —σαν οι λεπτομέρειες να είχαν καθοριστεί από το αντικείμενο που φαντάζεστε και δεν είχαν πλαστεί από τον εγκέφαλό σας.

Κάνοντάς το αυτό, διαπράξατε ένα σφάλμα για το οποίο ο μελλοντικός σας εαυτός, που θα τρώει τα μακαρόνια, ενδεχομένως θα μετανιώσει[25]. Η φράση «μακαρόνια για δείπνο αύριο το βράδυ» δεν περιγράφει τόσο ένα γεγονός όσο μια ολόκληρη οικογένεια γεγονότων, και έτσι το συγκεκριμένο μέλος της οικογένειας που φανταστήκατε επηρέασε τις προβλέψεις σας αναφορικά με το πόσο θα απολαμβάνατε τα μακαρόνια σας. Πράγματι, όταν προσπαθεί κανείς να προβλέψει πόσο θα ευχαριστηθεί ένα πιάτο μακαρόνια χωρίς να ξέρει για *ποιο* πιάτο μακαρόνια γίνεται λόγος, είναι σαν να προσπαθεί να προβλέψει πόσο θα του στοιχίσει ένα αυτοκίνητο χωρίς να γνωρίζει για *ποιο* αυτοκίνητο μιλάμε (Ferrari ή Chevrolet;), ή σαν να προσπαθείτε να προβλέψετε πόσο υπερήφανοι θα αισθανθείτε από το κατόρθωμα του συντρόφου σας χωρίς να ξέρετε για *ποιο* κατόρθωμα συζητάμε (ότι παίρνει το βραβείο Νόμπελ ή ότι βρίσκει τον καλύτερο δικηγόρο διαζυγίων στην πόλη;), ή σαν να προσπαθείτε να προβλέψετε πόσο θα στενοχωρηθείτε αν πεθάνει κάποιος συγγενής σας χωρίς να ξέρετε *ποιος* συγγενής (ο αγαπημένος πατέρας σας ή ο μακρινός στριμμένος θείος;). Η ποικιλία πιάτων από μακαρόνια είναι ατελείωτη, και η συγκεκριμένη εκδοχή που φανταστήκατε σίγουρα επηρέασε το πόσο αναμένατε να απολαύσετε την εμπειρία. Επειδή οι εν λόγω λεπτομέρειες είναι τόσο κρίσιμες για να γίνει μια ακριβής πρόβλεψη των αντιδράσεών σας απέναντι στο γεγονός που φανταστήκατε, και επειδή δεν γνωρίζατε αυτές τις σημαντικές λεπτομέρειες, θα ήταν πολύ σοφό από μέρους σας να συγκρατήσετε την πρόβλεψή σας για τα μακαρόνια, ή τουλάχιστον να τη μετριάσετε με μια φράση επιφύλαξης όπως «Περιμένω ότι θα μου αρέσουν τα μακαρόνια *εάν* είναι al dente και με σάλτσα λιαστής ντομάτας».

Θα έβαζα στοίχημα όμως ότι δεν συγκρατηθήκατε, δεν διατηρήσατε επιφυλάξεις, αλλά αντιθέτως ότι δημιουργήσατε ένα πιάτο φανταστικών μακαρονιών πιο γρήγορα και από τον γρηγορότερο σεφ, και ύστερα κάνατε με αρκετή βεβαιότητα μια πρόβλεψη για τη σχέση που περιμένατε πως θα έχει τούτο το φαγητό με το πραγματικό. Αν δεν τα κάνατε αυτά, τότε αξίζετε συγχαρητήρια. Αν όμως τα κάνατε, να ξέρετε ότι δεν είστε μόνοι. Οι έρευνες δείχνουν πως, όταν κάνουμε προβλέψεις για τις αντιδράσεις μας σε μελλοντικά γεγονότα, συνήθως αγνοούμε το γεγονός ότι ο εγκέφαλός μας έχει εκτελέσει και το τέχνασμα της συμπλήρωσης ως απαραίτητο μέρος της πράξης της φαντασίας[26]. Για παράδειγμα, στα πλαίσια μιας έρευνας οι εθελοντές έπρεπε να προβλέψουν τι θα έκαναν σε ποικίλες μελλοντικές καταστάσεις —πόσο χρόνο θα αφιέρωναν για να απαντήσουν σε ερωτήσεις μιας τηλεφωνικής έρευνας, πόσα χρήματα θα διέθεταν για να γιορτάσουν κάποιο ιδιαίτερο γεγονός σε ένα εστιατόριο στο Σαν Φρανσίσκο κ.ά.[27] Οι εθελοντές δήλωναν επίσης με πόση σιγουριά έκαναν καθεμιά από τις προβλέψεις τους.

Από μερικούς εξεταζόμενους ζητήθηκε, πριν κάνουν προβλέψεις, να περιγράψουν λεπτομερώς το μελλοντικό γεγονός που φαντάζονταν («Φαντάζομαι ότι τρώω κρασάτα παϊδάκια με ψητά λαχανικά και σάλτσα από μαϊντανό, στο ρεστοράν Jardinière») και ύστερα τους είπαν να κάνουν την παραδοχή ότι όλες αυτές οι λεπτομέρειες ήταν τελείως πραγματικές. Οι υπόλοιποι εθελοντές δεν έκαναν λεπτομερείς περιγραφές ούτε και παραδοχές. Τα αποτελέσματα έδειξαν ότι οι τελευταίοι είχαν την ίδια ακριβώς σιγουριά για τις προβλέψεις τους με εκείνους που έκαναν την παραδοχή. Γιατί; Επειδή, όταν ερωτήθηκαν σχετικά με *δείπνο*, όσοι δεν έκαναν υποθέσεις παρήγαγαν εξίσου γρήγορα και ασυνείδητα μια νοητική εικόνα ενός συγκεκριμένου μενού σε συγκεκριμένο εστιατόριο, και ύστερα υπέθεσαν ότι αυτές οι λεπτομέρειες ήταν πραγματικές, αντί να θεωρήσουν ότι είχαν φτειαχτεί από το τίποτα.

Όλοι κάνουμε κατά καιρούς τέτοια σφάλματα. Η σύντροφός μας μας προτείνει να πάμε σε μια κοινωνική συγκέντρωση την επόμενη Παρασκευή το βράδυ, και αμέσως ο εγκέφαλός μας κατασκευάζει ταχύτατα την εικόνα κάποιου ανιαρού κοκτέιλ πάρτι σε ρετιρέ κεντρικού ξενοδοχείου, με σερβιτόρους που φορούν μαύρη γραβάτα και κουβαλούν ορεκτικά σε ασημένιους δίσκους, και με μια ελαφρώς βαριεστημένη αρπίστρια στη γωνία, οπότε προβλέπουμε την αντίδρασή μας στο γεγονός το οποίο φανταζόμαστε με ένα άνευ προηγουμένου χασμουρητό. Εκείνο που δεν σκεφτόμαστε συνήθως είναι πόσων ειδών κοινωνικές συγκεντρώσεις υπάρχουν —εορτασμοί γενεθλίων, εγκαίνια αιθουσών τέχνης, πάρτι μασκέ, πάρτι σε γιοτ, πάρτι γραφείου, όργια, αγρυπνίες κηδειών— και πόσο διαφορετικές θα ήταν οι αντιδράσεις μας σε καθένα από αυτά. Έτσι, λέμε στη σύντροφό μας ότι θα προτιμούσαμε να μην πάμε, η σύντροφός μας φυσικά μάς σέρνει εκεί με το ζόρι, και τελικά περνάμε υπέροχα. Γιατί; Επειδή το πάρτι είχε φτηνές μπίρες και χούλα χουπ και όχι κλασική μουσική και κρακεράκια φυκιών· ήταν ακριβώς του γούστου μας. Τελικά, μας άρεσε κάτι που αρχικά είχαμε προβλέψει πως θα απεχθανόμασταν, διότι η πρόβλεψή μας είχε βασιστεί σε μια λεπτομερή εικόνα η οποία αντανακλούσε την καλύτερη δυνατή εικασία του εγκεφάλου μας, που εν προκειμένω αποδείχθηκε τελείως λανθασμένη. Το ζήτημα εδώ είναι ότι, όταν φανταζόμαστε το μέλλον, το κάνουμε συνήθως στο τυφλό σημείο του ματιού της νόησής μας, με αποτέλεσμα να φανταζόμαστε ως εσφαλμένα εκείνα τα μελλοντικά γεγονότα των οποίων τις συναισθηματικές συνέπειες προσπαθούμε να σταθμίσουμε.

Αυτή η τάση υπερβαίνει τις καθημερινές και ασήμαντες προβλέψεις μας για πάρτι, εστιατόρια και πιάτα με μακαρόνια. Για παράδειγμα, οι πιο πολλοί δεν έχουμε την παραμικρή αμφιβολία ότι θα μας άρεσε περισσότερο να ήμασταν κάποιος σαν τον Eastman παρά κάποιος σαν τον Fischer —αναμφίβολα, εκτός κι αν σκεφτούμε πόσο γρήγορα και με τι απόλυτη πεποίθηση ο εγκέφαλός μας συμπλήρωσε τις λεπτομέρειες σχετικά με τις ζωές και τους θανάτους τους και πόσο μεγάλη σημασία είχαν αυτές οι κατασκευασμένες λεπτομέρειες. Δείτε τώρα δύο ιστορίες που ο εγκέφαλός σας σίγουρα δεν επινόησε στην αρχή τούτου του κεφαλαίου.

Είστε ένας νεαρός γερμανός μετανάστης στο πολυπληθές, βρόμικο Σικάγο του 19ου αιώνα. Λίγες πλούσιες οικογένειες —οι Armours, οι McCormicks, οι Swifts και οι Fields— μονοπωλούν τη βιομηχανία και έχουν το δικαίωμα να χρησιμοποιούν εσάς και την οικογένειά σας όπως θα χρησιμοποιούσαν τις μηχανές ή τα άλογα. Αφιερώνετε όσο χρόνο μπορείτε σε μια τοπική εφημερίδα της οποίας οι συντάκτες απαιτούν κοινωνική δικαιοσύνη, αλλά δεν είστε αφελής· ξέρετε πως τούτα τα άρθρα δεν πρόκειται να αλλάξουν τίποτα: Τα εργοστάσια θα συνεχίσουν να δουλεύουν, να παράγουν χαρτί, να κονσερβοποιούν χοιρινό, να κατασκευάζουν τρακτέρ και να εξαντλούν τους κουρασμένους εργάτες, που με το αίμα και τον ιδρώτα τους ταΐζουν τις μηχανές της παραγωγής. Είστε αναλώσιμοι και ασήμαντοι. Καλωσορίσατε στην Αμερική. Ένα βράδυ ξεσπούν επεισόδια μεταξύ κάποιων εργατών και της τοπικής αστυνομίας στην πλατεία Haymarket, και μολονότι δεν ήσασταν παρών όταν ρίχτηκε η βόμβα, σας περικυκλώνουν μαζί με άλλους «αρχηγούς αναρχικών» και σας απαγγέλλουν την κατηγορία της υποκίνησης σε στάση. Ξαφνικά το όνομά σας βρίσκεται στα πρωτοσέλιδα όλων των μεγάλων εφημερίδων και έχετε στη διάθεσή σας ένα εθνικό βήμα για την έκθεση των απόψεών σας. Όταν ο δικαστής σάς απαγγέλλει την εσχάτη των ποινών, βασιζόμενος σε κατασκευασμένα στοιχεία, καταλαβαίνετε πως αυτός ο άδικος θάνατος θα γραφεί στην ιστορία, ότι θα μείνετε γνωστός ως ο «Μάρτυρας της Haymarket» και ότι η εκτέλεσή σας θα ανοίξει το δρόμο για τις μεταρρυθμίσεις που απαιτούσατε αλλά ήταν αδύνατο να γίνουν. Μερικές δεκαετίες αργότερα θα υπάρχει μια καλύτερη Αμερική, και οι πολίτες της θα σας αποδίδουν τιμές για αυτή τη θυσία. Δεν είστε θρήσκος, αλλά δεν γίνεται να μη σκεφτείτε για μια στιγμή τον Χριστό επάνω στο σταυρό —που επίσης κατηγορήθηκε ψευδώς, καταδικάστηκε άδικα και εκτελέστηκε με απάνθρωπο τρόπο, ώστε μια μεγάλη ιδέα να ζήσει στους αιώνες των αιώνων χάρη στη θυσία Του. Καθώς προετοιμάζεστε για τον επερχόμενο θάνατο, αισθάνεστε, βέβαια, άγχος. Αλλά κατά βάθος, αυτή η στιγμή είναι ένα δώρο της τύχης, η αποκορύφωση ενός ονείρου —ίσως μάλιστα, θα μπορούσατε να πείτε, η πιο ευτυχισμένη στιγμή στη ζωή σας.

Ας περάσουμε στην επόμενη σκηνή: Ζείτε στο Ρότσεστερ της Νέας Υόρκης το 1932, μεσούσης της μεγάλης οικονομικής κρίσης. Είστε ένας γηραιός κύριος 77 ετών, που έχει περάσει τη ζωή του χτίζοντας αυτοκρατορίες, δίνοντας ώθηση στην τεχνολογία και χρησιμοποιώντας τα πλούτη του για να επιχορηγήσει βιβλιοθήκες, κολέγια, οδοντιατρικές κλινικές, τη σύνθεση μουσικών συμφωνιών και προγράμματα που έχουν βελτιώσει τις ζωές εκατομμυρίων ανθρώπων. Τις πιο ευτυχισμένες στιγμές της ζωής σας τις έχετε περάσει μαστορεύοντας φωτογραφικές μηχανές, γυρνώντας στα μουσεία τέχνης της Ευρώπης, ψαρεύοντας, κυνηγώντας ή φτειάχνοντας ξύλινα έπιπλα στο εξοχικό σας στη

Βόρεια Καρολίνα. Αλλά η πάθηση της σπονδυλικής στήλης από την οποία υποφέρετε κάνει τώρα όλο και πιο δύσκολο να απολαμβάνετε τη ζωή όπως είχατε συνηθίσει, και η κάθε μέρα που περνάτε στο κρεβάτι σάς μετατρέπει σε θλιβερή παρωδία του ανθρώπου εκείνου που υπήρξατε παλιά. Δεν θα ξαναγίνετε ποτέ νέος, δεν θα γίνετε ποτέ καλά. Οι ωραίες ημέρες έχουν τελειώσει, και περισσότερες μέρες από εδώ και στο εξής σημαίνουν απλώς μεγαλύτερη εξασθένηση. Μια Δευτέρα απόγευμα κάθεστε στο γραφείο σας, βγάζετε την αγαπημένη σας πένα και γράφετε αυτές τις λέξεις σε ένα επίσημο χαρτί: «Αγαπητοί μου φίλοι, το έργο μου τελείωσε. Γιατί να περιμένω;» Μετά ανάβετε ένα τσιγάρο και, αφού απολαύσετε και την τελευταία ρουφηξιά, το σβήνετε, και τοποθετείτε προσεκτικά την κάννη του περιστρόφου στο στήθος σας. Ο γιατρός σας σας έχει μάθει πώς να εντοπίζετε την καρδιά σας, και τη νιώθετε τώρα να χτυπά δυνατά κάτω από το χέρι σας. Καθώς ετοιμάζεστε να τραβήξετε τη σκανδάλη, αισθάνεστε άγχος, βέβαια. Αλλά στο βάθος ξέρετε ότι αυτή η καλά στοχευμένη σφαίρα θα σας δώσει τη δυνατότητα να αφήσετε πίσω σας ένα όμορφο παρελθόν και να αποδράσετε από ένα πικρό μέλλον.

Εντάξει —ας ανάψουμε τώρα τα φώτα. Πέρα από αυτές τις αληθινές λεπτομέρειες σχετικά με τις ζωές των Adolph Fischer και George Eastman, το σημαντικό είναι ότι, όπως ακριβώς υπάρχουν πάρτι και ζυμαρικά που σας αρέσουν και πάρτι και ζυμαρικά που δεν σας αρέσουν, έτσι υπάρχουν επίσης και συνθήκες υπό τις οποίες το να είναι κανείς πλούσιος γίνεται λιγότερο αξιοζήλευτο και το να εκτελείται κάποιος φαντάζει λιγότερο αποτρόπαιο απ' ό,τι θα αναμέναμε. Ένας λόγος για τον οποίο βρήκατε τις αντιδράσεις των Fischer και Eastman τόσο διεστραμμένες είναι γιατί, σίγουρα σχεδόν, φανταστήκατε εσφαλμένα τις καταστάσεις τους. Και έτσι, χωρίς ούτε μία δεύτερη σκέψη, φερθήκατε σαν ορκισμένοι ρεαλιστές, και βασίσατε με απόλυτη σιγουριά τις προβλέψεις σας για το πώς θα αισθανόσασταν πάνω σε λεπτομέρειες τις οποίες επινόησε ο εγκέφαλός σας όση ώρα δεν προσέχατε. Το λάθος σας δεν ήταν ότι φανταστήκατε πράγματα που δεν θα μπορούσατε να γνωρίζετε —εξάλλου, για αυτό το λόγο υπάρχει η φαντασία. Το λάθος σας ήταν ότι, χωρίς πολλή σκέψη, αντιμετωπίσατε εκείνο που φανταστήκατε σαν μια ακριβή αναπαράσταση των γεγονότων. Είστε ένας υπέροχος άνθρωπος, το ξέρω. Αλλά είστε πολύ κακός μάγος.

Περαιτέρω

Εάν σας είχε δοθεί το δικαίωμα να επιλέξετε εγκέφαλο κατά τη στιγμή της σύλληψής σας, πιθανότατα δεν θα είχατε διαλέξει αυτόν με τα τεχνάσματα. Καλά που δεν σας ρώτησε κανείς, λοιπόν. Χωρίς το κόλπο της συμπλήρωσης θα είχατε αναμνήσεις σαν σκίτσα, άδεια φαντασία και, επιπλέον, όπου κι αν πηγαίνατε θα σας ακολουθούσε μια μικρή μαύρη τρύπα. Όταν ο Kant έγραφε ότι «η αντίληψη χωρίς την επινόηση είναι τυφλή»[28], υπονοούσε ότι, χωρίς το τέχνασμα της συμπλήρωσης, δεν θα είχαμε κάτι που να μοιάζει έστω και αμυδρά με την υποκειμενική εμπειρία την οποία όλοι μας, πολύ εύκολα, θεωρούμε δεδομένη. Βλέπουμε πράγματα που δεν υπάρχουν πραγματικά και θυμόμαστε γεγονότα που δεν συνέβησαν, και μολονότι όλα τούτα θυμίζουν συμπτώματα δηλητηρίασης από υδράργυρο, εντούτοις αποτελούν κρίσιμα συστατικά της συνταγής για μια αβίαστη και ευλογημένα φυσιολογική πραγματικότητα. Ακόμα κι αν είμαστε ενήμεροι, με έναν αόριστο και ακαδημαϊκό τρόπο, για το γεγονός ότι ο εγκέφαλός μας χρησιμοποιεί το τέχνασμα της συμπλήρωσης, εντούτοις δεν μπορούμε να κάνουμε τίποτε άλλο παρά να αναμένουμε ότι το μέλλον θα ξεδιπλωθεί σύμφωνα με τις λεπτομέρειες που φανταζόμαστε. Όπως πρόκειται να δούμε παρακάτω όμως, οι λεπτομέρειες τις οποίες ο εγκέφαλος προσθέτει στην εικόνα δεν είναι τόσο ανησυχητικές όσο είναι εκείνες που αφήνει απ' έξω.

Κεφαλαιο 5

Ο σκύλος της σιωπής

> Ω, απαίσια πλάνη, τέκνο της μελαχολίας!
> γιατί στους ευκολόπιστους ανθρώπους
> δείχνεις πράγματα ανύπαρχτα;
>
> —Ουίλλιαμ Σαίξπηρ, *Ιούλιος Καίσαρας*

ΔΕΝ ΕΙΧΕ ΠΕΡΑΣΕΙ ΠΟΛΛΗ ώρα αφότου διαπιστώθηκε ότι η Ασημένια Λάμψη έλειπε, και ο επιθεωρητής Γκρέγκορι με το συνταγματάρχη Ρος εντόπιυαν τον ξένο που είχε τρυπώσει στο στάβλο και είχε κλέψει το άλογο των αγώνων. Αλλά, ως συνήθως, ο Σέρλοκ Χολμς βρισκόταν ένα βήμα πιο μπροστά από την αστυνομία. Ο συνταγματάρχης στράφηκε στον ξακουστό ντετέκτιβ:

> «Υπάρχει κάποιο σημείο στο οποίο θα ήθελες να μου επιστήσεις την προσοχή;»
> «Στο περίεργο συμβάν με το σκύλο κατά τη διάρκεια της νύχτας.»
> «Μα το σκυλί δεν έκανε τίποτα τη νύχτα.»
> «Αυτό ήταν το περίεργο συμβάν», παρατήρησε ο Σέρλοκ Χολμς.[1]

Καθώς φαίνεται, όταν έγινε η κλοπή, στο στάβλο βρισκόταν ένας σκύλος και οι δύο ιπποκόμοι, οι οποίοι κοιμόνταν. Με αυτά τα δύο δεδομένα ο Χολμς είχε φτάσει σε ακόμα ένα οξυδερκέστατο συμπέρασμα. Όπως εξήγησε παρακάτω:

> Κατάλαβα τη σημασία της σιωπής του σκύλου. [...] Ένα σκυλί βρισκόταν στους στάβλους, και όμως, μολονότι κάποιος μπήκε μέσα και έβγαλε έξω το άλογο, εκείνο δεν γάβγισε αρκετά δυνατά ώστε να ξυπνήσει τους δύο υπηρέτες στο πατάρι. Προφανώς, ο επισκέπτης του μεσονυκτίου ήταν κάποιος που το σκυλί γνώριζε καλά.[2]

Μολονότι ο επιθεωρητής και ο συνταγματάρχης ήταν ενήμεροι για το τι είχε συμβεί, μόνο ο Χολμς είχε επίγνωση του τι *δεν είχε* συμβεί: Το σκυλί δεν είχε γαβγίσει, επομένως ο κλέφτης δεν ήταν ο ξένος που είχε υποδείξει η αστυνομία. Συγκεντρώνοντας την προσοχή του στην απουσία ενός συμβάντος, ο Σέρλοκ Χολμς κέρδισε μία ακόμα διάκριση, διαφοροποιούμενος από την υπόλοιπη ανθρωπότητα. Όπως πρόκειται να δούμε, όταν η υπόλοιπη ανθρωπότητα φαντάζεται το μέλλον, σπανίως προσέχει τι έχει παραλείψει η φαντασία —και τα παραλειπόμενα κομμάτια είναι πολύ πιο σπουδαία από όσο νομίζουμε.

Το πρόβλημα με τις απουσίες

Αν τυχαίνει να ζείτε σε πόλη με ψηλά κτήρια, τότε γνωρίζετε ήδη ότι τα περιστέρια έχουν αυτή τη μυστηριώδη ικανότητα να κουτσουλούν την κατάλληλη στιγμή, με την ακριβώς απαιτούμενη ταχύτητα και από την απαιτούμενη θέση ώστε να πετυχαίνουν διάνα στο πιο ακριβό σας πουλόβερ. Με δεδομένο τούτο το ταλέντο στη στόχευση, είναι περίεργο που τα περιστέρια δεν μπορούν να μάθουν πολύ απλούστερα πράγματα. Φέρ' ειπείν, αν ένα περιστέρι κλειστεί σε κλουβί με δύο μοχλούς οι οποίοι φωτίζονται στιγμιαία, μαθαίνει γρήγορα να πιέζει τον φωτισμένο μοχλό για να πάρει λίγους σπόρους ως αμοιβή —αλλά δεν μπορεί ποτέ να μάθει να πιέζει το μοχλό που δεν φωτίζεται για να πάρει την ίδια αμοιβή[3]. Τα περιστέρια δεν δυσκολεύονται να καταλάβουν ότι η παρουσία του φωτός σηματοδοτεί μια ευκαιρία να πάρουν τροφή, αλλά δεν μπορούν να μάθουν το ίδιο πράγμα όταν το σήμα είναι η *απουσία* φωτός. Η έρευνα δείχνει ότι, από την άποψη αυτή, ο άνθρωπος μοιάζει λίγο με τα περιστέρια. Για παράδειγμα, οι εθελοντές μιας έρευνας έπαιξαν ένα παιχνίδι παραγωγικού συλλογισμού κατά το οποίο τούς παρουσίαζαν σύνολα από τριγράμματα (δηλαδή συνδυασμούς τριών γραμμάτων, όπως SXY, GTR, BCG και EVX). Ο πειραματιστής ύστερα έδειχνε ένα από τα τριγράμματα και έλεγε στους εξεταζόμενους ότι το *συγκεκριμένο* είχε κάτι ιδιαίτερο. Οι εθελοντές έπρεπε να καταλάβουν τι καθιστούσε το συγκεκριμένο τρίγραμμα ξεχωριστό —δηλαδή, να βρουν ποιο χαρακτηριστικό του τριγράμματος το έκανε διακριτό από τα υπόλοιπα. Οι εξεταζόμενοι παρατήρησαν κάμποσα σύνολα, και κάθε φορά ο πειραματιστής τούς υποδείκνυε το ξεχωριστό τρίγραμμα. Πόσα σύνολα χρειάστηκε να δουν οι εθελοντές μέχρι να συμπεράνουν ποιο ήταν το χαρακτηριστικό που διαφοροποιούσε το ξεχωριστό τρίγραμμα; Για τους μισούς εθελοντές, το ξεχωριστό τρίγραμμα διακρινόταν επειδή αυτό και μόνο αυτό περιείχε το γράμμα *T*, και αυτοί οι εθελοντές χρειάστηκε να δουν περίπου τριάντα τέσσερα σύνολα τριγραμμάτων ώσπου να καταλάβουν ότι η παρουσία τού *T* ήταν εκείνη που έδινε την ιδιαιτερότητα στο τρίγραμμα. Για τους υπόλοιπους εξεταζόμενους, το ειδικό τρίγραμμα διακρινόταν από το ότι αυτό και μόνο αυτό *δεν περιείχε* ποτέ το γράμμα *T*. Τα αποτελέσματα ήταν εκπληκτικά: Όσα σύνολα τριγραμμάτων κι αν είδαν, κανένας από αυτούς τους εθελοντές και σε *καμιά περίπτωση* δεν το αντιλήφθηκε[4]. Ήταν εύκολο να παρατηρήσουν την παρουσία ενός γράμματος, αλλά, όπως και με το γάβγισμα του σκυλιού, ήταν αδύνατο να παρατηρήσουν την απουσία του.

Απουσία στο παρόν

Εάν αυτή η τάση αφορούσε αποκλειστικά το καναβούρι και τα τριγράμματα, δεν θα μας ενδιέφερε και πολύ. Όπως δείχνουν τα πράγματα όμως, η γενική αδυναμία μας να σκεφτόμαστε τις απουσίες είναι μια ισχυρή πηγή σφάλματος στην καθημερινή μας ζωή. Πάρτε ως παράδειγμα εκείνο που ανέφερα λίγο νωρίτερα, ότι δηλαδή τα περιστέρια έχουν το ασυνήθιστο ταλέντο να πετυχαίνουν τους πεζούς —αν ποτέ πέσατε και οι ίδιοι θύμα κάποιου γερού κουτσουλήματος, τότε έχετε βγάλει σίγουρα παρόμοιο συμπέρασμα. Τι μας κάνει όμως να πιστεύουμε ότι τα περιστέρια όντως σημαδεύουν και πετυχαίνουν μάλιστα το στόχο τους; Η απάντηση είναι ότι όλοι σχεδόν μπορούμε να θυμηθούμε υπερβολικά πολλές περιπτώσεις στις οποίες, περνώντας στιγμιαία κάτω από ένα περβάζι όπου κούρνιαζαν αυτά τα απαίσια πλάσματα, εισπράξαμε μια μεγαλούτσικη ασπριδερή κουτσουλιά, μολονότι από τόσο ψηλά το ανθρώπινο κεφάλι αποτελεί έναν μάλλον μικρό και ταχέως κινούμενο στόχο. Σωστό αυτό. Εάν όμως θέλουμε πραγματικά να μάθουμε αν τα περιστέρια μάς έχουν πάρει στο κατόπι και εάν έχουν τις απαιτούμενες δεξιότητες για να το πετύχουν, πρέπει επίσης να υπολογίσουμε και τις φορές που περάσαμε κάτω από περβάζια και ξεφύγαμε σώοι. Ο *σωστός* τρόπος για να εκτιμήσουμε την εχθρικότητα και τη σκοπευτική δεινότητα του περιστεριού είναι να λάβουμε υπόψη τις περιπτώσεις παρουσίας αλλά *και* απουσίας κουτσουλιάς από τα σακάκια μας. Εάν τα περιστέρια μάς έχουν πλήξει τις εννιά από τις δέκα φορές, τότε πιθανότατα χρειάζεται να παραδεχτούμε την ευστοχία τους και να αρχίσουμε να παίρνουμε μέτρα· εάν όμως μας έχουν πετύχει τις εννιά από τις εννιά χιλιάδες φορές, τότε αυτό που εκ πρώτης όψεως φαίνεται ως καλό σημάδι και ανάγωγη συμπεριφορά δεν είναι τίποτε παραπάνω από κακή τύχη. Οι αποτυχίες αποδεικνύονται *κρίσιμες* για τον καθορισμό του είδους των συμπερασμάτων που μπορούμε να συναγάγουμε από τις επιτυχίες. Πράγματι, όταν οι επιστήμονες θέλουν να εξετάσουν το ενδεχόμενο αιτιακής σχέσης μεταξύ δύο πραγμάτων —μεταξύ της σποράς των νεφών με πυρήνες συμπύκνωσης και της βροχής, της υψηλής χοληστερίνης και καρδιακών προσβολών, ή ό,τι άλλο θέλετε—, υπολογίζουν έναν μαθηματικό δείκτη που λαμβάνει υπόψη τη *σύμπτωση* (πόσοι από τους ανθρώπους που *έχουν* υψηλή χοληστερίνη *παθαίνουν* καρδιακή προσβολή;) και τη *μη σύμπτωση* (πόσοι από τους ανθρώπους που *έχουν* υψηλή χοληστερίνη *δεν παθαίνουν* καρδιακή προσβολή, και πόσοι από τους ανθρώπους που *δεν έχουν* υψηλή χοληστερίνη *παθαίνουν* καρδιακή προσβολή;) καθώς επίσης και την *ταυτόχρονη απουσία* (πόσοι από τους ανθρώπους που *δεν έχουν* υψηλή χοληστερίνη *δεν παθαίνουν* καρδιακή προσβολή;). Είναι απαραίτητο να υπολογιστούν όλες αυτές οι ποσότητες για να εκτιμηθεί η πιθανότητα να υφίσταται αιτιακή σχέση μεταξύ δύο πραγμάτων.

Όλα τούτα βέβαια φαίνονται πολύ λογικά πράγματα —για τους στατιστικολόγους. Οι έρευνες δείχνουν όμως ότι, όταν ο μέσος άνθρωπος θέλει να μάθει εάν δύο πράγματα σχετίζονται αιτιακώς, κατά κανόνα αναζητά, προσέχει, εξετάζει και θυμάται πληροφορίες μόνο για όσα *συνέβησαν*, ενώ δεν μπορεί να αναζητήσει, να προσέξει, να εξετάσει και να θυμηθεί πληροφορίες σχετικά με πράγματα που *δεν συνέβησαν*[5]. Όπως φαίνεται, οι άνθρωποι υποπίπτουν σε αυτό το σφάλμα εδώ και πολύ καιρό. Πριν από περίπου τέσσερεις αιώνες, ο φιλόσοφος και επιστήμονας σερ Francis Bacon έγραψε σχετικά με τους τρόπους με τους οποίους ο νους σφάλλει, και συγκατέλεξε την αδυναμία του να λαμβάνει υπόψη τις απουσίες μεταξύ των πιο σοβαρών:

> Με πολύ μεγάλη διαφορά, το δυσκολότερο εμπόδιο και η μεγαλύτερη παρέκκλιση της ανθρώπινης διάνοιας προέρχονται από [το γεγονός ότι] [...] εκείνα τα αντικείμενα που εντυπώνονται στις αισθήσεις βαρύνουν περισσότερο από τα αντικείμενα τα οποία, μολονότι πιο σπουδαία, δεν επιδρούν σε αυτές ευθέως. Επομένως, ο στοχασμός

> τερματίζεται συνήθως ύστερα από τη θέαση, ώστε λίγη ή και καμιά προσοχή δεν δίνεται σε πράγματα αόρατα.[6]

Ο Bacon επεξήγησε το παραπάνω επιχείρημα αφηγούμενος μια ιστορία (την οποία, όπως φαίνεται, δανείστηκε από τον Κικέρωνα) για κάποιον ξένο επισκέπτη σε έναν ρωμαϊκό ναό. Σκοπεύοντας να εντυπωσιάσει τον επισκέπτη με τη δύναμη των θεών τους, ο Ρωμαίος τού έδειξε το πορτρέτο κάποιων ευσεβών ναυτικών οι οποίοι, όπως λεγόταν, είχαν επιζήσει από ένα ναυάγιο χάρη στην πίστη τους. Καθώς δυσκολευόταν να δεχτεί τα στοιχεία αυτά ως απόδειξη θαύματος, ο επισκέπτης πολύ έξυπνα ρώτησε: «Πού είναι όμως οι εικόνες εκείνων που χάθηκαν παρά την πίστη τους;»[7] Από την επιστημονική έρευνα αποκαλύπτεται ότι οι συνηθισμένοι άνθρωποι —όπως εμείς— σπανίως θα ζητούσαν να δουν τις εικόνες των χαμένων ναυτικών[8].

Η αδυναμία μας να σκεφτόμαστε τις απουσίες μπορεί να μας οδηγήσει σε παράξενες εκτιμήσεις. Παράδειγμα σχετικό αποτελεί μια μελέτη που διεξήχθη πριν από περίπου τρεις δεκαετίες. Αμερικανοί πολίτες ερωτήθηκαν ποια κράτη ήταν πιο όμοια μεταξύ τους: η Κεϋλάνη και το Νεπάλ, ή η Δυτική Γερμανία και η Ανατολική Γερμανία; Οι περισσότεροι επέλεξαν το δεύτερο ζεύγος[9]. Όταν όμως ερωτήθηκαν ποια κράτη θεωρούσαν πιο *ανόμοια*, οι περισσότεροι Αμερικανοί επέλεξαν και πάλι το δεύτερο ζευγάρι. Πώς γίνεται, λοιπόν, δύο χώρες να είναι ταυτόχρονα και οι πιο όμοιες *και* οι πιο ανόμοιες σε σχέση με κάποιο άλλο ζεύγος; Φυσικά, κάτι τέτοιο δεν είναι δυνατόν. Όταν όμως ζητείται από εθελοντές να εκτιμήσουν πόσο όμοιες είναι δύο χώρες, συνήθως έχουν την τάση να αναζητούν την παρουσία κοινών χαρακτηριστικών (η Ανατολική και η Δυτική Γερμανία είχαν αρκετά —όπως, ας πούμε, τα ονόματά τους) και *να αγνοούν την απουσία* ομοιοτήτων. Όταν όμως χρειάζεται να εκτιμήσουν τις διαφορές των δύο χωρών, οι εξεταζόμενοι έχουν την τάση να αναζητούν την παρουσία διαφορών (η Ανατολική και η Δυτική Γερμανία είχαν αρκετές —όπως, για παράδειγμα, τις κυβερνήσεις τους) και *να αγνοούν την απουσία* διαφορών.

Η τάση μας να αγνοούμε τις απουσίες μπορεί να προκαλέσει σύγχυση και όσον αφορά περισσότερο προσωπικές επιλογές. Φανταστείτε, ας πούμε, ότι ετοιμάζεστε να πάτε διακοπές σε ένα από τα δύο νησιά: είτε στη Moderacia (που έχει μέτριο κλίμα, μέτριες παραλίες, μέτρια ξενοδοχεία και μέτρια νυχτερινή ζωή) είτε στην Extremia (που έχει υπέροχο κλίμα και καταπληκτικές παραλίες αλλά απαίσια ξενοδοχεία και καθόλου νυχτερινή ζωή). Έχει έρθει πια η στιγμή να κάνετε τις κρατήσεις σας, οπότε, ποιο από τα δύο θα επιλέγατε; Οι πιο πολλοί άνθρωποι επιλέγουν την Extremia[10]. Τώρα όμως φανταστείτε ότι έχετε κάνει προσωρινές μόνο κρατήσεις και για τους δύο πιο πάνω προορισμούς, και έχει έρθει η στιγμή να ακυρώσετε τη μία, πριν χρεώσουν την πιστωτική σας κάρτα. Ποια από τις δύο θα ακυρώνατε; Οι περισσότεροι επιλέγουν να ακυρώσουν την κράτηση στην Extremia. Μα γιατί ο κόσμος διαλέγει αλλά *και* απορρίπτει την Extremia; Επειδή, όταν επιλέγουμε, λαμβάνουμε υπόψη τα θετικά γνωρίσματα των εναλλακτικών που έχουμε, ενώ, όταν απορρίπτουμε, υπολογίζουμε τα αρνητικά χαρακτηριστικά τους. Η Extremia έχει τα πιο θετικά αλλά *και* τα πιο αρνητικά χαρακτηριστικά, και επομένως τείνουμε να την επιλέγουμε όταν ψάχνουμε να επιλέξουμε κάτι *και* επίσης την απορρίπτουμε όταν ζητάμε να απορρίψουμε κάτι. Ο λογικός τρόπος, βέβαια, για να επιλέξει κανείς το μέρος των διακοπών του είναι να λάβει υπόψη και την παρουσία *και* την απουσία θετικών *αλλά και* αρνητικών χαρακτηριστικών· οι περισσότεροι όμως δεν το κάνουμε έτσι.

Απουσίες στο μέλλον

Η απροσεξία μας με τις απουσίες επηρεάζει τον τρόπο με τον οποίο σκεφτόμαστε το μέλλον. Όπως δεν θυμόμαστε ένα περασμένο συμβάν με κάθε λεπτομέρεια (τι χρώμα κάλτσες φορούσατε στην τελετή αποφοίτησης;) ούτε παρατηρούμε όλες τις λεπτομέρειες τρεχόντων γεγονότων (τι χρώμα κάλτσες φοράει ο άνθρωπος που κάθεται πίσω σας αυτή τη στιγμή;), με τον ίδιο ακριβώς τρόπο δεν καταφέρνουμε να φανταστούμε και την κάθε λεπτομέρεια ενός μελλοντικού γεγονότος. Θα μπορούσατε τώρα δα να κλείσετε τα μάτια σας και να περάσετε τις επόμενες δύο ώρες με τη φαντασίωση ότι οδηγείτε μια ασημί Mercedes-Benz SL600 Roadster με 36 βαλβίδες και διπλό τούρμπο κινητήρα V-12 των 5,5 λίτρων. Θα φανταζόσασταν τις καμπύλες της μάσκας, την κλίση τού παρμπρίζ, ακόμα και τη μυρωδιά των καινούργιων δερμάτινων καθισμάτων. Όση ώρα και αν ξοδεύατε όμως σε αυτή τη φαντασίωση, εάν σας ζητούσα να κοιτάξετε τη νοητική εικόνα που δημιουργήσατε για να μου διαβάσετε τον αριθμό των πινακίδων του αυτοκινήτου, είναι σίγουρο πως θα αναγκαζόσασταν να παραδεχτείτε ότι αφήσατε έξω τούτη τη λεπτομέρεια. Φυσικά, κανένας μας δεν μπορεί να φανταστεί *τα πάντα*, και θα ήταν παράλογο να μη συμφωνήσουμε. Όμως, όπως ακριβώς έχουμε την τάση να θεωρούμε ότι οι λεπτομέρειες που *όντως φανταζόμαστε* σχετικά με μελλονικά γεγονότα πρόκειται πράγματι να συμβούν, έτσι έχουμε και την εξίσου ανησυχητική τάση να αντιμετωπίζουμε τις λεπτομέρειες που *δεν φανταζόμαστε* ως πράγματα που *δεν* πρόκειται να συμβούν. Με άλλα λόγια, δεν καταφέρνουμε να λάβουμε υπόψη τα όσα συμπληρώνει η φαντασία, αλλά επίσης δεν υπολογίζουμε και όσα αφήνει εκτός.

Για να κάνω αυτό το ζήτημα πιο κατανοητό, πολλές φορές ρωτώ κάποιους να μου πουν πώς πιστεύουν ότι θα αισθάνονταν δύο χρόνια μετά τον ξαφνικό θάνατο του μεγαλύτερου παιδιού τους. Όπως καταλαβαίνετε, αυτό με κάνει ιδιαίτερα συμπαθή στα πάρτι. Ξέρω, ξέρω. Η συγκεκριμένη άσκηση είναι μακάβρια, και δεν σας ζητώ να την κάνετε. Στην πραγματικότητα όμως, αν την κάνατε, θα μου δίνατε πιθανότατα την ίδια πάνω-κάτω απάντηση που μου δίνουν όλοι: *Καλά, έχεις τρελαθεί; Θα ήμουν συντετριμμένος —εντελώς ράκος. Δεν θα μπορούσα ούτε να σηκωθώ το πρωί από το κρεβάτι. Μέχρι που θα αυτοκτονούσα. Και, τέλος πάντων, εσένα ποιος σε κάλεσε στο πάρτι;* Εάν σε αυτό το σημείο ο συνομιλητής μου δεν με έχει περιλούσει με το κοκτέιλ του, επιμένω λίγο ακόμα, και ρωτώ πώς έφτασε στο συγκεκριμένο συμπέρασμα. Ποιες σκέψεις και εικόνες πέρασαν από το μυαλό του, ποιες πληροφορίες έλαβε υπόψη; Οι ερωτώμενοι μου λένε συνήθως ότι φαντάστηκαν να ακούνε την είδηση, ή ότι φαντάστηκαν ότι βρίσκονταν στην κηδεία, ή ότι άνοιγαν την πόρτα ενός άδειου παιδικού δωματίου. Αλλά όσο καιρό κάνω τούτη την ερώτηση —αποκλείοντας έτσι τον εαυτό μου από κάθε κοινωνικό κύκλο στον οποίο προηγουμένως ανήκα—, δεν άκουσα ούτε έναν άνθρωπο να λέει ότι, εκτός από αυτές τις σπαρακτικές, μακάβριες εικόνες, φαντάστηκε επίσης *τα άλλα πράγματα* που αναπόφευκτα θα συνέβαιναν μέσα στα δύο χρόνια από το θάνατο του παιδιού του. Πράγματι, ούτε ένας άνθρωπος δεν ανέφερε ποτέ ότι θα παρακολουθούσε τη σχολική θεατρική παράσταση του άλλου παιδιού του ή ότι θα έκανε έρωτα με τη σύντροφό του ή ότι θα έτρωγε καραμελωμένα μήλα ένα ζεστό καλοκαιρινό βράδυ ή ότι θα διάβαζε ένα βιβλίο, θα έγραφε ένα βιβλίο, θα έκανε ποδήλατο, ή όποια άλλη δραστηριότητα με την οποία εμείς —καθώς και εκείνος— θα αναμέναμε να ασχοληθούμε μέσα σε εκείνα τα δύο χρόνια. Φυσικά, με καμιά έννοια, σχήμα ή τρόπο δεν εννοώ εδώ ότι μια μπουκιά γλυκού θα μπορούσε να αντισταθμίσει το χαμό ενός παιδιού. Δεν είναι αυτό το μήνυμά μου. Αντίθετα, θέλω να πω ότι η περίοδος των δύο ετών που έπονται κάποιου τραγικού γεγονότος πρέπει να περιέχει κάτι —δηλαδή, χρειάζεται να γεμίσει με επεισόδια και συμβάντα *κάποιου είδους*—, και τούτα τα επεισόδια και συμβάντα θα πρέπει να έχουν και *κάποιες* συναισθηματικές συνέπειες. Ανεξάρτητα από το αν αυτές οι συνέπειες είναι σοβαρές ή όχι, αρνητικές ή θετικές, κανένας δεν μπορεί να απαντήσει στην ερώτησή μου σωστά χωρίς να λάβει υπόψη και αυτά τα επεισόδια. Εντούτοις, κανένας από τους ανθρώπους που γνωρίζω δεν φαντάστηκε ποτέ κάτι άλλο, πέρα από το μοναδικό, απαίσιο γεγονός στο οποίο αναφερόταν η ερώτησή μου. Όταν όμως φαντάζονται το μέλλον, πολλά πράγματα λείπουν από την εικόνα, και τούτα τα παραλειπόμενα έχουν ιδιαίτερη σημασία.

Η σπουδαιότητα αυτού του γεγονότος έγινε περισσότερο φανερή σε μια έρευνα στην οποία συμμετείχαν φοιτητές του Πανεπιστημίου της Βιρτζίνια. Τους ζητήθηκε να προβλέψουν πώς θα αισθάνονταν λίγες μέρες μετά τη νίκη ή την ήττα της ομάδας ράγκμπι του πανεπιστημίου τους στον επικείμενο αγώνα με το Πανεπιστήμιο της Βόρειας Καρολίνας[11]. Πριν κάνουν τις προβλέψεις τους, οι μισοί φοιτητές περιέγραψαν όσα συνέβαιναν σε μια συνηθισμένη ημέρα τους, ενώ οι υπόλοιποι δεν έκαναν τέτοια περιγραφή. Λίγες μέρες αργότερα, οι φοιτητές ερωτήθηκαν για το πώς πραγματικά ένιωσαν. Τα αποτελέσματα έδειξαν ότι μόνο όσοι δεν έκαναν περιγραφή είχαν σε μεγάλο βαθμό υπερεκτιμήσει τον αντίκτυπο που θα είχε για τους ίδιους η νίκη ή η ήττα της ομάδας τους. Για ποιο λόγο; Επειδή, όταν αυτά τα άτομα φαντάστηκαν το μέλλον, το έκαναν ακολουθώντας την τάση να παραλείψουν τις λεπτομέρειες για πράγματα που θα συνέβαιναν μετά τη λήξη του αγώνα. Για παράδειγμα, δεν έλαβαν υπόψη το γεγονός ότι αμέσως μετά την ήττα της ομάδας τους (πράγμα θλιβερό) θα πήγαιναν να μεθύσουν μαζί με τους φίλους τους (πράγμα πολύ ωραίο), ή ότι αμέσως μετά τη νίκη της ομάδας τους (πράγμα πολύ ωραίο) θα έπρεπε να πάρουν το δρόμο για τη βιβλιοθήκη και να μελετήσουν για τις τελικές εξετάσεις χημείας (πράγμα θλιβερό). Όσοι δεν έκαναν περιγραφή της καθημερινότητάς τους είχαν εστιαστεί σε μία και μοναδική διάσταση του μέλλοντος —το αποτέλεσμα του αγώνα— και δεν μπόρεσαν να φανταστούν άλλες όψεις του, όπως είναι τα πάρτι με μεθύσι και οι εξετάσεις χημείας, δηλαδή γεγονότα που επρόκειτο να ασκήσουν επίδραση στο πόσο ευτυχισμένοι θα αισθάνονταν. Από την άλλη πλευρά, όσοι έδωσαν περιγραφή έκαναν πιο σωστές προβλέψεις, επειδή ακριβώς οι ίδιοι *εξαναγκάστηκαν* να λάβουν υπόψη τις λεπτομέρειες τις οποίες οι άλλοι παρέλειψαν[12].

Είναι δύσκολο να ξεφύγουμε από το επίκεντρο της ίδιας μας της προσοχής —δύσκολο να εκτιμήσουμε τι ακριβώς *δεν* συνεκτιμούμε—, και αυτός είναι ένας από τους λόγους που κάνουμε εσφαλμένες προβλέψεις για τις συναισθηματικές αντιδράσεις μας σε μελλοντικά ενδεχόμενα. Πάρτε το εξής παράδειγμα: Οι περισσότεροι Αμερικανοί μπορούν να καταταγούν σε δύο ομάδες —σε εκείνους που ζουν στην Καλιφόρνια και είναι ευτυχισμένοι για αυτό, και σε εκείνους που δεν ζουν στην Καλιφόρνια αλλά πιστεύουν πως θα ήταν ευτυχισμένοι αν ζούσαν εκεί. Εντούτοις, οι έρευνες δείχνουν πως οι Καλιφορνέζοι δεν είναι στην πραγματικότητα πιο ευτυχισμένοι από τους άλλους —οπότε γιατί όλοι (συμπεριλαμβανομένων και των Καλιφορνέζων) φαίνεται να πιστεύουν ότι είναι[13]; Η Καλιφόρνια έχει όντως μερικά από τα πιο όμορφα τοπία, και το κλίμα της είναι από τα καλύτερα των ηπειρωτικών ΗΠΑ. Έτσι, όταν οι μη Καλιφορνέζοι ακούνε αυτή τη μαγική λέξη, η φαντασία τους δημιουργεί στη στιγμή νοητικές εικόνες ηλιόλουστων ακτών και γιγαντιαίων δέντρων σεκόγιας. Παρά το γεγονός όμως ότι το Λος Άντζελες έχει καλύτερο κλίμα από το Κολούμπους, το κλίμα είναι μόνο ένα από τα πολλά πράγματα που καθορίζουν πόσο ευτυχισμένος αισθάνεται κάποιος άνθρωπος —εντούτοις, όλα τα άλλα πράγματα λείπουν από τη νοητική εικόνα. Αν προσθέταμε μερικές από αυτές τις παραλειπόμενες λεπτομέρειες στη νοητική μας εικόνα που αποτελείται από παραλίες και κοκοφοίνικες —ας πούμε, την κίνηση, τα σούπερ μάρκετ, τα αεροδρόμια, τις αθλητικές ομάδες, τις τιμές της καλωδιακής τηλεόρασης, το κόστος κατοικίας, τους σεισμούς, τις κατολισθήσεις και τόσα άλλα—, τότε ίσως θα παραδεχόμασταν ότι το Λος Άντζελες ξεπερνά το Κολούμπους από κάποιες απόψεις (φέρ' ειπείν, καλύτερο κλίμα) και το Κολούμπους ξεπερνά το Λος Άντζελες από κάποιες άλλες (φέρ' ειπείν, λιγότερη κίνηση). Νομίζουμε ότι οι Καλιφορνέζοι είναι πιο ευτυχισμένοι απ' ό,τι οι κάτοικοι του Οχάιο επειδή φανταζόμαστε την Καλιφόρνια με τόσο λίγες λεπτομέρειες —και επειδή δεν λαμβάνουμε υπόψη ότι οι λεπτομέρειες τις οποίες δεν μπορέσαμε να φανταστούμε ίσως να άλλαζαν με δραστικό τρόπο τα συμπεράσματα που βγάζουμε[14].

Η τάση μας να υπερεκτιμάμε την ευτυχία των κατοίκων της Καλιφόρνιας είναι η ίδια με εκείνη που μας ωθεί να υποτιμάμε την ευτυχία που μπορεί να νιώθουν όσοι υποφέρουν από χρόνιες ασθένειες ή αναπηρίες[15]. Όταν, για παράδειγμα, οι άνθρωποι με φυσιολογική όραση φαντάζονται το ενδεχόμενο να ήταν τυφλοί, φαίνεται να ξεχνούν ότι η τυφλότητα δεν είναι απασχόληση πλήρους ωραρίου. Οι τυφλοί δεν βλέπουν, αλλά κάνουν τα περισσότερα από όσα κάνουν και οι υπόλοιποι άνθρωποι —πηγαίνουν εκδρομές, πληρώνουν φόρους, ακούνε μουσική, κολλάνε στο μποτιλιάρισμα—, και από αυτές τις απόψεις είναι το ίδιο ευτυχισμένοι όσο και όλοι οι άλλοι. Δεν μπορούν βέβαια να κάνουν *όλα όσα* κάνουν οι άνθρωποι με κανονική όραση, οπότε από αυτή την άποψη η ζωή με όραση και η ζωή χωρίς όραση διαφέρουν. Αλλά όπως και αν είναι η ζωή ενός τυφλού ατόμου, σίγουρα περιλαμβάνει πολύ περισσότερα πράγματα πέρα από την τυφλότητα. Ωστόσο, όταν άνθρωποι με κανονική όραση φαντάζονται πώς θα ήταν η ζωή τους εάν δεν έβλεπαν, δεν κατορθώνουν να φανταστούν και όλα τα υπόλοιπα χαρακτηριστικά και συμβάντα που περιέχονται σε αυτή τη ζωή, και ως εκ τούτου κάνουν λανθασμένες προβλέψεις σχετικά με την ικανοποίηση που θα έπαιρναν από μια τέτοια ζωή.

Στον ορίζοντα γεγονότων

Πριν από πενήντα περίπου χρόνια, ένας Πυγμαίος με το όνομα Kenge βγήκε για πρώτη φορά από τα πυκνά, τροπικά δάση της Αφρικής για ένα ταξίδι στις ανοιχτές πεδιάδες, συντροφεύοντας κάποιον ανθρωπολόγο. Στο βάθος του ορίζοντα εμφανίστηκαν βουβάλια —μικρές, μαύρες κηλίδες στο φόντο του ξέθωρου ουρανού—, και ο Πυγμαίος άρχισε να τα παρατηρεί με περιέργεια. Στο τέλος, στράφηκε στον ανθρωπολόγο και τον ρώτησε τι είδους έντομα ήταν αυτά. «Όταν είπα στον Kenge ότι δεν ήταν έντομα αλλά βουβάλια, ξέσπασε σε τρανταχτά γέλια και μου είπε να μη λέω τέτοια ανόητα ψέματα.»[16] Ο ανθρωπολόγος ούτε ανόητος ήταν ούτε έλεγε ψέματα. Καθώς όμως ο Kenge είχε ζήσει όλη του τη ζωή σε μια πυκνή ζούγκλα που δεν επέτρεπε καθόλου τη θέα του ορίζοντα, δεν είχε μάθει κάτι που όλοι εμείς θεωρούμε προφανές, ότι δηλαδή τα αντικείμενα φαίνονται διαφορετικά όταν βρίσκονται μακριά. Εσείς και εγώ δεν μπερδεύουμε τα έντομα με τα οπληφόρα θηλαστικά, επειδή έχουμε συνηθίσει στη θέα αχανών εκτάσεων και επειδή μάθαμε από νωρίς ότι τα αντικείμενα σχηματίζουν μικρότερες εικόνες στον αμφιβληστροειδή μας όταν απέχουν πολύ παρά όταν βρίσκονται κοντά μας. Πώς γνωρίζει ο εγκέφαλός μας αν μια μικρή εικόνα σχηματιζόμενη στον αμφιβληστροειδή μας προέρχεται από ένα μικρό, κοντινό αντικείμενο ή από ένα μεγάλο, μακρινό αντικείμενο; Λεπτομέρειες, λεπτομέρειες, λεπτομέρειες! Ο εγκέφαλός μας ξέρει ότι οι επιφάνειες των κοντινών αντικειμένων προσφέρουν υψηλής ανάλυσης πληροφορίες, οι οποίες όμως θολώνουν και συγχέονται καθώς το αντικείμενο απομακρύνεται. Συνεπώς, χρησιμοποιεί το επίπεδο λεπτομέρειας που μπορούμε να διακρίνουμε για να εκτιμήσει την απόσταση ανάμεσα στα μάτια μας και στο αντικείμενο. Αν η μικρή εικόνα στον αμφιβληστροειδή μας είναι λεπτομερής —αν μπορούμε δηλαδή να διακρίνουμε τις λεπτές τρίχες πάνω στο κεφάλι του κουνουπιού και την υφή των φτερών του, που μοιάζουν με φύλλα από σελοφάν—, τότε ο εγκέφαλός μας υποθέτει ότι το αντικείμενο βρίσκεται δύο-τρία εκατοστά από το μάτι μας. Αν όμως η εικόνα δεν είναι λεπτομερειακή —αν δηλαδή μπορούμε να δούμε μόνο το αδρό περίγραμμα και τη μορφή από το σώμα του βουβαλιού, χωρίς σκιάσεις—, τότε ο εγκέφαλός μας κάνει την παραδοχή ότι το αντικείμενο βρίσκεται κάμποσες εκατοντάδες μέτρα μακριά μας.

Τα κοντινά μας στο χώρο αντικείμενα εμφανίζονται με περισσότερη λεπτομέρεια απ' ό,τι τα μακρινά, και το ίδιο συμβαίνει και με τα γεγονότα που βρίσκονται κοντά ή μακριά μας στο χρόνο[17]: Ενώ το κοντινό μέλλον παρουσιάζεται σε υψηλή ανάλυση, το μακρινό μέλλον δείχνει θολό και ομοιογενές. Για παράδειγμα, όταν ζητείται από νεαρά ζευγάρια να περιγράψουν τι σκέφτονται όταν φαντάζονται «ότι παντρεύονται», όσοι απέχουν ένα μήνα από το ευτυχές γεγονός (είτε παντρεύονται τον επόμενο μήνα είτε παντρεύτηκαν πριν από ένα μήνα) οραματίζονται το γάμο με κάπως ασαφή και αφηρημένο τρόπο, και δίνουν περιγραφές υψηλής αφαίρεσης όπως «κάνω μια σημαντική δέσμευση» ή «κάνω ένα λάθος». Τα ζευγάρια όμως που παντρεύονται την επόμενη μέρα φαντάζονται το γάμο με τις πολύ συγκεκριμένες του λεπτομέρειες, δίνοντας περιγραφές του τύπου «βγάζουμε φωτογραφίες» ή «φοράω ειδικό ένδυμα»[18]. Παρομοίως, όταν εθελοντές περιγράφουν τον εαυτό τους καθώς τον φαντάζονται να κλειδώνει μια πόρτα την επόμενη μέρα, αποδίδουν τις νοητικές τους εικόνες με εκφράσεις που περιέχουν πολλές λεπτομέρειες, όπως «βάζω το κλειδί στην κλειδαριά», αλλά όταν τους ζητείται να φανταστούν ότι κλειδώνουν την πόρτα σε ένα χρόνο από τη συγκεκριμένη στιγμή, τότε περιγράφουν τις νοητικές τους εικόνες με πιο αόριστες φράσεις όπως «ασφαλίζω το σπίτι»[19]. Όταν σκεφτόμαστε γεγονότα του μακρινού παρελθόντος ή του μακρινού μέλλοντος, συνήθως σκεφτόμαστε με τρόπο αφηρημένο, σχετικά με το *γιατί* συνέβησαν ή θα συμβούν, αλλά όταν σκεφτόμαστε γεγονότα του κοντινού παρελθόντος ή μέλλοντος, έχουμε την τάση να σκεφτόμαστε με πιο συγκεκριμένους όρους, σχετικά με το *πώς* συνέβησαν ή θα συμβούν[20].

Το να κοιτάζεις στο χρόνο μοιάζει με το να κοιτάζεις στο χώρο. Υπάρχει όμως μία σπουδαία διαφορά ανάμεσα στον χωρικό και τον χρονικό ορίζοντα. Όταν αντιλαμβανόμαστε ένα βουβάλι σε μακρινή απόσταση, ο εγκέφαλός μας έχει επίγνωση ότι το βουβάλι φαίνεται ως μια εξομαλυσμένη, θολή και χαμηλής ανάλυσης μορφή *επειδή* βρίσκεται μακριά, και επομένως δεν εξάγει το λανθασμένο συμπέρασμα ότι το ίδιο το βουβάλι είναι εξομαλυσμένο και θολό. Αντιθέτως, κάθε φορά που θυμόμαστε ή φανταζόμαστε ένα χρονικώς απομακρυσμένο συμβάν, ο εγκέφαλός μας δείχνει να παραβλέπει το γεγονός ότι οι λεπτομέρειες εξαλείφονται με τη χρονική απόσταση, και συμπεραίνει ότι τα απώτερα συμβάντα είναι και στην πραγματικότητα τόσο εξομαλυσμένα και ασαφή όσο τα φανταζόμαστε ή τα θυμόμαστε. Παραδείγματος χάρη, έχετε ποτέ αναρωτηθεί για ποιο λόγο δεσμεύεστε ευχαρίστως για πράγματα που μετανιώνετε πικρά όταν έρχεται η ώρα να τα πραγματοποιήσετε; Όλοι το κάνουμε αυτό, φυσικά. Συμφωνούμε να κρατήσουμε τα ανίψια μας τον επόμενο μήνα, και μάλιστα ανυπομονούμε να φέρουμε εις πέρας αυτή την ευχάριστη υποχρέωση καθώς τη σημειώνουμε στην ατζέντα μας. Μετά όμως, όταν έρχεται η στιγμή να αγοράσουμε παιχνίδια, να στήσουμε το κουκλόσπιτο της Μπάρμπι, να καταχωνιάσουμε τα προσωπικά μας αντικείμενα και να αγνοήσουμε το γεγονός ότι η τηλεόραση θα προβάλει την αγαπημένη μας ταινία, αναρωτιόμαστε πώς μας κατέβηκε και είπαμε ναι. Ε, λοιπόν, όταν είπαμε ναι, σκεφτόμασταν την επίβλεψη των μικρών από την άποψη του *γιατί* και όχι του *πώς*, με όρους αιτίων και συνεπειών αντί με όρους εκτέλεσης, και έτσι δεν μπορέσαμε να σκεφτούμε ότι η χωρίς πολλές λεπτομέρειες επίβλεψη των ανιψιών μας, την οποία φανταστήκαμε, θα διέφερε από τη φορτωμένη με τόσες λεπτομέρειες και ευθύνες επίβλεψη που τελικά θα βιώναμε. Όταν *πρόκειται* να κρατήσουμε τα ανίψια μας τον ερχόμενο μήνα, κάνουμε μια «πράξη αγάπης»· όταν όμως τα κρατάμε τώρα, εκτελούμε την «πράξη κολατσιού» —αλλά η έκφραση τρυφερών συναισθημάτων προσφέρει ψυχικές ανατάσεις που δεν μπορεί να τις συναγωνιστεί η αγορά κάποιων σάντουιτς[21].

Ίσως δεν πρέπει να μας προκαλεί έκπληξη το γεγονός ότι οι κοπιαστικές λεπτομέρειες της επίβλεψης νηπίων, που είναι τόσο εμφανείς κατά την εκτέλεση, δεν είχαν περιληφθεί στη νοητική εικόνα της επίβλεψης όπως την είχαμε φανταστεί τον προηγούμενο μήνα· εκείνο που *εκπλήσσει* όμως είναι η έκπληξή μας όταν αυτές οι λεπτομέρειες γίνονται ορατές. Η χρονικά μακρινή επίβλεψη των ανιψιών προσφέρει την ίδια απατηλή αίσθηση του ομαλού όπως και ένα καλαμποκοχώραφο όταν το βλέπουμε από μακριά[22]· αλλά, μολονότι όλοι ξέρουμε ότι ένα χωράφι με καλαμπόκια δεν είναι *πραγματικά* λείο και ότι απλώς *φαίνεται* έτσι από απόσταση, εντούτοις δεν σκεφτόμαστε έτσι όταν αναφερόμαστε σε γεγονότα χρονικώς απομακρυσμένα. Όταν εθελοντές φαντάζονται «μια καλή μέρα», φαντάζονται μεγαλύτερη *ποικιλία* θετικών γεγονότων αν η καλή μέρα πρόκειται να είναι η επόμενη παρά όταν τοποθετείται στο επόμενο έτος[23]. Καθώς φαντάζονται μια αυριανή καλή μέρα με πολύ περισσότερες λεπτομέρειες, τελικά αυτή σερβίρεται σαν μια ποικιλία από πολλά νόστιμα κομμάτια («Θα κοιμηθώ ώς αργά, θα διαβάσω εφημερίδα, θα πάω σινεμά και θα δω τον καλύτερό μου φίλο») με λίγες μόνο δυσάρεστες μπουκιές («Μάλλον όμως πρέπει να μαζέψω και κείνα τα φύλλα από τον κήπο»). Από την άλλη, μια καλή μέρα του επόμενου χρόνου τη φαντάζονται γεμάτη από ευτυχή επεισόδια. Επιπλέον μάλιστα, όταν αυτά τα άτομα ερωτώνται πόσο ρεαλιστικές πιστεύουν ότι είναι οι νοητικές εικόνες του κοντινού και του μακρινού μέλλοντος, ισχυρίζονται πως και οι δύο είναι ολωσδιόλου ρεαλιστικές. Από μια άποψη μοιάζουμε με πιλότους οι οποίοι, προσγειώνοντας το αεροπλάνο τους, μένουν έκπληκτοι με την ανακάλυψη ότι τα καλαμποκοχώραφα που από ψηλά έμοιαζαν με λείες, κίτρινες, τετράγωνες επιφάνειες, στην πραγματικότητα είναι γεμάτα —ποιος θα το πίστευε— με αμέτρητα καλαμπόκια! Η αντίληψη, η φαντασία και η μνήμη είναι αξιοθαύμαστες ικανότητες, με πολλά κοινά στοιχεία, αλλά —τουλάχιστον από μία σκοπιά— η αντίληψη αποδεικνύεται η σοφότερη της τριάδας. Σπανίως συγχέουμε ένα βουβάλι που βρίσκεται σε απόσταση με ένα κοντινό έντομο, αλλά όταν ο ορίζοντας είναι χρονικός και όχι χωρικός, συνήθως κάνουμε τα ίδια λάθη με τους Πυγμαίους.

Το γεγονός ότι φανταζόμαστε το κοντινό και το μακρινό μέλλον με τέτοιες διαφορές στην πλοκή τους, μας οδηγεί στο να τα αξιολογούμε και διαφορετικά[24]. Οι περισσότεροι θα πληρώναμε παραπάνω χρήματα για να δούμε μια παράσταση του Μπρόντγουεϊ απόψε ή για να φάμε μηλόπιτα σήμερα από όσα θα δίναμε αν το ίδιο εισιτήριο ή η ίδια μηλόπιτα μας προσφέρονταν για τον επόμενο μήνα. Δεν υπάρχει τίποτε παράλογο εδώ. Οι καθυστερήσεις δεν είναι καθόλου ευχάριστες, και φαίνεται λογικό να απαιτεί κανείς μια έκπτωση όταν πρόκειται να τις υποστεί. Οι έρευνες δείχνουν πάντως ότι, όταν φανταζόμαστε το δυσάρεστο συναίσθημα της αναμονής, φανταζόμαστε επίσης πως θα είναι πιο ισχυρό αν βιωθεί στο κοντινό μέλλον παρά στο μακρινό, και από αυτή την τάση προκύπτουν κάποιες μάλλον παράξενες συμπεριφορές μας[25]. Λόγου χάρη, οι περισσότεροι άνθρωποι θα προτιμούσαν να λάβουν 20 δολάρια σε ένα χρόνο παρά να λάβουν 19 δολάρια σε 364 μέρες, διότι η καθυστέρηση μίας ημέρας που θα συμβεί στο *απώτερο μέλλον* φαίνεται από εδώ ως μια ελάχιστη ενόχληση. Από την άλλη μεριά, οι πιο πολλοί θα προτιμούσαν να εισπράξουν 19 δολάρια σήμερα παρά 20 δολάρια αύριο, επειδή η καθυστέρηση μίας μέρας στο *εγγύς μέλλον* φαίνεται από εδώ σαν ανυπόφορο βασανιστήριο[26]. Όποιος και αν είναι ο βαθμός ενόχλησης που συνεπάγεται η καθυστέρηση μίας ημέρας, η ενόχληση παραμένει σίγουρα η ίδια, όποτε κι αν την υπομένει κανείς· εντούτοις, φανταζόμαστε ένα δυσάρεστο συναίσθημα του κοντινού μέλλοντος ως τόσο έντονο ώστε ευχαρίστως θα πληρώναμε 1 δολάριο για να το αποφύγουμε, ενώ ένα οδυνηρό συναίσθημα του απομακρυσμένου μέλλοντος ως τόσο ήπιο ώστε ευχαρίστως θα δεχόμασταν 1 δολάριο για να το αντέξουμε.

Γιατί γίνεται αυτό; Οι ζωηρές λεπτομέρειες του εγγύτερου μέλλοντος το κάνουν να δείχνει πιο χειροπιαστό από το απώτερο μέλλον, και επομένως νιώθουμε περισσότερη ανυπομονησία και διέγερση όταν φανταζόμαστε συμβάντα που θα λάβουν χώρα σύντομα παρά συμβάντα που θα λάβουν χώρα αργότερα. Πράγματι, η έρευνα δείχνει ότι τα τμήματα του εγκεφάλου τα οποία κατά κύριο λόγο ευθύνονται για την παραγωγή ευχάριστων συναισθημάτων ενεργοποιούνται όταν οι εξεταζόμενοι φαντάζονται ότι λαμβάνουν κάποια αμοιβή (λόγου χάρη, χρήματα) στο εγγύς μέλλον, αλλά δεν ενεργοποιούνται όταν φαντάζονται ότι παίρνουν την ίδια αμοιβή στο απώτερο μέλλον[27]. Αν σας συνέβη ποτέ να αγοράσετε ένα σωρό κουτάκια καραμέλες από τον πλανόδιο πωλητή που περιέφερε το εμπόρευμά του σε κάποιον πεζόδρομο, αλλά πολύ λίγα κουτιά από τον πωλητή που χτύπησε το κουδούνι σας και σας πήρε μια παραγγελία η οποία θα παραδιδόταν μέρες αργότερα, τότε έχετε αποκτήσει ιδία πείρα αυτής της «ανωμαλίας». Όταν κατοπτεύουμε το μέλλον μέσα από τα προβλεπτισκόπιά μας, η διαυγής εικόνα της επόμενης ώρας και η θολή εικόνα του επόμενου έτους μπορεί να γίνουν αιτίες για διάφορα λάθη.

Περαιτέρω

Πριν κατευθυνθεί πίσω στην Baker Street, ο Σέρλοκ Χολμς δεν μπόρεσε να αντισταθεί στον πειρασμό να γυαλίσει λίγο την πίπα του και να κάνει ένα τελευταίο δηκτικό σχόλιο για τον επιθεωρητή Γκρέγκορι στον Γουότσον: «Βλέπεις πόση αξία έχει η φαντασία. Είναι η μόνη ποιότητα που λείπει από τον Γκρέγκορι. Εμείς φανταστήκαμε τι θα ήταν δυνατόν να είχε συμβεί, ενεργήσαμε με βάση την υπόθεσή μας και δικαιωθήκαμε.»[28]

Πολύ καλό χτύπημα αλλά όχι και πολύ τίμιο. Το πρόβλημα του επιθεωρητή Γκρέγκορι δεν ήταν ότι του έλειπε η φαντασία, αλλά ότι την εμπιστευόταν. Όποιος εγκέφαλος κάνει το τέχνασμα της συμπλήρωσης θα κάνει απαραιτήτως και το τέχνασμα της παράλειψης, και επομένως το μέλλον που φανταζόμαστε περιέχει όσες λεπτομέρειες επινόησε ο εγκέφαλός μας και στερείται εκείνες τις οποίες ο εγκέφαλός μας αγνόησε. Το πρόβλημα δεν είναι ότι ο εγκέφαλός μας συμπληρώνει και παραλείπει. Θεός φυλάξοι, αν δεν το έκανε. Κάθε άλλο· το πρόβλημα είναι ότι αυτά τα εκτελεί τόσο *καλά* ώστε δεν έχουμε επίγνωση ότι συμβαίνουν. Κατά συνέπεια, έχουμε την τάση να αποδεχόμαστε τα προϊόντα του εγκεφάλου άκριτα, και να περιμένουμε ότι το μέλλον θα εκτυλιχθεί με τις λεπτομέρειες —και *μόνο* με τις λεπτομέρειες— που έχει φανταστεί ο εγκέφαλος. Συνεπώς, μία από τις αδυναμίες της φαντασίας είναι ότι παίρνει την πρωτοβουλία να αυτοσχεδιάσει χωρίς να μας πει ότι το έκανε. Η φαντασία μπορεί κάποιες φορές να παραγίνεται ελεύθερη, αλλά επίσης ενδέχεται να γίνει και πολύ συντηρητική, και τούτο το τελευταίο μειονέκτημα έχει μια άλλη, δική του ιστορία.

ΜΕΡΟΣ IV

Παροντισμός

presentism (παροντισμός): Η τάση να επηρεάζει η τρέχουσα εμπειρία τις απόψεις που έχει κάποιος για το παρελθόν και το μέλλον.

Κεφαλαιο 6

Το μέλλον είναι τώρα

> Το γράμμα σου με πήγε πέρα από το ανήξερο παρόν και τώρα νιώθω, ζω το μέλλον στο παρόν.
>
> —Ουίλλιαμ Σαίξπηρ, *Μάκμπεθ*

Οι ΠΕΡΙΣΣΟΤΕΡΕΣ ΑΠΟ ΤΙΣ ΒΙΒΛΙΟΘΗΚΕΣ με σεβαστό αριθμό βιβλίων αφιερώνουν ένα ράφι σε έργα φουτουριστικής λογοτεχνίας της δεκαετίας τού 1950 με τίτλους όπως *Into the Atomic Age* (Στην ατομική εποχή) ή *The World of Tomorrow* (Ο κόσμος τού αύριο). Αν ξεφυλλίσετε μερικά, θα διαπιστώσετε πολύ σύντομα ότι κάθε τέτοιο βιβλίο λέει περισσότερα για τους καιρούς στους οποίους γράφτηκε παρά για την εποχή που προφητεύει. Γυρίστε μερικές σελίδες, και θα βρείτε σκίτσα νοικοκυρών με χαρακτηριστική κόμμωση και με φουντωτές μίνι φούστες, να μαγειρεύουν στη διαστημική κουζίνα τους, καθώς περιμένουν να ακούσουν τον ήχο από τον πύραυλο-αυτοκίνητο του συζύγου για να σερβίρουν τον τόνο κατσαρόλας. Ξεφυλλίστε λίγο ακόμα, και θα συναντήσετε το σκίτσο κάποιας μοντέρνας πόλης χτισμένης κάτω από γυάλινο θόλο, που είναι γεμάτη με πυρηνικά τρένα, αντιβαρυτικά αυτοκίνητα και καλοντυμένους πολίτες οι οποίοι γλιστρούν ώς τη δουλειά τους πάνω σε κυλιόμενα πεζοδρόμια. Θα προσέξετε επίσης ότι λείπουν κάποια πράγματα: Οι άντρες δεν κουβαλούν μωρά, οι γυναίκες δεν κουβαλούν χαρτοφύλακες, τα παιδιά δεν έχουν σκουλαρίκια στα φρύδια ή στις ρώγες τους, και τα ποντίκια κάνουν *σκουίκ* και όχι *κλικ*. Δεν υπάρχουν παιδιά που κάνουν σκέιτμπορντ, ούτε ζητιάνοι· δεν υπάρχουν κινητά τηλέφωνα ούτε «έξυπνες κάρτες» ούτε λαστέξ ούτε λατέξ ούτε Gor-Tex, Amex, Fedex ή Wal-Mart. Το χειρότερο, όλοι οι άνθρωποι αφρικανικής, ασιατικής και ισπανικής καταγωγής φαίνεται να έχουν χάσει μια για πάντα το τρένο του μέλλοντος. Πράγματι, εκείνο που καθιστά αυτά τα σχέδια τόσο γοητευτικά είναι το ότι αποδεικνύονται εντελώς, εξόχως και γελοιωδώς εσφαλμένα. Πώς ήταν ποτέ δυνατόν να σκεφτεί κανείς ότι το μέλλον θα έμοιαζε με παρωδία του *Απαγορευμένου Πλανήτη;*

Ολίγον από τα ίδια

Η υποτίμηση των καινοτομιών του μέλλοντος έχει μακραίωνη παράδοση. Ο λόρδος William Thomson Kelvin υπήρξε ένας από τους πιο διορατικούς φυσικούς του 19ου αιώνα (γι' αυτό μετράμε τη θερμοκρασία σε κέλβιν), αλλά όταν ατένισε με προσοχή τον κόσμο του μέλλοντος, συμπέρανε ότι «πτητικές μηχανές βαρύτερες του αέρα είναι αδύνατες»[1]. Οι περισσότεροι συνάδελφοί του επιστήμονες συμφώνησαν. Το 1906, ο διαπρεπής αστρονόμος Simon Newcomb έγραψε: «Η απόδειξη ότι δεν υπάρχει δυνατός συνδυασμός γνωστών ουσιών, γνωστών μηχανημάτων και γνωστών μορφών δύναμης, που με την ενοποίησή τους σε μια πρακτική μηχανή θα επέτρεπαν στον άνθρωπο να πετάξει σε μακρινές αποστάσεις μέσω του αέρα, φαίνεται στον υποφαινόμενο τόσο ολοκληρωμένη όσο θα μπορούσε ποτέ να είναι η απόδειξη οποιουδήποτε φυσικού φαινομένου.»[2]

Ακόμα και ο Wilbur Wright, ο οποίος απέδειξε την πλάνη τού Kelvin και του Newcomb, παραδέχτηκε ότι το 1901 είχε πει στον αδελφό του πως «ο άνθρωπος δεν θα πετάξει για πενήντα ακόμα χρόνια»[3]. Έπεσε έξω κατά σαράντα οκτώ χρόνια. Ο αριθμός των επιφανών επιστημόνων και διαπρεπών εφευρετών που δήλωσαν πως το αεροπλάνο είναι κάτι αδύνατο, ξεπερνιέται μόνο από τον αριθμό όσων ισχυρίστηκαν παρόμοια πράγματα σχετικά με τα ταξίδια στο Διάστημα, τη συσκευή τηλεόρασης, τους φούρνους μικροκυμάτων, την πυρηνική ενέργεια, τις μεταμοσχεύσεις καρδιάς και τις γυναίκες γερουσιαστές. Είναι μακρά η σειρά εσφαλμένων προβλέψεων, αστοχιών και ανεκπλήρωτων προφητειών, αλλά θα σας ζητήσω να αγνοήσετε για μια στιγμή τον τεράστιο αριθμό αυτών των σφαλμάτων και να προσέξετε περισσότερο τις ομοιότητες της μορφής τους. Στο συγγραφέα Arthur C. Clarke οφείλουμε την παρακάτω δήλωση, η οποία έχει μείνει γνωστή ως ο πρώτος νόμος τού Clarke: «Όταν ένας διακεκριμένος αλλά γηραιός επιστήμονας δηλώνει ότι κάτι είναι δυνατόν, είναι σχεδόν βέβαιο ότι έχει δίκιο. Όταν δηλώνει ότι κάτι δεν είναι δυνατόν, τότε είναι πολύ πιθανόν να κάνει λάθος.»[4] Με άλλα λόγια, όταν οι επιστήμονες κάνουν λανθασμένες προβλέψεις, το λάθος τους σχεδόν *πάντοτε* αφορά την εκτίμηση ότι το μέλλον θα μοιάζει πάρα πολύ με το παρόν.

Παροντισμός στο παρελθόν

Ο μέσος άνθρωπος έχει αρκετή επιστημοσύνη από αυτή την άποψη. Είδαμε ήδη τον τρόπο με τον οποίο ο εγκέφαλος κάνει συχνή χρήση του τεχνάσματος της συμπλήρωσης όταν θυμάται το παρελθόν ή όταν φαντάζεται το μέλλον, και η λέξη «γέμισμα» υπονοεί την εικόνα μιας οπής (στον τοίχο ή σε ένα δόντι, ας πούμε) που φράζεται με κάποιο υλικό (στόκο ή ασήμι). Καθώς φαίνεται, λοιπόν, όταν ο εγκέφαλος γεμίζει τις τρύπες που υπάρχουν στη σύλληψη του χθες και του αύριο, συνήθως χρησιμοποιεί ένα υλικό το οποίο ονομάζεται *σήμερα*. Σκεφτείτε πόσο συχνά συμβαίνει αυτό όταν προσπαθούμε να θυμηθούμε το παρελθόν. Όταν φοιτητές παρακολουθούν πειστικές ομιλίες, οι οποίες αποδεδειγμένα τους οδηγούν να αλλάξουν τις πολιτικές τους πεποιθήσεις, εκείνοι έχουν την τάση να θυμούνται ότι πάντοτε σκέφτονταν όπως και τώρα[5]. Όταν ζητάμε από ζευγάρια που έχουν αρχίσει να βγαίνουν ραντεβού να θυμηθούν τι σκέψεις έκαναν για τους συντρόφους τους πριν από δύο μήνες, εκείνοι έχουν την τάση να θυμούνται ότι και τότε ένιωθαν όπως και τώρα[6]. Όταν φοιτητές παίρνουν τους βαθμούς τους ύστερα από μια εξέταση, συνήθως θυμούνται ότι είχαν την ίδια ανησυχία για αυτή την εξέταση και πριν από τη διεξαγωγή της αλλά και τώρα[7]. Όταν ασθενείς ερωτώνται σχετικά με τους πονοκεφάλους τους, η ένταση του πόνου που έχουν εκείνη τη στιγμή παίζει καθοριστικό ρόλο στο πόσο πολύ θυμούνται ότι πονούσαν την προηγούμενη μέρα[8]. Όταν ζητάμε από ανθρώπους μέσης ηλικίας να θυμηθούν τι απόψεις είχαν για το προγαμιαίο σεξ ή αναφορικά με πολιτικά ζητήματα ή πόσο αλκοόλ έπιναν όταν ήταν φοιτητές, οι αναμνήσεις τους επηρεάζονται από το πώς σκέφτονται, πώς νιώθουν και πόσο πίνουν τώρα[9]. Όταν χήροι και χήρες ερωτώνται πόση θλίψη ένιωσαν με το θάνατο του συντρόφου τους πριν από πέντε χρόνια, οι μνήμες τους επηρεάζονται από το μέγεθος της θλίψης που βιώνουν εκείνη τη στιγμή[10]. Ο κατάλογος είναι μεγάλος, αλλά σημασία έχει να προσέξουμε ότι, όσον αφορά το δικό μας θέμα, θυμόμαστε εσφαλμένα το ίδιο το παρελθόν μας, διότι νομίζουμε πως παλιότερα σκεφτόμασταν, κάναμε και λέγαμε ό,τι σκεφτόμαστε, κάνουμε και λέμε τώρα[11].

Αυτή η τάση, να γεμίζουμε τις τρύπες που έχουν οι μνήμες μας από το παρελθόν με υλικό από το παρόν, είναι ιδιαίτερα ισχυρή όσον αφορά τις αναμνήσεις συναισθημάτων. Το 1992, αφού ανακοίνωσε σε κάποια τηλεοπτική συζήτηση ότι θα του άρεσε να ζήσει στον Λευκό Οίκο, ο Ross Perot έγινε σε μία νύχτα ο μεσσίας ενός δυσαρεστημένου εκλογικού σώματος. Για πρώτη φορά στην αμερικανική ιστορία φαινόταν αρκετά πιθανό να αναλάβει την πιο σπουδαία θέση του πλανήτη ένας άνθρωπος ο οποίος δεν είχε ποτέ εκλεγεί σε δημόσιο αξίωμα και δεν ήταν ο υποψήφιος κανενός μεγάλου πολιτικού κόμματος. Οι υποστηρικτές του γέμισαν με ενθουσιασμό και αισιοδοξία. Όμως, στις 16 Ιουλίου 1992, ο Perot αποσύρθηκε από τη μάχη τόσο ξαφνικά όσο ξαφνικά είχε εισβάλει προηγουμένως στη σκηνή, επικαλούμενος αόριστες ανησυχίες σχετικά με πολιτικά «βρόμικα κόλπα» που μπορεί να κατέστρεφαν τη γαμήλια τελετή της κόρης του. Οι υποστηρικτές του ένιωσαν συντετριμμένοι. Ύστερα, τον Οκτώβριο του ίδιου έτους, ο Perot άλλαξε πάλι γνώμη και ξαναμπήκε στη μάχη, αλλά τελικά έχασε τον επόμενο μήνα. Ανάμεσα στην αρχική, εκπληκτική του ανακοίνωση, την ακόμα πιο εκπληκτική του απόσυρση, την απίστευτα εκπληκτική πλέον επιστροφή του και την καθόλου εκπληκτική ήττα του, όσοι τον υποστήριξαν βίωσαν διάφορα, έντονα συναισθήματα. Ευτυχώς, ένας ερευνητής έτυχε να βρίσκεται κοντά τους και μέτρησε αυτές τις συναισθηματικές αντιδράσεις τον Ιούλιο, μετά την απόσυρση του Perot, και πάλι τον Νοέμβριο, ύστερα από την ήττα του[12]. Ο ερευνητής ζήτησε επιπλέον από τους εθελοντές του να θυμηθούν πώς είχαν νιώσει τον Ιούλιο, και τα ευρήματα υπήρξαν εντυπωσιακά. Αυτοί που παρέμειναν αφοσιωμένοι στον Perot καθ' όλη τη διάρκεια των εισόδων και εξόδων του από την πολιτική παλαίστρα θυμήθηκαν ότι ήταν λιγότερο στενοχωρημένοι και θυμωμένοι όταν αποσύρθηκε τον Ιούλιο από όσο είχαν πράγματι υπάρξει, ενώ όσοι τον εγκατέλειψαν όταν κι εκείνος τούς είχε εγκαταλείψει θυμήθηκαν ότι ήταν λιγότερο αισιόδοξοι από όσο είχαν πράγματι υπάρξει. Με άλλα λόγια, οι υποστηρικτές τού Perot θυμήθηκαν εσφαλμένα ότι τότε ένιωθαν για τον Perot όπως αισθάνονταν για αυτόν και τώρα.

Παροντισμός στο μέλλον

Εάν το παρελθόν είναι ένας τοίχος με μερικές τρύπες, τότε το μέλλον είναι μια τρύπα χωρίς τοίχους. Η μνήμη *χρησιμοποιεί* το τέχνασμα της συμπλήρωσης, αλλά η φαντασία *είναι* το τέχνασμα της συμπλήρωσης· έτσι, μπορεί μεν το παρόν μας να χρωματίζει ελαφρώς το παρελθόν που θυμόμαστε, αλλά κυριολεκτικά εμποτίζει το μέλλον που φανταζόμαστε. Με πιο απλά λόγια, οι περισσότεροι δυσκολευόμαστε πολύ να φανταστούμε ένα αύριο εξαιρετικά διαφορετικό από το σήμερα, και το βρίσκουμε ιδιαίτερα δύσκολο να φανταστούμε ότι θα σκεφτόμαστε, θα θέλουμε ή θα αισθανόμαστε ποτέ διαφορετικά πράγματα απ' ό,τι τώρα[13]. Οι έφηβοι κάνουν τατουάζ επειδή είναι σίγουροι ότι το «Ο θάνατος "λέει"» θα είναι πάντοτε ένα πετυχημένο μότο, οι νέες μητέρες εγκαταλείπουν πολλά υποσχόμενες δικηγορικές καριέρες επειδή είναι σίγουρες ότι η παραμονή στο σπίτι με τα παιδιά θα αποτελεί πάντοτε μια ευχάριστη δουλειά, και οι καπνιστές που έχουν μόλις σβήσει ένα τσιγάρο είναι σίγουροι για τουλάχιστον πέντε λεπτά ότι μπορούν να το κόψουν εύκολα και ότι η αποφασιστικότητά τους δεν θα φύγει μαζί με τη νικοτίνη από το αίμα τους. Οι ψυχολόγοι δεν έχουν τίποτε ενάντια στους εφήβους, τους καπνιστές και τις μαμάδες. Θυμάμαι ότι κάποια Ημέρα των Ευχαριστιών (ή μάλλον όλες τις Ημέρες των Ευχαριστιών) έφαγα τόσο πολύ ώστε, καθώς έτρωγα την τελευταία μπουκιά κολοκυθόπιτας, πρόσεξα ότι η αναπνοή μου είχε γίνει ρηχή και εργώδης, διότι τα πνευμόνια μου δεν είχαν πλέον χώρο να διασταλούν. Πήγα παραπατώντας στο σαλόνι, έπεσα ξερός στον καναπέ, και καθώς βυθιζόμουν λυτρωτικά σε ένα κώμα τρυπτοφάνης, ακούστηκα να προφέρω τη φράση: «Δεν θα ξαναφάω ποτέ.» Αλλά φυσικά έφαγα πάλι —εάν όχι το ίδιο βράδυ, σίγουρα πάντως μέσα στο επόμενο εικοσιτετράωρο, και πιθανότατα μάλιστα, γαλοπούλα. Μάλλον ήξερα ότι ο όρκος μου ήταν παράλογος, ακόμα και τη στιγμή που τον έκανα, ωστόσο ένα κομμάτι του εαυτού μου έδειχνε να πιστεύει ειλικρινά ότι το μάσημα και η κατάποση είναι πολύ κακές συνήθειες τις οποίες θα μπορούσα εύκολα να ξεφορτωθώ —αν όχι για άλλο λόγο, τουλάχιστον επειδή η τρομακτική μάζα που είχε ξεκινήσει την κίνησή της μέσα στο γαστρεντερικό μου με την ταχύτητα περίπου της μετατόπισης των ηπείρων θα αρκούσε για να καλύψει στο εξής όλες τις διατροφικές, νοητικές και πνευματικές μου ανάγκες.

Προφανώς νιώθω ντροπή για αυτό το επεισόδιο, για αρκετούς λόγους. Πρώτον, έφαγα σαν γουρούνι. Δεύτερον, μολονότι είχα φάει σαν γουρούνι και παλιότερα και επομένως έπρεπε να είχα μάθει από την εμπειρία μου ότι όλα τα γουρούνια ξαναγυρνούν στη γούρνα, πραγματικά μού πέρασε από το μυαλό ότι *αυτή τη φορά* ίσως να μην ξαναέτρωγα για μέρες, ίσως και εβδομάδες, ίσως και ποτέ πια. Παρηγοριέμαι λίγο με το γεγονός ότι και άλλα γουρούνια δείχνουν εξίσου ευάλωτα στη συγκεκριμένη αυταπάτη. Η έρευνα στο εργαστήριο αλλά και μέσα στα σούπερ μάρκετ έχει αποδείξει ότι, όταν άνθρωποι που έχουν μόλις φάει προσπαθούν να αποφασίσουν τι θα θέλουν την επόμενη εβδομάδα, πάντοτε υποτιμούν το μέγεθος της μελλοντικής τους όρεξης[14]. Τα διπλά μιλκ σέικ, τα σάντουιτς με κοτόπουλο σαλάτα και οι πιτούλες με λουκάνικα χαλαπένιο που έχουν προσφάτως μασουλίσει, καταβροχθίσει και καταπιεί, δεν προκαλούν προσωρινή μείωση της νοημοσύνης τους. Αυτό που μάλλον συμβαίνει είναι ότι δυσκολεύονται να φανταστούν τον εαυτό τους ξανά πεινασμένο όσο νιώθουν χορτάτοι, και έτσι δεν καταφέρνουν να προνοήσουν για την αναπόφευκτη επιστροφή της πείνας τους. Πηγαίνουμε για ψώνια έπειτα από ένα πλούσιο πρωινό με αβγά, βάφλες και μπέικον, και καταλήγουμε να αγοράσουμε πολύ λίγα τρόφιμα· το βράδυ, όταν μας επισκέπτεται η γνωστή λαχτάρα να φάμε παγωτό με καρύδα και αμύγδαλα, βρίζουμε τον εαυτό μας που ψωνίσαμε τόσο λίγα.

Ό,τι ισχύει για τα χορτασμένα στομάχια ισχύει επίσης και για τον κορεσμένο νου. Σε μια μελέτη, οι ερευνητές ζήτησαν από τους εθελοντές τους να απαντήσουν σε πέντε ερωτήσεις γεωγραφίας και τους είπαν ότι θα μπορούσαν ύστερα να διαλέξουν τη μία από τις εξής δύο αμοιβές: μπορούσαν είτε να μάθουν τις σωστές απαντήσεις και επομένως να ανακαλύψουν αν τα είχαν καταφέρει καλά, είτε να πάρουν ένα γλυκό αλλά να μη μάθουν ποτέ τις σωστές απαντήσεις[15]. Κάποιοι από τους εξεταζόμενους επέλεξαν την αμοιβή τους *πριν* ξεκινήσουν το παιχνίδι των ερωτήσεων και κάποιοι άλλοι την επέλεξαν *αφού* τελείωσαν με τις ερωτήσεις. Όπως ίσως θα υποψιάζεστε, οι εθελοντές προτιμούσαν το γλυκό πριν αρχίσουν να παίζουν, αλλά προτιμούσαν τις απαντήσεις μετά το παιχνίδι. Ή αλλιώς: Η εμπλοκή στο παιχνίδι έκανε τους εξεταζόμενους τόσο περίεργους ώστε εκτιμούσαν τις απαντήσεις πιο πολύ από μια λιχουδιά. Γνώριζαν όμως ότι κάτι τέτοιο πρόκειται να συμβεί; Όταν ζητήθηκε από μια νέα ομάδα εθελοντών να *προβλέψουν* την αμοιβή που θα επέλεγαν πριν και μετά τις ερωτήσεις, εκείνοι πρόβλεψαν ότι θα διάλεγαν το γλυκό και στις δύο περιπτώσεις. Οι συγκεκριμένοι εξεταζόμενοι —οι οποίοι δεν είχαν *βιώσει* την έντονη περιέργεια που προκαλούσε η συμμετοχή στο παιχνίδι— απλώς δεν μπορούσαν να φανταστούν ότι θα θυσίαζαν ποτέ μια σοκολάτα για να μάθουν κάποιες βαρετές πληροφορίες για πόλεις και ποτάμια. Τούτο το εύρημα θυμίζει εκείνη τη θαυμάσια σκηνή από την ταινία *Bedazzled* του 1967, όπου ο Διάβολος περνάει την ώρα του στα βιβλιοπωλεία, σκίζοντας την τελευταία σελίδα από τις ιστορίες μυστηρίου. Ίσως το πράγμα να μη σας φαίνεται και τόσο διαβολικό ώστε να δικαιολογεί και την προσωπική εμπλοκή του Εωσφόρου, αλλά αν τύχει ποτέ να φτάσετε στο τέλος ενός καλού αστυνομικού βιβλίου και διαπιστώσετε ότι λείπει ακριβώς το μέρος της αποκάλυψης του ενόχου, μπορείτε πολύ εύκολα να καταλάβετε γιατί οι άνθρωποι θα πωλούσαν και τις αθάνατες ψυχές τους για τη λύση του μυστηρίου. Η περιέργεια αποτελεί πολύ ισχυρό κίνητρο, αλλά, αν δεν τη νιώσετε, είναι δύσκολο να φανταστείτε πόσο γρήγορα και μέχρι πού μπορεί να σας οδηγήσει.

Τα προβλήματα που αντιμετωπίζουμε όταν προβλέπουμε τις ορέξεις μας —είτε αυτές είναι γευστικές είτε σεξουαλικές είτε συναισθηματικές είτε κοινωνικές είτε διανοητικές— μας είναι πολύ οικεία. Αλλά γιατί; Γιατί να ταπεινώνεται τόσο εύκολα η ισχύς της ανθρώπινης φαντασίας; Στο κάτω κάτω, η ίδια η φαντασία είναι που μας χάρισε την εξερεύνηση του Διαστήματος, τη γονιδιακή θεραπεία, τη θεωρία της σχετικότητας και το σκετς των Monty Python στο κατάστημα τυριών. Ακόμα και ο λιγότερο ευφάνταστος ανάμεσά μας μπορεί να φανταστεί πράγματα τόσο εξωφρενικά και παράξενα ώστε, αν οι μητέρες μας το ήξεραν, θα έχαναν κάθε ιδέα για μας. Μπορούμε να φανταστούμε ότι μας εκλέγουν στο Κονγκρέσσο, ότι πέφτουμε από ελικόπτερο, ότι μας βάφουν μοβ και μας πασπαλίζουν με αμύγδαλα. Μπορούμε να φανταστούμε τη ζωή σε μια φυτεία μπανάνας που βρίσκεται μέσα σε υποβρύχιο. Μπορούμε να φανταστούμε ότι είμαστε σκλάβοι, πολεμιστές, σερίφηδες, κανίβαλοι, εταίρες, βατραχάνθρωποι και εφοριακοί. Και όμως, για κάποιο λόγο, όταν η κοιλιά μας έχει παραγεμίσει από το φαγητό, δεν μπορούμε να φανταστούμε πώς είναι να είμαστε *πεινασμένοι*. Πώς γίνεται αυτό;

Βολιδοσκόπηση με προσυναίσθημα

Η απάντηση σε τούτη την ερώτηση μας οδηγεί βαθιά μέσα στη φύση της φαντασίας αυτής καθεαυτήν. Όταν φανταζόμαστε διάφορα πράγματα —όπως πιγκουίνους, βάρκες με κουπιά ή συσκευές κοπής σελοτέιπ—, οι περισσότεροι βιώνουμε την εμπειρία της πραγματικής *θέασης* μιας σχετικά αδρής εικόνας του αντικειμένου μέσα στο κεφάλι μας. Αν σας ρωτούσα ποτέ αν είναι μεγαλύτερες οι φτερούγες ή τα πέλματα ενός πιγκουίνου, θα είχατε πιθανότατα την αίσθηση ότι δημιουργείτε από το τίποτα μια νοητική εικόνα και ύστερα την «παρατηρείτε» για να μπορέσετε να απαντήσετε. Θα νιώθατε σαν απλώς να ξεπήδησε η εικόνα ενός πιγκουίνου στο νου σας επειδή έτσι το θελήσατε, και θα είχατε την αίσθηση ότι εξετάζετε προσεκτικά για λίγο τις φτερούγες, ότι κοιτάζετε ύστερα χαμηλότερα για να ελέγξετε και τα πέλματα, ότι στρέφετε πάλι τη ματιά σας στις φτερούγες και μετά μου δίνετε την απάντηση. Με όλα τα παραπάνω θα βιώνατε μια αίσθηση παρόμοια με εκείνη της όρασης —και, πράγματι, τέτοια είναι. Η περιοχή του εγκεφάλου σας που κανονικά ενεργοποιείται όταν βλέπετε αντικείμενα με τα μάτια σας —μια αισθητηριακή περιοχή η οποία ονομάζεται *οπτικός φλοιός*— ενεργοποιείται επίσης όταν εξετάζετε νοητικές εικόνες με το μάτι της νόησής σας[16]. Το ίδιο ισχύει και με άλλες αισθήσεις. Για παράδειγμα, αν σας ρωτούσα ποια συλλαβή τραγουδιέται υψηλότερα στο «Happy Birthday», πιθανότατα θα παίζατε τη μελωδία στη φαντασία σας και ύστερα θα την «ακούγατε» για να προσδιορίσετε πού ανεβαίνει και πού πέφτει το ύψος. Και πάλι, αυτή η αίσθηση του «ακούσματος με το αφτί της νόησής σας» δεν είναι μόνο τρόπος τού λέγειν (αφήστε που κανείς δεν το λέει έτσι). Όταν φανταζόμαστε ήχους, παρατηρείται η δραστηριοποίηση του *ακουστικού φλοιού*, μιας αισθητηριακής περιοχής του εγκεφάλου μας η οποία, υπό φυσιολογικές συνθήκες, ενεργοποιείται μόνο όταν ακούμε πραγματικά ήχους με τα αφτιά μας[17].

Τα παραπάνω ευρήματα δείχνουν κάτι σημαντικό σχετικά με το πώς ο εγκέφαλος επιτελεί την πράξη της φαντασίας: ότι προσφεύγει, δηλαδή, στη βοήθεια των αισθητηριακών περιοχών όταν θέλει να φανταστεί τα αισθητηριακώς προσλαμβανόμενα χαρακτηριστικά του κόσμου. Αν θέλουμε να μάθουμε με τι μοιάζει ένα συγκεκριμένο αντικείμενο όταν αυτό δεν βρίσκεται μπροστά μας, τότε στέλνουμε πληροφορίες για το αντικείμενο από τη μνήμη μας στον οπτικό μας φλοιό, και έχουμε την εμπειρία μιας νοητικής εικόνας. Παρομοίως, αν θέλουμε να καταλάβουμε πώς ακούγεται μια μελωδία όταν δεν την παίζει τώρα το ραδιόφωνο, στέλνουμε πληροφορίες για το αντικείμενο από τη μνήμη μας στον ακουστικό μας φλοιό, και βιώνουμε έναν νοητό ήχο. Επειδή οι πιγκουίνοι ζουν στην Ανταρκτική και το «Happy Birthday» ακούγεται μόνο σε πάρτι γενεθλίων, κανένα από αυτά τα πράγματα δεν είναι παρόντα όταν θέλουμε να τα εξετάσουμε. Όταν τα μάτια και τα αφτιά μας δεν μπορούν να τροφοδοτήσουν με πληροφορίες τον οπτικό και τον ακουστικό μας φλοιό, δίνεται η εντολή να σταλούν οι σχετικές πληροφορίες από τη μνήμη, πράγμα που μας επιτρέπει να ρίξουμε την «απομίμηση μιας ματιάς» και να δεχτούμε την «απομίμηση ενός ακούσματος». Καθώς ο εγκέφαλός μας έχει την ικανότητα να εκτελέσει αυτό το τέχνασμα, μπορούμε να ανακαλύψουμε πράγματα για τραγούδια (η υψηλή νότα είναι στο *birth*) και για πουλιά (οι φτερούγες τους είναι μακρύτερες από τα πόδια τους) ακόμα και όταν είμαστε ολομόναχοι, κλεισμένοι σε μια ντουλάπα.

Η χρησιμοποίηση των οπτικών και των ακουστικών περιοχών για την εκτέλεση πράξεων φαντασίας αποτελεί όντως «μεγαλοφυή μηχανική», και η εξέλιξη των ειδών αξίζει βραβείο διότι εγκατέστησε ένα τέτοιο πρόγραμμα σε όλους μας —χωρίς καν να ζητήσει την άδεια. Πώς σχετίζεται όμως η όραση και η

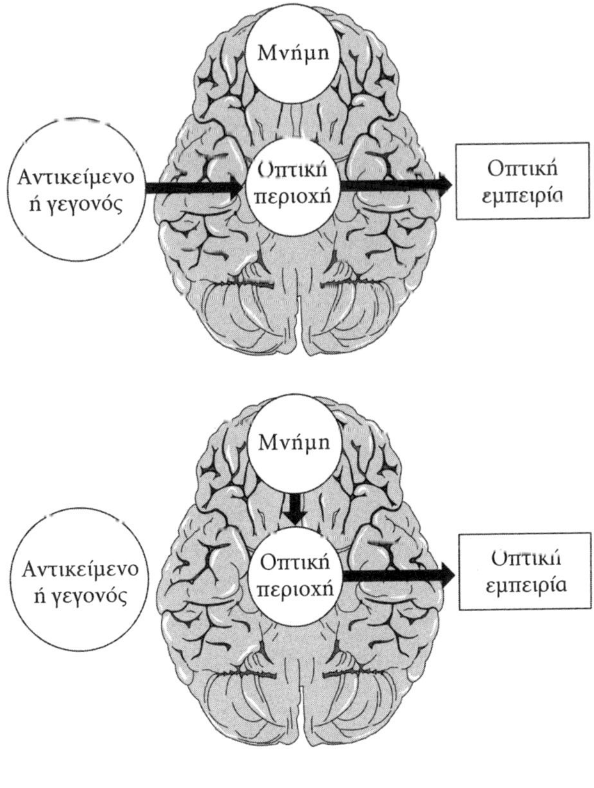

Εικόνα 10. Στην οπτική αντίληψη (*επάνω*) οι πληροφορίες προέρχονται από εγκόσμια αντικείμενα και γεγονότα, ενώ στην οπτική φαντασία (*κάτω*) αυτές προέρχονται από τη μνήμη.

ακοή με κάποιους λαίμαργους των Ευχαριστιών σαν εμένα. Όπως διαπιστώνεται, η διεργασία της φαντασίας, με την οποία μπορούμε να ανακαλύψουμε πώς μοιάζει ένας πιγκουίνος ακόμα και όταν είμαστε κλειδωμένοι σε μια ντουλάπα, είναι ίδια με τη διεργασία με την οποία ανακαλύπτουμε πώς θα νιώθουμε στο μέλλον ενώ είμαστε «κλειδωμένοι» στο παρόν. Τη στιγμή που κάποιος σάς ρωτάει πόσο θα σας άρεσε να βρείτε τη σύντροφό σας στο κρεβάτι με τον ταχυδρόμο, *αισθάνεστε* κάτι —πιθανότατα κάτι όχι και τόσο ευχάριστο. Όπως ακριβώς παράγετε μια νοητική εικόνα ενός πιγκουίνου και ύστερα την επισκοπείτε οπτικά για να απαντήσετε στην ερώτηση για τις φτερούγες του, έτσι δημιουργείτε και μια νοητική εικόνα απιστίας και ύστερα αντιδράτε συναισθηματικά σε αυτή για να απαντήσετε σε ερωτήσεις για τα μελλοντικά σας συναισθήματα[18]. Οι περιοχές του εγκεφάλου σας που δίνουν συναισθηματικές αποκρίσεις σε πραγματικά γεγονότα, δίνουν συναισθηματικές αποκρίσεις και σε φανταστικά ενδεχόμενα, και γι' αυτό το λόγο οι κόρες των ματιών σας διεστάλησαν και η πίεση του αίματός σας ανέβηκε όταν σας ζήτησα να φανταστείτε τούτη την ιδιαίτερη περίπτωση «διανομής αλληλογραφίας με πρόσθετες υπηρεσίες»[19]. Η συγκεκριμένη μέθοδος προσφέρεται για την πρόβλεψη μελλοντικών συναισθημάτων, διότι ο τρόπος που αισθανόμαστε όταν φανταζόμαστε ένα μελλοντικό ενδεχόμενο αποτελεί καλή ένδειξη για τον τρόπο που θα αισθανθούμε όταν το γεγονός θα συμβεί πράγματι. Αν οι νοητικές εικόνες αγκομαχητών και σκορπισμένων φακέλων μάς προκαλούν σουβλιές ζήλιας και κύματα θυμού, τότε μπορούμε να αναμένουμε ότι μια πραγματική απιστία θα έκανε το ίδιο, με ακόμα μεγαλύτερη ένταση και αξιοπιστία.

Δεν χρειάζεται πάντως κάτι τόσο συναισθηματικά φορτισμένο όσο μια απιστία για να διευκρινιστεί αυτό το δεδομένο. Καθημερινά λέμε πράγματα όπως «Γι' απόψε, η πίτσα μού ακούγεται καλά», και παρά το κυριολεκτικό νόημα αυτής της φράσης, προφανώς δεν σχολιάζουμε τις ακουστικές ιδιότητες της μοτσαρέλας. Εννοούμε, αντιθέτως ότι, όταν φανταζόμαστε να τρώμε πίτσα, βιώνουμε ένα μικρό, γλυκό συναίσθημα, και ότι ερμηνεύουμε αυτό το συναίσθημα ως ένδειξη του ακόμα μεγαλύτερου και πιο ωραίου συναισθήματος που θα βιώναμε αν μπορούσαμε να βγάλουμε αμέσως την πίτσα από τη φαντασία μας και να τη βάλουμε στο στόμα μας. Όταν ένας κινέζος οικοδε-

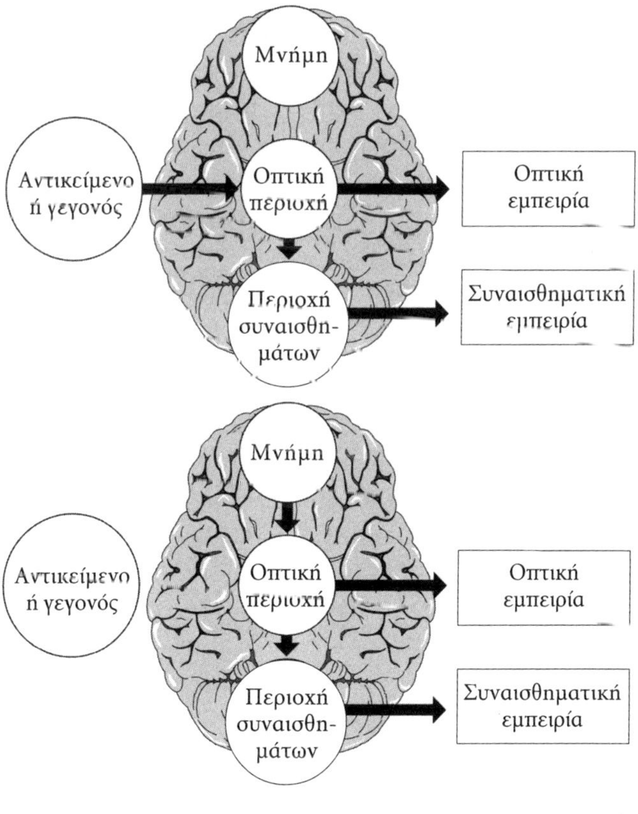

Εικόνα 11. Τόσο στο συναίσθημα (*επάνω*) όσο και στο προσυναίσθημα (*κάτω*), οι πληροφορίες προέρχονται από την οπτική περιοχή, αλλά η οπτική περιοχή δέχεται τις πληροφορίες από διαφορετικές πηγές.

σπότης μάς προσφέρει ένα ορεκτικό σοταρισμένης αράχνης ή τραγανιστού τριζονιού, δεν χρειάζεται να τα μασήσουμε για να καταλάβουμε πόσο θα δυσαρεστηθούμε από αυτή την εμπειρία, καθώς η σκέψη και μόνο της βρώσης εντόμων κάνει τους περισσότερους κατοίκους της Δύσης να ανατριχιάζουν από αηδία, και επομένως αυτή η ανατριχίλα μάς υπαγορεύει ότι η πραγματική εμπειρία μάλλον θα μας προκαλέσει κανονική ναυτία. Το θέμα εν προκειμένω είναι ότι, συνήθως, δεν καθόμαστε να γράψουμε λογικά σε ένα κομμάτι χαρτί όλο τον κατάλογο με τα υπέρ και τα κατά των μελλοντικών ενδεχομένων που εξετάζουμε. Αντιθέτως, αυτό το οποίο κάνουμε είναι να προσομοιώνουμε τα ενδεχόμενα στη φαντασία μας, και να τα εξετάζουμε λαμβάνοντας υπόψη τις συναισθηματικές αντιδράσεις που μας προκαλεί η προσομοίωση. Όπως ακριβώς η φαντασία κάνει *προεπισκόπηση* (preview) των αντικειμένων, ομοίως δημιουργεί και *προσυναισθήματα* (prefeelings) των γεγονότων[20].

Η δύναμη του προσυναισθήματος

Συχνά το προσυναίσθημα μας επιτρέπει να προβλέψουμε τα συναισθήματά μας με περισσότερη ακρίβεια απ' ό,τι αν χρησιμοποιούσαμε τη λογική. Σε μια μελέτη, δόθηκε στους εθελοντές η επιλογή να πάρουν είτε ένα αντίγραφο εμπρεσιονιστικού πίνακα είτε το χιουμοριστικό πόστερ ενός γάτου κινουμένων σχεδίων[21]. Οι ερευνητές ζήτησαν από μερικούς εθελοντές, πριν κάνουν την επιλογή τους, να σκεφτούν λογικά για ποιο λόγο θα τους άρεσε ή δεν θα τους άρεσε η κάθε αφίσα, ενώ τους υπόλοιπους τους ενθάρρυναν να κάνουν την επιλογή τους γρήγορα και «ενστικτωδώς». Μπορεί βέβαια οι σύμβουλοι επαγγελματικής σταδιοδρομίας και οι σύμβουλοι επενδύσεων να μας λένε πάντα ότι πρέπει να σκεφτόμαστε ώριμα και διεξοδικά αν θέλουμε να παίρνουμε σωστές αποφάσεις, ωστόσο όταν οι ερευνητές τηλεφώνησαν αργότερα στους συμμετέχοντες και τους ρώτησαν πόσο τους άρεσε τότε το νέο τους απόκτημα τέχνης, εκείνοι που είχαν σκεφτεί λογικά ήταν οι λιγότερο ευχαριστημένοι. Αντί να διαλέξουν την αφίσα που θα τους έκανε να νιώθουν ικανοποιημένοι καθώς τη φαντάζονταν πάνω στον τοίχο του σπιτιού τους, αυτοί οι εθελοντές είχαν αγνοήσει τα προσυναισθήματά τους και είχαν διαλέξει αφίσα με βάση χαρακτηριστικά που θα ενέκρινε κάποιος οικονομικός σύμβουλος («Το πράσινο της ελιάς τού Monet μπορεί να μην ταιριάξει με τις κουρτίνες, αλλά η αφίσα τού Garfield θα δείχνει στους επισκέπτες ότι έχω εξαιρετική αίσθηση του χιούμορ»). Από την άλλη μεριά, όσοι δεν είχαν σκεφτεί λογικά εμπιστεύτηκαν τα προσυναισθήματά τους: Φαντάστηκαν την αφίσα στον τοίχο τους, παρατήρησαν πώς αισθάνθηκαν όταν το φαντάστηκαν και υπέθεσαν ότι, αφού ένιωθαν καλά καθώς φαντάζονταν την αφίσα στον τοίχο τους, τότε και η πραγματική ανάρτηση της αφίσας στον τοίχο θα είχε πιθανότατα το ίδιο αποτέλεσμα. Και είχαν δίκιο. Το προσυναίσθημα έδωσε στους μη σκεπτόμενους τη δυνατότητα να προβλέψουν τη μελλοντική τους ικανοποίηση με μεγαλύτερη ακρίβεια. Μάλιστα, έχει βρεθεί ότι, όταν εμποδιζόμαστε να βιώσουμε συναισθήματα στο παρόν, τότε εμφανίζουμε μια προσωρινή ανικανότητα να προβλέψουμε πώς θα αισθανθούμε στο μέλλον[22].

Το προσυναίσθημα έχει όμως και περιορισμούς. Το πώς αισθανόμαστε όταν φανταζόμαστε κάτι δεν είναι *πάντοτε* καλός οδηγός για το πώς θα νιώσουμε όταν θα το δούμε, το ακούσουμε, το φορέσουμε, το αποκτήσουμε, το οδηγήσουμε, το φάμε ή το φιλήσουμε. Για παράδειγμα, γιατί κλείνετε τα μάτια σας κάθε φορά που θέλετε να οραματιστείτε ένα αντικείμενο, ή γιατί βουλώνετε τα αφτιά σας όταν θέλετε να θυμηθείτε τη μελωδία κάποιου τραγουδιού; Το κάνετε επειδή ο εγκέφαλός σας πρέπει να χρησιμοποιήσει τον οπτικό και τον ακουστικό σας φλοιό για να εκτελέσει τις πράξεις της οπτικής και ακουστικής φαντασίας και, αν αυτές οι περιοχές απασχολούνται ήδη με την πρωταρχική τους εργασία —δηλαδή να βλέπουν και να ακούν τον πραγματικό κόσμο—, τότε δεν είναι διαθέσιμες για πράξεις φαντασίας[23]. Δεν μπορείτε εύκολα να φανταστείτε έναν πιγκουίνο όταν απασχολείστε με την παρατήρηση μιας στρουθοκαμήλου, διότι η όραση χρησιμοποιεί ήδη τα τμήματα του εγκεφάλου που χρειάζεται η φαντασία. Με άλλα λόγια, όταν ζητάμε από τον εγκέφαλό μας να κοιτάξει ταυτόχρονα ένα πραγματικό και ένα φανταστικό αντικείμενο, τότε αυτός κατά κανόνα ικανοποιεί το πρώτο αίτημα και απορρίπτει το δεύτερο. Ο εγκέφαλος θεωρεί ότι η αντίληψη της πραγματικότητας είναι το πρώτο και σπουδαιότερο καθήκον του, και επομένως το αίτημά σας να δανειστείτε λιγάκι τον οπτικό φλοιό απορρίπτεται ταχέως και συνοπτικώς. Αν ο εγκέφαλος δεν ακολουθούσε την πολιτική «πρώτα η πραγματικότητα», θα περνούσατε με κόκκινο αν εκείνη τη στιγμή τύχαινε να σκέφτεστε ένα πράσινο φανάρι. Η πολιτική αυτή, που καθιστά δύσκολο το να φανταστούμε πιγκουίνους όταν βλέπουμε στρουθοκαμήλους, μας δυσκολεύει επίσης να φανταστούμε επιθυμία όταν αισθανόμαστε αηδία, ή τρυφερότητα όταν νιώθουμε θυμό, ή πείνα όταν αισθανόμαστε χορτάτοι. Αν ποτέ κάποιος φίλος σας τρακάριζε άσχημα το καινούργιο σας αυτοκίνητο και ύστερα προσφερόταν να επανορθώσει αγοράζοντας εισιτήρια για τον ποδοσφαιρικό αγώνα της επόμενης εβδομάδας, ο εγκέφαλός σας θα ήταν πολύ απασχολημένος με την αντίδρασή του στην καταστροφή του αυτοκινήτου για να προσομοιώσει τη συναισθηματική σας απόκριση απέναντι στον αγώνα. Τα μελλοντικά γεγονότα μπορεί να ζητούν πρόσβαση στις περιοχές του εγκεφάλου που αφορούν τα συναισθήματα, αλλά τα τρέχοντα συμβάντα σχεδόν πάντοτε παίρνουν προτεραιότητα.

Τα όρια του προσυναισθήματος

Δεν μπορούμε να δούμε ή να αισθανθούμε δύο πράγματα ταυτόχρονα, και ο εγκέφαλος θέτει αυστηρές προτεραιότητες σχετικά με το τι θα δει, τι θα ακούσει, τι θα αισθανθεί και τι θα αγνοήσει. Τα αιτήματα της φαντασίας συχνά απορρίπτονται. Τα αισθητηριακά συστήματα και το συναισθηματικό σύστημα ακολουθούν την ίδια πολιτική· ενώ όμως φαίνεται να αντιλαμβανόμαστε πότε τα αισθητηριακά συστήματα αποκρούουν τα αιτήματα της φαντασίας, δεν καταφέρνουμε να αναγνωρίσουμε πότε το συναισθηματικό σύστημα κάνει το ίδιο. Αν, για παράδειγμα, προσπαθήσουμε να φανταστούμε έναν πιγκουίνο την ώρα που βλέπουμε μια στρουθοκάμηλο, η πολιτική του εγκεφάλου δεν θα το επιτρέψει. Αυτό το κατανοούμε, και επομένως δεν μπερδευόμαστε ποτέ, ούτε συμπεραίνουμε ότι το μεγάλο πουλί με τον μακρύ λαιμό που κοιτάζουμε τώρα είναι στην πραγματικότητα ο πιγκουίνος τον οποίο προσπαθούσαμε να φανταστούμε. Η οπτική εμπειρία που προκύπτει από ροή πληροφορίας απορρέουσας από τον πραγματικό κόσμο αποκαλείται *όραση*· η οπτική εμπειρία που προκαλείται από ροή πληροφορίας απορρέουσας από τη μνήμη ονομάζεται *νοητική απεικόνιση*. Μολονότι και τα δύο είδη εμπειρίας παράγονται στον οπτικό φλοιό, απαιτούνται μεγάλες ποσότητες βότκας για να τις μπερδέψουμε[24]. Ένα από τα πρωταρχικά χαρακτηριστικά της οπτικής εμπειρίας είναι ότι μπορούμε σχεδόν πάντοτε να διακρίνουμε αν αυτή είναι προϊόν κάποιου πραγματικού ή κάποιου φανταστικού αντικειμένου. Δεν συμβαίνει όμως το ίδιο με τη συναισθηματική εμπειρία. Η συναισθηματική εμπειρία που προκύπτει από ροή πληροφορίας απορρέουσας από τον κόσμο της πραγματικότητας λέγεται *συναίσθημα*· η συναισθηματική εμπειρία που προκαλείται από ροή πληροφορίας απορρέουσας από τη μνήμη ονομάζεται *προσυναίσθημα*. Και η σύγχυσή τους είναι ένα από τα δημοφιλέστερα σπορ στον κόσμο.

Παραδείγματος χάρη, σε μια μελέτη οι ερευνητές τηλεφώνησαν σε ανθρώπους σε διάφορα μέρη της χώρας και τους ρώτησαν πόσο ικανοποιημένοι είναι από τη ζωή τους[25]. Όταν φαντάστηκαν τη ζωή τους, όσοι ερωτώμενοι έτυχε να έχουν καλό καιρό στην πόλη τους εκείνη την ημέρα ανέφεραν ότι ήταν σχετικά ευχαριστημένοι· αλλά οι ερωτώμενοι από περιοχές με άσχημο καιρό εκείνη την ημέρα ανέφεραν πως ήταν σχετικά δυσαρεστημένοι με τη ζωή τους. Οι συγκεκριμένοι άνθρωποι προσπάθησαν να απαντήσουν στην ερώτηση του ερευνητή φανταζόμενοι πρώτα τη ζωή τους και ύστερα ρωτώντας τους εαυτούς τους πώς αισθάνονταν με αυτή. Ο εγκέφαλός τους ενεργοποίησε την πολιτική «πρώτα η πραγματικότητα», και έτσι επέμεινε να αποκριθεί στον πραγματικό καιρό και όχι στις ζωές που φαντάστηκαν. Προφανώς όμως, αυτοί οι άνθρωποι δεν *γνώριζαν* ότι ο εγκέφαλός τους έκανε κάτι τέτοιο, και έτσι μπέρδεψαν τα επαγόμενα από την πραγματικότητα συναισθήματα με τα επαγόμενα από τη φαντασία προσυναισθήματα.

Σε μια παρόμοια μελέτη, οι ερευνητές ζήτησαν από τους αθλούμενους ενός γυμναστηρίου να προβλέψουν πώς θα ένιωθαν αν χάνονταν κάνοντας πεζοπορία και έπρεπε να διανυκτερεύσουν στο δάσος, χωρίς νερό και τροφή[26]. Συγκεκριμένα, τους ζήτησαν να προβλέψουν αν θα τους ήταν περισσότερο ανυπόφορη η πείνα ή η δίψα. Κάποιοι απάντησαν λίγο αφότου είχαν τρέξει σε κυλιόμενο διάδρομο, και άλλοι έκαναν τις προβλέψεις τους πριν τρέξουν στον ίδιο διάδρομο. Τα αποτελέσματα έδειξαν ότι το 92% των ατόμων από την πρώτη ομάδα προέβλεψαν ότι, αν βρίσκονταν χαμένοι μέσα στο δάσος, η δίψα θα τους ήταν πιο δυσάρεστη από την πείνα, αλλά μόνο το 61% της δεύτερης ομάδας έκαναν την ίδια πρόβλεψη. Όπως φαίνεται, οι διψασμένοι προσπάθησαν να απαντήσουν στην ερώτηση του ερευνητή με το να φανταστούν ότι χάθηκαν στο δάσος χωρίς νερό και τροφή και μετά αναρωτήθηκαν πώς αισθάνονταν με αυτό. Όμως ο εγκέφαλός τους επέβαλε την αρχή «πρώτα η πραγματικότητα» και επέμεινε να αποκριθεί στην πραγματική κούραση από τη γυμναστική, και όχι στη φανταστική πεζοπορία. Επειδή και αυτοί οι άνθρωποι δεν *γνώριζαν* ότι ο εγκέφαλός τους έκανε κάτι τέτοιο, μπέρδεψαν τα συναισθήματα με τα προσυναισθήματά τους.

Πιθανότατα έχετε βρεθεί σε παρόμοια αμφιθυμία και εσείς. Περάσατε μια απαίσια μέρα —η γάτα τα έκανε στο χαλί, ο σκύλος τα έκανε πάνω στη γάτα, το πλυντήριο χάλασε και οι αποψινοί *Παγκόσμιοι αγώνες πάλης* αντικαταστάθηκαν με τα *Αριστουργήματα του θεάτρου*— και φυσικά αισθάνεστε κακόκεφοι. Αν εκείνη τη στιγμή προσπαθήσετε να φανταστείτε πόσο πολύ θα διασκεδάσετε το επόμενο βράδυ παίζοντας χαρτιά με τα φιλαράκια σας, μπορεί λανθασμένα να αποδώσετε τα τωρινά συναισθήματά σας —που οφείλονται στην κακή συμπεριφορά των πραγματικών κατοικίδιων ζώων και των πραγματικών συσκευών («Είμαι εκνευρισμένος»)— στην παρέα που φαντάζεστε («Δεν νομίζω πως θα πάω, γιατί ο Nick με εκνευρίζει τελευταία»). Πράγματι, ένα από τα συμπτώματα της κατάθλιψης είναι ότι, όταν οι καταθλιπτικοί σκέφτονται για μελλοντικά ενδεχόμενα, δεν μπορούν να φανταστούν πως θα τους αρέσουν[27]. *Διακοπές; Έρωτας; Νύχτα διασκέδασης στην πόλη; Όχι, ευχαριστώ. Θα καθίσω εδώ, στα σκοτεινά.* Οι φίλοι αγανακτούν να τους βλέπουν μέσα στη «μούχλα», και τους λένε ότι και αυτό θα περάσει όπως τόσα άλλα, ότι πριν από την αυγή υπάρχει το πιο πηχτό σκοτάδι, ότι όλοι περνούν άσχημες μέρες, και μερικά ακόμα σημαντικά κλισέ. Από τη σκοπιά όμως του καταθλιπτικού, η αυτοτιμωρία είναι απολύτως δικαιολογημένη, διότι, όταν φαντάζεται το μέλλον, δυσκολεύεται να αισθανθεί ευτυχία σήμερα και, επομένως, δυσκολεύεται να πιστέψει ότι θα αισθάνεται ευτυχισμένος αύριο.

Δεν μπορούμε να νιώσουμε όμορφα για το μέλλον που φανταζόμαστε όταν είμαστε πολύ απασχολημένοι με το να αισθανόμαστε άσχημα για το πραγματικό παρόν μας. Αντί όμως να αναγνωρίσουμε ότι αυτό είναι ένα αναπόφευκτο αποτέλεσμα της πολιτικής «πρώτα η πραγματικότητα», παραδεχόμαστε εσφαλμένα ότι το μέλλον αποτελεί την *αιτία* για τη δυστυχία που αισθανόμαστε όταν το σκεφτόμαστε. Η σύγχυσή μας δείχνει φοβερά προφανής σε όλους τους εξωτερικούς παρατηρητές, οι οποίοι λένε πράγματα όπως «Αισθάνεσαι άκεφος τώρα επειδή ο μπαμπάς σου μέθυσε και έπεσε από τη βεράντα, επειδή η μαμά σου τσακώθηκε άγρια με τον μπαμπά σου και επειδή το φορτηγάκι σου κατασχέθηκε, αλλά όλα θα δείχνουν διαφορετικά την επόμενη εβδομάδα· στ' αλήθεια θα εύχεσαι να είχες έρθει μαζί μας στην όπερα απόψε». Ώς ένα σημείο αναγνωρίζουμε ότι οι φίλοι μας έχουν πιθανότατα δίκιο. Εντούτοις, όταν προσπαθούμε να παραβλέψουμε, να αγνοήσουμε, να βάλουμε στην άκρη την τωρινή μας μελαγχολική διάθεση και να κάνουμε μια πρόβλεψη για το πώς θα αισθανόμαστε αύριο, ανακαλύπτουμε ότι αυτό μοιάζει πολύ με το να προσπαθούμε να φανταστούμε τη γεύση του λουκουμιού την ώρα που μασάμε λουκάνικο[28]. Θα ήταν απολύτως φυσικό να φανταζόμαστε πρώτα το μέλλον και ύστερα να εκτιμάμε πώς θα μας κάνει αυτό να αισθανθούμε, αλλά επειδή ο εγκέφαλός μας έχει την πεισματική τάση να ανταποκρίνεται στα τρέχοντα συμβάντα, συμπεραίνουμε εσφαλμένα ότι και αύριο θα αισθανόμαστε όπως νιώθουμε και σήμερα.

Περαιτέρω

Περίμενα πολύ καιρό για να δείξω σε κάποιον την επόμενη γελοιογραφία· την έκοψα από μια εφημερίδα το 1983, και έκτοτε την έχω καρφιτσωμένη στον πίνακα ανακοινώσεών μου. Με κάνει πάντα να γελάω. Ο σπόγγος ενθαρρύνεται να φανταστεί δίχως όρια —να οραματιστεί τι θα μπορούσε να γίνει αν ολόκληρο το σύμπαν των πιθανοτήτων βρισκόταν ανοιχτό μπροστά του—, και το πιο εξωτικό πράγμα στο οποίο μπορεί να φανταστεί τον εαυτό του να μεταμορφώνεται είναι μια πεταλίδα. Ο γελοιογράφος, φυσικά, δεν σατιρίζει τους σπόγγους· σατιρίζει εμάς. Καθένας μας είναι παγιδευμένος σε κάποιο μέρος, σε κάποιο χρόνο και σε κάποιες συγκυρίες, και οι απόπειρές μας να χρησιμοποιήσουμε το νου μας για να υπερβούμε αυτά τα όρια, συχνά δεν φέρνουν αποτέλεσμα. Όπως και ο σπόγγος, νομίζουμε ότι σκεφτόμαστε έξω από το κουτί, μόνο και μόνο επειδή δεν μπορούμε να διακρίνουμε πόσο μεγάλο είναι το κουτί. Η φαντασία δεν μπορεί εύκολα να υπερβεί τα όρια του παρόντος, και μία από τις αιτίες είναι ότι χρειάζεται να δανειστεί εξοπλι-

Εικόνα 12.

σμό που ανήκει στην αντίληψη. Επειδή αυτές οι δύο διαδικασίες χρειάζεται να «τρέξουν» πάνω στην ίδια πλατφόρμα, μερικές φορές αδυνατούμε να καταλάβουμε ποια από τις δύο τρέχει. Κάνουμε την παραδοχή ότι αυτό που νιώθουμε τώρα όταν φανταζόμαστε το μέλλον είναι ίδιο με εκείνο που θα αισθανθούμε όταν θα φτάσουμε εκεί, αλλά, στην πραγματικότητα, ό,τι νιώθουμε καθώς φανταζόμαστε το μέλλον είναι συχνά μια αντίδραση σε ό,τι συμβαίνει στο παρόν μας. Η συμφωνία μοιρασιάς του χρόνου ανάμεσα στην αντίληψη και στη φαντασία αποτελεί μία από τις αιτίες του φαινομένου του παροντισμού, αλλά δεν είναι η μόνη. Επομένως, αν το τρένο σας δεν έφτασε ακόμα, αν δεν είστε ακόμα έτοιμοι να σβήσετε το φως και να πέσετε για ύπνο ή αν η καφετέρια όπου βρίσκεστε δεν πρόκειται να κλείσει σύντομα, ας εξερευνήσουμε άλλη μία αιτία.

Κεφαλαιο 7

Χρονικές βόμβες

Τα χείλια δε θα σ' τα παραχορτάσω ως την αηδία,
το ενάντιο, θα λιμάζουνε μέσα στην πλησμονή,
μια κόκκινα θα γίνονται, μια ωχρά απ' την ποικιλία,
δέκα φιλιά γοργά σαν ένα, ένα αργό σαν είκοσι.
Μέρα θερνή θα σου φανεί μια ωρίτσα και βιασμένη
γοργά σε χρονομπαίχτικο παιγνίδι ξοδεμένη.

—Ουίλλιαμ Σαίξπηρ, *Αφροδίτη και Άδωνης*

Κανενας δεν ειδε ποτε ενα ιπτάμενο τροχόσπιτο να πετάει στον ουρανό, αλλά όλοι έχουν παρατηρήσει το πέρασμα του χρόνου. Γιατί λοιπόν είναι τόσο πιο εύκολο να φανταστούμε το πρώτο παρά το δεύτερο; Διότι, όσο απίθανο και αν είναι να αποκτήσει ποτέ ένα όχημα αναψυχής βάρους δέκα τόνων επαρκή ανύψωση ώστε να πετάξει, το ιπτάμενο τροχόσπιτο θα έμοιαζε τουλάχιστον με κάτι, και επομένως δεν δυσκολευόμαστε να παραγάγουμε μια νοητική εικόνα του. Το εξαιρετικό ταλέντο μας στη δημιουργία νοητικών εικόνων για απτά αντικείμενα είναι ένας από τους λόγους που λειτουργούμε τόσο αποτελεσματικά μέσα στον φυσικό κόσμο[1]. Αν φανταστείτε ένα πορτοκάλι πάνω σε ένα κυλινδρικό δοχείο και κατόπιν ότι σπρώχνετε το δοχείο μακριά σας, μπορείτε σχεδόν να προβλέψετε την πτώση του φρούτου, και μπορείτε να καταλάβετε ότι θα πέσει προς το μέρος σας αν σπρώξετε το δοχείο γρήγορα, και μακριά σας αν το σπρώξετε αργά. Αυτές οι πράξεις φαντασίας σάς επιτρέπουν να κάνετε συλλογισμούς για όσα φαντάζεστε και, επομένως, να επιλύετε σημαντικά προβλήματα του πραγματικού κόσμου —όπως το πώς να πιάσετε το πορτοκάλι όταν το αποφασίσετε. Ο χρόνος όμως δεν είναι πορτοκάλι. Δεν έχει χρώμα, σχήμα, μέγεθος ή υφή. Δεν μπορεί ούτε να κοπεί ούτε να ξεφλουδιστεί ούτε να κεντριστεί ούτε να σπρωχτεί ούτε να βαφτεί ούτε να διαπεραστεί. Ο χρόνος δεν είναι αντικείμενο, αλλά μια αφαίρεση, γι' αυτό και δεν επιδέχεται νοητική απεικόνιση. Για τον ίδιο λόγο οι σκηνοθέτες του κινηματογράφου υποχρεώνονται να αναπαραστήσουν το πέρασμα του χρόνου με τεχνάσματα, όπως με τα φύλλα ημερολογίου που γυρνούν στο φύσημα του ανέμου ή με ρολόγια που οι δείκτες τους στριφογυρνούν δαιμονισμένα. Κι όμως, αν θέλουμε να προβλέψουμε το συναισθηματικό μας μέλλον, χρειάζεται να σκεφτούμε σε —και γύρω από και μέσα από— χρονικές ζώνες. Αν δεν μπορούμε να δημιουργήσουμε τη νοητική εικόνα μιας αφηρημένης έννοιας όπως είναι ο χρόνος, τότε πώς γίνεται να σκεφτόμαστε και να βγάζουμε συμπεράσματα για αυτόν;

Περί ορέξεως

Όταν οι άνθρωποι πρέπει να κάνουν συλλογισμούς σχετικά με κάτι αφηρημένο, έχουν την τάση να φαντάζονται κάτι συγκεκριμένο που *μοιάζει* με το αφηρημένο, και κατόπιν κάνουν συλλογισμούς χρησιμοποιώντας αυτό[2]. Για όλους μας σχεδόν, ο *χώρος* είναι το συγκεκριμένο εκείνο πράγμα με το οποίο μοιάζει ο *χρόνος*[3]. Οι έρευνες δείχνουν ότι οι άνθρωποι σε όλο τον κόσμο φαντάζονται το χρόνο σαν μια χωρική διάσταση, και γι' αυτό εξάλλου λέμε ότι το παρελθόν είναι *πίσω* μας και το μέλλον *μπροστά μας*, ότι *βαδίζουμε προς* τη γεροντική μας ηλικία και *ξαναγυρίζουμε* στην παιδική μας ηλικία, και ότι οι μέρες *περνούν*, όπως σχεδόν θα περνούσε και ένα ιπτάμενο τροχόσπιτο. Σκεφτόμαστε και μιλάμε σαν πραγματικά να *απομακρυνόμαστε* από το *χθες* που βρίσκεται *εκεί πίσω* και να προχωρούμε *προς* ένα αύριο που τοποθετείται σε γωνία 180 μοιρών ως προς το χθες. Όταν συντάσσουν ένα χρονολόγιο, οι αγγλόφωνοι τοποθετούν το παρελθόν στα αριστερά, οι αραβόφωνοι το τοποθετούν στα δεξιά[4], ενώ όσοι μιλούν κινεζικά το τοποθετούν κάτω[5]. Ανεξάρτητα όμως από τη μητρική μας γλώσσα, όλοι τοποθετούμε το παρελθόν *κάπου* —και το μέλλον *κάπου αλλού*. Μάλιστα, όταν θέλουμε να λύσουμε κάποιο πρόβλημα χρόνου —λόγου χάρη, «Αν έφαγα πρωινό πριν βγάλω το σκύλο βόλτα, αλλά αφότου διάβασα την εφημερίδα, τότε τι από όλα έκανα πρώτο;»—, οι περισσότεροι φανταζόμαστε ότι βάζουμε τρία αντικείμενα (πρωινό, σκύλο, εφημερίδα) σε μια σειρά και ύστερα εξετάζουμε ποιο από όλα βρίσκεται στην άκρη αριστερά (ή δεξιά ή κάτω, ανάλογα με τη γλώσσα που μιλάμε). Ο συλλογισμός μέσω μεταφοράς είναι ένας ιδιοφυής τρόπος να θεραπεύουμε τις αδυναμίες μας αξιοποιώντας στο έπακρο τις δυνατότητές μας —δηλαδή να χρησιμοποιούμε πράγματα τα οποία μπορούμε να αναπαραστήσουμε, ώστε να σκεφτούμε, να συζητήσουμε και να βγάλουμε συμπεράσματα για πράγματα που δεν μπορούμε να απεικονίσουμε.

Αλίμονο, οι μεταφορές μπορούν όχι μόνο να μας διαφωτίσουν αλλά και να μας παραπλανήσουν· και η τάση μας να φανταζόμαστε το χρόνο ως διάσταση του χώρου προκαλεί και τα δύο. Φανταστείτε, για παράδειγμα, ότι μαζί με το φίλο σας καταφέρνετε να βρείτε τραπέζι σε ένα ακριβό εστιατόριο με λίστα αναμονής τριών μηνών και ότι, αφού έχετε ξεφυλλίσει το μενού, διαπιστώνετε πως και οι δύο θέλετε να πάρετε την πέρδικα με σάλτσα wasabi. Βέβαια, έχετε και οι δύο επαρκείς γνώσεις τού σαβουάρ βιβρ για να καταλάβετε ότι το να παραγγείλετε ακριβώς τα ίδια πιάτα σε ένα εκλεκτό εστιατόριο ισοδυναμεί περίπου με το να μπείτε φορώντας ασορτί αφτιά ποντικού, και επομένως παίρνετε την απόφαση ο ένας σας να παραγγείλει την πέρδικα, ο άλλος το ελάφι gumbo, και ύστερα —σύμφωνα με τις επιταγές τού σαβουάρ βιβρ— να τα μοιραστείτε. Το κάνετε αυτό όχι μόνο για να μη σας περάσουν για άξεστους, αλλά και επειδή πιστεύετε ότι η ποικιλία είναι το αλατοπίπερο της ζωής. (Υπάρχουν πολύ λίγες μεταφορές σχετικές με μπαχαρικά, και η παραπάνω είναι ίσως η καταλληλότερη για την περίπτωση.) Πράγματι, εάν επρόκειτο να μετρήσουμε την ικανοποίησή σας ύστερα από το γεύμα, πιθανότατα θα βρίσκαμε ότι τόσο ο φίλος σας όσο κι εσείς ευχαριστηθήκατε περισσότερο με τη μοιρασιά από όσο αν είχατε παραγγείλει και οι δύο πέρδικα.

Κάτι παράξενο συμβαίνει όμως όταν επεκτείνουμε αυτό το πρόβλημα στο χρόνο. Φανταστείτε ότι ο σεφ του εστιατορίου εντυπωσιάζεται τόσο πολύ από το συνολάκι σας ώστε σας προσκαλεί (όχι όμως και το φίλο σας, που θα μπορούσε να πρόσεχε το ντύσιμό του λίγο περισσότερο) να πηγαίνετε στο εστιατόριο κάθε πρώτη Δευτέρα του μήνα για τον επόμενο χρόνο και να απολαμβάνετε ένα δωρεάν γεύμα στο καλύτερο τραπέζι. Επειδή όμως καμιά φορά τελειώνουν τα υλικά στην κουζίνα, σας ζητά να αποφασίσετε από τώρα τι θα θέλατε να τρώτε σε κάθε επίσκεψή σας, ώστε να είναι πλήρως προετοιμασμένος και να σας περιποιείται καταλλήλως. Αρχίζετε και πάλι να γυρίζετε τις σελίδες του καταλόγου. Σιχαίνεστε το κουνέλι, το μοσχάρι είναι πολιτικώς μη ορθό, τα λαζάνια με λαχανικά σάς είναι εντελώς αδιάφορα, οπότε, όπως κατεβαίνετε τη λίστα, διαπιστώνετε πως υπάρχουν μόνο τέσσερα πιάτα που διεγείρουν την όρεξή σας: η πέρδικα, το ελάφι gumbo, το ψάρι mahimahi με μπόλικα μπαχαρικά, και το ρυζότο με θαλασσινά και σαφράν. Η πέρδικα είναι σαφέστατα η πρώτη σας προτίμηση και μπαίνετε στον πειρασμό να την παραγγείλετε και για τις δώδεκα φορές. Αυτό όμως θα ήταν πολύ άκομψο, πολύ χωριάτικο, άσε που θα σας στερούσε και το αλατοπίπερο της ζωής. Ζητάτε λοιπόν από το σεφ να σας σερβίρει την πέρδικα μήνα παρά μήνα, και να συμπληρώσει τα ενδιάμεσα κενά με ισάριθμα πιάτα gumbo, mahimahi και ρυζότου.

Μπορεί να έχετε γούστο στο ντύσιμο, αλλά όσον αφορά το φαγητό την πατήσατε σαν πρωτάρης[6]. Κάποιοι ερευνητές μελέτησαν αυτού του είδους την εμπειρία προσκαλώντας εθελοντές να επισκέπτονται το εργαστήριο για ένα μικρό κολατσιό, μία φορά την εβδομάδα, επί αρκετές εβδομάδες[7]. Ζήτησαν από μερικούς εθελοντές (η ομάδα επιλογής) να διαλέξουν εκ των προτέρων τι κολατσιό θα τρώνε κάθε φορά, και —όπως μόλις τα καταφέρατε κι εσείς— εκείνοι συνηθέστερα επέλεγαν μια λογική δόση ποικιλίας. Μετά οι ερευνητές ζήτησαν από μια νέα ομάδα εθελοντών να έρχονται στο εργαστήριό τους μία φορά την εβδομάδα για κάμποσες εβδομάδες. Σε μερικούς από τους εθελοντές πρόσφεραν το αγαπημένο τους κολατσιό κάθε φορά (η ομάδα χωρίς ποικιλία), ενώ τους υπόλοιπους εθελοντές τούς τάιζαν τις περισσότερες φορές με το αγαπημένο τους κολατσιό και τις υπόλοιπες με εκείνο που είχαν ως δεύτερη προτίμηση (η ομάδα με ποικιλία). Όταν οι επιστήμονες μέτρησαν την ικανοποίηση των εθελοντών σε όλη τη διάρκεια της μελέτης, βρήκαν ότι όσοι ανήκαν στην ομάδα χωρίς ποικιλία ήταν πιο ικανοποιημένοι από τους εθελοντές της ομάδας με ποικιλία. Με άλλα λόγια, η ποικιλία προκαλούσε *λιγότερη* ευχαρίστηση, και όχι *περισσότερη*. Περιμένετε μισό λεπτό —κάτι σάπιο μυρίζει εδώ, και δεν είναι το mahimahi. Πώς γίνεται η ποικιλία να είναι το αλατοπίπερο της ζωής όταν κάποιος πηγαίνει σε ένα πολυτελές εστιατόριο, αλλά η ποικιλία να ισοδυναμεί με συμφορά όταν κανείς παραγγέλνει το κολατσιό που θα τρώει για τις επόμενες εβδομάδες;

Μία από τις σκληρότερες αλήθειες τούτης της ζωής είναι η εξής: Τα θαυμάσια πράγματα είναι ιδιαιτέρως θαυμάσια την πρώτη φορά που συμβαίνουν, αλλά το θαυμαστό τους φθίνει με την επανάληψη[8]. Συγκρίνετε απλώς την πρώτη και την τελευταία φορά που το παιδί σας είπε «μαμά» ή ο σύντροφός σας είπε «σ' αγαπώ», και θα καταλάβετε ακριβώς τι εννοώ. Όταν βιώνουμε μια εμπειρία —ακούμε μια συγκεκριμένη σονάτα, κάνουμε έρωτα με έναν συγκεκριμένο άνθρωπο, χαζεύουμε το ηλιοβασίλεμα από ένα συγκεκριμένο παράθυρο κάποιου δωματίου— διαδοχικές φορές, σύντομα αρχίζουμε να προσαρμοζόμαστε σε αυτή, και αντλούμε όλο και λιγότερη ευχαρίστηση.

Οι ψυχολόγοι ονομάζουν αυτό το φαινόμενο *εθισμό*, οι οικονομολόγοι το ονομάζουν *φθίνουσα οριακή χρησιμότητα* και οι υπόλοιποι το λέμε *γάμο*. Έχουμε επινοήσει όμως δύο πράγματα για να καταπολεμήσουμε αυτή την τάση: την ποικιλία και το χρόνο. Ένας τρόπος να νικηθεί ο εθισμός είναι να αυξήσει κανείς την ποικιλία των εμπειριών του («Αγάπη μου, μου ήρθε μια πονηρή ιδέα —πάμε σήμερα να δούμε το ηλιοβασίλεμα *από την κουζίνα*»)[9]. Άλλος ένας τρόπος να αντιμετωπιστεί ο εθισμός είναι να αυξηθεί το χρονικό διάστημα που μεσολαβεί ανάμεσα σε επαναλήψεις της εμπειρίας. Το τσούγκρισμα ποτηριών με σαμπάνια και η ανταλλαγή φιλιών την ώρα που το ρολόι χτυπάει μεσάνυχτα θα ήταν μια μάλλον βαρετή διαδικασία αν συνέβαινε κάθε βράδυ· αλλά αν το κάνουμε μόνο την παραμονή της Πρωτοχρονιάς, και αφήνουμε να περάσει ένας ολόκληρος χρόνος πριν το ξανακάνουμε, η εμπειρία προσφέρει ατέλειωτη απόλαυση: Ένα έτος φαίνεται υπεραρκετός χρόνος για να εξαφανιστούν τα αποτελέσματα του εθισμού. Ιδού το ζήτημα λοιπόν: ο χρόνος και η ποικιλία είναι δύο τρόποι για την αποφυγή του εθισμού, και όταν έχεις τον ένα, δεν χρειάζεσαι τον άλλο. Στην πραγματικότητα (και τώρα φτάνουμε στο κρίσιμο σημείο, οπότε κατεβάστε το πιρούνι σας και ακούστε), όταν τα επεισόδια χωρίζονται με επαρκή ενδιάμεσο χρόνο, η ποικιλία δεν είναι μόνο περιττή, αλλά μπορεί και να την πληρώσουμε πολύ ακριβά.

Μπορώ να εξηγήσω πιο αναλυτικά τα παραπάνω αν μου επιτρέψετε να κάνω μερικές λογικές παραδοχές. Πρώτον, φανταστείτε ότι μπορούμε να χρησιμοποιήσουμε ένα μηχάνημα που λέγεται «ηδονόμετρο» για να μετρήσουμε την ευχαρίστηση κάποιου ανθρώπου σε «ηδόνια». Αρχίζουμε κάνοντας μια *παραδοχή για την προτίμηση*: Ας υποθέσουμε ότι η πρώτη μπουκιά πέρδικας σας δίνει, ας πούμε, 50 ηδόνια, ενώ η πρώτη μπουκιά ελαφιού σάς δίνει 40. Αυτό εννοούμε όταν λέμε ότι προτιμάτε την πέρδικα από το ελάφι. Δεύτερον, ας κάνουμε μια *παραδοχή για το ρυθμό εθισμού*: Ας υποθέσουμε ότι, αφού φάτε μια μπουκιά από ένα συγκεκριμένο πιάτο, κάθε επόμενη μπουκιά από το ίδιο πιάτο —που την τρώτε, ας πούμε, μέσα σε 10 λεπτά από την προηγούμενη— σας δίνει 1 ηδόνιο λιγότερο κάθε φορά. Τέλος, ας κάνουμε μια *παραδοχή για το ρυθμό κατανάλωσης*: Ας υποθέσουμε ότι κανονικά τρώτε με τον ζωηρό ρυθμό της μίας μπουκιάς ανά 30 δευτερόλεπτα. Η Εικόνα 13 δείχνει τι συμβαίνει με την ευχαρίστησή σας αν κάνουμε αυτές τις παραδοχές σχετικά με την προτίμηση, το ρυθμό εδισμού και το ρυθμό κατανάλωσης. Όπως καταλαβαίνετε, ο καλύτερος τρόπος για να μεγιστοποιήσετε την ικανοποίησή σας σε αυτή την περίπτωση είναι να ξεκινήσετε με πέρδικα και, αφού φάτε δέκα μπουκιές (διαδικασία που διαρκεί 5 λεπτά), να στραφείτε στο ελάφι. Γιατί να αλλάξετε πιάτο; Επειδή, όπως δείχνουν οι γραμμές στο σχήμα, η ενδέκατη μπουκιά πέρδικας (που τρώγεται σε χρόνο 5,5 λεπτών από την έναρξη) θα σας έδινε μόνο 39 ηδόνια, ενώ μία μπουκιά από το ελάφι, που δεν το έχετε δοκιμάσει ακόμα, θα σας αποδώσει 40. Επομένως, αυτή ακριβώς είναι η κατάλληλη στιγμή του γεύματος για να ανταλλάξετε με το φίλο σας πιάτα, θέσεις ή αφτιά ποντικού[10]. Τώρα όμως κοιτάξτε την Εικόνα 14 και παρατηρήστε πόσο ριζικά αλλάζουν τα πράγματα όταν επεκτείνουμε αυτό το γαστρονομικό επεισόδιο στο χρόνο, μεταβάλλοντας το ρυθμό κατανάλωσης από μέρους σας. Όταν ανάμεσα στις μπουκιές σας μεσολαβούν πάνω από 10 λεπτά (εν προκειμένω 15 λεπτά), τότε ο εδισμός δεν συμβαίνει πια, πράγμα που σημαίνει ότι κάθε μπουκιά είναι τόσο νόστιμη όσο και η πρώτη, και επίσης ότι μια μπουκιά ελάφι δεν είναι ποτέ καλύτερη από την μπουκιά πέρδικας. Με άλλα λόγια, αν μπορούσατε να φάτε αρκετά αργά, τότε η ποικιλία δεν θα ήταν μόνο *περιττή* αλλά στην πραγματικότητα μπορεί και να σας *κόστιζε*, αφού η μπουκιά από το ελάφι θα έδινε *πάντοτε* λιγότερη ευχαρίστηση απ' ό,τι μία επιπλέον μπουκιά πέρδικας.

Τώρα, όταν εσείς και ο φίλος σας καθίσατε μαζί στο φανταστικό εστιατόριο, παραγγείλατε δύο πιάτα για να τα φάτε ταυτόχρονα. Γνωρίζατε ότι δεν θα είχατε και πολύ χρόνο ανάμεσα στις μπουκιές, και γι' αυτό επιλέξατε ποικιλία για να νοστιμέψετε λίγο τα πράγματα. Καλή επιλογή. Όταν όμως ο σεφ σάς είπε να παραγγείλετε εκ των προτέρων μια σειρά γευμάτων, πάλι επιλέξατε ποικιλία. Γιατί ζητήσατε ποικιλία, ενώ ήδη είχα-

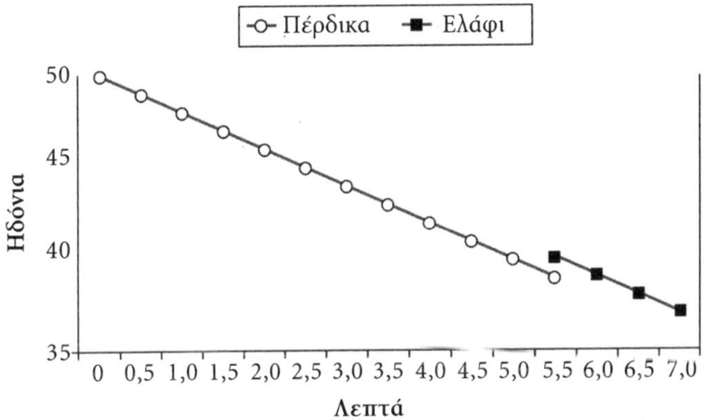

Εικόνα 13. Η ποικιλία αυξάνει την ευχαρίστηση όταν η κατανάλωση είναι ταχεία.

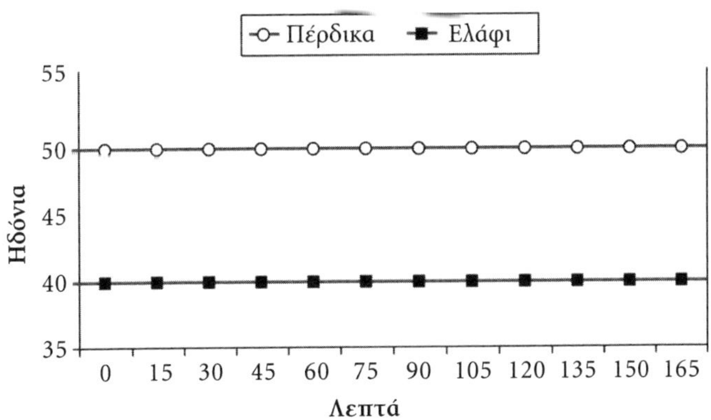

Εικόνα 14. Η ποικιλία μειώνει την ευχαρίστηση όταν η κατανάλωση είναι αργή.

τε διαθέσιμο χρόνο; Ο λόγος βρίσκεται στη χωρική μεταφορά (βλ. Εικόνα 15). Επειδή φανταστήκατε τα πιάτα που ανάμεσά τους μεσολαβεί χρόνος όπως θα φανταζόσασταν μερικά πιάτα πάνω σε ένα τραπέζι, σε απόσταση λίγων εκατοστών μεταξύ τους, υποθέσατε ότι για τα χρονικώς διαδοχικά πιάτα θα ίσχυε ό,τι ισχύει και για τα χωρικώς διαδοχικά. Όταν μεταξύ των πιάτων μεσολαβεί χώρος, είναι απολύτως λογικό να επιδιώκει κανείς την ποικιλία. Στο κάτω κάτω, ποιος θα ήθελε να καθίσει σε ένα τραπέζι όπου έχουν σερβιριστεί δώδεκα ολόιδιες μερίδες πέρδικας; Μας αρέσουν πολύ τα πιάτα με ποικιλία, οι δίσκοι αλλαντικών και τυριών, και οι μπουφέδες, επειδή θέλουμε —και *θα έπρεπε* να θέλουμε— ποικιλία εναλλακτικών πραγμάτων όταν θα τα βιώσουμε μέσα σε ένα και μόνο επεισόδιο. Το πρόβλημα προκύπτει όταν κάνουμε συλλογισμούς με μεταφορές και σκεφτόμαστε έτσι μια ντουζίνα διαδοχικών γευμάτων μέσα σε μια ντουζίνα διαδοχικών μηνών σαν αυτά να ήταν μια ντουζίνα πιάτα τοποθετημένα σε ένα μακρύ τραπέζι μπροστά μας: Τότε αντιμετωπίζουμε εσφαλμένα τα *διαδοχικά* εναλλακτικά πράγματα σαν *ταυτόχρονα* εναλλακτικά πράγματα. Αυτό είναι σφάλμα, διότι τα διαδοχικά πράγματα έχουν ήδη το χρό-

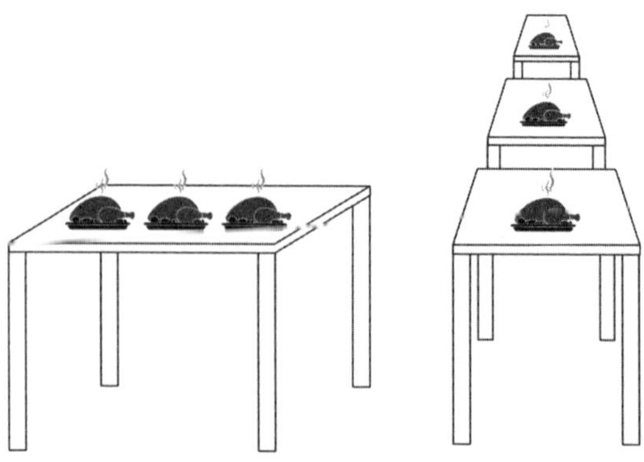

Εικόνα 15. Ταυτόχρονη κατανάλωση (*αριστερά*) και διαδοχική κατανάλωση (*δεξιά*).

νο με το μέρος τους, και επομένως η ποικιλία τα κάνει λιγότερο, και όχι περισσότερο, ευχάριστα.

Αρχίζοντας τώρα

Επειδή είναι δύσκολο να φανταστούμε το χρόνο, μερικές φορές τον φανταζόμαστε σαν χωρική διάσταση, ενώ άλλοτε δεν τον φανταζόμαστε καθόλου. Για παράδειγμα, όταν φανταζόμαστε μελλοντικά γεγονότα, οι νοητικές μας εικόνες κατά κανόνα περιέχουν τους σχετικούς ανθρώπους, τους τόπους, τα λόγια και τις πράξεις, αλλά σπανίως περιλαμβάνουν ξεκάθαρες ενδείξεις του *χρόνου* κατά τον οποίο μιλούν και ενεργούν τα συγκεκριμένα πρόσωπα σε αυτά τα συγκεκριμένα μέρη. Καθώς φανταζόμαστε ότι ανακαλύπτουμε την απιστία της συντρόφου μας την παραμονή της Πρωτοχρονιάς, η νοητική μας εικόνα *δείχνει* πολύ όμοια με εκείνη της ανακάλυψης της απιστίας είτε κατά το εβραϊκό Πουρίμ είτε τις Απόκριες είτε το ρωσικό ορθόδοξο Πάσχα. Πράγματι, η νοητική εικόνα της «*σύλληψης της συντρόφου σας στο κρεβάτι με τον ταχυδρόμο την παραμονή της Πρωτοχρονιάς*» αλλάζει δραστικά αν αντικαταστήσετε τη «*σύντροφο*» με τον «*κουρέα*» ή το «*κρεβάτι*» με το «*να κουβεντιάζει*», αλλά δεν θα αλλάξει μάλλον καθόλου αν αντικαταστήσετε την «*παραμονή της Πρωτοχρονιάς*» με την «*Ημέρα των Ευχαριστιών*». Μάλιστα, είναι περίπου απίθανο να γίνει τέτοιου είδους αντικατάσταση, επειδή, αλίμονο, στη νοητική εικόνα δεν υπάρχει κάτι που θα μπορούσε να αλλαχτεί. Μπορούμε να επισκοπήσουμε μια νοητική εικόνα και να δούμε *ποιος* κάνει *τι*, αλλά όχι *πότε* το κάνει. Σε γενικές γραμμές, οι νοητικές εικόνες είναι *άχρονες*[11].

Επομένως, με ποιον τρόπο αποφασίζουμε πώς θα αισθανθούμε για πράγματα που θα συμβούν στο μέλλον; Η απάντηση είναι ότι έχουμε την τάση να φανταζόμαστε πώς θα νιώθαμε αν αυτά τα πράγματα συνέβαιναν *τώρα*, και ύστερα κάνουμε μια διόρθωση λαμβάνοντας υπόψη ότι το *τώρα* και το *αργότερα* δεν είναι ακριβώς το ίδιο πράγμα. Ρωτήστε, ας πούμε, έναν ετεροφυλόφιλο έφηβο πώς θα αισθανόταν αν επρόκειτο να εμφανιστεί στην πόρτα του *ακριβώς αυτή τη στιγμή* μια από τις κουκλάρες τού *Playboy*, φορώντας μπικίνι, γουργουρίζοντας και λέγοντας ότι χρειάζεται επειγόντως μασάζ. Η αντίδρασή του θα είναι οφθαλμοφανής: Θα χαμογελάσει, τα μάτια του θα ανοίξουν διάπλατα, οι κόρες του θα παρουσιάσουν συστολή, θα κοκκινίσει, και διάφορα άλλα φυσιολογικά συστήματα θα αποκριθούν όπως έχει προβλέψει η φύση. Αν τώρα κάνετε σε έναν άλλο έφηβο την ίδια ακριβώς ερώτηση αλλά αντικαταστήσετε τη φράση «*ακριβώς αυτή τη στιγμή*» με τη φράση «*σε πενήντα χρόνια*», θα παρατηρήσετε την ίδια αρχική αντίδραση. Για μια στιγμή μάλιστα μπορεί και να υποψιαστείτε ότι τούτος ο δεύτερος έφηβος έχει απορροφηθεί τελείως στη νοητική εικόνα της μισόγυμνης θεάς με τα σαρκώδη χείλη και δεν λαμβάνει υπόψη το γεγονός ότι αυτό το φανταστικό συμβάν υποτίθεται ότι θα λάβει χώρα μισό αιώνα αργότερα. Δώστε του όμως λίγο χρόνο —ας πούμε λίγες εκατοντάδες χιλιοστά του δευτερολέπτου. Καθώς θα περνούν αυτά τα χιλιοστά, θα παρατηρήσετε ότι η αρχική του ορμή και ο ενθουσιασμός ξεθωριάζουν· καθώς υπολογίζει τη χρονολογία του φανταστικού γεγονότος, συνειδητοποιεί πως οι έφηβοι και οι παππούδες δεν έχουν τις ίδιες ανάγκες, και σωστά πλέον συμπεραίνει ότι η εμφάνιση μιας καλλίγραμμης νύμφης στην πόρτα του κατά πάσα πιθανότητα δεν θα ήταν τόσο διεγερτική στην ηλικία της συνταξιοδότησής του όσο θα ήταν στο υπερχειλίζον τεστοστερόνης παρόν του. Η αρχική του ορμή και η ακόλουθη πτώση του είναι αρκετά διαφωτιστικές, διότι δείχνουν ότι, όταν του ζητήθηκε να φανταστεί το μελλοντικό γεγονός, εκείνος ξεκίνησε να το φαντάζεται σαν να συνέβαινε στο παρόν, και *τότε* μόνο έλαβε υπόψη ότι το γεγονός επρόκειτο να συμβεί στο μέλλον, όταν δηλαδή η όραση και η λίμπιντό του θα είχαν πληρώσει τα αναπόφευκτα τιμήματα στην ωριμότητα.

Γιατί αυτό να έχει σημασία; Στο κάτω κάτω και σε τελική ανάλυση, ο έφηβος πράγματι έλαβε υπόψη του το γεγονός ότι το *τώρα* και το *πέντε δεκαετίες από τώρα* δεν είναι το ίδιο πράγμα· ποιος νοιάζεται λοιπόν αν το υπολόγισε αυτό μόνο *αφότου* καθηλώθηκε στιγμιαία από τη νοητική εικόνα της αιθέριας ύπαρξης; Νοιάζομαι εγώ. Και θα έπρεπε να νοιάζεστε και εσείς. Με το να φανταστεί το γεγονός σαν να συνέβαινε *τώρα*, και με εκ των υστέρων προσθήκη διορθώσεων επειδή αυτό πρόκειται να συμβεί *αργότερα*, ο έφηβος χρησιμοποίησε μια μέθοδο συναγωγής συμπερασμάτων η οποία είναι μεν αρκετά συνήθης αλλά αναπόφευκτα επίσης οδηγεί σε σφάλμα[12]. Για να κατανοήσουμε τη φύση αυτού του σφάλματος, θα αναφερθούμε σε μια έρευνα η οποία ζήτησε από εθελοντές να μαντέψουν τον αριθμό των αφρικανικών χωρών που ανήκαν στα Ηνωμένα Έθνη[13]. Αντί να απαντήσουν την ερώτηση απευθείας, οι εξεταζόμενοι χρειάστηκε να συμπεράνουν χρησιμοποιώντας μια μέθοδο σταδιακής προσέγγισης: Από κάποιους εθελοντές ζητήθηκε να πουν πόσο μικρότερος ή μεγαλύτερος από το 10 ήταν ο ζητούμενος αριθμός, και από άλλους πόσο μικρότερος ή μεγαλύτερος ήταν από το 60. Με άλλα λόγια, οι ερευνητές έδωσαν στους εθελοντές ένα αυθαίρετο *σημείο εκκίνησης* και τους ζήτησαν να το *διορθώσουν* έως ότου φτάσουν στο κατάλληλο *σημείο τερματισμού* —όπως ακριβώς ο έφηβος χρησιμοποίησε την εικόνα μιας όμορφης γυναίκας στην παρούσα στιγμή ως σημείο εκκίνησης για να εξαγάγει το πρώτο συμπέρασμά του («Έχω ενθουσιαστεί!») και ύστερα έκανε διορθώσεις για να φτάσει στο σημείο τερματισμού και τελικού συμπεράσματος («Μια και θα είμαι όμως 67 χρονών όταν θα γίνονται όλα αυτά, πιθανότατα δεν θα έχω τέτοιο ενθουσιασμό»).

Το πρόβλημα με αυτή τη μέθοδο συναγωγής συμπερασμάτων έγκειται στο ότι τα σημεία εκκίνησης ασκούν τεράστια επίδραση στα σημεία τερματισμού. Όσοι εθελοντές ξεκίνησαν από το 10 μάντεψαν ότι ο αριθμός των αφρικανικών κρατών που ανήκαν στα Ηνωμένα Έθνη ήταν περίπου 25, ενώ όσοι εθελοντές ξεκίνησαν από το 60 μάντεψαν ότι τα κράτη ήταν περίπου 45. Γιατί τόση διαφορά στις απαντήσεις τους; Αυτό συνέβη διότι οι εξεταζόμενοι ξεκίνησαν τη συγκεκριμένη άσκηση διερωτώμενοι εάν το σημείο εκκίνησης θα μπορούσε να είναι η σωστή απάντηση, και ύστερα, καθώς συνειδητοποίησαν πως κάτι τέτοιο δεν θα ήταν δυνατόν, κινήθηκαν σιγά σιγά προς μια πιο λογική εικασία («Το 10 δεν μπορεί να είναι σωστό. Άραγε 12; Μπα, πάλι λίγο φαίνεται. Μήπως 14; Καλύτερα 25»)[14]. Δυστυχώς, επειδή η εν λόγω διαδικασία απαιτεί χρόνο και προσοχή, η ομάδα που άρχισε από το 10 και εκείνη που ξεκίνησε από το 60 βαρέθηκαν και τα παράτησαν πριν συναντηθούν στα μισά του δρόμου. Αυτό δεν είναι και τόσο παράξενο. Αν ζητούσατε από κάποιο παιδί να αρχίσει να μετράει από το 0 προς τα πάνω και από ένα άλλο να μετρήσει κατεβαίνοντας από το 1.000.000, να είστε σίγουροι ότι, όταν πια θα τα παρατούσαν από την εξάντληση και θα πήγαιναν να βρουν αβγά για να τα πετάξουν στην πόρτα τού γκαράζ σας, θα είχαν σταματήσει σε πολύ διαφορετικά νούμερα. Τα σημεία εκκίνησης έχουν σημασία, διότι πολύ συχνά τερματίζουμε κοντά στο σημείο από όπου ξεκινήσαμε.

Όταν προβλέπουμε τα μελλοντικά μας συναισθήματα φανταζόμενοι ένα μελλοντικό γεγονός σαν να συμβαίνει στο παρόν και κάνοντας ύστερα διορθώσεις για τη σωστή τοποθεσία του γεγονότος στο χρόνο, υποπίπτουμε στο ίδιο σφάλμα. Παραδείγματος χάρη, σε μια έρευνα ζητήθηκε από τους εθελοντές να προβλέψουν πόσο θα τους άρεσε να φάνε μακαρόνια με κιμά το επόμενο πρωινό ή το επόμενο βράδυ[15]. Μερικοί από τους εθελοντές ήταν πεινασμένοι όταν έκαναν αυτή την πρόβλεψη και κάποιοι ήταν χορτασμένοι. Όταν οι εξεταζόμενοι έκαναν την πρόβλεψή τους υπό ιδανικές συνθήκες, εκτιμούσαν ότι θα τους άρεσε πιο πολύ να φάνε μακαρόνια το βράδυ παρά το πρωί —η πείνα που ένιωθαν εκείνη τη στιγμή δεν είχε ιδιαίτερη επίδραση στις προβλέψεις τους. Μερικοί όμως εθελοντές έκαναν αυτές τις προβλέψεις υπό συνθήκες μακράν των ιδανικών. Συγκεκριμένα, τους ζητήθηκε να κάνουν τις προβλέψεις τους ενώ ταυτόχρονα έπρεπε να αναγνωρίσουν μελωδίες. Η έρευνα έχει δείξει ότι η ταυτόχρονη εκτέλεση και μιας άλλης άσκησης, όπως η παραπάνω, οδηγεί τους εξεταζόμενους σε μικρή μόνο απόκλιση από το σημείο εκκίνησής τους. Πράγματι, όταν οι εθελοντές έκαναν προβλέψεις ενώ αναγνώριζαν μελωδίες, πρόβλεψαν ότι τα μακαρόνια θα τους άρεσαν το ίδιο, είτε τα έτρωγαν το πρωί είτε το βράδυ. Το σπουδαιότερο όμως είναι ότι η πείνα που ένιωθαν εκείνη τη στιγμή επηρέαζε σημαντικά τις απαντήσεις τους: Οι πεινασμένοι εθελοντές περίμεναν ότι θα τους άρεσε να φάνε μακαρόνια την επόμενη μέρα (όποτε κι αν τα έτρωγαν), ενώ οι χορτάτοι εθελοντές περίμεναν ότι δεν θα τους άρεσε να φάνε μακαρόνια την επομένη (όποτε κι αν τα έτρωγαν). Αυτό το πρότυπο απαντήσεων δείχνει ότι όλοι οι εθελοντές έκαναν τις προβλέψεις τους με τη μέθοδο του πάνω-κάτω: πρώτα φαντάστηκαν πόσο θα τους άρεσε να φάνε μακαρόνια στο παρόν («Ωραία!» αν πεινούσαν, και «Μπλιαχ!» αν ήταν χορτάτοι) και χρησιμοποίησαν ύστερα αυτό το προσυναίσθημα ως σημείο εκκίνησης για να εκτιμήσουν την ευχαρίστηση που θα έπαιρναν αύριο. Στη συνέχεια — όπως ακριβώς και ο υποθετικός μας έφηβος διόρθωσε το συμπέρασμά του όταν έλαβε υπόψη ότι ο τωρινός θαυμασμός που τρέφει για τις καμπυλόγραμμες καλλονές θα έχει πιθανότατα εξασθενήσει έπειτα από πενήντα χρόνια— οι εθελοντές διόρθωσαν τις εκτιμήσεις τους συνυπολογίζοντας την ώρα της ημέρας κατά την οποία επρόκειτο να καταναλωθούν τα μακαρόνια («Μακαρόνια για βραδινό είναι τέλεια ιδέα, αλλά μακαρόνια για πρωινό; Μπλιαχ!»). Εντούτοις, οι εθελοντές που έκαναν τις προβλέψεις τους ενόσω αναγνώριζαν μελωδίες δεν κατάφεραν να διορθώσουν τις εκτιμήσεις τους, και έτσι το σημείο στο οποίο τερμάτισαν βρισκόταν πολύ κοντά στο σημείο εκκίνησής τους. Επειδή υπό κανονικές συνθήκες χρησιμοποιούμε τα παροντικά συναισθήματά μας για να προβλέψουμε τα μελλοντικά μας συναισθήματα, αναμένουμε ότι το μέλλον θα μας προκαλέσει συναισθήματα περισσότερο όμοια με τα τωρινά απ' ό,τι πρόκειται να συμβεί στην πραγματικότητα[16].

Σε τιμή ευκαιρίας

Εάν δεν έχετε ιδιαίτερα ταλέντα ούτε κάποια αξιοπερίεργη δυσμορφία αλλά εξακολουθείτε να τρέφετε την κρυφή επιθυμία να γραφτείτε στο βιβλίο των ρεκόρ *Γκίνες*, νά κάτι που μπορείτε να δοκιμάσετε: Τη Δευτέρα το πρωί μπείτε αποφασισμένος στο γραφείο του προϊσταμένου σας και πείτε: «Εργάζομαι στην εταιρεία εδώ και κάμποσα χρόνια, πιστεύω πως έχω προσφέρει εξαιρετική δουλειά, και θα ήθελα να μου γίνει μια περικοπή μισθού 15%... αν και θα μπορούσα να συμβιβαστώ και με 10%, αν αυτό είναι το μόνο που μπορεί να διαθέσει η επιχείρηση προς το παρόν.» Η επιτροπή τού *Γκίνες* σίγουρα θα ενθουσιαζόταν με το εγχείρημά σας, διότι στη μακρά και γεμάτη έριδες ιστορία των εργασιακών σχέσεων είναι μάλλον απίθανο να απαίτησε ποτέ κανείς περικοπή μισθού. Αντιθέτως, ο περισσότερος κόσμος *σιχαίνεται* τις περικοπές μισθού. Η έρευνα δείχνει πάντως ότι ο λόγος για τον οποίο μισούμε τις περικοπές μισθού πολύ λίγο αφορά το *μισθό* καθεαυτόν, ενώ σχετίζεται πολύ ισχυρά με την έννοια της *περικοπής*. Για παράδειγμα, όταν ρωτάμε ανθρώπους αν θα προτιμούσαν μια δουλειά από την οποία θα έβγαζαν 30.000 δολάρια τον πρώτο χρόνο, 40.000 δολάρια τον δεύτερο χρόνο και 50.000 δολάρια τον τρίτο χρόνο ή μια δουλειά από την οποία θα έβγαζαν 60.000 δολάρια, ύστερα 50.000 και τέλος 40.000, κατά κανόνα επιλέγουν τη δουλειά με τον αυξανόμενο μισθό, παρά το γεγονός ότι συνολικά θα έβγαζαν λιγότερα χρήματα στη διάρκεια των τριών ετών[17]. Αυτό είναι αρκετά περίεργο. Γιατί προτιμάμε να μειωθεί το συνολικό εισόδημά μας παρά να βιώσουμε μια περικοπή μισθού;

Σύγκριση με το παρελθόν

Αν ποτέ σάς έτυχε να αποκοιμηθείτε στον καναπέ με την τηλεόραση στο διαπασών ενώ άλλες φορές να ξυπνήσετε στη μέση της νύχτας από τον ήχο ενός βήματος, τότε ξέρετε ήδη την απάντηση. Ο ανθρώπινος εγκέφαλος δεν είναι ιδιαίτερα ευαίσθητος στο απόλυτο μέγεθος της αισθητηριακής διέγερσης, αλλά είναι εξαιρετικά ευαίσθητος στις διαφορές και στις μεταβολές —δηλαδή, στο *σχετικό* μέγεθος της διέγερσης. Εάν, λόγου χάρη, σας έδενα τα μάτια και σας έδινα να κρατήσετε έναν ξύλινο κύβο, θα καταλαβαίνατε αν μετά έβαζα και ένα πακετάκι τσίχλες από πάνω; Η σωστή απάντηση είναι «Εξαρτάται». Και εξαρτάται από το βάρος του κύβου: Αν ο κύβος ζύγιζε μόνο 30 γραμμάρια, τότε θα καταλαβαίνατε αμέσως την 500% αύξηση του βάρους όταν θα πρόσθετα ένα κουτί τσίχλες βάρους 150 γραμμαρίων. Αν όμως ο κύβος ζύγιζε 5 χιλιόγραμμα, δεν θα προσέχατε ποτέ μια αύξηση βάρους της τάξεως του 0,03%. Δεν υπάρχει απάντηση στην ερώτηση «Μπορεί ο άνθρωπος να αντιληφθεί τα 150 γραμμάρια;», διότι ο εγκέφαλος δεν αντιλαμβάνεται γραμμάρια, αλλά αλλαγές και διαφορές στα γραμμάρια, και μάλιστα το ίδιο ισχύει για όλες ουσιαστικά τις φυσικές ιδιότητες των αντικειμένων. Η ευαισθησία όμως που έχουμε στα σχετικά μάλλον μεγέθη —παρά στα απόλυτα— δεν περιορίζεται μόνο σε φυσικές ιδιότητες όπως το βάρος, η φωτεινότητα ή ο όγκος. Επεκτείνεται και σε υποκειμενικές ιδιότητες, όπως η τιμή, η ωφέλεια και η αξία[18]. Για παράδειγμα, οι πιο πολλοί θα δεχόμασταν να πάμε με το αυτοκίνητο ώς το κέντρο της πόλης για να εξοικονομήσουμε 50 δολάρια αν επρόκειτο να αγοράσουμε ένα ραδιόφωνο που στοιχίζει 100 δολάρια, αλλά όχι αν σκοπεύαμε να αγοράσουμε ένα αυτοκίνητο που στοιχίζει 100.000 δολάρια, διότι τα 50 δολάρια φαντάζουν σαν μικρή περιουσία όταν αγοράζουμε ραδιόφωνα («Πωπώ! Ο τάδε πουλάει το ίδιο ραδιόφωνο με τα μισά λεφτά») αλλά μοιάζουν πενταροδεκάρες όταν αγοράζουμε αυτοκίνητα («Σιγά μην πάω να μποτιλιαριστώ για να αγοράσω το αυτοκίνητο φτηνότερα κατά το ένα εικοστό του χιλιοστού της τιμής του»)[19].

Οι οικονομολόγοι κουνούν το κεφάλι μπροστά σε τέτοιου είδους συμπεριφορές, και σωστά θα σας πληροφορήσουν ότι ο τραπεζικός σας λογαριασμός περιέχει απόλυτα δολάρια και όχι «ποσοστά έκπτωσης». Αν αξίζει να διασχίσετε την πόλη για να εξοικονομήσετε 50 δολάρια, τότε δεν έχει σημασία από τίνος πράγματος την αγορά τα εξοικονομείτε, αφού, όταν θα τα ξοδεύετε για να πληρώσετε τη βενζίνη σας ή το σούπερ μάρκετ, τα δολάρια τα ίδια δεν θα ξέρουν από πού προέρχονται[20]. Αλλά τα επιχειρήματα των οικονομολόγων καταλήγουν σε ώτα μη ακουόντων, διότι οι άνθρωποι δεν σκέφτονται σε απόλυτους αριθμούς. Σκέφτονται με ποσοστά, και έτσι τα 50 δολάρια είναι ή δεν είναι πολλά, ανάλογα με εκείνο προς το οποίο τα συγκρίνουν (αυτό εξηγεί το γιατί κάποιοι δεν ανησυχούν όταν ο διαχειριστής των αμοιβαίων κεφαλαίων τους τους παρακρατά το 0,5% έως 0,6% της επένδυσής τους, αλλά αντίθετα περνούν ώρες ολόκληρες ψάχνοντας στις κυριακάτικες εφημερίδες για κουπόνια με 40% έκπτωση στην οδοντόπαστα). Οι διαφημιστές, οι πολιτικοί και άλλοι φορείς επιρροής γνωρίζουν την εμμονή μας στα σχετικά μεγέθη, και κατά κανόνα την εκμεταλλεύονται. Ένα παλιό τέχνασμα, φέρ' ειπείν, είναι εκείνο με το οποίο ζητάς από κάποιον να πληρώσει ένα μη ρεαλιστικό, μεγάλο κόστος («Θα έρθετε στην επόμενη συνάντησή μας την Παρασκευή με θέμα "Σώστε τις αρκούδες", και θα συμμετάσχετε στη διαδήλωσή μας στον ζωολογικό κήπο το Σάββατο;») πριν του ζητήσεις να πληρώσει ένα μικρότερο («Καλά... Τότε, μπορείτε τουλάχιστον να συνδράμετε δίνοντας 5 δολάρια για τον οργανισμό μας;»). Οι έρευνες δείχνουν ότι υπάρχουν περισσότερες πιθανότητες να δεχτούμε να πληρώσουμε εκείνο που κοστίζει λιγότερο, αφού πρώτα θα έχουμε αντιμετωπίσει εκείνο που κοστίζει πιο πολύ —εν μέρει διότι με αυτό τον τρόπο το κόστος του ενός από τα δύο φαίνεται... υποφερτό[21].

Καθώς η υποκειμενική αξία ενός προϊόντος είναι σχετική, αυτή αλλάζει συνεχώς ανάλογα με εκείνο προς το οποίο συγκρίνουμε το προϊόν. Παραδείγματος χάρη, κάθε πρωί που πηγαίνω στη δουλειά, σταματώ στα Starbucks της γειτονιάς μου και δίνω 1,89 δολάρια στον πωλητή για ένα φλιτζάνι γαλλικό καφέ.

Δεν έχω ιδέα πόσο κοστίζει στα Starbucks η παραγωγή αυτού του καφέ, ούτε έχω ιδέα γιατί έχουν επιλέξει να με χρεώνουν το συγκεκριμένο ποσό, αλλά ξέρω όμως ότι, αν ένα πρωινό περνούσα και ανακάλυπτα ότι η τιμή του έχει γίνει ξαφνικά 2,89 δολάρια, θα έκανα αμέσως ένα από τα δύο: ή θα συνέκρινα τη νέα τιμή με εκείνη που πλήρωνα προηγουμένως, οπότε θα συμπέραινα ότι ο καφές στα Starbucks ακρίβυνε σκανδαλωδώς και, επενδύοντας στην αγορά ενός θερμός, θα άρχιζα να κουβαλάω τον καφέ μου από το σπίτι, ή θα συνέκρινα τη νέα τιμή με την τιμή άλλων προϊόντων που θα αγόραζα με το ίδιο ποσό μετρητών (λόγου χάρη, δύο μαρκαδόρους, ένα κλαδί μπαμπού των 80 εκατοστών ή το ένα εκατοστό της συλλογής των είκοσι CD με τίτλο *The Complete Miles Davis at Montreux*), και θα συμπέραινα ότι ο καφές στα Starbucks είναι ευκαιρία. Θεωρητικά, θα μπορούσα να κάνω οποιαδήποτε από τις δύο αυτές συγκρίσεις· ποια κάνω λοιπόν στην πραγματικότητα;

Ξέρουμε και οι δύο την απάντηση: θα έκανα την εύκολη σύγκριση. Όταν αντικρίζω ένα φλιτζάνι καφέ που κοστίζει 2,89 δολάρια, είναι πανεύκολο να θυμηθώ πόσα πλήρωσα χθες και όχι ιδιαίτερα εύκολο να φανταστώ όλα τα άλλα πράγματα που θα μπορούσα να αγοράσω με αυτά τα χρήματα[22]. Επειδή μού είναι πολύ πιο εύκολο να *θυμηθώ το παρελθόν* παρά να *παράγω νέα ενδεχόμενα*, θα υποκύψω στην τάση να συγκρίνω το παρόν με το παρελθόν ακόμα και όταν θα *όφειλα* να το συγκρίνω με το δυνατόν. Και πράγματι, αυτό είναι που *οφείλω* να κάνω, διότι δεν έχει *σημασία* πόσο κόστιζε ο καφές χθες, την προηγούμενη εβδομάδα ή οποτεδήποτε στη διάρκεια της διακυβέρνησης του Hoover. Τούτη τη στιγμή έχω απόλυτα δολάρια για να ξοδέψω, και το μόνο ερώτημα στο οποίο χρειάζεται να απαντήσω είναι πώς να τα ξοδέψω για να μεγιστοποιήσω την ευχαρίστησή μου. Εάν ποτέ γινόταν ένα διεθνές εμπάργκο στο εμπόριο καφέ οδηγώντας την τιμή του φλιτζανιού στα δυσθεώρητα ύψη των 10.000 δολαρίων, τότε η μόνη ερώτηση που θα έπρεπε να υποβάλω στον εαυτό μου θα ήταν: «Τι άλλο μπορώ να κάνω με 10.000 δολάρια;» Θα μου φέρει αυτό περισσότερη ή λιγότερη ευχαρίστηση από όση ένα φλιτζάνι καφές;» Αν η απάντηση είναι «περισσότερη», τότε πρέπει να φύγω από την καφετέρια. Αν η απάντηση είναι «λιγότερη», τότε πρέπει να πάρω τον καφέ —και ένα λογιστή με μαστίγιο, επίσης.

Το γεγονός ότι είναι πιο εύκολο να θυμηθούμε το παρελθόν παρά να φανταστούμε το δυνατόν μάς οδηγεί συχνά σε περίεργες αποφάσεις[23]. Για παράδειγμα, είναι πιθανότερο να αγοράσουμε ένα πακέτο διακοπών πάνω στο οποίο έχει σημειωθεί μια έκπτωσή του από τα 600 δολάρια στα 500, παρά να αγοράσουμε ένα ολόιδιο πακέτο που στοιχίζει τώρα 400 δολάρια αλλά την προηγούμενη μέρα πουλιόταν 300. Καθώς συγκρίνουμε ευκολότερα την τιμή ενός πακέτου διακοπών με την προηγούμενή του παρά με την τιμή άλλων πραγμάτων που θα μπορούσαμε να αγοράσουμε, τελικά καταλήγουμε να αγοράζουμε υπερβολικά ακριβά πράγματα όταν η τιμή τους έχει γίνει πιο λογική αντί να επιλέγουμε ευκαιρίες που προηγουμένως ήταν καταπληκτικές ευκαιρίες. Η ίδια τάση μάς οδηγεί να αντιμετωπίζουμε τα πράγματα που έχουν «παρελθόν» με διαφορετικό τρόπο από όσα δεν έχουν. Φανταστείτε, για παράδειγμα, ότι έχετε στο πορτοφόλι σας ένα χαρτονόμισμα των 20 δολαρίων και ένα εισιτήριο συναυλίας που σας κόστισε επίσης 20 δολάρια. Όταν φτάνετε στο θέατρο, διαπιστώνετε ότι χάσατε στο δρόμο το εισιτήριο. Θα αγοράζατε καινούργιο; Οι περισσότεροι άνθρωποι απαντούν όχι[24]. Τώρα φανταστείτε ότι, αντί για ένα χαρτονόμισμα των 20 δολαρίων και ένα εισιτήριο των 20 δολαρίων, είχατε στο πορτοφόλι σας δύο χαρτονομίσματα των 20 δολαρίων και ότι, όταν φτάνετε στο θέατρο, ανακαλύπτετε ότι χάσατε το ένα χαρτονόμισμα. Θα αγοράζατε εισιτήριο για τη συναυλία; Οι περισσότεροι άνθρωποι απαντούν ναι. Δεν χρειάζεται να είναι κανείς καθηγητής λογικής για να καταλάβει πως τα δύο παραπάνω παραδείγματα είναι ακριβώς ίδια σε όλα τα σημαντικά σημεία τους: Και στις δύο περιπτώσεις χάσατε ένα κομμάτι χαρτί που αξίζει 20 δολάρια (ένα εισιτήριο ή ένα χαρτονόμισμα), και στις δύο περιπτώσεις επίσης χρειάζεται να αποφασίσετε αν θα ξοδέψετε τα υπόλοιπα χρήματα για να παρακολουθήσετε μια συναυλία. Εντούτοις, η πεισματική εμμονή μας να συγκρίνουμε το παρόν με το παρελθόν μάς οδηγεί στη συναγωγή διαφορετικών συμπερασμάτων σε αυτές τις δύο λειτουργικώς ισοδύναμες περιπτώσεις. Όταν χάνουμε ένα χαρτονόμισμα των 20 δολαρίων και ύστερα σκεφτόμαστε αν θα αγοράσουμε εισιτήριο για τη συναυλία, η συναυλία δεν έχει παρελθόν· επομένως, ορθά πράττοντας, συγκρίνουμε το κόστος της συναυλίας με άλλες δυνατότητες («Να ξοδέψω 20 δολάρια για να δω τη συναυλία ή να αγοράσω καινούργια γάντια από δέρμα καρχαρία;»). Αλλά όταν χάνουμε ένα εισιτήριο που είχαμε αγοράσει και σκεφτόμαστε αν θα το «αντικαταστήσουμε», η συναυλία έχει πλέον ένα παρελθόν, και έτσι συγκρίνουμε το τρέχον κόστος της παρακολούθησής της (40 δολάρια) με το προηγούμενο (20 δολάρια), και τελικά δεν έχουμε ιδιαίτερη όρεξη να δούμε μια παράσταση της οποίας η τιμή ξαφνικά διπλασιάστηκε.

Σύγκριση με το δυνατόν

Κάνουμε σφάλματα όταν συγκρίνουμε με το παρελθόν και όχι με το δυνατόν. Αλλά όταν *πράγματι* συγκρίνουμε με το δυνατόν, πάλι κάνουμε λάθη. Αν, για παράδειγμα, μου μοιάζετε λίγο, τότε το καθιστικό σας μάλλον θυμίζει μικρή αποθήκη καταναλωτικών αγαθών που περιλαμβάνει από καρέκλες και φωτιστικά έως στερεοφωνικά συστήματα και τηλεοράσεις. Πιθανότατα εξερευνήσατε λίγο την αγορά πριν αγοράσετε αυτά τα πράγματα, και πιθανότατα είχατε συγκρίνει εκείνα που τελικά αγοράσατε με κάμποσα εναλλακτικά: άλλα φωτιστικά στον ίδιο κατάλογο, άλλες καρέκλες στην ίδια έκθεση επίπλων, άλλα στερεοφωνικά πάνω στο ίδιο ράφι, άλλες τηλεοράσεις στο ίδιο εμπορικό κέντρο. Η προσπάθεια επιλογής αφορούσε περισσότερο το *πώς* θα ξοδέψετε, και όχι το *αν* θα ξοδέψετε τα χρήματά σας, και οι καλοί άνθρωποι που τα χρειάζονταν φρόντισαν να σας παρουσιάσουν όλους τους δυνατούς τρόπους ξοδέματός τους. Αυτοί οι καλοί άνθρωποι σας βοήθησαν να ξεπεράσετε τη φυσική σας τάση για σύγκριση με το παρελθόν («Είναι όντως αυτή εδώ η τηλεόραση καλύτερη από την παλιά που είχα;») διευκολύνοντάς σας πολύ να κάνετε συγκρίσεις με το δυνατόν («Όταν τις βλέπεις δίπλα δίπλα στο κατάστημα, η Panasonic έχει πολύ μεγαλύτερη ευκρίνεια από τη Sony»). Αλίμονο, ξεγελιόμαστε πολύ εύκολα από τέτοιες πλάι πλάι συγκρίσεις, και γι' αυτό οι πωλητές βάζουν τα δυνατά τους για να τις κάνουμε.

Παραδείγματος χάρη, στους περισσότερους ανθρώπους δεν αρέσει να αγοράζουν το πιο ακριβό αντικείμενο κάποιας κατηγορίας, και έτσι οι μεταπράτες βελτιώνουν τις πωλήσεις τους περιλαμβάνοντας στο στοκ μερικά *πολύ* ακριβά εμπορεύματα που στην πραγματικότητα δεν αγοράζει κανένας («Θεέ μου, το Château Haut-Brion Pessac-Léognan του 1982 κοστίζει 500 δολάρια το μπουκάλι!»), τα οποία κάνουν όμως άλλα, λιγότερο ακριβά εμπορεύματα να δείχνουν πραγματικές ευκαιρίες («Μου φαίνεται θα περιοριστώ στο Zinfandel των 60 δολαρίων»)[25]. Ορισμένοι αδίστακτοι μεσίτες κουβαλούν επίτηδες τους πελάτες τους σε άθλιες παράγκες, που βρίσκονται κάπου ανάμεσα σε έναν οίκο ανοχής και έναν τεκέ, πριν τους οδηγήσουν στο κανονικό σπίτι το οποίο ελπίζουν να τους πουλήσουν, διότι οι παράγκες κάνουν τα συνηθισμένα σπίτια να μοιάζουν εξαιρετικά («Αχ, κοίτα αγάπη μου, εδώ δεν έχει σύριγγες στο γκαζόν»)[26]. Οι ταυτόχρονες συγκρίσεις που κάνουμε μπορεί να επηρεαστούν από ακραίες εναλλακτικές λύσεις, όπως τα πανάκριβα κρασιά ή τα σαραβαλιασμένα σπίτια, αλλά ενδέχεται επίσης να επηρεαστούν από τη συσσώρευση περισσότερων πιθανών εναλλακτικών προοπτικών ολόιδιων με εκείνες που ήδη εξετάζουμε. Για παράδειγμα, σε μια έρευνα, οι εθελοντές γιατροί διάβασαν την περιγραφή ενός φαρμάκου Χ και ύστερα ερωτήθηκαν αν θα το συνταγογραφούσαν σε έναν ασθενή με οστεοαρθρίτιδα[27]. Όπως φάνηκε, οι γιατροί θεώρησαν το φάρμακο αξιόλογο, αφού μόνο το 28% επέλεξαν να μη το συνταγογραφήσουν. Όταν όμως μια άλλη ομάδα γιατρών ερωτήθηκε αν θα συνταγογραφούσαν το φάρμακο Χ ή ένα άλλο, εξίσου αποτελεσματικό, φάρμακο Υ σε ασθενή με την ίδια νόσο, το 48% των γιατρών επέλεξαν να μη συνταγογραφήσουν τίποτε. Καθώς φαίνεται, η πρόσθεση ενός ακόμα αποτελεσματικού φαρμάκου στον κατάλογο των εναλλακτικών δυνατοτήτων δυσκόλεψε την επιλογή των γιατρών, οδηγώντας αρκετούς να μη συστήσουν κανένα από τα δύο φάρμακα. Αν έχετε πιάσει ποτέ τον εαυτό σας να λέει «Δυσκολεύομαι τόσο πολύ να διαλέξω μία από τις δύο ταινίες ώστε νομίζω ότι τελικά θα μείνω σπίτι να δω επαναλήψεις στην τηλεόραση», τότε καταλαβαίνετε πολύ καλά γιατί οι γιατροί έκαναν το συγκεκριμένο λάθος[28].

Από τα πιο ύπουλα αποτελέσματα των ταυτόχρονων συγκρίσεων είναι ότι με αυτές οδηγούμαστε να δίνουμε προσοχή σε *οποιοδήποτε* χαρακτηριστικό αντιδιαστέλλει τις εναλλακτικές λύσεις που συγκρίνουμε[29]. Όπως πιθανότατα όλοι μας, έχω περάσει κι εγώ μερικές από τις χειρότερες στιγμές της ζωής μου σε καταστήματα τα οποία σκόπευα να επισκεφτώ για ένα δεκάλεπτο. Σταματώ στο εμπορικό κέντρο καθ' οδόν για την εκδρομή μου, παρκάρω το αυτοκίνητο, τρέχω μέσα, και υπολογίζω να βγω ύστερα από λίγα λεπτά με μια μικρή, πρακτική ψηφιακή φωτογραφική μηχανή στην τσέπη μου. Αλλά όταν φτάνω στο κατάστημα «Σούπερ Μεγάλος Κόσμος των Φωτογραφικών Μηχανών του Τρελού Μπομπ», βρίσκομαι αντιμέτωπος με μια τεράστια ποικιλία από μικρές και πρακτικές ψηφιακές φωτογραφικές μηχανές που διαφέρουν σε πολλά χαρακτηριστικά τους. Κάποια από αυτά τα χαρακτηριστικά θα τα λάμβανα υπόψη ακόμα κι αν υπήρχε μόνο μία μηχανή στη βιτρίνα («Τούτη 'δω είναι τόσο ελαφριά ώστε μπορώ να τη βάλω στην τσέπη του πουκαμίσου μου και να την παίρνω παντού μαζί μου»), ενώ μερικά άλλα χαρακτηριστικά δεν θα μου είχαν ποτέ περάσει από το νου αν κάποιος δεν μου είχε επιστήσει την προσοχή στις διαφορές των φωτογραφικών μηχανών («Η Olympus έχει αντιστάθμιση εξόδου για το φλας αλλά η Nikon όχι»). Επειδή οι ταυτόχρονες συγκρίσεις με κάνουν να λαμβάνω υπόψη μου *όλα* τα χαρακτηριστικά στα οποία διαφέρουν οι φωτογραφικές μηχανές, καταλήγω να εξετάζω γνωρίσματα που απλώς συμβαίνει να διακρίνουν τη μία μηχανή από την άλλη αλλά κατά τα άλλα με αφήνουν αδιάφορο[30]. Τι χαρακτηριστικά, λόγου χάρη, θα σας ενδιέφεραν αν ψάχνατε να αγοράσετε ένα λεξικό; Σε μια μελέτη, δόθηκε η δυνατότητα στους εθελοντές να κάνουν προσφορές για ένα λεξικό το οποίο ήταν σε πολύ καλή κατάσταση και περιείχε 10.000 λήμματα, και εκείνοι κατά μέσο όρο πρόσφεραν 24 δολάρια[31]. Άλλοι εθελοντές έκαναν προσφορές για ένα λεξικό με σκισμένο εξώφυλλο, το οποίο όμως περιείχε 20.000 λήμματα, και αυτοί κατά μέσο όρο έδιναν 20 δολάρια. Όταν όμως μια τρίτη ομάδα εθελοντών έκανε προσφορές έχοντας τη δυνατότητα να συγκρίνει τα δύο λεξικά ταυτόχρονα, αυτοί έδωσαν 19 δολάρια για το μικρό και ακέραιο λεξικό και 27 δολάρια για το μεγάλο αλλά ταλαιπωρημένο. Καθώς φαίνεται, θεωρούμε σημαντική την κατάσταση του εξωφύλλου ενός λεξικού, αλλά δίνουμε σημασία στον αριθμό των λημμάτων μόνο όταν η προσοχή μας κατευθυνθεί σε αυτό το χαρακτηριστικό μέσω ταυτόχρονης σύγκρισης.

Σύγκριση και παροντισμός

Ας σταθούμε τώρα λίγο μακρύτερα και ας αναλογιστούμε τι σημαίνουν όλα αυτά τα δεδομένα για την ικανότητά μας να φανταζόμαστε μελλοντικά συναισθήματα. Τα δεδομένα είναι τα εξής: (α) η αξία κάποιου πράγματος καθορίζεται από τη σύγκρισή του με ένα άλλο, (β) υπάρχουν περισσότεροι του ενός τύποι σύγκρισης που μπορούμε να κάνουμε σε κάθε περίσταση και (γ) μπορεί να αποδίδουμε περισσότερη αξία σε κάτι όταν κάνουμε μια συγκεκριμένου τύπου σύγκριση απ' ό,τι όταν κάνουμε διαφορετικού τύπου σύγκριση. Αυτά τα δεδομένα δείχνουν ότι, αν θέλουμε να προβλέψουμε πώς θα μας κάνει να αισθανθούμε κάτι στο μέλλον, *χρειάζεται* να λάβουμε υπόψη μας τον τύπο της σύγκρισης την οποία τυχαίνει να κάνουμε στο παρόν. Ωστόσο, αλίμονο, ενώ κάνουμε συγκρίσεις χωρίς καν να το καταλαβαίνουμε («Αυτός ο καφές έχει ακριβύνει πολύ, βρε αδερφέ!» ή «Δεν θα πληρώσω και τα διπλά για να πάω στη συναυλία»), σπανίως συνειδητοποιούμε ότι οι συγκρίσεις που κάνουμε τώρα ίσως να μην είναι εκείνες που θα κάνουμε αργότερα[32]. Λόγου χάρη, οι εθελοντές μιας έρευνας κάθισαν στο τραπέζι και χρειάστηκε να κάνουν μια πρόβλεψη για το πόσο θα τους άρεσε να φάνε πατατάκια λίγα λεπτά αργότερα[33]. Μερικοί από αυτούς έβλεπαν πάνω στο τραπέζι ένα σακουλάκι πατατάκια και μια σοκολάτα, ενώ άλλοι έβλεπαν το σακουλάκι πατατάκια και μια κονσέρβα σαρδέλες. Λέτε αυτές οι άσχετες τροφές να επηρέασαν τις προβλέψεις των εθελοντών; Να είστε σίγουροι πως τις επηρέασαν. Οι εθελοντές, φυσικά, συνέκριναν τα πατατάκια με τις άσχετες τροφές, και πρόβλεψαν ότι θα τους άρεσε *πιο πολύ* να φάνε τα πατατάκια όταν τα συνέκριναν με τις σαρδέλες παρά όταν τα συνέκριναν με τη σοκολάτα. Είχαν κάνει λάθος όμως, διότι, όταν οι εξεταζόμενοι τελικά *έφαγαν* τα πατατάκια, η κονσέρβα με τις σαρδέλες και η σοκολάτα δεν είχαν *καμιά απολύτως επίδραση* στην ευχαρίστησή τους από τα πατατάκια. Σε τελική ανάλυση, όταν κανείς μπουκώνεται με τραγανά, αλατισμένα, νόστιμα πατατάκια, όποια άλλη τροφή τυχαίνει να βρίσκεται λίγο πιο πέρα στο τραπέζι παραμένει σε μεγάλο βαθμό άσχετη —όπως ακριβώς ο άνθρωπος με τον οποίο κάνατε έρωτα παλιότερα είναι σε μεγάλο βαθμό άσχετος όταν κάνετε έρωτα με κάποιον άλλο. Ωστόσο, οι εθελοντές δεν συνειδητοποίησαν ότι οι συγκρίσεις που έκαναν όταν *φαντάζονταν* τον εαυτό τους να τρώει ένα πατατάκι («Εντάξει, καλά είναι τα πατατάκια, αλλά η σοκολάτα φαίνεται πολύ καλύτερη») δεν ήταν και οι συγκρίσεις που θα έκαναν όταν *όντως* θα το μασουλούσαν.

Οι περισσότεροι έχουμε παρόμοιες εμπειρίες. Συγκρίνουμε τα κομψά μικρά ηχεία με τα ογκώδη άχαρα ηχεία, αξιολογούμε τη διαφορά τους στην ακουστική, και αγοράζουμε τα άχαρα και πελώρια μηχανήματα. Αλίμονο, όμως, η διαφορά στην ακουστική τους είναι από εκείνες που δεν θα προσέξουμε ποτέ πια. Όταν κουβαλάμε τα τερατώδη ηχεία στο σπίτι, δεν συγκρίνουμε πια τον ήχο τους με τον ήχο κάποιων άλλων που ακούσαμε πριν από μία εβδομάδα στο κατάστημα, αλλά συγκρίνουμε τον άχαρο όγκο τους με την υπόλοιπη προσεγμένη, κομψή, και τώρα αλλοιωμένη, διακόσμησή μας. Ή πάλι, ταξιδεύοντας στη Γαλλία, συναντάμε ένα ζευγάρι από την πόλη μας και αμέσως γινόμαστε συνοδοιπόροι, αφού, σε σύγκριση με όλους τους Γάλλους γύρω μας που μας μισούν όταν δεν κάνουμε καμιά προσπάθεια να μιλήσουμε τη γλώσσα τους (και που μας μισούν ακόμα περισσότερο όταν το προσπαθούμε), το ζευγάρι από την πατρίδα δείχνει εξαιρετικά φιλικό και ενδιαφέρον. Είμαστε ευτυχείς που βρήκαμε νέους φίλους, και περιμένουμε ότι θα τους συμπαθούμε και αύριο όπως και σήμερα. Όταν όμως, ένα μήνα μετά την επιστροφή μας, τους καλούμε για φαγητό, ανακαλύπτουμε έκπληκτοι ότι οι νέοι μας φίλοι είναι μάλλον βαρετοί και απόμακροι σε σχέση με τους άλλους μας φίλους, και μάλιστα τους αντιπαθούμε σχεδόν όσο και οι Γάλλοι. Το λάθος μας δεν ήταν ότι περιηγηθήκαμε στο Παρίσι παρέα με ένα βαρετό ζευγάρι συμπατριωτών μας, αλλά το ότι δεν καταλάβαμε πως η σύγκριση που κάναμε στο παρόν («Η Lisa και ο Walter φαίνονται πολύ πιο συμπαθητικοί από το σερβιτόρο στο Le Grand Colbert») διέφερε από τη σύγκριση που θα κάναμε στο μέλλον («Η Lisa και ο Walter δεν είναι τόσο συμπαθείς όσο η Toni και ο Dan»). Η ίδια αρχή εξηγεί για ποιο λόγο μάς αρέσουν πολύ τα καινούργια πράγματα που αγοράζουμε, αλλά παύουμε να τα αγαπάμε ύστερα από λίγο καιρό. Όταν πάμε να αγοράσουμε καινούργια γυαλιά ηλίου, συγκρίνουμε φυσικά τα μοντέρνα, στιλάτα γυαλιά του καταστήματος με τα εκτός μόδας γυαλιά που στέκονται στη μύτη μας. Αγοράζουμε λοιπόν τα καινούργια και παρατάμε τα παλιά σε ένα συρτάρι. Λίγες μέρες όμως μετά την αγορά του καινούργιου ζευγαριού, σταματάμε να το συγκρίνουμε με το παλιό, και —τι νομίζετε;— η ευχαρίστηση που αντλούσαμε από τη σύγκριση εξατμίζεται.

Το γεγονός ότι κάνουμε διαφορετικές συγκρίσεις σε διαφορετικούς χρόνους —αλλά δεν συνειδητοποιούμε ότι θα το κάνουμε— μας βοηθά να εξηγήσουμε κάποια πράγματα που αλλιώς φαίνονται σαν γρίφοι. Οι οικονομολόγοι και οι ψυχολόγοι έχουν αποδείξει, φέρ' ειπείν, ότι οι περισσότεροι άνθρωποι αναμένουν να τους επηρεάσει περισσότερο η απώλεια ενός δολαρίου παρά το κέρδος ενός δολαρίου· γι' αυτό το λόγο μάλιστα, οι πιο πολλοί θα αρνιόμασταν να βάλουμε ένα στοίχημα που μας δίνει 85% πιθανότητα να διπλασιάσουμε τις οικονομίες της ζωής μας και 15% πιθανότητα να τις χάσουμε[34]. Η αρκετά πιθανή προοπτική ενός μεγάλου κέρδους δεν αντισταθμίζει με κανέναν τρόπο τη λιγότερο πιθανή προοπτική μιας μεγάλης απώλειας, διότι πιστεύουμε ότι οι απώλειες είναι σημαντικότερες από τα κέρδη ίσου μεγέθους. Πολλές φορές όμως, το αν θεωρούμε κάτι κέρδος ή απώλεια εξαρτάται από τις συγκρίσεις που κάνουμε. Πάρτε ως παράδειγμα το εξής: ποια είναι η αξία ενός Mazda Miata τού 1993; Σύμφωνα με την ασφαλιστική μου εταιρεία, η σωστή απάντηση για φέτος είναι περίπου 2.000 δολάρια. Αλλά ως κάτοχος ενός Mazda Miata τού 1993, σας εγγυώμαι ότι, αν θέλατε ποτέ να αγοράσετε το γλυκό μου αμαξάκι, με όλα του τα βαθουλώματα και τα ωραία τριξίματα για μονάχα 2.000 δολάρια, θα χρειαζόταν να ξεκολλήσετε τα κλειδιά του από τα παγωμένα, νεκρά χέρια μου. Σας εγγυώμαι επίσης ότι, αν εσείς βλέπατε το αυτοκίνητό μου, θα πιστεύατε ότι για 2.000 δολάρια θα έπρεπε να σας δώσω όχι μόνο το αμάξι αλλά και ένα ποδήλατο, μια μηχανή τού γκαζόν και μια ισόβια συνδρομή στο αγαπημένο σας περιοδικό. Γιατί θα διαφωνούσαμε για την τιμή του αυτοκινήτου μου; Επειδή εσείς θα σκεφτόσασταν τη συναλλαγή αυτή με όρους πιθανού κέρδους («Σε σχέση με το πώς αισθάνομαι τώρα, πόσο ευχαριστημένος θα είμαι αν αποκτήσω αυτό το αυτοκίνητο;»), ενώ εγώ θα την έβλεπα ως πιθανή απώλεια («Σε σχέση με το πώς αισθάνομαι τώρα, πόσο ευχαριστημένος θα είμαι αν χάσω αυτό το αυτοκίνητο;»)[35]. Εγώ θα ήθελα να αποζημιωθώ επειδή θα περίμενα μια μεγάλη απώλεια, αλλά εσείς δεν θα θέλατε να με αποζημιώσετε επειδή θα περιμένατε ένα μικρό κέρδος. Εκείνο που σας διαφεύγει είναι ότι, αφότου θα αποκτούσατε το αυτοκίνητό μου, το πλαίσιο αναφοράς σας θα άλλαζε, και καθώς εσείς πια θα κάνατε τη σύγκριση που κάνω εγώ τώρα, θα ξέρατε ότι το αυτοκίνητο αξίζει και την τελευταία δεκάρα. Εκείνο που μου διαφεύγει εμένα είναι ότι, αφού δεν θα είχα πια στην κατοχή μου το αυτοκίνητο, θα άλλαζε το δικό μου πλαίσιο αναφοράς και, κάνοντας τη σύγκριση που κάνετε κι εσείς τώρα, θα ήμουν κατευχαριστημένος από τη συναλλαγή μας· στο κάτω κάτω, ποτέ δεν θα *πλήρωνα* 2.000 δολάρια για να πάρω ένα αυτοκίνητο ολόιδιο με εκείνο που μόλις σας πούλησα. Διαφωνούμε για την τιμή και αμφισβητούμε από μέσα μας ο ένας την εντιμότητα του άλλου, διότι κανείς από τους δυο μας δεν συνειδητοποιεί ότι οι τύποι συγκρίσεων που κάνουμε ως αγοραστές και ως πωλητές διαφέρουν από τους τύπους συγκρίσεων που κάνουμε ως κάτοχοι και πρώην κάτοχοι[36]. Με λίγα λόγια, οι συγκρίσεις που κάνουμε έχουν μεγάλο αντίκτυπο στα συναισθήματά μας. Και όταν δεν αναγνωρίζουμε ότι οι τωρινές συγκρίσεις μας δεν είναι οι συγκρίσεις που θα κάνουμε και αύριο, οδηγούμαστε σίγουρα στο να υποτιμήσουμε το πόσο διαφορετικά θα αισθανόμαστε στο μέλλον.

Περαιτέρω

Οι ιστορικοί χρησιμοποιούν τη λέξη *παροντισμός* για να περιγράψουν την τάση μας να κρίνουμε ιστορικές φυσιογνωμίες χρησιμοποιώντας σύγχρονα κριτήρια. Όσο και αν απεχθανόμαστε το ρατσισμό και το σεξισμό, αυτοί οι -ισμοί έχουν μόλις πρόσφατα θεωρηθεί ηθικός ξεπεσμός· επομένως, το να κατηγορούμε τον Thomas Jefferson επειδή διατηρούσε σκλάβους ή τον Freud ως μισογύνη, μοιάζει κάπως με το να συλλαμβάνουμε κάποιον τώρα επειδή οδηγούσε χωρίς ζώνη ασφαλείας το 1923. Ωστόσο, ο πειρασμός να βλέπουμε το παρελθόν μέσα από το ψακό του παρόντος είναι ακαταμάχητος. Όπως σημείωσε ο πρόεδρος της Αμερικανικής Ένωσης Ιστορικών, «Ο παροντισμός δεν επιδέχεται άμεση αντιμετώπιση· τελικά φαίνεται πολύ δύσκολο να βγούμε από το μοντερνισμό.»[37] Τα καλά νέα είναι ότι οι περισσότεροι από εμάς δεν είμαστε ιστορικοί, οπότε δεν χρειάζεται να ανησυχούμε αν θα βρούμε τη συγκεκριμένη έξοδο. Τα άσχημα νέα είναι ότι όλοι μας είμαστε μελλοντιστές, και ο παροντισμός αποτελεί ακόμα μεγαλύτερο πρόβλημα όταν κοιτάζουμε μπροστά παρά όταν κοιτάζουμε πίσω. Επειδή οι προβλέψεις για το μέλλον γίνονται *μέσα* στο παρόν, αναπόφευκτα επηρεάζονται *από* το παρόν. Ο τρόπος με τον οποίο αισθανόμαστε τώρα («Πεινάω πολύ») και ο τρόπος με τον οποίο σκεφτόμαστε τώρα («Τα μεγάλα ηχεία ακούγονται καλύτερα από τα μικρά») ασκούν μια ασυνήθιστα ισχυρή επίδραση στον τρόπο με τον οποίο πιστεύουμε ότι θα αισθανόμαστε αργότερα. Επειδή ο χρόνος είναι τόσο απατηλή έννοια, έχουμε την τάση να φανταζόμαστε το μέλλον όπως και το παρόν, αλλά με κάποια παραμόρφωση —και επομένως το αύριο που έχουμε φανταστεί μοιάζει τελικά με μια ελαφρώς παραλλαγμένη εκδοχή τού σήμερα. Η πραγματικότητα της παρούσας στιγμής είναι τόσο απτή και ισχυρή ώστε η φαντασία κρατιέται γύρω της σε στενή τροχιά, από την οποία ποτέ δεν διαφεύγει εντελώς. Ο παροντισμός συμβαίνει επειδή δεν αντιλαμβανόμαστε ότι ο μελλοντικός μας εαυτός δεν θα βλέπει τον κόσμο όπως εμείς τον βλέπουμε τώρα. Όπως θα δούμε παρακάτω, αυτή η θεμελιώδης αδυναμία να δούμε τα πράγματα από τη σκοπιά του ανθρώπου που πρόκειται να ζήσει το υπόλοιπο της ζωής μας, είναι το πιο ύπουλο πρόβλημα με το οποίο μπορεί να έρθει αντιμέτωπος κάποιος μελλοντιστής.

ΜΕΡΟΣ V

Εκλογίκευση

rationalization (εκλογίκευση): Όταν ενεργούμε έτσι ώστε κάτι να γίνεται ή να φαίνεται λογικό.

Κεφαλαιο 8

Ο Παράδεισος απομυθοποιημένος

Γιατί τίποτα δεν είναι καλό ή κακό,
παρά η ιδέα το κάνει τέτοιο.

—Ουίλλιαμ Σαίξπηρ, *Άμλετ*

ΞΕΧΑΣΤΕ ΤΗ ΓΙΟΓΚΑ. Ξεχάστε τη λιποαναρρόφηση. Ξεχάστε και τα φυτικά συμπληρώματα που υπόσχονται να βελτιώσουν τη μνήμη σας, να ανεβάσουν τη διάθεσή σας, να μειώσουν τους πόντους της μέσης σας, να αποκαταστήσουν το τριχωτό της κεφαλής σας και να επιμηκύνουν το χρόνο συνουσίας σας. Αν θέλετε να είστε ευτυχείς και υγιείς, πρέπει να δοκιμάσετε μια νέα μέθοδο, ικανή να σας μεταμορφώσει από το αξιολύπητο και κακοπληρωμένο πλάσμα που είστε τώρα στον καταξιωμένο και πεφωτισμένο άνθρωπο που θέλατε πάντα να γίνετε. Αν δεν με πιστεύετε, παρακαλώ δείτε τις μαρτυρίες κάποιων ανθρώπων οι οποίοι τη δοκίμασαν:

«Είμαι πολύ καλύτερα από άποψη σωματική, οικονομική και ψυχική, και σχεδόν σε κάθε άλλο τομέα επίσης.» (*J.W. από το Τέξας*)

«Ήταν μια υπέροχη εμπειρία.» (*M.B. από τη Λουιζιάνα*)

«Δεν εκτιμούσα τους άλλους ούτε στο ελάχιστο σε σχέση με το πόσο τους εκτιμώ τώρα» (*C.R. από την Καλιφόρνια*)

Ποιοι είναι τούτοι οι ευχαριστημένοι πελάτες, και ποια η θαυματουργή μέθοδος για την οποία μιλάνε; Ο Jim Wright, πρώην εκπρόσωπος της Βουλής των Αντιπροσώπων στις ΗΠΑ, έκανε αυτή τη δήλωση αφού, έχοντας διαπράξει εξήντα εννιά παραβιάσεις του κώδικα ηθικής, έπεσε σε δυσμένεια και υποχρεώθηκε σε παραίτηση. Ο Moreese Bickman, πρώην κατάδικος, έκανε την παραπάνω δήλωση όταν αποφυλακιζόταν από την Πολιτειακή Φυλακή της Λουιζιάνα, ύστερα από κάθειρξη τριάντα επτά ετών επειδή είχε αμυνθεί ενάντια σε μέλη τής Κου Κλουξ Κλαν που τον είχαν πυροβολήσει. Και ο Christopher Reeve, ο μεγάλος σταρ που υποδύθηκε τον *Superman*, έκανε τη δήλωσή του έπειτα από ένα ιππικό ατύχημα, εξαιτίας του οποίου είχε μείνει παράλυτος από το λαιμό και κάτω, και η αναπνοή του υποστηριζόταν μηχανικά. Το ηθικό δίδαγμα της ιστορίας; Αν θέλετε να γίνετε ευτυχισμένοι, υγιείς, ευκατάστατοι και σοφοί, τότε αφήστε κατά μέρος τις βιταμίνες και τις πλαστικές εγχειρήσεις και δοκιμάστε καλύτερα έναν δημόσιο εξευτελισμό, μια άδικη φυλάκιση ή μια τετραπληγία.

Τώρα, μάλιστα. Είναι ποτέ δυνατόν να πιστέψει κανείς ότι οι άνθρωποι που χάνουν τη δουλειά τους, την ελευθερία τους ή την κινητικότητά τους κατά κάποιον τρόπο *γίνονται καλύτεροι* μέσα από τις τραγικές καταστάσεις που βιώνουν; Αν αυτό σάς φαίνεται παρατραβηγμένο, τότε δεν είστε ο μόνος. Για τουλάχιστον έναν αιώνα, οι ψυχολόγοι παραδέχονταν ότι τα δλιβερά γεγονότα —όπως ο θάνατος κάποιου αγαπημένου προσώπου ή το να πέσει κανείς θύμα βίαιου εγκλήματος— έχουν οπωσδήποτε ισχυρό, μεγάλης διάρκειας και συντριπτικό αντίκτυπο στα άτομα που τα βιώνουν[1]. Αυτή η παραδοχή είναι τόσο βαθιά ριζωμένη στην παραδοσιακή επιστημονική γνώση ώστε, όταν οι άνθρωποι *δεν έχουν* παράφορες αντιδράσεις απέναντι σε τέτοια γεγονότα, μερικές φορές τούς διαγιγνώσκεται μια παθολογική κατάσταση γνωστή ως «απουσία θρήνου». Όμως η πρόσφατη έρευνα δείχνει ότι η συμβατική άποψη είναι εσφαλμένη, ότι η απουσία θρήνου είναι μάλλον φυσιολογική και ότι, παρά το γε γονός ότι ένας αιώνας ψυχολογίας παρουσίαζε όλους γενικά τους ανθρώπους σαν ευαίσθητα λουλουδάκια, οι πιο πολλοί αποδεικνύονται εκπληκτικά ανθεκτικοί απέναντι στα τραυματικά συμβάντα. Βέβαια, η απώλεια ενός γονέα ή ενός συντρόφου είναι συνήθως θλιβερό ή, πιο συχνά, τραγικό γεγονός, και θα ισοδυναμούσε με διαστροφή το να ισχυριστεί κανείς το αντίθετο. Αλλά αποτελεί επίσης γεγονός ότι, ενώ όλοι όσοι πενθούν είναι θλιμμένοι για ένα διάστημα, πολύ λίγοι καταλήγουν με χρόνια κατάθλιψη, και οι περισσότεροι βιώνουν θλίψη χαμηλού σχετικά επιπέδου και μικρής σχετικά διάρκειας[2]. Παρότι προβλέπεται ότι περισσότερα από τα μισά άτομα στις ΗΠΑ πρόκειται να βιώσουν στη διάρκεια της ζωής τους κάποια τραυματική εμπειρία, όπως βιασμό, σωματικές βλάβες ή κάποια φυσική καταστροφή, μόνο ένα μικρό ποσοστό τους θα αναπτύξουν κάποιου είδους μετατραυματική παθολογία ή θα χρειαστούν τη βοήθεια ειδικών[3]. Μια ομάδα ερευνητών επεσήμανε χαρακτηριστικά: «Η ανθεκτικότητα είναι συνήθως η πιο συχνά παρατηρούμενη πορεία έκβασης του ατόμου ύστερα από την έκθεσή του σε ένα δυνάμει τραυματικό γεγονός.»[4] Μάλιστα, μελέτες σε άτομα που επιβιώνουν από ιδιαιτέρως τραυματικά γεγονότα δείχνουν ότι στην πλειονότητά τους τα καταφέρνουν αρκετά καλά, ενώ ένα σημαντικό ποσοστό τους ισχυρίζονται ότι η ζωή τους *βελτιώθηκε* εξαιτίας της εμπειρίας[5]. Ξέρω, ξέρω. Όλα αυτά συγγενεύουν πολύ με τους τίτλους διάφορων λαϊκών τραγουδιών, αλλά το γεγονός παραμένει ότι οι περισσότεροι τα καταφέρνουμε μάλλον καλά όταν τα πράγματα πηγαίνουν πολύ άσχημα.

Αν η ανθεκτικότητα είναι πανταχού παρούσα, τότε γιατί αυτές οι στατιστικές μάς εκπλήσσουν τόσο; Γιατί οι περισσότεροι πολύ δύσκολα πιστεύουμε ότι *εμείς* θα θεωρούσαμε ποτέ μια ισόβια κάθειρξη ως «υπέροχη εμπειρία»[6], ή ότι θα φτάναμε στο σημείο να αντιμετωπίσουμε την παράλυση σαν «μια μοναδική ευκαιρία» που οδήγησε σε «νέες κατευθύνσεις»[7] τη ζωή μας; Γιατί οι περισσότεροι γινόμαστε δύσπιστοι όταν ένας αθλητής που έχει περάσει κάμποσα εξουθενωτικά χρόνια με χημειοθεραπείες μάς λέει «δεν θα άλλαζα τίποτε»[8], ή όταν ένας μουσικός που έχει αποκτήσει μόνιμη αναπηρία λέει «αν επρόκειτο να τα κάνω όλα από την αρχή, θα ήθελα να συμβούν όλα με τον ίδιο τρόπο»[9], ή όταν τετραπληγικοί και παραπληγικοί μάς λένε ότι είναι πάνω-κάτω το ίδιο ευτυχισμένοι όσο και όλοι οι άλλοι γύρω τους[10]; Οι δηλώσεις ανθρώπων με προσωπική εμπειρία τέτοιων γεγονότων ακούγονται εξωφρενικές σε εμάς, οι οποίοι απλώς φανταζόμαστε τούτες τις καταστάσεις· αλλά ποιοι είμαστε εμείς για να αμφισβητήσουμε όσους όντως τις βίωσαν;

Τα αρνητικά γεγονότα όντως μάς επηρεάζουν, αλλά σε γενικές γραμμές δεν μας επηρεάζουν τόσο πολύ ή για τόσο καιρό όσο νομίζουμε[11]. Όταν προβλέπουμε πώς θα αισθανόμασταν αν χάναμε τη δουλειά μας ή το σύντροφό μας, ή αν ο υποψήφιος που υποστηρίζουμε δεν εκλεγόταν, ή αν η ομάδα μας έχανε έναν σημαντικό αγώνα, ή αν τα πηγαίναμε χάλια σε μια συνέντευξη, σε μια εξέταση ή σε κάποιο διαγωνισμό, κατά κανόνα υπερεκτιμάμε πάντα το πόσο πολύ και για πόσο καιρό θα νιώθαμε απαίσια[12]. Οι αρτιμελείς άνθρωποι προτίθενται να πληρώσουν πολύ περισσότερα χρήματα για να αποφύγουν να γίνουν ποτέ ανάπηροι από όσα είναι διατεθειμένοι να πληρώσουν οι ανάπηροι για να ξαναγίνουν αρτιμελείς, διότι οι αρτιμελείς πάντα υποτιμούν την ευτυχία που μπορεί να νιώσουν τα ανάπηρα άτομα[13]. Ιδού τι ανέφερε επ' αυτού μια ομάδα ερευνητών: «Οι ασθενείς με χρόνιες νόσους και με αναπηρίες αποδίδουν συνήθως περισσότερη αξία στη ζωή τους από όση δίνουν οι υποθετικοί ασθενείς [οι οποίοι] φαντάζονται τους εαυτούς τους να βρίσκονται σε αυτή τη θέση.»[14] Πράγματι, οι υγιείς άνθρωποι φαντάζονται ότι ογδόντα τρεις καταστάσεις ασθένειας θα ήταν «χειρότερες κι απ' το θάνατο», ωστόσο, όταν οι άνθρωποι όντως βιώνουν αυτές τις καταστάσεις, σπανίως αυτοκτονούν[15]. Αφού τα αρνητικά γεγονότα δεν μας χτυπούν τόσο δυνατά όσο περιμένουμε, τότε γιατί εμείς αναμένουμε το αντίθετο; Αν ο πόνος και οι συμφορές είναι «εμπόδια για καλό», γιατί εμείς βλέπουμε μόνο τα εμπόδια και όχι το καλό; Η απάντηση είναι ότι ο ανθρώπινος νους έχει την τάση να *εκμεταλλεύεται την ασάφεια* —και αν αυτή η φράση σάς φαίνεται ασαφής, συνεχίστε το διάβασμα και επιτρέψτε μου να την εκμεταλλευτώ.

Σταμάτα να ενοχλείς τον κόσμο

Το μόνο πιο δύσκολο από το να ψάχνεις βελόνα στα άχυρα είναι να ψάχνεις βελόνα σε ένα πακέτο βελόνες. Όταν ένα αντικείμενο περιτριγυρίζεται από όμοιά του, αφομοιώνεται, ενώ όταν περιστοιχίζεται από ανόμοια πράγματα, ξεχωρίζει. Κοιτάξτε την Εικόνα 16. Αν κρατούσατε ένα χρονόμετρο που μετράει χιλιοστά του δευτερολέπτου, θα διαπιστώνατε ότι μπορείτε να εντοπίσετε το γράμμα *O* στην επάνω διάταξη (όπου περιστοιχίζεται από αριθμούς) λίγο γρηγορότερα απ' ό,τι στην κάτω διάταξη (όπου περιστοιχίζεται από άλλα γράμματα). Αυτό ακούγεται λογικό, αφού είναι δυσκολότερο να βρει κανείς ένα γράμμα ανάμεσα σε άλλα γράμματα απ' ό,τι ένα γράμμα μεταξύ αριθμών. Εντούτοις, αν σας είχα ζητήσει να ψάξετε για το «μηδέν» αντί για το «γράμμα *O*», θα το βρίσκατε λίγο γρηγορότερα στην κάτω διάταξη απ' ό,τι στην επάνω[16]. Οι περισσότεροι άνθρωποι πιστεύουν ότι μια βασική αντιληπτική ικανότητα όπως η όραση μπορεί να εξηγηθεί κατά το μάλλον ή ήττον από τις νευρικές διασυνδέσεις της. Νομίζουν ακόμα ότι, εάν κάποιος θέλει να κατανοήσει καλύτερα αυτή την ικανότητα, καλά θα κάνει να μάθει όλα τα σχετικά με τη φωτεινότητα, την αντίθεση, τα ραβδία, τα κωνία, το οπτικό νεύρο, τον αμφιβληστροειδή και τα παρόμοια. Όμως, αφού ο μαθητής μας θα είχε μάθει οτιδήποτε είναι γνωστό για τις φυσικές ιδιότητες των διατάξεων που φαίνονται στην Εικόνα 16, και όλα όσα είναι γνωστά για την ανατομική του ανθρώπινου οφθαλμού, και πάλι δεν θα μπορούσε να εξηγήσει γιατί κάποιος άνθρωπος μπορεί να βρει έναν κύκλο πιο εύκολα στη μία περίπτωση απ' ό,τι στην άλλη, αν δεν γνωρίζει επίσης τι *νόημα* αποδίδει στον κύκλο ο άνθρωπος αυτός.

Τα νοήματα έχουν σημασία ακόμα και για τις πιο βασικές ψυχολογικές διεργασίες, και ενώ κάτι τέτοιο μπορεί να δείχνει απολύτως προφανές σε έξυπνους ανθρώπους όπως εσείς και εγώ, η άγνοια αυτού τού απολύτως προφανούς πράγματος είχε οδηγήσει τους ψυχολόγους περίπου επί τριάντα χρόνια σε μια επίπονη προσπάθεια η οποία απέδωσε πενιχρά μόνο αποτελέσματα. Κατά το μεγαλύτερο μέρος της τελευταίας πεντηκονταετίας του 20ού αιώνα, οι πειραματικοί ψυχολόγοι χρονομετρούσαν αρουραίους που διέτρεχαν λαβυρίνθους και παρατηρούσαν περιστέρια που ράμφιζαν κουμπιά, διότι πίστευαν ότι ο καλύτε-

1	5	9	3	1	5	4	4	2	9
6	8	4	2	1	6	2	2	3	3
9	2	7	6	9	7	5	5	1	1
5	3	7	2	7	6	2	7	8	9
3	7	5	9	6	8	8	2	9	8
4	8	3	1	2	1	6	8	1	8
4	3	4	2	3	9	1	7	0	9
6	2	4	1	8	6	7	5	2	3
7	6	4	2	9	6	5	4	4	5
9	5	2	3	6	7	8	4	5	3

L	G	V	C	L	G	E	E	P	V
I	T	E	P	L	I	P	P	C	C
V	Q	R	I	V	R	G	G	L	L
G	C	R	P	R	I	P	R	T	V
C	R	G	V	I	T	T	P	V	T
E	T	C	L	P	L	I	T	L	T
E	C	E	P	C	V	L	R	0	V
I	P	E	L	T	I	R	G	P	C
R	I	E	P	V	I	G	E	E	G
V	G	Q	C	I	R	T	E	G	C

Εικόνα 16.

ρος τρόπος για να γίνει κατανοητή η συμπεριφορά ήταν η καταγραφή της σχέσης ανάμεσα σε ένα ερέθισμα και στην απόκριση του οργανισμού. Με προσεκτική μέτρηση της απόκρισης του οργανισμού όταν του παρουσιαζόταν κάποιο φυσικό ερέθισμα —όπως ένα φωτεινό σημείο, ένας ήχος ή λίγη τροφή—, οι ψυχολόγοι ευελπιστούσαν να θεμελιώσουν μια επιστήμη η οποία θα συνέδεε παρατηρήσιμα ερεθίσματα με παρατηρήσιμη συμπεριφορά, χωρίς να χρειαστεί να καταφύγουν στη χρήση αόριστων και «ρευστών» εννοιών (όπως «νόημα») για να τα συσχετίσουν. Δυστυχώς όμως, αυτό το απλοϊκό εγχείρημα ήταν εξαρχής καταδικασμένο, επειδή, μολονότι οι αρουραίοι και τα περιστέρια αντιδρούν στα ερεθίσματα όπως εκείνα *παρουσιάζονται* στον κόσμο, οι άνθρωποι αποκρίνονται στα ερεθίσματα όπως αυτά *αναπαριστώνται* στο νου. Τα αντικειμενικά ερεθίσματα του κόσμου δημιουργούν υποκειμενικά ερεθίσματα στο νου, και οι άνθρωποι αντιδρούν στα δεύτερα, δηλαδή στα υποκειμενικά ερεθίσματα. Παραδείγματος χάρη, τα μεσαία γράμματα στις δύο λέξεις της Εικόνας 17 αποτελούν το ίδιο ακριβώς φυσικό ερέθισμα (στο λόγο μου, εγώ ο ίδιος έκανα αντιγραφή και επικόλληση), όμως σχεδόν όλοι όσοι μιλούν αγγλικά αντιδρούν διαφορετικά στο καθένα —τα βλέπουν ως διαφορετικά, τα προφέρουν διαφορετικά, τα θυμούνται διαφορετικά—, διότι το ένα αναπαριστά το γράμμα *H* και το άλλο αναπαριστά το γράμμα *A*. Στην πραγματικότητα, θα ήταν πιο σωστό αν λέγα-

Εικόνα 17. Το μεσαίο σχήμα αποκτά διαφορετικό νόημα σε διαφορετικά πλαίσια.

με ότι το ένα *είναι* το γράμμα *Η* και το άλλο *είναι* το γράμμα *Α*, επειδή η ταυτότητα ενός σημαδιού από μελάνι έχει να κάνει λιγότερο με την αντικειμενική του κατασκευή και περισσότερο με το *πώς το ερμηνεύουμε υποκειμενικά*. Δύο κατακόρυφες γραμμές συνδεόμενες στο μέσο με μία οριζόντια γραμμή *σημαίνουν* κάτι όταν πλαισιώνονται από το *Τ* και το *Ε*, και *σημαίνουν* κάτι άλλο όταν βρίσκονται μεταξύ των *C* και *T*, και ένα από τα πολλά πράγματα που μας διαφοροποιούν από τους αρουραίους και τα περιστέρια είναι ότι αντιδρούμε στα *νοήματα* των ερεθισμάτων και όχι στα ίδια τα ερεθίσματα. Για τον ίδιο ακριβώς λόγο, ο πατέρας μου μπορεί να τη γλυτώσει αν με πει σαχλό, αλλά όχι και εσείς.

Αποσαφηνίζοντας τα αντικείμενα

Τα περισσότερα αντικείμενα είναι πολύσημα —δηλαδή μπορεί να σημαίνουν περισσότερα του ενός πράγματα—, οπότε εύλογα προκύπτει η ερώτηση πώς τα *αποσαφηνίζουμε* —δηλαδή πώς καταλαβαίνουμε ποιο από τα πολλά νοήματα κάποιου ερεθίσματος χρειάζεται να αντιληφθούμε σε μια δεδομένη περίπτωση. Η έρευνα δείχνει ότι, αναφορικά με αυτό το ερώτημα, το *πλαίσιο*, η *συχνότητα* και το *πρόσφατο* της εμφάνισης έχουν μεγάλη σπουδαιότητα.

Σκεφτείτε το *πλαίσιο*. Η λέξη *bank* έχει δύο σημασίες στην αγγλική γλώσσα: «το μέρος όπου φυλάσσονται χρήματα [τράπεζα]» και «το έδαφος στη μια και την άλλη πλευρά ενός ποταμού [όχθη]». Έτσι, ποτέ δεν παρανοούμε προτάσεις όπως «The boat ran into tha bank [Η βάρκα προσέκρουσε στην όχθη]» ή «The robber ran into the bank [Ο ληστής όρμησε μέσα στην τράπεζα]», διότι οι λέξεις *βάρκα* και *ληστής* παρέχουν ένα πλαίσιο που μας υπαγορεύει ποιο από τα δύο νοήματα της λέξης *bank* πρέπει να αντιληφθούμε σε κάθε περίπτωση.

Σκεφτείτε τη *συχνότητα*. Οι προηγούμενες συναντήσεις μας με ένα ερέθισμα μας δίνουν πληροφορίες για το ποια από τις σημασίες του πρέπει να υιοθετήσουμε. Για παράδειγμα, ένας υπάλληλος του τμήματος δανείων είναι πιθανόν να ερμηνεύσει την πρόταση «Don't run into the bank [Μην τρέχετε μέσα στην τράπεζα]» ως οδηγία για τον αρμόζοντα τρόπο συμπεριφοράς μέσα στο χώρο εργασίας του και όχι ως καλή συμβουλή για την πλοήγηση βάρκας, αφού στη διάρκεια μιας τυπικής εργάσιμης μέρας του ο υπάλληλος ακούει τη λέξη *bank* να χρησιμοποιείται πιο συχνά με την οικονομική παρά με τη ναυτική της έννοια.

Σκεφτείτε το *πρόσφατο* της εμφάνισης. Ακόμα και ένας βαρκάρης είναι πιθανόν να ερμηνεύσει την πρόταση «Don't run into the bank» ως αναφερόμενη στον οικονομικό οργανισμό μάλλον παρά στην όχθη του ποταμού αν έχει δει προσφάτως μια διαφήμιση για θυρίδες φύλαξης, και επομένως διατηρεί ακόμα την οικονομική έννοια του όρου ενεργή στο νου του. Πράγματι, αφού τόση ώρα μιλούσα για *τράπεζες* σε αυτή την παράγραφο, βάζω στοίχημα ότι η πρόταση «He put a check in the box [Έβαλε ένα τσεκ στο κουτί]» σας κάνει να παράγετε τη νοητική εικόνα του ανθρώπου που βάζει ένα κομμάτι χαρτιού σε ένα κουτί και όχι την εικόνα του ανθρώπου που σημειώνει την απάντησή του σε ένα ερωτηματολόγιο. (Θα μάντευα επίσης ότι η ερμηνεία που δώσατε στον τίτλο τούτης της ενότητας εξαρτάται από το αν εσείς εκνευρίσατε κάποιον περισσότερο ή λιγότερο πρόσφατα από όσο εκνεύρισε κάποιος άλλος εσάς.)

Αντίθετα από τους αρουραίους και τα περιστέρια, λοιπόν, εμείς αποκρινόμαστε σε νοήματα —και το πλαίσιο, το πρόσφατο και η συχνότητα είναι τρεις από τους παράγοντες που καθορίζουν ποιο νόημα θα εξάγουμε όταν συναντάμε ένα ασαφές ερέθισμα. Υπάρχει όμως και άλλος ένας παράγοντας, ίσης σπουδαιότητας αλλά μεγαλύτερου ενδιαφέροντος. Όπως οι αρουραίοι και τα περιστέρια, έτσι και ο καθένας μας έχει επιθυμίες, πόθους και ανάγκες. Δεν είμαστε απλοί θεατές του κόσμου αλλά επενδυτές μέσα σε αυτόν, και συχνά *έχουμε προτιμήσεις* όσον αφορά τη μια ή την άλλη σημασία που θα πάρει ένα ασαφές ερέθισμα. Κοιτάξτε, ας πούμε, το σχέδιο του κύβου στην Εικόνα 18. Αυτό το αντικείμενο (που ονομάστηκε κύβος τού Necker από τον ελβετό κρυσταλλογράφο ο οποίος τον ανακάλυψε το 1832) είναι εγγενώς αμφίσημο, και για να το διαπιστώσετε, δοκιμάστε να προσηλωθείτε σε αυτό για λίγα δευτερόλεπτα. Στην αρχή, ο κύβος φαίνεται σαν να είναι ανοιχτός από πάνω, και έχετε την αίσθηση ότι κοιτάτε έναν κύβο που βρίσκεται *απέναντί* σας. Η τελεία βρίσκεται στο εσωτερικό του κύβου, στο σημείο όπου συναντώνται η πίσω, η δεξιά και η κάτω έδρα. Αν όμως προσηλωθείτε για όσο χρειάζεται, το σκίτσο ξαφνικά αλλάζει· ο κύβος δείχνει να είναι ανοιχτός στην μπροστινή του έδρα, και έχετε την αίσθηση ότι κοιτάζετε ένα κύβο που βρίσκεται *χαμηλότερα* απ' ό,τι εσείς. Η τελεία πετάχτηκε τώρα

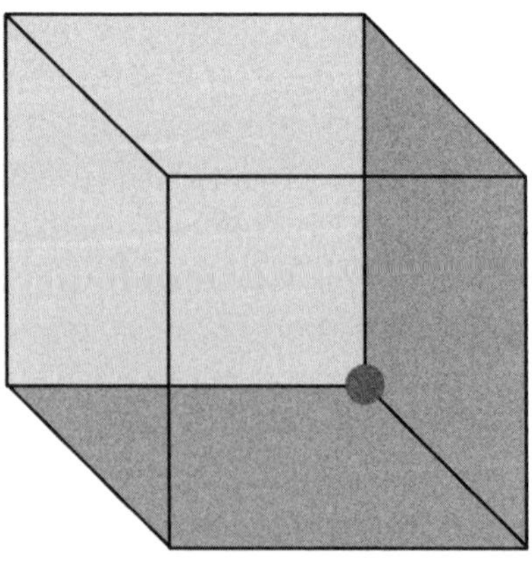

Εικόνα 18. Αν προσηλωθείτε αρκετή ώρα στον κύβο τού Necker, ο προσανατολισμός του φαίνεται να αλλάζει.

στην έξω και κάτω δεξιά γωνία του κύβου. Επειδή αυτό το σκίτσο έχει δύο πλήρεις νοήματος ερμηνείες, ο εγκέφαλός σας απολαμβάνει να τις εναλλάσσει διασκεδάζοντάς σας, ώσπου να ζαλιστείτε και να πέσετε κάτω. Αν όμως κάποιο από αυτά τα νοήματα ήταν καλύτερο από το άλλο; Τι θα γινόταν αν εσείς *προτιμούσατε* τη μία από τις δύο ερμηνείες αυτού του αντικειμένου; Τα πειράματα δείχνουν ότι, όταν οι εξεταζόμενοι παίρνουν αμοιβές ανάλογα με το αν βλέπουν το αντικείμενο απέναντί τους ή τοποθετημένο κάτω, ο προσανατολισμός για τον οποίο αμείβονται αρχίζει να «αναδύεται» πιο συχνά, και ο εγκέφαλός τους «κρατιέται» σε αυτή την ερμηνεία χωρίς να στρέφεται στην άλλη[17]. Με άλλα λόγια, όταν ο εγκέφαλός σας έχει το ελεύθερο να ερμηνεύσει κάποιο ερέθισμα με περισσότερους από έναν τρόπους, έχει την τάση να το ερμηνεύει έτσι όπως *θέλει*, όπερ σημαίνει ότι *οι προτιμήσεις σας επηρεάζουν τις ερμηνείες σας για τα ερεθίσματα, με τον ίδιο ακριβώς τρόπο που τις επηρεάζουν το πλαίσιο, το πρόσφατο και η συχνότητα.*

Το συγκεκριμένο φαινόμενο δεν περιορίζεται μόνο στην ερμηνεία παράξενων σχημάτων. Λόγου χάρη, γιατί θεωρείτε τον εαυτό σας ταλαντούχο άνθρωπο; (Καλά, αφήστε τις μετριοφροσύνες. Το ξέρετε πως έτσι σκέφτεστε.) Για να απαντήσουν αυτό το ερώτημα, κάποιοι ερευνητές ζήτησαν από μερικούς εθελοντές (τους «οριστές») να γράψουν σε ένα χαρτί τον ορισμό του *ταλαντούχου* και ύστερα να υπολογίσουν πόσο ταλαντούχοι ήταν οι ίδιοι χρησιμοποιώντας ως οδηγό τους ορισμούς τους[18]. Ύστερα, κάποιοι άλλοι εθελοντές (οι «μη οριστές») πήραν τους ορισμούς που είχαν γράψει οι προηγούμενοι εξεταζόμενοι και προσπάθησαν να εκτιμήσουν το προσωπικό τους ταλέντο χρησιμοποιώντας τους ορισμούς των πρώτων ως οδηγούς. Το ενδιαφέρον αποτέλεσμα ήταν ότι οι οριστές βαθμολόγησαν τους εαυτούς τους ως περισσότερο ταλαντούχους απ' ό,τι οι μη οριστές. Εφόσον στους πρώτους είχε δοθεί η ελευθερία να ορίσουν τη λέξη *ταλαντούχος* με όποιον τρόπο τους άρεσε, την όρισαν *ακριβώς* όπως τους άρεσε —δηλαδή με όρους κάποιας δραστηριότητας στην οποία οι ίδιοι, παρεμπιπτόντως, ήταν άριστοι («Πιστεύω ότι το *ταλέντο* αναφέρεται συνήθως σε κάποιο *εξαιρετικό καλλιτεχνικό επίτευγμα*, όπως, ας πούμε, αυτός ο πίνακας που μόλις τελείωσα» ή «*Ταλέντο* είναι μια *ικανότητα με την οποία γεννιέσαι*, όπως λόγου χάρη να είσαι πολύ δυνατότερος από τους άλλους. Θες να παλέψουμε τώρα;»). Οι οριστές κατάφεραν να θέσουν τα κριτήρια για το ταλέντο και, όχι τυχαία βέβαια, είχαν περισσότερες πιθανότητες να πληρούν τα κριτήρια που οι ίδιοι έθεσαν. Οι περισσότεροι θεωρούμε τους εαυτούς μας ταλαντούχους, φιλικούς, σοφούς και δίκαιους διότι, μεταξύ άλλων, αυτές οι λέξεις είναι τα λεκτικά αντίστοιχα του κύβου τού Necker —και, φυσικά, ο ανθρώπινος νους εκμεταλλεύεται την πολυσημία κάθε λέξης για την προσωπική του ευχαρίστηση.

Αποσαφηνίζοντας την εμπειρία

Φυσικά, οι πιο πλούσιες πηγές ασάφειας προς εκμετάλλευση δεν είναι οι λέξεις, οι προτάσεις και τα σχήματα, αλλά οι σύνθετες, ποικίλες και πολυδιάστατες *εμπειρίες* που συνθέτουν το κολάζ της ζωής κάθε ανθρώπου. Αν ο κύβος τού Necker έχει δύο δυνατές ερμηνείες, και το *ταλέντο* έχει δεκατέσσερεις πιθανές ερμηνείες, τότε οι φράσεις «*φεύγω από το πατρικό*», «*αρρωσταίνω*» ή «*πιάνω δουλειά στα αμερικανικά ταχυδρομεία*» έχουν εκατοντάδες χιλιάδες πιθανές ερμηνείες. Τα πράγματα που μας *συμβαίνουν* —ο γάμος, η ανατροφή παιδιών, η εύρεση εργασίας, η παραίτηση από το Κονγκρέσο, η φυλάκιση, η παράλυση— είναι πολύ πιο πολύπλοκα πράγματα απ' ό,τι ένα σημαδάκι με μελάνι ή ένας χρωματιστός κύβος, και αυτή η πολυπλοκότητα δημιουργεί τεράστιες ποσότητες ασάφειας, η οποία στέκει εκεί και μας ικετεύει να την εκμεταλλευτούμε. Δεν χρειάζεται να παρακαλέσει και πολύ. Κατά τη διεξαγωγή μιας μελέτης, για παράδειγμα, μερικοί από τους εθελοντές πληροφορήθηκαν ότι πρόκειται να φάνε μια πολύ νόστιμη αλλά ανθυγιεινή γρανίτα (οι «παγωτοφάγοι») και άλλοι πληροφορήθηκαν ότι θα πάρουν ένα πιάτο με πικρό αλλά υγιεινό σγουρό λάχανο (οι «λαχανοφάγοι»)[19]. Πριν από την κατανάλωση των παραπάνω, οι ερευνητές ζήτησαν από τους εξεταζόμενους να βαθμολογήσουν ως προς την ομοιότητά τους διάφορες τροφές, στις οποίες περιλαμβάνονταν οι γρανίτες, το σγουρό λάχανο και το κρέας κονσέρβας (που θεωρείται από όλους και άνοστο και ανθυγιεινό). Τα αποτελέσματα έδειξαν ότι οι παγωτοφάγοι θεωρούσαν το κρέας κονσέρβας πιο όμοιο με το λάχανο παρά με το παγωτό. Γιατί; Επειδή, για κάποιον παράξενο λόγο, οι παγωτοφάγοι σκέφτονταν για τις τροφές με όρους *γεύσης* —και, αντίθετα βέβαια με το λάχανο και τις κονσέρβες, το παγωτό έχει υπέροχη γεύση. Από την άλλη μεριά, οι λαχανοφάγοι θεώρησαν ότι το κρέας κονσέρβας έμοιαζε περισσότερο με το παγωτό παρά με το λάχανο. Γιατί; Διότι, για κάποιον παράξενο λόγο επίσης, οι λαχανοφάγοι εξέταζαν τις τροφές σε σχέση με το πόσο υγιεινές ήταν —και βέβαια, αντίθετα με το λάχανο, το παγωτό και οι κονσέρβες είναι ανθυγιεινές. Στην πραγματικότητα, ο παράξενος λόγος δεν είναι και τόσο παράξενος. Όπως ακριβώς ένας κύβος τού Necker μπορεί να φαίνεται ότι βρίσκεται και απέναντί σας αλλά και χαμηλότερα, έτσι και το παγωτό είναι ταυτόχρονα και γευστικότατο και παχυντικό, ενώ το σγουρό λάχανο είναι και υγιεινό και πικρό. Ο δικός μου και ο δικός σας εγκέφαλος μπορούν να κάνουν εύκολα την εναλλαγή από τον ένα στον άλλο τρόπο σκέψης για τούτες τις τροφές, διότι εμείς απλώς διαβάζουμε για αυτές. Εάν όμως ετοιμαζόμασταν να *φάμε* μία από αυτές, ο εγκέφαλός μας αυτομάτως θα αξιοποιούσε την αμφισημία της ταυτότητας της συγκεκριμένης τροφής και θα μας επέτρεπε να τη σκεφτούμε με κάποιον τρόπο που θα μας ευχαριστούσε μάλλον (νοστιμότατο επιδόρπιο ή θρεπτικά λαχανικά) παρά θα μας δυσαρεστούσε (παχυντικό επιδόρπιο ή πικρά λαχανικά). Μόλις η ενδεχόμενη εμπειρία μας γίνει και *πραγματική* εμπειρία μας —όταν δηλαδή μαζί με το πόσο καλή είναι η συγκεκριμένη εμπειρία διακυβεύεται και κάτι που μας αφορά προσωπικά—, τότε ο εγκέφαλός μας «στρώνεται στη δουλειά» για να βρει τρόπους ερμηνείας της εμπειρίας τέτοιους ώστε θα μας επιτρέψουν να την εκτιμήσουμε ως καλή.

Επειδή οι εμπειρίες είναι εγγενώς πολύσημες, η «εύρεση της θετικής όψης» μιας εμπειρίας αποδεικνύεται συχνά τόσο απλή όσο και η εύρεση της «κάτω όψης» ενός κύβου τού Necker· η έρευνα μάλιστα δείχνει ότι οι περισσότεροι άνθρωποι το κάνουν αυτό συχνά και αποτελεσματικά. Οι καταναλωτές αξιολογούν τις συσκευές κουζίνας πιο θετικά αφού τις έχουν πλέον αγοράσει[20], όσοι αναζητούν εργασία αξιολογούν τις προτάσεις πιο θετικά αφού τις έχουν αποδεχτεί[21], και οι μαθητές αξιολογούν πιο θετικά κάποια πανεπιστήμια αφού έχουν πλέον εισαχθεί σε αυτά[22]. Όσοι στοιχηματίζουν στον ιππόδρομο αξιολογούν πιο θετικά τα άλογά τους όταν πλέον απομακρύνονται από το γκισέ των στοιχημάτων παρά όταν το πλησιάζουν[23], και οι ψηφοφόροι αξιολογούν πιο θετικά τους υποψηφίους που υποστηρίζουν όταν βγαίνουν από το παραβάν της ψηφοφορίας παρά όταν μπαίνουν[24]. Μια τοστιέρα, μια επιχείρηση, ένα πανεπιστήμιο, ένα άλογο και ένας γερουσιαστής είναι όλα τους ωραία και καλά, αλλά, από τη στιγμή που γίνονται η *δική μας* τοστιέρα, επιχείρηση, πανεπιστήμιο, άλογο και γερουσιαστής, αυτομάτως γίνονται ωραιότερα και καλύτερα. Οι έρευνες αυτού του είδους δείχνουν ότι αποκτούμε την ικανότητα να βρίσκουμε τον θετικό τρόπο θέασης των πραγμάτων αφότου τα πράγματα γίνονται δικά μας.

Το μαγείρεμα των δεδομένων

Στο *Candide* (Αγαθούλης), το κλασικό μυθιστόρημα του Βολταίρου, ο δόκτωρ Πανγκλός είναι δάσκαλος «μεταφυσικο-θεολογο-κοσμολογο-τριχολογίας», ο οποίος πιστεύει ότι ζει στον καλύτερο δυνατό κόσμο.

«Είναι ξεκάθαρο», είπε, «ότι τα πράγματα δεν μπορεί να είναι διαφορετικά από τον τρόπο που υφίστανται· διότι, καθώς όλα τα πράγματα έχουν γίνει για κάποιο σκοπό, αναγκαστικά πρέπει να δημιουργήθηκαν για τον καλύτερο σκοπό. Για παράδειγμα, οι μύτες έγιναν για να στηρίζουν τα ματογυάλια, κι επομένως φοράμε ματογυάλια. Οι μηροί, όπως είναι φανερό σε όλους, υπάρχουν για τα κοντοβράκια, και άρα φοράμε κοντοβράκια. Οι πέτρες υπάρχουν για να χτίζονται τα κάστρα· και επομένως, ο κύριός μου έχει έναν θαυμάσιο πύργο, διότι ο πιο σπουδαίος βαρώνος της περιοχής πρέπει να έχει και το πιο ωραίο σπίτι. Και επειδή τα γουρούνια δημιουργήθηκαν για να τρώγονται, τρώμε χοιρινό όλο το χρόνο. Επομένως, όλοι όσοι λένε ότι τα πάντα είναι καλά, λένε ανοησίες· θα έπρεπε να λένε ότι τα πάντα είναι τα καλύτερα δυνατά».[25]

Οι έρευνες που έχω μέχρι στιγμής περιγράψει φαίνεται να υποστηρίζουν ότι τα ανθρώπινα όντα είναι σε απελπιστικό βαθμό «πανγκλοσιστές»: υπάρχουν περισσότεροι τρόποι να στοχαστεί κανείς πάνω σε μια εμπειρία από όσες εμπειρίες υπάρχουν, και οι άνθρωποι είμαστε ιδιαίτερα εφευρετικοί όταν βρισκόμαστε στην ανάγκη να αναζητήσουμε τον καλύτερο δυνατό τρόπο. Αν όμως αυτό αληθεύει, τότε γιατί δεν κυκλοφορούμε όλοι με χαμόγελα ώς τα αφτιά, ευχαριστώντας τον Θεό που μας χάρισε τις αιμορροΐδες και τους συγγενείς εξ αγχιστείας; Αυτό δεν συμβαίνει διότι ο νους μπορεί μεν να πέφτει θύμα εξαπάτησης αλλά δεν είναι και τελείως κορόιδο. Ο κόσμος είναι *έτσι*, εμείς θα θέλαμε να ήταν *αλλιώς*, και η εμπειρία μας από τον κόσμο —ο τρόπος με τον οποίο τον βλέπουμε, τον θυμόμαστε και τον φανταζόμαστε— αποτελεί ένα μείγμα ωμής πραγματικότητας και παρηγορητικής ψευδαίσθησης. Δεν μπορούμε να αφαιρέσουμε κανένα από τα συστατικά. Αν βιώναμε την εμπειρία του κόσμου όπως ακριβώς υπάρχει, θα είχαμε τέτοια κατάθλιψη ώστε δεν θα μπορούσαμε να σηκωθούμε το πρωί από το κρεβάτι·

αν όμως τον βιώναμε ακριβώς όπως θα θέλαμε να είναι, τότε οι ψευδαισθήσεις μας δεν θα μας άφηναν να βρούμε ούτε τις παντόφλες μας. Μπορεί να αληθεύει ότι βλέπουμε τον κόσμο μέσα από ροζ γυαλιά, αλλά αυτά τα ροζ γυαλιά δεν είναι ούτε διάφανα ούτε αδιαπέραστα. Δεν μπορεί να είναι αδιαφανή, διότι χρειάζεται να βλέπουμε τον κόσμο αρκετά καθαρά ώστε να συμμετέχουμε σε αυτόν: να πιλοτάρουμε ελικόπτερα, να μαζεύουμε τη σοδειά του καλαμποκιού, να αλλάζουμε πάνες στα μωρά, και να κάνουμε όλα όσα πρέπει να κάνουν τα έξυπνα θηλαστικά για να επιβιώσουν και να αναπτυχθούν. Αλλά τα γυαλιά δεν γίνεται να είναι και εντελώς διαφανή, διότι χρειαζόμαστε τη ροζ απόχρωσή τους για να κινητοποιηθούμε να *σχεδιάσουμε* τα ελικόπτερα («Είμαι σίγουρος πως τούτο 'δω θα πετάξει»), να *φυτέψουμε* το καλαμπόκι («Αναμένεται χρονιά παχιών αγελάδων») και να *ανεχθούμε* τα μωρά («Τι χαρά να αλλάζεις πάνες!»). Δεν μπορούμε να κάνουμε χωρίς την πραγματικότητα, αλλά ούτε και χωρίς την αυταπάτη. Η καθεμιά τους εξυπηρετεί κάποιο σκοπό, η καθεμιά θέτει ένα όριο στην επιρροή της άλλης, και, τελικά, η εμπειρία που έχουμε από τον κόσμο είναι ο έντεχνος συμβιβασμός στον οποίο καταλήγουν αυτοί οι δύο σκληροί διαπραγματευτές[26].

Αντί λοιπόν να βλέπουμε τους ανθρώπους ως απελπισμένους πανγκλοσιστές, μπορούμε μάλλον να τους θεωρήσουμε ως κατέχοντες ένα *ψυχολογικό ανοσοποιητικό σύστημα* που προστατεύει το νου από τη δυστυχία όπως περίπου το *σωματικό ανοσοποιητικό σύστημα* υπερασπίζεται το σώμα ενάντια στις νόσους[27]. Αυτή μάλιστα η μεταφορά κρίνεται ιδιαιτέρως ταιριαστή. Το σωματικό ανοσοποιητικό σύστημα, για παράδειγμα, πρέπει να διατηρεί την ισορροπία αναφορικά με δύο ανταγωνιστικές ανάγκες: από τη μια, την ανάγκη να αναγνωρίζει και να καταστρέφει ξένους εισβολείς, όπως ιούς και βακτήρια, και, από την άλλη, την ανάγκη να αναγνωρίζει και να σέβεται τα κύτταρα του ίδιου του σώματός του. Εάν το σωματικό ανοσοποιητικό σύστημα υπολειτουργεί, δεν καταφέρνει να υπερασπιστεί το σώμα από τους μικροσκοπικούς εισβολείς, και επομένως παθαίνουμε λοιμώξεις· αν όμως το ανοσοποιητικό υπερλειτουργεί, υπερασπίζεται κατά λάθος το σώμα ενάντια στον ίδιο του τον εαυτό, και καταλήγουμε προσβεβλημένοι από αυτοάνοσα νοσήματα. Ένα υγιές σωματικό ανοσοποιητικό σύστημα χρειάζεται να διατηρεί την ισορροπία μεταξύ των αντικρουόμενων αυτών αναγκών —δηλαδή να βρίσκει τον τρόπο να μας προστατεύει καλά, αλλά όχι *υπερβολικά καλά*.

Με ανάλογο τρόπο, όταν αντιμετωπίζουμε τον πόνο της απόρριψης, της απώλειας, της ατυχίας και της αποτυχίας, το *ψυχολογικό* μας ανοσοποιητικό σύστημα δεν πρέπει να μας προστατεύει υπερβολικά καλά («Εγώ είμαι τέλειος και όλοι οι άλλοι δρουν εναντίον μου») αλλά ούτε και να αποτυγχάνει να μας προστατεύσει επαρκώς («Είμαι άχρηστος και μου αξίζει να πεθάνω»). Ένα *υγιές* ψυχολογικό ανοσοποιητικό σύστημα βρίσκει μια ισορροπία η οποία μάς επιτρέπει να αισθανόμαστε αρκετά καλά για να αντιμετωπίσουμε την κατάσταση και αρκετά άσχημα ώστε να κάνουμε κάτι για αυτή («Εντάξει, η επίδοσή μου ήταν απαίσια και αισθάνομαι πολύ άσχημα, αλλά διαθέτω την αυτοπεποίθηση να κάνω μια δεύτερη προσπάθεια»). Έχουμε ανάγκη από άμυνα —όχι να είμαστε απροστάτευτοι, ούτε όμως και αμυντικοί—, και επομένως ο νους μας έχει τη φυσική τάση να αναζητά την καλύτερη θεώρηση των πραγμάτων ενώ ταυτόχρονα επιζητεί αυτή η σκοπιά να αντιστοιχεί σχετικά καλά προς τα πραγματικά γεγονότα. Νά λοιπόν γιατί αναζητάμε όσα περιβάλλοντα μας δίνουν τη δυνατότητα να βλέπουμε τον εαυτό μας θετικά, αλλά απορρίπτουμε όσα μάς κάνουν να βλέπουμε τον εαυτό μας θετικά σε βαθμό *μη ρεαλιστικό*[28]. Παραδείγματος χάρη, έχει βρεθεί ότι οι φοιτητές κάνουν αίτηση να αλλάξουν δωμάτιο όταν οι συγκάτοικοί τους δεν έχουν καλή γνώμη για τους ίδιους, αλλά επίσης υποβάλλουν αίτηση αλλαγής δωματίου όταν οι συγκάτοικοί τους έχουν υπερβολικά καλή γνώμη για αυτούς[29]. Σε κανέναν δεν αρέσει η εξαπάτηση, ακόμα και όταν είναι ευχάριστη. Για να καταφέρουμε να διατηρήσουμε την ευαίσθητη ισορροπία ανάμεσα στην πραγματικότητα και την ψευδαίσθηση, αναζητάμε θετικές σκοπιές θεώρησης της εμπειρίας μας, αλλά επιτρέπουμε στον εαυτό μας να υιοθετήσει αυτές τις σκοπιές μόνο όταν δείχνουν *πιστευτές*. Ποια πράγματα λοιπόν κάνουν μια άποψη να φαίνεται πιστευτή;

Ανεύρεση δεδομένων

Οι περισσότεροι δίνουμε αρκετή πίστη σε όσα μάς λένε οι επιστήμονες, διότι ξέρουμε ότι οι επιστήμονες καταλήγουν σε συμπεράσματα αφού συλλέξουν και αναλύσουν δεδομένα. Αν κάποιος σάς ρωτούσε γιατί πιστεύετε ότι το κάπνισμα βλάπτει ενώ το τρέξιμο ωφελεί, ή γιατί πιστεύετε ότι η Γη είναι στρογγυλή και ο Γαλαξίας επίπεδος, ή γιατί νομίζετε ότι τα κύτταρα είναι μικρά και τα μόρια ακόμα μικρότερα, θα παραπέμπατε στα σχετικά δεδομένα. Ίσως χρειαζόταν να εξηγήσετε ότι δεν *γνωρίζετε* προσωπικά τα δεδομένα που υποδεικνύετε, αλλά ότι ξέρετε πως κάποτε μια συντροφιά πολύ ειλικρινών ανθρώπων με άσπρες εργαστηριακές στολές βγήκαν έξω και παρατήρησαν τον κόσμο με στηθοσκόπια, τηλεσκόπια και μικροσκόπια, κατέγραψαν ό,τι παρατήρησαν, ανέλυσαν αυτά που κατέγραψαν, και ύστερα είπαν σε εμάς τους υπόλοιπους τι να πιστεύουμε για τη διατροφή, την κοσμολογία και τη βιολογία. Οι επιστήμονες είναι αξιόπιστοι επειδή συνάγουν συμπεράσματα από παρατηρήσεις, και αφότου οι *εμπειριστές* επικράτησαν επί των *δογματιστών* και έδωσαν νέο προσανατολισμό στην αρχαία ελληνική ιατρική, οι Δυτικοί έχουν αποκτήσει ιδιαίτερο σεβασμό για συμπεράσματα βασιζόμενα σε πράγματα που μπορούν να δουν με τα μάτια τους. Συνεπώς, δεν εκπλήσσει κανέναν που και εμείς θεωρούμε τις απόψεις μας πιστευτές όταν βασίζονται σε παρατηρήσιμα γεγονότα και όχι σε πόθους, επιθυμίες και καπρίτσια. Θα μας *άρεσε* ίσως να πιστεύουμε ότι μας αγαπούν όλοι, ότι θα ζήσουμε για πάντα και ότι οι μετοχές υψηλής τεχνολογίας θα ξαναπάρουν την πάνω βόλτα. Θα ήταν μάλιστα πολύ βολικό να μπορούσαμε να πατήσουμε ένα κουμπάκι στο κεφάλι μας και να πιστεύουμε ό,τι θέλουμε. Η πίστη όμως δεν λειτουργεί έτσι. Στη διάρκεια της εξέλιξης του ανθρώπου, ο εγκέφαλος και το μάτι έχουν συνάψει ένα συμβόλαιο, σύμφωνα με το οποίο ο εγκέφαλος συμφωνεί να πιστεύει ό,τι βλέπει το μάτι και να μην πιστεύει ό,τι το μάτι απορρίπτει. Επομένως, εάν πρόκειται να πιστέψουμε κάτι, τότε αυτό πρέπει να υποστηρίζεται —ή τουλάχιστον να μην έρχεται σε κραυγαλέα αντιπαράθεση— με δεδομένα.

Εάν οι απόψεις γίνονται αποδεκτές μόνο όταν είναι πιστευτές, και αν αυτές είναι πιστευτές μόνο όταν στηρίζονται σε δεδομένα, τότε πώς καταφέρνουμε και έχουμε θετικές απόψεις για τον εαυτό μας και την εμπειρία μας; Πώς κατορθώνουμε και θεωρούμε τους εαυτούς μας καταπληκτικούς οδηγούς, ταλαντούχους εραστές ή εξαιρετικούς μαγείρους, τη στιγμή που τα γεγονότα της ζωής μας περιλαμβάνουν θλιβερές ακολουθίες από στραπατσαρισμένα αυτοκίνητα, απογοητευμένους συντρόφους και ξεφούσκωτα σουφλέ; Η απάντηση είναι απλή: *μαγειρεύουμε τα δεδομένα.* Υπάρχουν πολλές και διάφορες μέθοδοι για τη συλλογή, την ερμηνεία και την ανάλυση των δεδομένων, αλλά οι διαφορετικές μέθοδοι συχνά οδηγούν και σε διαφορετικά συμπεράσματα —γι' αυτό και υπάρχουν διαφωνίες μεταξύ των επιστημόνων σχετικά με τον κίνδυνο υπερθέρμανσης του πλανήτη, σχετικά με τα προτερήματα της οικονομικής θεωρίας της προσφοράς και σχετικά με την ορθότητα της χαμηλής σε υδατάνθρακες δίαιτας. Όσοι κάνουν καλή επιστήμη αντιμετωπίζουν αυτή τη δυσκολία επιλέγοντας τη μέθοδο που θεωρούν πιο κατάλληλη, και ύστερα αποδέχονται τα αποτελέσματα που παράγονται βάσει της συγκεκριμένης μεθόδου, όποια κι αν είναι αυτά. Όσοι όμως κάνουν κακή επιστήμη εκμεταλλεύονται την εν λόγω δυσκολία και επιλέγουν μεθόδους οι οποίες έχουν περισσότερες πιθανότητες να παραγάγουν τα αποτελέσματα που οι ίδιοι προτιμούν. Έτσι καταφέρνουν να φτάσουν στα επιθυμητά συμπεράσματα, έχοντας —υποτίθεται— συλλέξει υποστηρικτικά δεδομένα. Δυστυχώς, δεκαετίες ερευνών δείχνουν ότι, όταν πρόκειται να συλλέξουμε και να αναλύσουμε δεδομένα για τον εαυτό μας και τις εμπειρίες μας, οι περισσότεροι αποδεικνυόμαστε εξπέρ στην «πολύ κακή επιστήμη».

Σκεφτείτε, για παράδειγμα, το ζήτημα της δειγματοληψίας. Καθώς οι επιστήμονες δεν δύνανται να μελετήσουν όλα τα βακτήρια, όλους τους κομήτες, όλα τα περιστέρια ή όλους τους ανθρώπους, διεξάγουν τις μελέτες τους χρησιμοποιώντας μικρά δείγματα από αυτούς τους πληθυσμούς. Ένας θεμελιώδης κανόνας της καλής επιστήμης, αλλά και της κοινής λογικής, είναι ότι το συγκεκριμένο δείγμα πρέπει να έχει ληφθεί από όλα τα τμήματα ενός πληθυσμού, εάν θέλουμε να μας πει κάτι για τον εν λόγω πληθυσμό. Επομένως, είναι τελείως άσκοπο να διεξαγάγετε μια σφυγμομέτρηση της κοινής γνώμης αν πρόκειται να τηλεφωνήσετε μόνο σε μέλη του κόμματος των Συντηρητικών μιας συγκεκριμένης περιφέρειας ή μόνο στα μέλη του εκτελεστικού γραφείου του κόμματος «Ένωση Αναρχικών Ενάντια σε Όλους τους Οργανισμούς, του Δικού μας Μη Εξαιρουμένου». Και όμως, αυτό περίπου κάνουμε όταν αναζητάμε δεδομένα που υποστηρίζουν τα επιθυμητά σε εμάς συμπεράσματα[30]. Παραδείγματος χάρη, σε κάποια έρευνα οι εθελοντές ενημερώθηκαν ότι είχαν πάρει χαμηλή βαθμολογία σε ένα τεστ νοημοσύνης, και ύστερα τους δόθηκε η ευκαιρία να διαβάσουν προσεκτικά μερικά άρθρα σχετικά με τα τεστ νοημοσύνης. Οι εξεταζόμενοι διέθεσαν περισσότερο χρόνο στην ανάγνωση άρθρων που αμφισβητούσαν την εγκυρότητα αυτών των τεστ παρά σε άρθρα που τα υποστήριζαν[31]. Σε μια άλλη μελέτη, αφού είχαν λάβει κολακευτική αξιολόγηση από έναν επόπτη, οι εθελοντές ενδιαφέρονταν περισσότερο να διαβάσουν τις πληροφορίες από το βιογραφικό του επόπτη που εκθείαζαν τις ικανότητες και την οξύνοιά του, παρά τις πληροφορίες που σπίλωναν την αξιοπιστία του[32]. Καθώς χειρίστηκαν οι ίδιοι το δείγμα πληροφοριών στο οποίο εκτέθηκαν, οι εξεταζόμενοι αυτοί εμμέσως ρύθμισαν και τα συμπεράσματα στα οποία θα κατέληγαν.

Πιθανότατα έχετε κάνει και εσείς παρόμοια πράγματα. Αν, φέρ' ειπείν, έτυχε να αγοράσετε ποτέ καινούργιο αυτοκίνητο, μπορεί να προσέξατε ότι, λίγο αφότου αποφασίσατε να αγοράσετε το Honda και όχι το Toyota, αρχίσατε να διαβάζετε προσεκτικά κάθε διαφήμιση σχετική με τα αυτοκίνητα Honda ενώ ρίχνατε γρήγορες ματιές στις διαφημίσεις άλλων μοντέλων[33]. Αν αυτό υπέπιπτε στην αντίληψη κάποιου φίλου σας και σας ρωτούσε σχετικά, πιθανότατα θα του εξηγούσατε ότι απλώς ενδιαφέρεστε περισσότερο να μάθετε πράγματα για το αυτοκίνητο που επιλέξατε παρά για εκείνα που απορρίψατε. Αλλά το *μαθαίνω* είναι μια μάλλον παράξενη επιλογή λέξης για την περίπτωσή μας, αφού αναφέρεται συνήθως σε απόκτηση γνώσης με αμερόληπτο τρόπο, ενώ η γνώση που αποκτά κανείς διαβάζοντας μόνο διαφημίσεις τής Honda είναι κάτι παραπάνω από υποκειμενική. Οι διαφημίσεις περιλαμβάνουν δεδομένα για τα πλεονεκτήματα των προϊόντων που περιγράφουν αλλά όχι και για τα μειονεκτήματά τους, και συνεπώς αυτού του είδους η αναζήτηση για νέα γνώση θα είχε το ενδιαφέρον έμμεσο όφελος να εμβαπτιστείτε για τα καλά μέσα στα δεδομένα —και μόνο μέσα σε αυτά— τα οποία επιβεβαιώνουν απλώς τη σύνεση τις αρχικής σας απόφασης.

Τα επιθυμητά δεδομένα δεν τα επιλέγουμε μόνο από τα περιοδικά αλλά και από τη μνήμη μας. Σε μια έρευνα, για παράδειγμα, οι εθελοντές διάβασαν στοιχεία που υποστήριζαν ότι τα εξωστρεφή άτομα αμείβονται με υψηλότερο μισθό και παίρνουν συνηθέστερα προαγωγή απ' ό,τι τα εσωστρεφή άτομα (η ομάδα των επιτυχημένων εξωστρεφών). Σε άλλους εθελοντές δόθηκαν στοιχεία που υποστήριζαν το αντίθετο (η ομάδα των επιτυχημένων εσωστρεφών)[34]. Όταν οι εξεταζόμενοι χρειάστηκε να θυμηθούν συγκεκριμένες συμπεριφορές από το προσωπικό τους παρελθόν που θα χρησίμευαν στον χαρακτηρισμό τους ως εξωστρεφών ή εσωστρεφών, οι εθελοντές από την ομάδα των επιτυχημένων εξωστρεφών είχαν την τάση να θυμούνται στιγμές όπως εκείνη που πλησίασαν ευθαρσώς ένα απολύτως άγνωστο άτομο για να αυτοσυστηθούν, ενώ η ομάδα των επιτυχημένων εσωστρεφών είχαν την τάση να θυμούνται περιστατικά συναντήσεών τους με ανθρώπους τους οποίους συμπαθούσαν αλλά ντρέπονταν τόσο ώστε δεν είπαν ούτε «γεια».

Οι άλλοι άνθρωποι γύρω μας —και όχι οι διαφημίσεις ή οι αναμνήσεις— είναι φυσικά οι πιο πλούσιες πηγές πληροφοριών για το πόσο καλές υπήρξαν οι αποφάσεις μας, για τις ικανότητές μας και για την ακαταμάχητη γοητεία της προσωπικότητάς μας. Η τάση μας να εκθέτουμε τον εαυτό μας σε πληροφορίες που υποστηρίζουν τα αρεστά σε μας συμπεράσματα είναι ιδιαίτερα ισχυρή όταν πρόκειται να επιλέξουμε παρέα. Θα έχετε πιθανότατα προσέξει ότι κανένας δεν επιλέγει φίλους και εραστές με τυχαία δειγματοληψία. Αντιθέτως, ξοδεύουμε πολλές ώρες και πολλά χρήματα για να διευθετήσουμε τη ζωή μας έτσι ώστε να περιστοιχιζόμαστε από ανθρώπους στους οποίους *αρέσουμε* και οι οποίοι *είναι* σαν κι εμάς. Δεν προκαλεί λοιπόν έκπληξη το γεγονός ότι, όταν ζητάμε από τους γνωστούς μας τις συμβουλές και τη γνώμη τους, εκείνοι έχουν την τάση να επιβεβαιώνουν τα συμπεράσματα που προτιμάμε —είτε επειδή και οι ίδιοι έτσι πιστεύουν είτε επειδή δεν θέλουν να μας πληγώσουν υποστηρίζοντας αντίθετη άποψη[35]. Μάλιστα, όταν κάποιες φορές οι κοντινοί μας άνθρωποι δεν μας λένε αυτό που θέλουμε να ακούσουμε, διαθέτουμε μερικές έξυπνες μεθόδους για να τους βοηθήσουμε.

Κάποιες έρευνες, για παράδειγμα, αποκαλύπτουν ότι έχουμε την τάση να κάνουμε ερωτήσεις οι οποίες είναι αριστοτεχνικά κατασκευασμένες για να εκμαιεύουν συγκεκριμένες απαντήσεις[36]. Μια ερώτηση του είδους «Είμαι ο καλύτερος εραστής που είχες ποτέ;» είναι επικίνδυνη, διότι έχει μόνο μία απάντηση που θα μας ευχαριστήσει· αλλά μια ερώτηση του είδους «Τι σου αρέσει πιο πολύ στον τρόπο που κάνω έρωτα;» είναι πολύ έξυπνη, διότι έχει μόνο μία απάντηση που μπορεί να μας κάνει πραγματικά δυστυχισμένους. Οι έρευνες δείχνουν ότι, διαισθητικώς, τείνουμε να κάνουμε τα είδη ερωτήσεων που έχουν τις περισσότερες πιθανότητες να αποσπάσουν επιθυμητές απαντήσεις. Όταν μάλιστα ακούμε αυτές τις απαντήσεις, έχουμε την τάση να πιστεύουμε όσα οι ίδιοι παρακινήσαμε τους άλλους να πουν, πράγμα που εξηγεί γιατί το «Πες μου ότι μ' αγαπάς» παραμένει πολύ δημοφιλές αίτημα[37]. Με λίγα λόγια, βρίσκουμε υποστήριξη για τα αρεστά μας συμπεράσματα ακούγοντας τα λόγια που εμείς βάζουμε στο στόμα κάποιων ανθρώπων, τους οποίους έχουμε ήδη επιλέξει βάσει της προθυμίας τους να λένε όσα θέλουμε να ακούμε.

Τα πράγματα μπορούν μάλιστα να γίνουν ακόμα χειρότερα, διότι οι περισσότεροι γνωρίζουμε μεθόδους για να κάνουμε τους άλλους να επιβεβαιώσουν τα συμπεράσματά μας χωρίς καν να ξεκινήσουμε διάλογο. Σκεφτείτε το εξής: Για να είμαστε πολύ καλοί οδηγοί, εραστές ή μάγειρες, δεν χρειάζεται να είμαστε ικανοί να παρκάρουμε παράλληλα με το πεζοδρόμιο με κλειστά τα μάτια, ούτε να προκαλούμε λιποθυμία σε 10.000 παρθένες στέλνοντας ένα φιλί στον αέρα, ούτε να δημιουργήσουμε μια *pâte feuilletée* τόσο νόστιμη ώστε να κάνουμε ολόκληρο τον πληθυσμό της Γαλλίας να εγκαταλείψει την εθνική του κουζίνα και να ορκιστεί πίστη και υποταγή στη δική μας. Αντιθέτως, αυτό που απαιτείται είναι να παρκάρουμε, να φιλάμε και να μαγειρεύουμε καλύτερα απ' ό,τι οι περισσότεροι άλλοι. Πώς άραγε ξέρουμε πόσο καλά τα καταφέρνουν οι περισσότεροι άλλοι; Απλώς κοιτάζουμε γύρω μας, φυσικά —αλλά για να σιγουρευτούμε ότι θα δούμε εκείνο που θέλουμε να δούμε, κοιτάζουμε γύρω μας *επιλεκτικά*[38]. Παραδείγματος χάρη, οι εθελοντές μιας έρευνας πήραν μέρος σε μια δοκιμασία η οποία υποτίθεται ότι μετρούσε την κοινωνική ευαισθησία τους. Ύστερα ενημερώθηκαν ότι στις περισσότερες ερωτήσεις τα είχαν κάνει θάλασσα[39]. Όταν δόθηκε στους εθελοντές η δυνατότητα να δουν τα αποτελέσματα άλλων ανθρώπων με καλύτερη ή χειρότερη επίδοση από τη δική τους, δεν έδωσαν καθόλου σημασία στις επιδόσεις όσων τα είχαν καταφέρει καλύτερα, αλλά αντιθέτως κατανάλωσαν το χρόνο τους εξετάζοντας τη βαθμολογία εκείνων που είχαν χειρότερη επίδοση από τη δική τους. Η βαθμολογία «καλώς» δεν είναι και τόσο κακή αν τη συγκρίνει κανείς αποκλειστικά και μόνο με το «ανεπιτυχώς». Αυτή η τάση να αναζητάμε πληροφορίες για όσους είχαν χειρότερη απόδοση από εμάς γίνεται ιδιαίτερα έντονη όταν διακυβεύονται σημαντικά πράγματα. Άνθρωποι προσβεβλημένοι από θανατηφόρες ασθένειες, όπως από καρκίνο, είναι πολύ πιθανόν να συγκρίνουν τον εαυτό τους με όσους βρίσκονται σε ακόμα χειρότερη κατάσταση[40], πράγμα που εξηγεί και το γιατί το 96% των ασθενών με καρκίνο που συμμετείχαν σε μια μελέτη δήλωσαν ότι η υγεία τους ήταν καλύτερη από εκείνη του μέσου καρκινοπαθούς[41]. Επιπλέον, αν δεν μπορούμε να *βρούμε* ανθρώπους που έχουν χαμηλότερη επίδοση από εμάς, ίσως να τους *δημιουργήσουμε* κιόλας. Οι εθελοντές μιας μελέτης υποβλήθηκαν σε κάποια δοκιμασία και ύστερα τους δόθηκε η ευκαιρία να βοηθήσουν ή να εμποδίσουν ένα φίλο τους που υποβαλλόταν στην ίδια εξέταση[42]. Μολονότι οι εθελοντές βοηθούσαν τους φίλους τους όταν η δοκιμασία χαρακτηριζόταν ως παιχνίδι, εντούτοις τους εμπόδιζαν δυναμικά όταν η δοκιμασία περιγραφόταν ως σημαντική μέθοδος μέτρησης της νοητικής ικανότητας. Καθώς φαίνεται, όταν οι φίλοι μας δεν προσφέρονται να βγουν τελευταίοι ώστε να έρθουμε εμείς πρώτοι, τους δίνουμε μια φιλική σπρωξιά για να μπουν στον σωστό δρόμο. Αφού έχουμε καταφέρει να σαμποτάρουμε την επίδοσή τους και να εξασφαλίσουμε την αποτυχία τους, εκείνοι μάς προσφέρουν πλέον το τέλειο επίπεδο σύγκρισης. Ιδού η κατακλείδα: μπορεί ο εγκέφαλος και το μάτι να έχουν συνάψει συμβόλαιο σύμφωνα με το οποίο ο εγκέφαλος πιστεύει όσα βλέπει το μάτι, αλλά σε ανταπόδοση *το μάτι έχει συμφωνήσει να βλέπει όσα θέλει ο εγκέφαλος.*

Αμφισβητώντας τα δεδομένα

Επιλέγοντας είτε τις πληροφορίες είτε τους πληροφορητές, η ικανότητά μας να μαγειρεύουμε τα δεδομένα που συναντάμε μας βοηθάει να παγιώνουμε απόψεις θετικές και πιστευτές. Φυσικά, αν έχετε ποτέ συζητήσει για έναν αγώνα ποδοσφαίρου, για πολιτική ή για θέματα επικαιρότητας με κάποιον από την αντίπερα όχθη, θα έχετε κιόλας ανακαλύψει ότι, ακόμα και όταν *πράγματι* ερχόμαστε αντιμέτωποι με δεδομένα που ανατρέπουν τα αρεστά σε μας συμπεράσματα, έχουμε τη συνήθεια να τα αγνοούμε, να τα ξεχνάμε ή να τα βλέπουμε με διαφορετικό τρόπο απ' ό,τι οι άλλοι. Όταν οι οπαδοί δύο αντίπαλων ομάδων παρακολουθούν τον ίδιο ποδοσφαιρικό αγώνα, και οι δύο πλευρές ισχυρίζονται ότι τα γεγονότα δείχνουν καθαρά ότι η αντίπαλη ομάδα έφταιγε για την αντιαθλητική συμπεριφορά στον αγωνιστικό χώρο[43]. Όταν ψηφοφόροι δύο κομμάτων βλέπουν την ίδια πολιτική αναμέτρηση στην τηλεόραση, και οι δύο ομάδες τηλεθεατών δηλώνουν ότι τα γεγονότα δείχνουν ξεκάθαρα ότι ο δικός τους υποψήφιος κέρδισε τις εντυπώσεις[44]. Όταν τηλεθεατές που διάκεινται φιλικά προς τους Ισραηλινούς ή τους Άραβες βλέπουν το ίδιο ακριβώς ρεπορτάζ για τη Μέση Ανατολή, και οι δύο ομάδες υποστηρίζουν ότι τα γεγονότα δείχνουν ξεκάθαρα ότι τα μέσα μαζικής ενημέρωσης είναι αρνητικά προκατειλημμένα απέναντι στην πλευρά τους[45]. Αλίμονο, το μόνο που δείχνουν *ξεκάθαρα* αυτά τα δεδομένα είναι ότι οι άνθρωποι έχουν την τάση να βλέπουν ό,τι θέλουν να δουν.

Αναπόφευκτα, όμως, θα υπάρξουν φορές όπου τα σκληρά γεγονότα θα είναι υπερβολικά προφανή για να παραμεριστούν. Όταν αποκαλυφθεί ότι ο αμυντικός της ομάδας μας φορούσε σιδερένιες γροθιές, ή όταν ο υποψήφιος που υποστηρίζουμε παραδέχεται από την εθνική τηλεόραση την υπεξαίρεση χρημάτων, τότε δυσκολευόμαστε να παραβλέψουμε ή να ξεχάσουμε τέτοια γεγονότα. Πώς καταφέρνουμε να διατηρήσουμε ένα συμπέρασμα που μας αρέσει όταν τα ωμά γεγονότα δεν σκοπεύουν να συνεργαστούν; Μολονότι η λέξη *γεγονός* φαίνεται να υποδηλώνει κάτι αδιαμφισβήτητο και αδιάσειστο, τα γεγονότα δεν είναι τίποτε περισσότερο από υποθέσεις οι οποίες έχουν αντέξει έως ένα επίπεδο του αποδεικτικού ελέγχου. Αν τοποθετήσουμε πολύ υψηλά το κριτήριο, τότε τίποτε δεν θα ήταν δυνατόν να αποδειχθεί —ούτε ακόμα το «γεγονός» της ίδιας μας της ύπαρξης. Εάν θέσουμε το κριτήριο πολύ χαμηλά, τότε όλα τα πράγματα είναι αληθή —και στον ίδιο βαθμό μάλιστα. Επειδή όμως τόσο ο μηδενισμός όσο και ο μεταμοντερνισμός είναι ελάχιστα ικανοποιητικές φιλοσοφικές προσεγγίσεις, έχουμε την τάση να τοποθετούμε το επίπεδο αποδεικτικού ελέγχου κάπου στα μισά. Κανένας δεν μπορεί να πει σε ποιο ακριβώς ύψος θα έπρεπε να τοποθετηθεί το συγκεκριμένο κριτήριο, αλλά ξέρουμε πάντως ότι, οπουδήποτε κι αν το θέσουμε, πρέπει να το διατηρούμε στο ίδιο σημείο όταν αξιολογούμε δεδομένα τα οποία είτε μας αρέσουν είτε όχι. Θα ήταν άδικο αν οι δάσκαλοι έδιναν ευκολότερα θέματα εξετάσεων στους μαθητές που συμπαθούν, ή αν οι ομοσπονδιακοί ελεγκτές απαιτούσαν να γίνονται αυστηρότεροι έλεγχοι στα εισαγόμενα απ' ό,τι στα εγχώρια προϊόντα, ή αν οι δικαστές επέμεναν οι συνήγοροι των κατηγορουμένων να υποστηρίζουν πιο τεκμηριωμένα τα επιχειρήματά τους απ' ό,τι οι εκπρόσωποι των εναγόντων.

Και όμως, αυτή ακριβώς την αντιμετώπιση επιφυλάσσουμε στα δεδομένα που επιβεβαιώνουν ή ανατρέπουν τα επιθυμητά σε εμάς συμπεράσματα. Σε μια έρευνα, οι εθελοντές χρειάστηκε να αξιολογήσουν δύο διαφορετικές επιστημονικές μελέτες σχετικά με την αποτελεσματικότητα της θανατικής ποινής ως μέσου αποτροπής της εγκληματικότητας[46]. Η πρώτη μελέτη είχε χρησιμοποιήσει τη μέθοδο «μεταξύ πολιτειών» (η οποία συνέκρινε τα ποσοστά εγκληματικότητας σε πολιτείες όπου ίσχυε και σε πολιτείες όπου δεν ίσχυε η θανατική ποινή), ενώ η άλλη μελέτη είχε χρησιμοποιήσει τη μέθοδο «μέσα στις πολιτείες» (η οποία συνέκρινε τα ποσοστά εγκληματικότητας στην ίδια πολιτεία πριν και αφού είχε ισχύσει ή είχε καταργηθεί η θανατική ποινή). Στους μισούς εξεταζόμενους ειπώθηκε ότι η μελέτη «μεταξύ πολιτειών» έκρινε τη θανατική ποινή αποτελεσματική και ότι η μελέτη «μέσα στις πολιτείες» την έκρινε αναποτελεσματική. Οι υπόλοιποι εξεταζόμενοι πληροφορήθηκαν τα αντίστροφα. Τα αποτελέσματα έδειξαν ότι, από τις δύο ερευνητικές μεθόδους, οι εθελοντές αξιολόγησαν θετικά εκείνη με τα συμπεράσματα που επαλήθευαν τις προσωπικές τους πολιτικές θέσεις. Όταν η μέθοδος «μέσα στις πολιτείες» κατέληγε σε συμπεράσματα που δεν τους άρεσαν, οι εθελοντές αμέσως θεωρούσαν ότι οι συγκρίσεις μέσα στις πολιτείες δεν έχουν καμιά εγκυρότητα, διότι παράγοντες όπως η απασχόληση και το εισόδημα μεταβάλλονται στο χρόνο, και επομένως τα ποσοστά εγκληματικότητας σε μια ορισμένη δεκαετία (του 1980, λόγου χάρη) δεν μπορούν να συγκριθούν με τα ποσοστά εγκληματικότητας σε κάποια άλλη (του 1990). Όταν πάλι η μέθοδος μεταξύ πολιτειών κατέληγε σε ανεπιθύμητα για αυτούς συμπεράσματα, οι εθελοντές θεωρούσαν τώρα άχρηστες τις συγκρίσεις μεταξύ πολιτειών, διότι παράγοντες όπως η απασχόληση και το εισόδημα παρουσιάζουν διακυμάνσεις ανάλογα με τη γεωγραφική περιοχή, και επομένως τα ποσοστά εγκληματικότητας σε ένα μέρος (λόγου χάρη, την Αλαμπάμα) δεν μπορούν να συγκριθούν με τα ποσοστά σε ένα άλλο (τη Μασαχουσέτη)[47]. Φάνηκε ξεκάθαρα λοιπόν ότι οι εξεταζόμενοι έθεσαν το κριτήριο ποιότητας της μεθοδολογίας υψηλότερα για τις μελέτες που ανέτρεπαν τα επιθυμητά στους ίδιους συμπεράσματα. Αυτή ακριβώς η μέθοδος μας δίνει τη δυνατότητα να διατηρούμε θετικές και πιστευτές απόψεις για τον εαυτό μας και τις εμπειρίες μας. Παραδείγματος χάρη, οι εθελοντές μιας μελέτης ενημερώθηκαν ότι τα είχαν πάει πολύ καλά ή πολύ άσχημα σε μια δοκιμασία κοινωνικής ευαισθησίας και ύστερα τους ζητήθηκε να αξιολογήσουν δύο ερευνητικές δημοσιεύσεις: η μία υποστήριζε ότι η δοκιμασία είχε εγκυρότητα και η άλλη το αντίθετο[48]. Όσοι εθελοντές είχαν καλή επίδοση στη δοκιμασία θεώρησαν ότι οι ερευνητικές εργασίες που υποστήριξαν την εγκυρότητα της δοκιμασίας είχαν χρησιμοποιήσει πιο ισχυρές επιστημονικές τεχνικές απ' ό,τι οι μελέτες που αμφισβητούσαν την εγκυρότητά της, ενώ οι εθελοντές με κακή επίδοση υποστήριζαν τα ακριβώς αντίθετα.

Όταν τα δεδομένα θέτουν υπό αμφισβήτηση τα συμπεράσματα της προτίμησής μας, τότε τα ελέγχουμε εξονυχιστικά και τα υποβάλλουμε σε πιο αυστηρές αναλύσεις. Απαιτούμε, επίσης, πολύ περισσότερα. Πόσες πληροφορίες θα ζητούσατε, ας πούμε, για να καταλήξετε σε συμπεράσματα αναφορικά με την ευφυΐα κάποιου ανθρώπου; Θα σας φαίνονταν αρκετοί οι βαθμοί του στο σχολείο; Θα αρκούσε ίσως το αποτέλεσμα ενός τεστ νοημοσύνης; Οι εθελοντές μιας έρευνας χρειάστηκε να αξιολογήσουν τη νοημοσύνη κάποιου άλλου ανθρώπου και απαίτησαν να τους δοθούν αρκετά αποδεικτικά στοιχεία πριν αποφανθούν αν το άτομο αυτό ήταν πραγματικά έξυπνο. Το ενδιαφέρον όμως είναι ότι απαίτησαν πολύ *περισσότερα* στοιχεία όταν το συγκεκριμένο άτομο ήταν κάποιος ανυπόφορα ενοχλητικός απ' ό,τι όταν ήταν ευγενικός, με αίσθηση του χιούμορ και φιλικός άνθρωπος[49]. Όταν *θέλουμε* να πιστέψουμε ότι κάποιος είναι έξυπνος, τότε και μια απλή συστατική επιστολή ίσως να αρκεί· αλλά όταν *δεν θέλουμε* να πιστέψουμε ότι είναι έξυπνος, ίσως να απαιτήσουμε έναν τεράστιο φάκελο γεμάτο με βαθμολογίες, αποτελέσματα αξολογήσεων και πολλά άλλα τεκμήρια.

Το ίδιο ακριβώς συμβαίνει όταν θέλουμε ή δεν θέλουμε να πιστέψουμε κάτι σχετικά με τον εαυτό μας. Οι εθελοντές μιας ακόμα μελέτης υποβλήθηκαν σε κάποια ιατρική εξέταση που δήθεν θα φανέρωνε αν έχουν ή όχι επικίνδυνη ανεπάρκεια σε κάποιο ειδικό ένζυμο (η οποία υποτίθεται ότι προδιέθετε για διαταραχές της παγκρεατικής λειτουργίας)[50]. Οι εθελοντές έδωσαν δείγμα σάλιου, το οποίο τοποθετήθηκε σε μια χάρτινη καρτέλα η οποία, όπως οι ερευνητές ισχυρίστηκαν, αποτελούσε διαγνωστικό εργαλείο. Σε μερικούς εθελοντές (οι «θετικοί») ειπώθηκε ότι, αν το χαρτί χρωματιζόταν πράσινο μέσα σε δέκα έως είκοσι δευτερόλεπτα, αυτό θα σήμαινε ότι είχαν τη συγκεκριμένη ανεπάρκεια. Στους υπόλοιπους εθελοντές (οι «αρνητικοί») είπαν ότι, αν το χαρτί χρωματιζόταν πράσινο μετά δέκα έως είκοσι δευτερόλεπτα, τότε *δεν είχαν* την ενζυμική ανεπάρκεια. Μολονότι η καρτέλα ήταν ένα απλό κομμάτι χαρτί και, επομένως, σε καμιά περίπτωση δεν χρωματίστηκε πράσινο, οι «αρνητικοί» περίμεναν πολύ περισσότερο πριν θεωρήσουν ότι η εξέταση είχε ολοκληρωθεί. Με άλλα λόγια, οι εθελοντές διέθεσαν στη χάρτινη καρτέλα αρκετό χρόνο για να αποδείξει ότι ήταν υγιείς, αλλά πολύ λιγότερο χρόνο για να αποδείξει ότι νοσούσαν. Όπως φαίνεται, δεν χρειάζεται και πολλή προσπάθεια για να πειστούμε ότι είμαστε υγιείς και έξυπνοι, αλλά απαιτούμε πάρα πολλά δεδομένα για να πειστούμε περί του αντιθέτου. Ρωτάμε αν τα δεδομένα μάς *επιτρέπουν* να δίνουμε πίστη στα επιθυμητά μας συμπεράσματα, αλλά ρωτάμε αν μας *υποχρεώνουν* να πιστέψουμε όσα συμπεράσματα δεν μας αρέσουν[51]. Δεν προκαλεί έκπληξη λοιπόν το ότι τα συμπεράσματα που δεν μας συμφέρουν περνούν πιο δύσκολα τη βάση αυτού του αυστηρότερου ελέγχου στον οποίο τα υποβάλλουμε[52].

Περαιτέρω

Τον Ιούλιο του 2004, το δημοτικό συμβούλιο της πόλης Μόντζα, στην Ιταλία, πήρε την ασυνήθιστη απόφαση να απαγορεύσει τις γυάλες για χρυσόψαρα. Το σκεπτικό ήταν ότι τα χρυσόψαρα θα έπρεπε να ζουν μέσα σε παραλληλεπίπεδα ενυδρεία και όχι σε στρογγυλές γυάλες, διότι «ένα ψάρι που ζει σε γυάλα αποκτά παραμορφωμένη άποψη της πραγματικότητας και υποφέρει εξαιτίας αυτού»[53]. Καμιά μνεία δεν έγινε πάντως στη δίαιτά τους με άνοστη τροφή, στη θορυβώδη αντλία ή στα γελοία πλαστικά κάστρα των ενυδρείων. Όχι. Το πρόβλημα ήταν ότι οι στρογγυλές γυάλες παραμορφώνουν την οπτική εμπειρία των ενοίκων τους και ότι τα χρυσόψαρα έχουν το θεμελιώδες δικαίωμα να βλέπουν τον κόσμο όπως αυτός υφίσταται πραγματικά. Οι καλοί δημοτικοί σύμβουλοι της Μόντζα δεν σκέφτηκαν ότι και οι άνθρωποι θα έπρεπε να απολαμβάνουν το ίδιο δικαίωμα, ίσως επειδή ήξεραν ότι οι δικές μας παραμορφωμένες αντιλήψεις της πραγματικότητας δεν διασκεδάζονται το ίδιο εύκολα, ή επειδή καταλάβαιναν ότι υποφέρουμε λιγότερο όταν ζούμε μαζί τους απ' ό,τι χώρια τους. Οι διαστρεβλωμένες απόψεις για την πραγματικότητα υπάρχουν επειδή οι εμπειρίες εμπεριέχουν ασάφεια —δηλαδή, μπορούν να θεωρηθούν πιστευτές από πολλές απόψεις, μερικές από τις οποίες είναι πιο θετικές. Για να διασφαλιστεί ότι οι απόψεις μας είναι πιστευτές, ο εγκέφαλός μας αποδέχεται ό,τι βλέπουν τα μάτια μας. Για να διασφαλιστεί ότι οι απόψεις μας είναι θετικές, τα μάτια μας αναζητούν ό,τι επιθυμεί ο εγκέφαλός μας. Η συνωμοσία αυτών των δύο υπηρετών μάς επιτρέπει να ζούμε στο όριο που ενώνει την ωμή πραγματικότητα με την παρηγορητική αυταπάτη. Αλλά τι σχέση έχουν όλα αυτά με την πρόβλεψη και το συναισθηματικό μας μέλλον; Όπως πρόκειται σύντομα να δούμε, μπορεί να ζούμε στο όριο μεταξύ πραγματικότητας και ψευδαίσθησης, αλλά οι περισσότεροι δεν ξέρουμε ότι αυτή είναι η διεύθυνσή μας.

Κεφαλαιο 9

Ανοσία στην πραγματικότητα

> Με τη ράχη μου σκεπάζω την κοιλιά μου·
> με την εξυπνάδα μου σκεπάζω τις
> πονηριές μου· με τη μυστικότητά μου
> σκεπάζω την τιμή μου· με τη μάσκα μου
> σκεπάζω τα κάλλη μου·.
>
> —Ουίλλιαμ Σαίξπηρ, *Τρωίλος και Χρυσίδα*

Μπορει ο Αλμπερτ Αϊνσταϊν να ήταν η μεγαλύτερη ιδιοφυΐα του 20ού αιώνα, αλλά ελάχιστοι γνωρίζουν ότι *λίγο* έλειψε να χάσει αυτή τη διάκριση από ένα άλογο. Το 1891, ο Wilhelm von Osten, ένας συνταξιούχος δάσκαλος, ισχυρίστηκε ότι το άλογό του, που το είχε ονομάσει «Έξυπνο Χανς», μπορούσε να απαντήσει ερωτήσεις μαθηματικών ή σχετικές με τρέχοντα γεγονότα ή σε ένα σωρό άλλα θέματα, χτυπώντας το έδαφος με το μπροστινό του πόδι. Όταν, ας πούμε, ο Osten έλεγε στον Έξυπνο Χανς να προσθέσει 3 και 5, το άλογο περίμενε να τελειώσει ο κύριός του την ερώτηση, χτυπούσε οκτώ φορές το έδαφος και ύστερα σταματούσε. Άλλοτε, αντί να κάνει *προφορικά* την ερώτηση, ο Osten την έγραφε σε μια κάρτα και την κρατούσε ψηλά για να τη διαβάσει ο Έξυπνος Χανς, οπότε το άλογο φαινόταν να καταλαβαίνει τον γραπτό λόγο το ίδιο τέλεια με τον προφορικό. Ο Έξυπνος Χανς, φυσικά, δεν απαντούσε σωστά σε *κάθε* ερώτηση, αλλά τα κατάφερνε πολύ καλύτερα από οποιοδήποτε άλλο οπληφόρο, και έτσι η κάθε δημόσια εμφάνισή του σύντομα κατέληγε να είναι ένα μικρό γεγονός για το Βερολίνο. Το 1904 όμως, ο διευθυντής του Ψυχολογικού Ινστιτούτου του Βερολίνου έστειλε ένα μαθητή του, τον Oskar Pfungst, για να εξετάσει πιο προσεκτικά το ζήτημα. Ο Pfungst παρατήρησε ότι ο Έξυπνος Χανς είχε πολύ περισσότερες πιθανότητες να δώσει λάθος απάντηση όταν ο Osten στεκόταν πίσω από το άλογο παρά μπροστά του, ή όταν ο ίδιος ο Osten δεν ήξερε την απάντηση στην ερώτηση που είχε απευθυνθεί στο άλογο. Με μια σειρά πειραμάτων, ο έξυπνος Pfungst κατάφερε να αποδείξει ότι ο Έξυπνος Χανς μπορούσε πράγματι να διαβάσει —αλλά ότι εκείνο που μπορούσε να διαβάσει ήταν η γλώσσα του σώματος του Osten. Όταν ο Osten έσκυβε ελαφρά, ο Έξυπνος Χανς άρχιζε να χτυπάει με την οπλή του το έδαφος, και όταν ο Osten πάλι ίσιωνε την πλάτη του ή κατέβαζε λίγο το κεφάλι του ή ανασήκωνε αμυδρά το φρύδι του, ο Έξυπνος Χανς σταματούσε. Με άλλα λόγια, ο Osten έδινε σήματα στον Έξυπνο Χανς για να ξεκινήσει και να σταματήσει το χτύπημα στις ακριβώς κατάλληλες στιγμές, ώστε να δημιουργείται η ψευδαίσθηση του έξυπνου αλόγου.

Ο Έξυπνος Χανς δεν ήταν βέβαια ιδιοφυΐα, αλλά ούτε και ο Osten ήταν απατεώνας. Πράγματι, είχε περάσει χρόνια ολόκληρα μιλώντας στο άλογό του για μαθηματικά και διεθνείς σχέσεις, και υποδέχτηκε με ειλικρινή κατάπληξη και απογοήτευση την αποκάλυψη ότι τόσο καιρό εξαπατούσε και τον εαυτό του, μαζί με όλους τους άλλους. Η απάτη ήταν περίτεχνη και αποτελεσματικότατη, αλλά τη διέπραττε ασυνείδητα, κάτι για το οποίο ο Osten δεν αποτελεί μοναδική περίπτωση. Αν εκθέτουμε τον εαυτό μας σε δεδομένα που μας είναι επιθυμητά, παρατηρούμε και θυμόμαστε δεδομένα που μας είναι επιθυμητά, και υποβάλλουμε τα επιθυμητά αυτά δεδομένα σε ένα χαμηλό επίπεδο κριτικού ελέγχου, τότε σε γενικές γραμμές δεν έχουμε περισσότερη επίγνωση της αυταπάτης μας από όση είχε ο Osten για τη δική του. Παρότι αναφερόμαστε στις διαδικασίες με τις οποίες το ψυχολογικό ανοσοποιητικό σύστημα κάνει αυτή τη δουλειά με τους όρους «τακτικές» ή «στρατηγικές», οι συγκεκριμένοι όροι —με τις αναπόφευκτες παραπομπές τους στο σχεδιασμό και τη σκοπιμότητα— δεν πρέπει να μας κάνουν να βλέπουμε τους ανθρώπους ως έμπειρους μηχανορράφους που συνειδητά *προσπαθούν* να δημιουργούν θετικές αντιλήψεις για την προσωπική τους εμπειρία. Αντιθέτως, η έρευνα δείχνει ότι *κατά κανόνα δεν έχουμε επίγνωση* των λόγων για τους οποίους κάνουμε τα όσα κάνουμε[1], αλλά όταν μας ρωτούν για το λόγο, μπορούμε αμέσως να παραθέσουμε κάποιον[2]. Παραδείγματος χάρη, όταν εθελοντές παρακολουθούν λέξεις να προβάλλονται σε μια οθόνη υπολογιστή για λίγα μόνο χιλιοστά του δευτερολέπτου, δεν έχουν επίγνωση ότι τις είδαν και δεν μπορούν να μαντέψουν ποιες λέξεις είδαν. Επηρεάζονται όμως από αυτές: Αφού παρουσιαστεί στιγμιαία η λέξη *εχθρικός*, οι εξεταζόμενοι κρίνουν τους άλλους αρνητικά[3]. Όταν παρουσιάζεται η λέξη *ηλικιωμένος*, οι εθελοντές περπατούν αργά[4]. Όταν εμφανίζεται η λέξη *βλάκας*, οι εθελοντές έχουν χαμηλή επίδοση σε δοκιμασίες[5]. Όταν αργότερα οι εθελοντές ερωτώνται *γιατί* έκριναν, περπάτησαν ή τα κατάφεραν έτσι, δύο πράγματα συμβαίνουν: πρώτον, δεν ξέρουν, και δεύτερον, δεν λένε «Δεν ξέρω». Αντίθετα, ο εγκέφαλός τους εξετάζει σύντομα τα γεγονότα των οποίων *έχει* επίγνωση («Περπάτησα αργά») και συνάγουν για τον εαυτό τους τα ίδια αληθοφανή αλλά εσφαλμένα συμπεράσματα που πιθανότατα θα έβγαζε και ένας εξωτερικός παρατηρητής για τους ίδιους («Είμαι κουρασμένος»)[6].

Όταν μαγειρεύουμε δεδομένα, δεν έχουμε επίγνωση για ποιο λόγο το κάνουμε, και αυτό είναι τελικά καλό, διότι οι *σκόπιμες* απόπειρες να παραγάγουμε θετικές απόψεις («*Κάτι* καλό πρέπει να υπάρχει και στην πτώχευση, και δεν θα ασχοληθώ με τίποτε άλλο ώσπου να το ανακαλύψω») εμπεριέχουν το σπόρο της ίδιας τους της καταστροφής. Σε μια έρευνα, οι εθελοντές άκουσαν την «Ιεροτελεστία της Άνοιξης» του Στραβίνσκι[7]. Από μερικούς ζητήθηκε να συγκεντρωθούν στη μουσική μόνο, και από άλλους ζητήθηκε, ταυτόχρονα με το άκουσμα της μουσικής, να προσπαθούν συνειδητά να αισθάνονται ευτυχισμένοι. Στο τέλος του ιντερλούδιου, όσοι εξεταζόμενοι είχαν προσπαθήσει να νιώθουν ευτυχισμένοι είχαν *χειρότερη* διάθεση από τους εξεταζόμενους οι οποίοι είχαν απλώς ακούσει τη μουσική. Γιατί; Για δύο λόγους. Πρώτον, μολονότι μπορούμε να δημιουργήσουμε σκόπιμα θετικές θεωρήσεις της εμπειρίας μας αν κλείσουμε τα μάτια μας, μείνουμε τελείως ακίνητοι και δεν κάνουμε τίποτε άλλο[8], εντούτοις η έρευνα δείχνει ότι, αν κάτι μάς αποσπάσει έστω και λίγο την προσοχή, αυτές οι εσκεμμένες προσπάθειες έχουν την τάση να γίνονται μπούμεραγκ, και έτσι καταλήγουμε τελικά να αισθανόμαστε χειρότερα από πριν[9]. Δεύτερον, οι σκόπιμες απόπειρες μαγειρέματος των δεδομένων είναι τόσο προφανείς ώστε μας κάνουν και αισθανόμαστε φτηνοί. Βεβαίως, *θέλουμε* να πιστεύουμε ότι θα περνάμε καλύτερα χωρίς την αρραβωνιαστικιά που μας άφησε σύξυλους στα σκαλιά της εκκλησίας, και *πράγματι* θα νιώσουμε καλύτερα μόλις αρχίσουμε να ανακαλύπτουμε δεδομένα που υποστηρίζουν αυτό το συμπέρασμα («Ποτέ δεν ήταν η κατάλληλη γυναίκα για μένα, έτσι δεν είναι, μαμά;»), αλλά τη διαδικασία με την οποία ανακαλύπτουμε αυτά τα δεδομένα πρέπει επίσης να την *αισθανόμαστε* σαν ανακάλυψη και όχι σαν να κολακεύουμε τον εαυτό μας. Αν *δούμε* τον εαυτό μας την ώρα που μαγειρεύει τα δεδομένα («Αν θέσω την ερώτηση με αυτόν ακριβώς τον τρόπο, και ρωτήσω μόνο τη μαμά, έχω πολύ καλές πιθανότητες να επιβεβαιωθεί το συμπέρασμα που με συμφέρει»), τότε το τέχνασμα χαλάει, και το «αυταπατώμενος» πρέπει να προστεθεί αμέσως μετά το «εγκαταλειμμένος» στη λίστα των επιθέτων που μας αφορούν. Για να είναι οι θετικές αντιλήψεις πιστευτές, οφείλουν να βασίζονται σε δεδομένα που πιστεύουμε ότι τα ανακαλύψαμε έντιμα. Αυτό το καταφέρνουμε μαγειρεύοντας καταρχάς με μη συνειδητό τρόπο τα δεδομένα και καταναλώνοντάς τα ύστερα συνειδητά: ο πελάτης κάθεται στην τραπεζαρία, αλλά ο μάγειρας βρίσκεται στο υπόγειο. Το αποκομιζόμενο όφελος από αυτό το μη συνειδητό μαγείρεμα είναι ότι έτσι λειτουργεί καλά·

το κόστος που πληρώνουμε όμως είναι ότι μας αποξενώνει από τον εαυτό μας. Αφήστε με να σας δείξω πώς.

Προσδοκίες και αναπολήσεις

Από όσο γνωρίζω, κανένας ποτέ δεν έχει μελετήσει συστηματικά τους ανθρώπους που εγκαταλείφθηκαν στα σκαλιά της εκκλησίας από σκληρόκαρδους αρραβωνιαστικούς και αρραβωνιαστικές. Θα έβαζα όμως στοίχημα ένα καλό μπουκάλι κρασί ότι, αν ποτέ καταφέρνατε να συγκεντρώσετε ένα ικανοποιητικό δείγμα από παραλίγο νύφες και παραλίγο γαμπρούς και τους ρωτούσατε αν θα περιέγραφαν το περιστατικό σαν «το χειρότερο πράγμα που μου συνέβη ποτέ» ή σαν «το καλύτερο πράγμα που μου συνέβη ποτέ», οι περισσότεροι θα επέλεγαν την τελευταία περιγραφή παρά την πρώτη. Και θα στοιχημάτιζα ολόκληρο *κασόνι* από αυτό το κρασί ότι, αν βρίσκατε ένα δείγμα ανθρώπων που δεν είχαν ζήσει ποτέ μια τέτοια εμπειρία, και τους ζητούσατε να προβλέψουν ποια από όλες τις δυνατές μελλοντικές εμπειρίες τους θα θυμόνταν πιθανότατα ως «το καλύτερο πράγμα που μου συνέβη ποτέ», ούτε ένας τους δεν θα ανέφερε το «να με παρατήσουν στην εκκλησία την ημέρα του γάμου». Όπως τόσα άλλα πράγματα, η εγκατάλειψη στα σκαλιά της εκκλησίας είναι πιο οδυνηρή ως προσδοκώμενη και ελαφρώς πιο ροζ όταν αναπολείται. Όταν φανταζόμαστε πώς θα ήταν να μας γελοιοποιήσουν έτσι, δημιουργούμε βέβαια την πιο τρομακτική δυνατή εικόνα της εμπειρίας· αλλά αφότου έχουμε πράγματι πληγωθεί και ταπεινωθεί κατ' αυτό τον τρόπο μπροστά σε όλη την οικογένεια, τους φίλους και τον ανθοπώλη μας, ο εγκέφαλός μας αρχίζει να ψάχνει για να αγοράσει μια λιγότερο τρομερή θεώρηση —και, όπως έχουμε ήδη διαπιστώσει, ο εγκέφαλος κάνει καλές αγορές. Εντούτοις, επειδή ο εγκέφαλός μας κάνει τα ψώνια του ασυνείδητα, έχουμε την τάση να μην καταλαβαίνουμε καν ότι πρόκειται να ψωνίσει, και συνεπώς υποθέτουμε ότι η φρικτή εικόνα που βλέπουμε όταν κοιτάζουμε προς το μέλλον, προσδοκώντας το γεγονός, θα είναι το ίδιο τρομερό θέαμα που θα έχουμε και όταν θα κοιτάζουμε στο παρελθόν, ανακαλώντας το στη μνήμη μας. Με λίγα λόγια, δεν συνειδητοποιούμε ότι οι απόψεις μας θα αλλάξουν, επειδή κατά κανόνα δεν έχουμε επίγνωση των διαδικασιών με τις οποίες αλλάζουν.

Αυτό το γεγονός είναι δυνατόν να καταστήσει πολύ δύσκολη την πρόβλεψη του συναισθηματικού μας μέλλοντος. Σε κάποια μελέτη, οι εθελοντές είχαν τη δυνατότητα να κάνουν αίτηση για μια καλοπληρωμένη θέση, στα καθήκοντα της οποίας περιλαμβανόταν απλώς η δοκιμή παγωτών διάφορων γεύσεων και η εφεύρεση αστείων ονομάτων για αυτά[10]. Η διαδικασία επιλογής απαιτούσε να υποβληθεί ο υποψήφιος σε συνέντευξη μπροστά σε κάμερα. Οι ερευνητές ενημέρωσαν τη μια ομάδα εθελοντών ότι τη βιντεοσκοπημένη συνέντευξή τους θα παρακολουθούσε ένας μόνο κριτής, ο οποίος θα είχε την άνευ όρων δικαιοδοσία να αποφασίσει εάν θα προσλαμβάνονταν (η ομάδα με τον έναν κριτή). Στους άλλους εθελοντές ειπώθηκε ότι τη συνέντευξή τους θα έβλεπε μια επιτροπή της οποίας τα μέλη θα έκαναν ψηφοφορία για να αποφασιστεί εάν θα προσλαμβάνονταν (η ομάδα με την επιτροπή). Οι εθελοντές της ομάδας με την επιτροπή ενημερώθηκαν επίσης ότι, αν έστω ένας κριτής ψήφιζε υπέρ τους, θα έπαιρναν τη δουλειά —επομένως, η μόνη περίπτωση στην οποία *δεν* θα προσλαμβάνονταν θα ήταν εάν η επιτροπή ψήφιζε ομόφωνα εναντίον τους. Κάθε εξεταζόμενος πέρασε ύστερα από συνέντευξη, και καθένας τους έδωσε και τις προβλέψεις του για το πώς θα αισθανόταν αν δεν έπαιρνε τη θέση. Λίγα λεπτά αργότερα, ένας ερευνητής έμπαινε στο δωμάτιο και εξηγούσε με απολογητικό τόνο στον εθελοντή ότι, έπειτα από προσεκτική εξέταση της περίπτωσής του, ο κριτής ή η επιτροπή είχαν αποφασίσει ότι δεν ήταν ακριβώς ο κατάλληλος άνθρωπος για τη θέση. Ο ερευνητής στη συνέχεια ζητούσε από τον εξεταζόμενο να δηλώσει πώς αισθανόταν με αυτό.

Τα αποτελέσματα της μελέτης παρουσιάζονται στην Εικόνα

19. Όπως φαίνεται από τις στήλες στα αριστερά, οι εθελοντές των δύο ομάδων προσδοκούσαν ότι θα νιώσουν το ίδιο δυσάρεστα. Στο κάτω κάτω, η απόρριψη είναι ισχυρό πλήγμα, και περιμένουμε ότι θα μας πονέσει, είτε μας το καταφέρει ένας κριτής είτε μια επιτροπή είτε μια συμμορία από φανατικούς χριστιανούς. Εντούτοις, όπως δείχνουν και οι στήλες στα δεξιά, τα πλήγματα είναι πιο οδυνηρά όταν προέρχονται από μια επιτροπή παρά από έναν μοναδικό κριτή. Γιατί; Φανταστείτε ότι έχετε κάνει αίτηση για να δουλέψετε ως μανεκέν για επιδείξεις μαγιό, και επομένως απαιτείται, φορώντας ένα μικροσκοπικό ρουχαλάκι, να περπατήσετε πολλές φορές πάνω-κάτω μπροστά σε έναν τύπο με αετίσιο βλέμμα και φτηνιάρικο κοστούμι. Αν ύστερα από αυτό ο τύπος σάς κοίταξε από την κορυ-

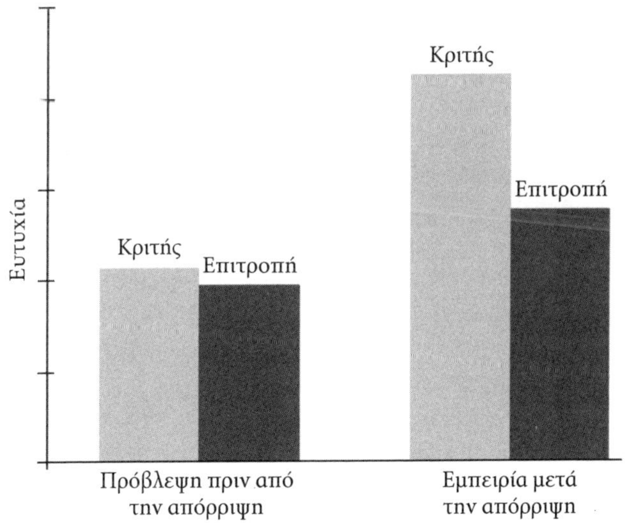

Εικόνα 19. Οι εθελοντές ήταν πιο ευχαριστημένοι όταν είχαν απορριφθεί από κάποιον ιδιόρρυθμο κριτή παρά όταν είχαν απορριφθεί από μια επιτροπή που αποφάσισε ομόφωνα (*στήλες στα δεξιά*). Δεν μπόρεσαν όμως να το προβλέψουν αυτό, ακόμα και λίγο πριν συμβεί (*στήλες στα αριστερά*).

φή ώς τα νύχια, κουνούσε το κεφάλι του και έλεγε «Σόρι, αλλά δεν έχεις τη στόφα τού μανεκέν», πιθανότατα θα νιώθατε άσχημα. Για ένα ή δύο λεπτά. Αυτό όμως είναι το είδος της διαπροσωπικής απόρριψης που περιστασιακά βιώνουμε όλοι, αλλά μέσα σε λίγα λεπτά οι πιο πολλοί το ξεπερνάμε και συνεχίζουμε τη ζωή μας. Μπορούμε και το κάνουμε γρήγορα, επειδή το ψυχολογικό ανοσοποιητικό μας σύστημα δεν δυσκολεύεται καθόλου να βρει τρόπους να εκμεταλλευτεί την πολυσημία της εμπειρίας μας για να απαλύνει το κεντρί της: «Ο τύπος δεν έδωσε καθόλου προσοχή στην εξαιρετική περιστροφή μου» ή «Είναι από εκείνους τους μυστήριους που προτιμούν το ύψος από το βάρος» ή «Δηλαδή εγώ θα πάρω συμβουλές μόδας από έναν τύπο που φοράει *τέτοιο* κοστούμι;».

Τώρα όμως φανταστείτε ότι κάνατε την επίδειξη του μικροσκοπικού ρούχου σε μια αίθουσα γεμάτη κόσμο —άντρες, γυναίκες, γέρους, νέους— και, αφού σας παρακολούθησαν, κουνούν όλοι μαζί το κεφάλι τους αρνητικά. Πιθανότατα θα νιώθατε άσχημα. Πολύ άσχημα. Ταπεινωμένοι, πληγωμένοι και θα τα χάνατε. Πιθανότατα θα εγκαταλείπατε τη σκηνή τρέχοντας, νιώθοντας έναν κόμπο στο λαιμό, νιώθοντας τα αφτιά σας να καίνε και τα μάτια σας να υγραίνονται. Η απόρριψη από μια μεγάλη και ανομοιογενή ομάδα αποτελεί εμπειρία που καταβαραθρώνει το ηθικό μας επειδή χαρακτηρίζεται από τέλεια σαφήνεια, και επομένως είναι δύσκολο για το ψυχολογικό ανοσοποιητικό σύστημά μας να καταφέρει να τη δει θετικά αλλά και με πιστευτό τρόπο. Η αποτυχία μπορεί εύκολα να αποδοθεί στην εκκεντρικότητα ενός μοναδικού κριτή, αλλά είναι πολύ πιο δύσκολο να αποδοθεί στην εκκεντρικότητα μιας ομόφωνης επιτροπής. Ισχυρισμοί όπως «ένα μαζικό, συγχρονισμένο κλείσιμο των ματιών την ίδια ακριβώς στιγμή, είχε ως αποτέλεσμα ενενήντα άνθρωποι να μην προσέξουν την περιστροφή μου» δυστυχώς δεν γίνονται πιστευτοί. Παρομοίως, και οι εθελοντές σε αυτή τη μελέτη θεώρησαν πιο εύκολο να αποδώσουν την αποτυχία τους στην ιδιοτροπία ενός μοναδικού κριτή, γι' αυτό και αισθάνθηκαν χειρότερα όταν απορρίφθηκαν από την επιτροπή.

Όλα τούτα μπορεί βέβαια να σας φαίνονται ιδιαιτέρως προφανή καθώς εξετάζετε τα αποτελέσματα της μελέτης από την άνεση του καναπέ σας, αλλά επιτρέψτε μου να παρατηρήσω ότι καθίστανται ιδιαιτέρως προφανή μόνο αφού κάποιος έχει καταβάλει ιδιαίτερη προσπάθεια για να σας επιστήσει την προσοχή. Εάν μάλιστα ήταν τόσο πολύ προφανή, τότε γιατί όλοι αυτοί οι αναμφίβολα έξυπνοι εθελοντές *δεν μπόρεσαν να προβλέψουν ότι αυτά θα συνέβαιναν λίγα μόλις λεπτά πριν συμβούν;* Για ποιο λόγο οι εθελοντές δεν διέβλεψαν ότι θα κατάφερναν πιο εύκολα να αποδώσουν την ευθύνη στον ένα και μοναδικό κριτή απ' ό,τι στην επιτροπή; Διότι, όταν ζητήθηκε από τους εθελοντές να προβλέψουν τις συναισθηματικές τους αντιδράσεις απέναντι στην απόρριψη, εκείνοι φαντάστηκαν μόνο το γερό πλήγμα που θα δέχονταν. Τελεία και παύλα. Δεν προχώρησαν παραπέρα για να φανταστούν πώς θα κατάφερνε ο εγκέφαλός τους να απαλύνει αυτό το χτύπημα. Επειδή δεν είχαν επίγνωση του γεγονότος ότι επρόκειτο να κατευνάσουν τη στενοχώρια τους ενοχοποιώντας εκείνους που την προκάλεσαν, δεν πέρασε από το μυαλό τους ότι θα πετύχαιναν ευκολότερα το σκοπό τους αν υπήρχε μόνο ένας άνθρωπος για να του ρίξουν το φταίξιμο παρά μια ολόκληρη ομάδα.

Και άλλες μελέτες έχουν επιβεβαιώσει αυτό το γενικό εύρημα. Παραδείγματος χάρη, *αναμένουμε ότι θα νιώσουμε* εξίσου άσχημα από ένα τραγικό ατύχημα είτε προκληθεί από ανθρώπινη αμέλεια είτε προκληθεί από πολύ κακή τύχη, αλλά *στην πραγματικότητα αισθανόμαστε* χειρότερα όταν οφείλεται σε κακή συγκυρία και κανένας δεν είναι υπόλογος[11]. Η άγνοιά μας για το ψυχολογικό ανοσοποιητικό μας σύστημα δεν μας οδηγεί μόνο σε εσφαλμένες προβλέψεις για τις περιστάσεις υπό τις οποίες θα κατηγορήσουμε τους άλλους αλλά και σε εσφαλμένες προβλέψεις για το πότε θα ρίξουμε το φταίξιμο στον εαυτό μας[12]. Ποιος θα μπορούσε να ξεχάσει ποτέ τη σκηνή στο τέλος της ταινίας *Καζαμπλάνκα*, όπου ο Χάμφρεϊ Μπόγκαρτ και η Ίνγκριντ Μπέργκμαν στέκονται στον αεροδιάδρομο και εκείνη προσπαθεί να αποφασίσει αν θα μείνει στην Καζαμπλάνκα με τον άντρα που αγαπά ή αν θα ανεβεί στο αεροπλάνο για να φύγει μαζί με το σύζυγό της; Ο Μπόγκαρτ στρέφεται στην Μπέργκμαν και της λέει: «Μέσα μας, και οι δύο ξέρουμε ότι ανήκεις στον Βίκτορ. Είσαι μέρος του έργου του, είσαι αυτό που τον κρατά ζωντανό. Αν το αεροπλάνο φύγει χωρίς εσένα, θα το μετανιώσεις. Ίσως όχι σήμερα. Ίσως ούτε και αύριο. Αλλά σύντομα πάντως, και για το υπόλοιπο της ζωής σου.»[13]

Αυτή η μελοδραματική σκηνή είναι από τις αλησμόνητες στην ιστορία του κινηματογράφου —όχι για τις ιδιαίτερα καλές ερμηνείες ούτε για τους καλογραμμένους διαλόγους, αλλά επειδή οι πιο πολλοί έχουμε βρεθεί κάποτε σε παρόμοιο δίλημμα. Οι πιο σημαντικές επιλογές μας —αν θα παντρευτούμε, θα κάνουμε παιδιά, θα αγοράσουμε σπίτι, θα ξεκινήσουμε ένα επάγγελμα ή θα μετακομίσουμε στο εξωτερικό— συχνά διαμορφώνονται από το για ποια πράγματα φανταζόμαστε ότι θα μετανιώσουμε στο μέλλον («Αχ, όχι! Ξέχασα να κάνω παιδί!»). Το να μετανιώνουμε σημαίνει να κατηγορούμε τον εαυτό μας για άσχημα επακόλουθα που θα μπορούσαν να είχαν αποφευχθεί αν στο παρελθόν είχαμε συμπεριφερθεί διαφορετικά, και καθώς αυτό το συναίσθημα είναι ιδιαζόντως δυσάρεστο, ρυθμίζουμε την τωρινή συμπεριφορά μας έτσι ώστε να το προλαμβάνουμε[14]. Μάλιστα, όλοι σχεδόν έχουμε περίπλοκες θεωρίες σχετικά με το πότε και το γιατί οι άνθρωποι μετανιώνουν, και αυτές οι θεωρίες μάς δίνουν τη δυνατότητα να αποφεύγουμε τέτοιες δυσάρεστες εμπειρίες. Παραδείγματος χάρη, προσδοκούμε ότι θα μετανιώσουμε περισσότερο αν μάθουμε ποιες άλλες εναλλακτικές λύσεις είχαμε παρά αν δεν τις μάθουμε[15], ότι θα μετανιώσουμε πιο πικρά αν ακολουθήσουμε εσφαλμένες συμβουλές παρά αν απορρίψουμε καλές συμβουλές[16], ότι θα μετανιώσουμε πιο πολύ αν οι ατυχείς επιλογές μας είναι επιπλέον και ασυνήθιστες παρά συμβατικές[17], και ότι θα μετανιώσουμε πιο πολύ αν αποτύχουμε οριακά παρά με μεγάλη διαφορά[18].

Μερικές φορές, όμως, αυτές οι θεωρίες είναι εσφαλμένες. Εξετάστε το παρακάτω σενάριο. Έχετε μετοχές της Εταιρείας Α. Την περασμένη χρονιά σκεφτήκατε να τις αντικαταστήσετε με μετοχές της Εταιρείας Β, αλλά τελικά απορρίψατε την ιδέα. Ανακαλύπτετε τώρα ότι θα είχατε κερδίσει 1.200 δολάρια αν είχατε αγοράσει τις μετοχές της Εταιρείας Β. Επίσης, είχατε μετοχές της Εταιρείας Γ. Τον περασμένο χρόνο όμως στραφήκατε σε μετοχές της Εταιρείας Δ. Τώρα βλέπετε ότι θα είχατε κερδίσει 1.200 δολάρια αν είχατε διατηρήσει τις μετοχές σας στην Εταιρεία Γ. Για ποιο από τα δύο λάθη μετανιώνετε περισσότερο; Οι μελέτες δείχνουν ότι εννιά στους δέκα ανθρώπους περιμένουν ότι θα το μετανιώσουν πιο πικρά αν κάνουν την ανοησία να αλλάξουν μετοχές παρά αν κάνουν την ανοησία να μην αλλάξουν μετοχές, διότι οι περισσότεροι άνθρωποι πιστεύουν ότι θα μετανιώσουν περισσότερο για ανόητες ενέργειες παρά για την απραξία τους[19]. Αλλά οι μελέτες δείχνουν επίσης ότι οι εννιά στους δέκα ανθρώπους κάνουν λάθος. Στην πραγματικότητα, άνθρωποι κάθε ηλικίας και κάθε κοινωνικού επιπέδου φαίνεται ότι, μακροπρόθεσμα, μετανιώνουν πολύ περισσότερο για πράγματα που *δεν έχουν κάνει* παρά για πράγματα που *έχουν κάνει*. Αυτός είναι και ο λόγος για τον οποίο οι άνθρωποι συνηθέστερα μετανιώνουν για το ότι δεν πήγαν στο πανεπιστήμιο, ότι δεν αξιοποίησαν επικερδείς ευκαιρίες και ότι δεν έβλεπαν συχνά την οικογένεια και τους φίλους τους[20].

Γιατί όμως μετανιώνουμε περισσότερο για την απραξία μας παρά για τη δράση μας; Ένας από τους λόγους είναι ότι το ψυχολογικό ανοσοποιητικό μας σύστημα θεωρεί πιο εύκολο να κατασκευάζει θετικές και πιστευτές απόψεις για πράξεις παρά για την αδράνεια[21]. Όταν αποδέχεστε μια πρόταση γάμου από κάποιον που γίνεται αργότερα δολοφόνος με τσεκούρι, παρηγοριέστε σκεπτόμενες όλα όσα μάθατε από αυτή την εμπειρία («Η συλλογή τσεκουριών δεν είναι υγιές χόμπι»). Αλλά όταν απορρίπτετε την πρόταση γάμου από κάποιον που αργότερα γίνεται αστέρι τού σινεμά, δεν μπορείτε να παρηγορήσετε τον εαυτό σας με τη σκέψη των πραγμάτων που μάθατε από την εμπειρία, διότι απλώς... δεν υπήρξε καμιά εμπειρία. Η ειρωνεία είναι προφανής: Επειδή δεν έχουμε επίγνωση ότι το ψυχολογικό ανοσοποιητικό μας σύστημα μπορεί να εκλογικεύσει πιο εύκολα το υπερβολικό θάρρος παρά την υπερβολική δειλία, παίζουμε τα σίγουρα στοιχήματα την ώρα που θα έπρεπε να ορμάμε μέσα σ' όλα. Όπως θα θυμούνται οι φίλοι της μεγάλης οθόνης, η προειδοποίηση του Μπόγκαρτ ότι θα το μετανιώσει έκανε την Μπέργκμαν να επιβιβαστεί στο αεροπλάνο και να φύγει μαζί με το σύζυγό της. Αν είχε μείνει στην Καζαμπλάνκα, πιθανότατα θα αισθανόταν θαυμάσια. Ίσως όχι αμέσως· αλλά σύντομα πάντως, και για το υπόλοιπο της ζωής της.

Μικρά εναύσματα

Και οι πολιτισμένοι άνθρωποι έχουν πια πικρή πείρα του γεγονότος ότι μια χούφτα αχρείων υποκειμένων συχνά είναι ικανά να προκαλέσουν περισσότερους θανάτους και καταστροφές απ' ό,τι ένας στρατός εισβολής. Αν ένας εχθρός των ΗΠΑ εξαπέλυε ποτέ εκατοντάδες αεροπλάνα και πυραύλους ενάντια στη χώρα, κατά πάσα πιθανότητα κανένα τους δεν θα πετύχαινε το στόχο του, διότι ένα επιθετικό χτύπημα τέτοιας ολκής θα ενεργοποιούσε όλα τα αμυντικά συστήματα των ΗΠΑ, που υποτίθεται ότι έχουν τη δυνατότητα να αποκρούσουν την απειλή. Από την άλλη μεριά, εάν ένας εχθρός ξαμολούσε επτά τύπους με ξεχειλωμένα παντελόνια και καπελάκια τού μπέιζμπολ, αυτοί οι άνθρωποι ίσως και να πετύχαιναν το στόχο τους, και να προκαλούσαν εκρήξεις βομβών και την απελευθέρωση τοξικών ουσιών ή να οδηγούσαν αεροπλάνα πάνω σε ουρανοξύστες. Η τρομοκρατία είναι μια στρατηγική βασιζόμενη στην ιδέα ότι η καλύτερη δυνατή επίθεση είναι εκείνη που δεν πυροδοτεί την καλύτερη δυνατή άμυνα, και ότι οι αιφνιδιαστικές επιθέσεις μικρής κλίμακας έχουν λιγότερες πιθανότητες να ενεργοποιήσουν το συναγερμό απ' ό,τι οι έφοδοι μεγάλης κλίμακας. Μολονότι είναι δυνατόν να σχεδιαστεί ένα αμυντικό σύστημα ικανό να αποκρούσει και την παραμικρή απειλή (φέρ' ειπείν, ηλεκτροφόρες μεθοριακές γραμμές, απαγόρευση των ταξιδίων, ηλεκτρονική παρακολούθηση, τυχαίες έφοδοι για έρευνα), τέτοια συστήματα παραμένουν ανεφάρμοστα, και λόγω των πόρων που πρέπει να διατεθούν για να λειτουργήσουν αλλά και λόγω του πλήθους των ψευδών συναγερμών που θα προκαλέσουν. Τέτοια συστήματα εξάλλου θα ξεπερνούσαν και την υπερβολική φονικότητα των πυρηνικών όπλων. Για να είναι αποτελεσματικό, ένα αμυντικό σύστημα πρέπει να αντιδρά σε απειλές· αλλά για να είναι πρακτικό, πρέπει να αποκρίνεται μόνο σε απειλές οι οποίες ξεπερνούν κάποιο *κρίσιμο κατώφλιο* —όπερ σημαίνει ότι απειλές ευρισκόμενες χαμηλότερα από το κρίσιμο κατώφλιο ίσως όντως να έχουν δυναμικό καταστροφής που δεν μαρτυρείται από το μικρό τους μέγεθος. Σε αντίθεση με τις μεγάλης κλίμακας απειλές, οι μικρές απειλές μπορούν να τρυπώσουν κάτω από το ραντάρ.

Το έναυσμα της έντασης

Το ψυχολογικό ανοσοποιητικό σύστημα είναι ένα αμυντικό σύστημα, και υπακούει κι αυτό στην ίδια αρχή. Όταν η εμπειρία μας μας κάνει να νιώθουμε αρκετά δυσάρεστα, το ψυχολογικό ανοσοποιητικό σύστημα μαγειρεύει τα δεδομένα και μεταθέτει την ευθύνη, για να μας προσφέρει έτσι μια πιο θετική άποψη των πραγμάτων. Δεν το κάνει όμως *κάθε* φορά που αισθανόμαστε και το αμυδρότερο κέντρισμα ζήλιας, λύπης, θυμού ή απογοήτευσης. Ένα διαζύγιο ή μια απόλυση καταλέγονται στις μεγάλης κλίμακας επιθέσεις στην ευτυχία μας, οι οποίες ενεργοποιούν τις ψυχολογικές μας άμυνες· αυτές οι άμυνες όμως δεν ενεργοποιούνται από σπασμένες μύτες μολυβιού, από σκουντουφλήματα ή από ανελκυστήρες που καθυστερούν. Μια σπασμένη μύτη μολυβιού είναι μεν εκνευριστικό γεγονός, αλλά δεν αποτελεί βαριά απειλή για την ψυχολογική μας υγεία, και επομένως δεν πυροδοτεί τις ψυχολογικές μας άμυνες. Η παράδοξη συνέπεια αυτού του πράγματος είναι ότι μερικές φορές δυσκολευόμαστε περισσότερο να κατασκευάσουμε τη θετική όψη μιας απλώς *άσχημης* εμπειρίας παρά μιας *πολύ άσχημης* εμπειρίας.

Πάρτε το εξής παράδειγμα: Οι φοιτητές-εθελοντές κάποιας μελέτης προσκλήθηκαν να γίνουν μέλη μιας λέσχης εξωσχολικών δραστηριοτήτων· για να γίνουν όμως δεκτοί, θα έπρεπε να συμμετάσχουν σε μια τελετή μύησης κατά την οποία θα δέχονταν τρία ηλεκτροσόκ[22]. Μερικοί από αυτούς βίωσαν μια πραγματικά απαίσια εμπειρία, καθώς τα ηλεκτροσόκ που υπέστησαν ήταν αρκετά ισχυρά (η ομάδα της οδυνηρής μύησης), ενώ άλλοι είχαν μια ελαφρώς δυσάρεστη εμπειρία καθώς δέχτηκαν σοκ σχετικώς ήπια (η ομάδα της ήπιας μύησης). Ίσως να πιστεύετε ότι οι άνθρωποι αποστρεφόμαστε οτιδήποτε ενέχει φυσικό πόνο, αλλά στην πραγματικότητα οι εθελοντές στην ομάδα της οδυνηρής μύησης είπαν ότι η λέσχη τούς άρεσε περισσότερο. Επειδή αυτά τα άτομα υπέφεραν πολύ, η ίδια η ένταση της οδύνης τους ενεργοποίησε το αμυντικό τους σύστημα, το οποίο άρχισε αμέσως να εργάζεται για να τους βοηθήσει να αποκτήσουν μια πιστευτή και θετική άποψη για την εμπειρία τους. Μια τέτοια άποψη δεν είναι εύκολο να βρεθεί, όχι όμως και αδύνατο. Παραδείγματος χάρη, ο φυσικός πόνος είναι κακό πράγμα («Θεέ μου, αυτό πόνεσε πολύ!»), αλλά όχι *εντελώς* κακό πράγμα αν εκείνο για το οποίο υποφέρει κανείς έχει μεγάλη αξία («Θα μπω όμως σε μια λέσχη της *αφρόκρεμας*, όπου συμμετέχουν *πολύ εκλεκτοί* άνθρωποι»). Πράγματι, η έρευνα δείχνει ότι όσα άτομα δέχονται ηλεκτροσόκ αισθάνονται *λιγότερο πόνο* όταν πιστεύουν ότι υποφέρουν για κάτι που έχει πολύ μεγάλη αξία[23]. Στην παραπάνω μελέτη, τα ισχυρά ηλεκτροσόκ, αλλά όχι και τα ήπια, ήταν επαρκώς οδυνηρά για να πυροδοτήσουν την ψυχολογική άμυνα των εξεταζόμενων, και συνεπώς οι εθελοντές θεώρησαν τη λέσχη πιο αξιόλογη όταν η μύησή τους υπήρξε πιο οδυνηρή[24]. Αν έτυχε να συγχωρήσετε κάποτε στο σύντροφό σας ένα αρκετά σοβαρό παράπτωμα αλλά συνεχίζουν να σας εξοργίζουν το βαθούλωμα στην πόρτα τού γκαράζ και οι βρόμικες κάλτσες που αφήνει στη σκάλα, τότε έχετε προσωπική εμπειρία αυτού του παράδοξου.

Οι πολύ οδυνηρές εμπειρίες ενεργοποιούν τις ίδιες τις διεργασίες οι οποίες τις εξουδετερώνουν, ενώ τα μικρά βάσανα δεν έχουν τέτοιο αποτέλεσμα, και το γεγονός αυτό, που δεν συμφωνεί με ό,τι διαισθητικά θα αναμέναμε, μπορεί να μας θέσει δυσκολίες στην πρόβλεψη του συναισθηματικού μας μέλλοντος. Παραδείγματος χάρη, τι θα ήταν χειρότερο: να προσβάλει η καλύτερή σας φίλη εσάς ή τον εξάδελφό σας; Μπορεί βέβαια να συμπαθείτε πολύ τον εξάδελφό σας, όμως κατά πάσα πιθανότητα συμπαθείτε τον εαυτό σας περισσότερο, οπότε μάλλον πιστεύετε ότι θα ήταν χειρότερα αν ο χαρακτηρισμός απευθυνόταν σε σας. Και έχετε δίκιο. *Θα ήταν* χειρότερα. Στην αρχή. Αν όμως οι πολύ δυσάρεστες εμπειρίες ενεργοποιούν το ψυχολογικό ανοσοποιητικό σύστημα, ενώ οι ήπια δυσάρεστες δεν φέρνουν τέτοιο αποτέλεσμα, τότε, λίγο μετά το γεγονός, είναι πιο πιθανόν να δημιουργήσετε θετική άποψη για μια προσβολή που απευθύνθηκε σε εσάς («Η Felicia με είπε κουφιοκέφαλο... φίλε μου, μερικές φορές μού σπάει τα νεύρα») παρά για μια προσβολή που στόχο είχε τον εξάδελφό σας («Η Felicia είπε τον Dwayne κουφιοκέφαλο... και, εντάξει, *έχει δίκιο*, αλλά δεν ήταν καθόλου ευγενικό από μέρους της»). Η ειρωνεία του πράγματος είναι ότι εν τέλει μπορεί να νιώσετε λιγότερο άσχημα αν είστε οι ίδιοι το *θύμα* μιας προσβολής παρά αν είστε απλώς *παριστάμενος* όταν θίγεται κάποιος άλλος.

Αυτή η πιθανότητα εξετάστηκε πειραματικά σε μια μελέτη όπου οι εθελοντές ανά δύο υποβάλλονταν πρώτα σε τεστ προσωπικότητας και κατόπιν μόνο ο *ένας* τους λάμβανε ανατροφοδότηση από κάποιον ψυχολόγο[25]. Η ανατροφοδότηση ήταν καλοσχεδιασμένη, λεπτομερειακή και αδυσώπητα αρνητική. Περιείχε, ας πούμε, διατυπώσεις όπως «Υπάρχουν μάλλον λίγα χαρακτηριστικά που σε διακρίνουν από τους άλλους» και «Οι άλλοι σε συμπαθούν κυρίως επειδή δεν αποτελείς απειλή για την προσωπική τους επάρκεια». Τη γραπτή έκθεση τη διάβαζαν και οι δύο εθελοντές, και ύστερα δήλωναν κατά πόσο συμπαθούσαν τον ψυχολόγο που την έγραψε. Παρότι ειρωνικό, ο εθελοντής που υπήρξε το *θύμα* αυτής της αρνητικής ανατροφοδότησης δήλωσε ότι συμπαθούσε τον ψυχολόγο *περισσότερο* απ' ό,τι ο εθελοντής που ήταν *παριστάμενος* στο γεγονός. Γιατί; Επειδή οι παριστάμενοι εξοργίζονταν («Αδερφέ, τι άθλιο πράγμα ήταν αυτό που του έκανε»), αλλά δεν ένιωθαν συντριβή, και συνεπώς το ψυχολογικό ανοσοποιητικό τους σύστημα δεν έκανε τίποτα για να ανακουφίσει τα ήπια αρνητικά τους συναισθήματα. Τα θύματα όμως *ένιωσαν* όντως συντετριμμένοι («Αμάν! Δηλαδή είμαι αποτυχημένος, και με πιστοποιητικό»), και επομένως ο εγκέφαλός τους κινητοποιήθηκε ώστε να βρει μια καλύτερη άποψη της εμπειρίας («Τώρα βέβαια που το ξανασκέφτομαι, αυτό το τεστ μπορεί μόνο επιφανειακά να εισδύσει στην πολύπλοκη προσωπικότητά μου, οπότε πολύ αμφιβάλλω ότι δείχνει και τίποτα σπουδαίο»). Το σπουδαίο εύρημα πάντως είναι το εξής: Όταν από μια νέα ομάδα εθελοντών ζητήθηκε να *προβλέψουν* πόσο θα συμπαθούσαν τον ψυχολόγο, εκείνοι πρόβλεψαν ότι θα τον συμπαθούσαν *λιγότερο* αν οι ίδιοι επρόκειτο να είναι τα θύματα παρά οι παριστάμενοι. Καθώς φαίνεται, δεν έχουμε επίγνωση του γεγονότος ότι είναι πιο πιθανόν να ενεργοποιηθούν οι άμυνές μας από έντονα οδυνηρές παρά από ήπια οδυνηρές καταστάσεις, και επομένως κάνουμε λάθος προβλέψεις για τις συναισθηματικές μας αντιδράσεις απέναντι σε δεινά διαφορετικής τάξεως.

Το έναυσμα του αναπόδραστου

Ο έντονος ψυχικός πόνος είναι ένας παράγοντας ικανός να δώσει το έναυσμα για να λειτουργήσουν οι άμυνές μας και να επηρεάσει την εμπειρία μας με αναπάντεχους τρόπους. Υπάρχουν όμως και άλλοι παράγοντες. Φέρ' ειπείν, για ποιο λόγο συγχωρούμε τα αδέρφια μας για συμπεριφορές που δεν θα ανεχόμασταν ποτέ από φίλους; Γιατί δεν ενοχλούμαστε όταν ο Πρόεδρος κάνει τώρα κάτι που, αν το είχε κάνει πριν από τις εκλογές, δεν θα τον ψηφίζαμε; Γιατί παραβλέπουμε τη χρόνια τάση για αργοπορία που έχει κάποιος εργαζόμενος αλλά αρνούμαστε να προσλάβουμε κάποιον επειδή καθυστερεί δύο λεπτά στη συνέντευξή του; Κάποιες πιθανές εξηγήσεις είναι ότι το αίμα νερό δεν γίνεται, ότι οι σημαίες φτειάχτηκαν για να τις ανεμίζουμε και ότι οι πρώτες εντυπώσεις είναι οι πιο σημαντικές. Μια άλλη πιθανή εξήγηση όμως είναι ότι υπάρχουν περισσότερες πιθανότητες να αναζητήσουμε και να βρούμε θετικές θεωρήσεις για πράγματα στα οποία έχουμε *δεσμευτεί*[26]. Οι φίλοι έρχονται και παρέρχονται, και η μετάθεση της υποστήριξής μας σε άλλον υποψήφιο είναι τόσο εύκολη όσο και το να αλλάξουμε κάλτσες. Αλλά τα αδέλφια και οι πρόεδροι είναι *δικά μας*, στα καλά και στα άσχημα, και δεν μπορούμε να κάνουμε πια και σπουδαία πράγματα αφότου γεννηθούν ή εκλεγούν. Όταν η εμπειρία την οποία βιώνουμε δεν είναι εκείνη που *θέλουμε* να βιώνουμε, η πρώτη μας αντίδραση είναι να αναζητήσουμε μια άλλη, και γι' αυτό επιστρέφουμε νοικιασμένα αυτοκίνητα που δεν μας ικανοποιούν, φεύγουμε από κακής ποιότητας ξενοδοχεία και σταματάμε να κυκλοφορούμε με ανθρώπους που σκαλίζουν τη μύτη τους δημοσίως. Μόνο όταν δεν μπορούμε να *αλλάξουμε την εμπειρία* αναζητάμε πλέον τρόπους να *αλλάξουμε την άποψή μας για την εμπειρία*, και αυτός είναι ο λόγος για τον οποίο αγαπάμε το σαραβαλάκι μας και το αφρόντιστο εξοχικό που φιλοξένησε πολλές γενιές της οικογένειας, αλλά και τον θείο Sheldon παρά τη συνήθειά του να ανασκάπτει συνεχώς τη μύτη του. Ανακαλύπτουμε το καλό που έχει αναμιχθεί με το κακό μόνο όταν είμαστε υποχρεωμένοι. Και έτσι, οι άνθρωποι αισθάνονται περισσότερο ευτυχισμένοι όταν κάποιο γενετικό τεστ δείχνει ότι *δεν έχουν* ένα επικίνδυνο γενετικό έλλειμμα αλλά και όταν το τεστ δείχνει ότι το *έχουν*, αλλά δεν αισθάνονται ευτυχισμένοι όταν τα αποτελέσματα δεν είναι οριστικά[27]. Δεν μπορούμε να αξιοποιήσουμε στο έπακρο ένα πεπρωμένο παρά μόνο όταν είναι πλέον αναπόδραστα, μοιραία και αμετάκλητα δικό μας.

Οι αναπόδραστες, μοιραίες και αμετάκλητες καταστάσεις ενεργοποιούν το ψυχολογικό ανοσοποιητικό σύστημα, αλλά, όπως ισχύει και με την ένταση της οδύνης, οι ενδιαφερόμενοι δεν συνειδητοποιούν πάντα ότι αυτό πρόκειται να συμβεί. Παραδείγματος χάρη, σε κάποια μελέτη μερικοί φοιτητές υπέβαλαν υποψηφιότητα για να παρακολουθήσουν μια σειρά μαθημάτων ασπρόμαυρης φωτογραφίας[28]. Τράβηξαν ο καθένας περίπου μία ντουζίνα φωτογραφίες ανθρώπων και τοπίων που είχαν κάποιο νόημα για τους ίδιους, και παρουσιάστηκαν μετά για να παρακολουθήσουν ιδιαίτερα μαθήματα. Σε αυτά τα μαθήματα, ο δάσκαλος έδειχνε για μία-δύο ώρες στους φοιτητές πώς να εμφανίσουν τις δύο καλύτερες φωτογραφίες τους. Όταν οι φωτογραφίες είχαν στεγνώσει και ήταν πια έτοιμες, ο δάσκαλος έλεγε στο φοιτητή ότι μπορούσε να κρατήσει τη μία από τις φωτογραφίες και ότι η άλλη θα παρέμενε στο αρχείο ως δείγμα εργασίας φοιτητών. Τέλος, σε μερικούς φοιτητές (η ομάδα αμετάκλητης απόφασης) ειπώθηκε ότι, αφότου επέλεγαν ποια φωτογραφία θα έπαιρναν μαζί τους, δεν θα μπορούσαν πλέον να αλλάξουν γνώμη. Σε άλλους (η ομάδα μετακλητής απόφασης) είπαν ότι, μετά την επιλογή της φωτογραφίας που θα κρατούσαν, θα είχαν στη διάθεσή τους αρκετές μέρες για να αλλάξουν γνώμη, αν ήθελαν, και ότι, αν πράγματι μετάνιωναν, ο δάσκαλος δεν θα είχε αντίρρηση να αλλάξει τη φωτογραφία τους με εκείνη στο αρχείο. Οι φοιτητές έκαναν τις επιλογές τους και πήραν από μια φωτογραφία στο σπίτι. Μερικές μέρες αργότερα, οι φοιτητές απάντησαν σε ένα ερωτηματολόγιο που τους ρωτούσε (μεταξύ άλλων) πόσο πολύ τους άρεσαν οι φωτογραφίες τις οποίες είχαν διαλέξει. Τα αποτελέσματα έδειξαν ότι οι φοιτητές της ομάδας μετακλητής απόφασης δήλωναν *λιγότερο* ικανοποιημένοι με τις φωτογραφίες τους απ' ό,τι οι φοιτητές της ομάδας αμετάκλητης απόφασης. Το ενδιαφέρον είναι ότι, όταν ζητήθηκε από μια νέα ομάδα φοιτητών να *προβλέψουν* πόσο θα τους άρεσε η φωτογραφία τους στις περιπτώσεις όπου θα τους επιτρεπόταν ή δεν θα τους επιτρεπόταν να αλλάξουν γνώμη, αυτοί οι φοιτητές πρόβλεψαν ότι η δυνατότητα να ξεφύγουν από την αρχική τους επιλογή δεν θα είχε καμιά απολύτως επίδραση στο πόσο ικανοποιημένοι θα αισθάνονταν με τη φωτογραφία τους. Όπως φαίνεται, οι αναπόδραστες καταστάσεις πυροδοτούν ψυχολογικές άμυνες που μας δίνουν τη δυνατότητα να αποκτήσουμε θετικές απόψεις —δεν περιμένουμε όμως ότι πρόκειται να συμβεί κάτι τέτοιο.

Η αδυναμία να προβλέψουμε ότι κάποιοι παράγοντες θα ενεργοποιήσουν το ψυχολογικό ανοσοποιητικό μας σύστημα (και επομένως θα προστατεύσουν την ευτυχία και την ικανοποίησή μας) μπορεί να γίνει η αιτία για τη διάπραξη σοβαρών λαθών. Παραδείγματος χάρη, όταν μια νέα ομάδα σπουδαστών φωτογραφίας ερωτήθηκε αν θα ήθελαν να έχουν ή όχι την επιλογή να αλλάξουν γνώμη για τη φωτογραφία που θα κρατούσαν, στη συντριπτική πλειονότητά τους είπαν ότι θα προτιμούσαν να έχουν αυτή την επιλογή —δηλαδή, η συντριπτική πλειονότητα των σπουδαστών προτιμούσαν να εγγραφούν σε ένα μάθημα φωτογραφίας όπου θα παρήγαν μια φωτογραφία με την οποία θα ήταν εν τέλει δυσαρεστημένοι. Γιατί θα προτιμούσε ποτέ κάποιος λιγότερη και όχι περισσότερη ικανοποίηση; Κανένας φυσικά δεν είχε τέτοιες προτιμήσεις. Αντιθέτως, οι πιο πολλοί άνθρωποι φαίνεται να προτιμούν την περισσότερη ελευθερία έναντι της λιγότερης. Πράγματι, όταν η ελευθερία μας να αποφασίσουμε —ή να αλλάξουμε τις αποφάσεις μας αφού τις έχουμε πάρει— απειλείται, έχουμε την ισχυρή παρόρμηση να τη διεκδικήσουμε πάλι[29], και γι' αυτό το λόγο οι έμποροι μερικές φορές απειλούν την ελευθερία μας να αποκτήσουμε τα προϊόντα τους με δηλώσεις όπως «Περιορισμένο εμπόρευμα» ή «Παραγγελίες έως απόψε τα μεσάνυχτα»[30]. Επειδή η ελευθερία είναι για μας φετίχ, γινόμαστε τακτικοί πελάτες σε ακριβά πολυκαταστήματα που μας επιτρέπουν την επιστροφή εμπορευμάτων, αλλά όχι και σε δημοπρασίες οι οποίες δεν μας δίνουν τέτοια επιλογή, ή ενοικιάζουμε αυτοκίνητα σε εξωφρενικές τιμές αντί να τα αγοράζουμε σε τιμή ευκαιρίας, και άλλα παρόμοια.

Οι πιο πολλοί είμαστε πρόθυμοι να πληρώσουμε κάτι επιπλέον σήμερα για να έχουμε τη δυνατότητα να το μετανιώσουμε αργότερα, και μερικές φορές φαίνεται λογικό να συμπεριφερθούμε έτσι. Αν οδηγήσουμε δοκιμαστικά για λίγες μέρες ένα μικρό κόκκινο σπορ αυτοκίνητο, θα πάρουμε μια καλή γεύση τού τι σημαίνει να είμαστε ιδιοκτήτες του. Συνεπώς, μερικές φορές είναι φρόνιμο να πληρώσουμε παραπάνω χρήματα υπογράφοντας ένα συμβόλαιο που προβλέπει μια μικρή χρονική περίοδο μέσα στην οποία μπορούμε να επιστρέψουμε το αυτοκίνητο και να πάρουμε πίσω τα χρήματά μας. Μπορεί βέβαια να έχει οφέλη το να κρατάμε ανοιχτές τις επιλογές μας, αλλά έχει και ένα τίμημα. Τα μικρά κόκκινα σπορ αυτοκίνητα είναι από κατασκευής άβολα, και μολονότι ένας δεσμευμένος κάτοχος θα μπορέσει να βρει θετικούς τρόπους θεώρησης αυτού του χαρακτηριστικού («Πωπώ! Σαν να είμαι σε μαχητικό αεροσκάφος!»), ο αγοραστής που έχει συμβόλαιο με άρθρα τα οποία τού επιτρέπουν την απόδραση δεν μπορεί να κάνει το ίδιο («Αυτό το αυτοκίνητο παραείναι μικρό. Μάλλον πρέπει να το επιστρέψω.»). Ο δεσμευμένος ιδιοκτήτης προσέχει τις αρετές του αυτοκινήτου και παραβλέπει τα ελαττώματά του, μαγειρεύοντας τα δεδομένα ώστε να παραγάγει ένα ικανοποιητικό αποτέλεσμα, αλλά ο αγοραστής για τον οποίο η απόδραση παραμένει ακόμα δυνατή (και του οποίου οι άμυνες δεν έχουν ακόμα ενεργοποιηθεί) είναι πιθανόν ότι θα αξιολογήσει το αυτοκίνητο πιο αυστηρά, δίνοντας ιδιαίτερη προσοχή στις ατέλειές του καθώς θα προσπαθεί να αποφασίσει αν θα το κρατήσει. Τα κόστη και τα οφέλη από την ελευθερία είναι προφανή —αλίμονο, όμως, δεν είναι *εξίσου* προφανή: Δεν δυσκολευόμαστε καθόλου να φανταστούμε τα πλεονεκτήματα που μπορεί να μας παρέχει η ελευθερία, αλλά φαίνεται ότι είμαστε τυφλοί απέναντι στο πόσο μπορεί να υπονομεύσει τη χαρά μας[31].

Εξηγώντας

Αν ποτέ έτυχε να κάνετε εμετό όταν δοκιμάσατε chili con carne και σας ήταν αδύνατο να ξαναφάτε αυτό το φαγητό για πολλά χρόνια, ίσως καταλαβαίνετε πολύ καλά πώς νιώθουν οι μύγες του είδους δροσόφιλα. Όχι, οι δροσόφιλες δεν τρώνε τσίλι, ούτε κάνουν εμετό. Αυτό το οποίο μπορούν να κάνουν όμως είναι να συνδέουν τις καλύτερες και τις χειρότερες εμπειρίες τους με τις συνθήκες πριν ή κατά τη διάρκεια αυτών των εμπειριών, πράγμα που τους δίνει τη δυνατότητα να επιδιώκουν ή να αποφεύγουν τις συγκεκριμένες συνθήκες στο μέλλον. Αν εκθέσετε μια δροσόφιλα στη μυρωδιά παπουτσιών τού τένις και της προκαλέσετε ένα μικροσκοπικό ηλεκτροσόκ, η μικρή μύγα θα αποφεύγει για το υπόλοιπο της μικροσκοπικής της ζωής τα μέρη με μυρωδιά παπουτσιών τού τένις. Η ικανότητα συνειρμικής σύνδεσης της ευχαρίστησης και του πόνου με τις συνθήκες μέσα στις οποίες συμβαίνουν είναι τόσο ζωτικά σημαντική ώστε η φύση την έχει εγκαταστήσει σε όλα τα πλάσματα, από την *Drosophila melanogaster* έως τον Ivan Pavlov.

Παρότι, για πλάσματα όπως κι εμείς, αυτή η ικανότητα είναι αναγκαία, σίγουρα δεν είναι και ικανή, διότι το είδος της μάθησης που επιφέρει αποδεικνύεται πολύ περιορισμένο. Αν ένας οργανισμός δεν μπορεί να κάνει τίποτε άλλο πέρα από τη σύνδεση συγκεκριμένων εμπειριών με συγκεκριμένες περιστάσεις, τότε μπορεί να πάρει μόνο ένα πολύ μικρό μάθημα, όπως, ας πούμε, να αναζητά ή να αποφεύγει στο μέλλον αυτές τις συγκεκριμένες συνθήκες. Ένα σωστά συγχρονισμένο ηλεκτροσόκ μπορεί να διδάξει σε μια δροσόφιλα να αποφεύγει τη μυρωδιά των παπουτσιών τού τένις, αλλά δεν θα της μάθει να αποφεύγει τη μυρωδιά από πέδιλα του σκι, από γοβάκια μπαλαρίνας ή από Sebago, ούτε να αποφεύγει έναν επιστήμονα οπλισμένο με εργαλείο για μικροσκοπικά ηλεκτροσόκ. Για να μεγιστοποιήσουμε την ευχαρίστησή μας και να ελαχιστοποιήσουμε την οδύνη, πρέπει να μπορούμε να συνδέουμε την εμπειρία μας με τις συνθήκες που την προκάλεσαν, αλλά πρέπει επίσης να μπορούμε να *εξηγήσουμε* πώς και γιατί αυτές οι συνθήκες προκάλεσαν τη συγκεκριμένη εμπειρία. Εάν νιώσουμε ναυτία μετά μερικές στροφές του τροχού στο λούνα παρκ και η εξήγηση που θα δώσουμε είναι ότι έχουμε ελλειμματικό σύστημα ισορροπίας, τότε αποφεύγουμε πια τους τροχούς στο μέλλον —όπως ακριβώς θα έκανε και μια μύγα. Αντίθετα όμως από ό,τι θα έκανε η μύγα, εμείς *αποφεύγουμε* επιπλέον μερικά πράγματα τα οποία *δεν συνδέονται* με τη συγκεκριμένη εμπειρία ναυτίας που βιώσαμε (όπως το μπάντζι τζάμπινγκ και τα ιστιοφόρα) και *δεν αποφεύγουμε* μερικά πράγματα που *συνδέονται* με την εμπειρία αυτή (όπως τη μουσική που ακουγόταν και τους κλόουν). Αντίθετα από ό,τι συμβαίνει με μια απλή συνειρμική σύνδεση, η εξήγηση μας δίνει τη δυνατότητα να αποφανθούμε ότι ορισμένες διαστάσεις μιας συγκυρίας (περιστροφή) ήταν οι *αιτίες* που προκάλεσαν την εμπειρία μας, και ότι άλλες διαστάσεις της (μουσική) ήταν άσχετες. Κατ' αυτό τον τρόπο μαθαίνουμε από τις αναγούλες μας πολύ περισσότερα από όσα θα μάθαινε ποτέ μια μύγα.

Οι εξηγήσεις μάς επιτρέπουν να αξιοποιήσουμε πλήρως τις εμπειρίες μας, όμως αλλάζουν και τη φύση αυτών των εμπειριών. Όπως έχουμε ήδη δει, όταν οι εμπειρίες μας είναι δυσάρεστες, παίρνουμε άμεσα μέτρα ώστε να τις εξηγήσουμε με τρόπους που θα μας κάνουν να αισθανθούμε καλύτερα («Δεν πήρα τη δουλειά γιατί ο κριτής ήταν αρνητικά προκατειλημμένος προς τα άτομα που κάνουν εμετό στους τροχούς»). Και, πράγματι, οι έρευνες δείχνουν ότι η απλή και μόνο εξήγηση κάποιου δυσάρεστου γεγονότος μπορεί να βοηθήσει ώστε να μειωθεί ο αντίκτυπός του. Παραδείγματος χάρη, όταν κάποιοι άνθρωποι απλώς και μόνο γράφουν για μια τραυματική εμπειρία τους —όπως για το θάνατο κάποιου αγαπημένου τους προσώπου ή για κάποια επίθεση που δέχτηκαν—, αυτό μπορεί να οδηγήσει σε μεγάλη βελτίωση τόσο όσον αφορά την υποκειμενική αίσθηση ευεξίας τους όσο και τη φυσική τους υγεία (λόγου χάρη, λιγότερες επισκέψεις στο γιατρό και μεγαλύτερη παραγωγή αντισωμάτων σε ιούς)[32]. Επιπλέον, τα μεγαλύτερα οφέλη από αυτές τις ασκήσεις γραφής τα αποκομίζουν όσοι περιλαμβάνουν στα γραπτά τους και μια *εξήγηση* για το τραύμα[33].

Όπως ακριβώς όμως οι εξηγήσεις μαλακώνουν τον αντίκτυπο των *δυσάρεστων* γεγονότων, με τον ίδιο τρόπο μειώνουν και την επίδραση των *ευχάριστων* γεγονότων. Παραδείγματος χάρη, οι εθελοντές φοιτητές σε μια μελέτη οδηγήθηκαν να πιστέψουν ότι επικοινωνούσαν με φοιτητές από άλλα πανεπιστήμια σε ομάδες συζήτησης μέσω δικτύων υπολογιστών[34]. Στην πραγματικότητα, όμως, οι εθελοντές αλληλεπιδρούσαν με ένα περίπλοκο πρόγραμμα το οποίο προσομοίωνε την παρουσία άλλων φοιτητών. Αφότου οι εικονικοί φοιτητές είχαν δώσει στον πραγματικό φοιτητή διάφορες πληροφορίες για τους ίδιους («Γεια, είμαι η Εύα, και μου αρέσει να προσφέρω εθελοντική εργασία»), ο ερευνητής παρίστανε ότι ζητούσε από τους εικονικούς φοιτητές να διαλέξουν το άτομο από την ομάδα συζήτησης που είχαν συμπαθήσει περισσότερο, να γράψουν μια μικρή παράγραφο στην οποία θα εξηγούσαν τους λόγους της επιλογής τους, και ύστερα να τη στείλουν στον ενδιαφερόμενο. Μέσα σε λίγα μόλις λεπτά, συνέβαινε κάτι θαυμάσιο: Ο πραγματικός φοιτητής λάμβανε ηλεκτρονικά μηνύματα από *όλους* τους εικονικούς φοιτητές, που έλεγαν ότι περισσότερο από όλους συμπαθούσαν τον ίδιο! Ένα από τα μηνύματα των εικονικών φοιτητών, λόγου χάρη, έλεγε: «Μου φάνηκε ότι κάτι ωραίο συνέβη μεταξύ μας όταν διάβασα τις απαντήσεις σου. Τι κρίμα που δεν πηγαίνουμε στο ίδιο πανεπιστήμιο!» Ένα άλλο έλεγε: «Σε ξεχώρισα και μου άρεσες πιο πολύ από όλους. Ήταν πολύ ενδιαφέρων ο τρόπος με τον οποίο περιέγραψες τα ενδιαφέροντα και τις αξίες σου.» Ένα τρίτο μήνυμα έλεγε: «Θα ήθελα να μιλήσω μαζί σου από κοντά... για να σε ρωτήσω αν σου αρέσει το νερό (λατρεύω το θαλάσσιο σκι) και το ιταλικό φαγητό (είναι το αγαπημένο μου).»

Το πείραμα βασιζόταν στο εξής τέχνασμα: Άλλοι από τους

πραγματικούς φοιτητές (η ομάδα των ενήμερων) λάμβαναν ηλεκτρονική αλληλογραφία που τους επέτρεπε να γνωρίζουν *ποιος* από τους εικονικούς φοιτητές τούς έστελνε το κάθε μήνυμα, και άλλοι (η ομάδα χωρίς ενημέρωση) λάμβαναν ηλεκτρονικά μηνύματα από τα οποία είχε αφαιρεθεί η πληροφορία της ταυτότητας του αποστολέα. Με άλλα λόγια, κάθε πραγματικός φοιτητής πήρε τα ίδια ακριβώς μηνύματα με τα οποία δηλωνόταν ότι είχε κλέψει την καρδιά και το νου όλων των εικονικών συμμετεχόντων, αλλά μόνο οι φοιτητές της ενήμερης ομάδας ήξεραν *ποιος* από τους εικονικούς φοιτητές είχε γράψει το κάθε μήνυμα. Κατά συνέπεια, οι φοιτητές της ενήμερης ομάδας μπορούσαν να δώσουν εξηγήσεις για την καλή τύχη τους («Η Εύα εκτιμά τις αξίες μου, διότι και οι δυο συμμετέχουμε στον οργανισμό "Περιβάλλον για την Ανθρωπότητα", και μου φαίνεται επίσης λογικό ότι η Κατερίνα ανέφερε το ιταλικό φαγητό»), ενώ οι φοιτητές της ομάδας χωρίς ενημέρωση δεν μπορούσαν («Κάποιος εκτιμά τις αξίες μου... Αναρωτιέμαι ποιος να είναι. Και γιατί να αναφέρει κάποιος το ιταλικό φαγητό;»). Οι ερευνητές μέτρησαν το πόσο ευτυχισμένοι ένιωθαν οι πραγματικοί φοιτητές αμέσως μετά τη λήψη των μηνυμάτων και ξανά ύστερα από δεκαπέντε λεπτά. Παρότι, αρχικά, οι πραγματικοί φοιτητές και των δύο ομάδων ένιωθαν κατενθουσιασμένοι που είχαν επιλεγεί ως προτιμώμενοι από όλους, μόνο οι φοιτητές της ομάδας χωρίς ενημέρωση παρέμειναν κατενθουσιασμένοι και έπειτα από δεκαπέντε λεπτά. Εάν ποτέ είχατε κάποιον κρυφό θαυμαστή, τότε καταλαβαίνετε γιατί οι φοιτητές της ομάδας χωρίς ενημέρωση παρέμειναν στον έβδομο ουρανό, ενώ οι φοιτητές που ήξεραν τους αποστολείς κατέβηκαν σύντομα στον πέμπτο και ύστερα στον δεύτερο.

Τα ανεξήγητα γεγονότα έχουν δύο ιδιότητες που μεγεθύνουν και επεκτείνουν τη συναισθηματική επίδρασή τους. Καταρχάς, μας καταπλήσσουν επειδή είναι σπάνια και ασυνήθιστα[35]. Αν σας έλεγα ότι ο αδελφός μου, η αδελφή μου και εγώ γεννηθήκαμε όλοι την ίδια μέρα, πιθανότατα θα το θεωρούσατε σπάνια και ασυνήθιστη περίπτωση. Από τη στιγμή όμως που θα σας εξηγούσα ότι είμαστε τρίδυμοι, θα το θεωρούσατε λιγότερο σπάνιο και ασυνήθιστο φαινόμενο. Μάλιστα, σχεδόν *οποιαδήποτε* εξήγηση και αν έδινα («Με το *ίδια μέρα* εννοούσα ότι όλοι έχουμε γεννηθεί Πέμπτη» ή «Γεννηθήκαμε όλοι την ίδια μέρα με καισαρική, για να κερδίσουν ο μπαμπάς και η μαμά μεμιάς τις καλύτερες φοροαπαλλαγές») θα εξομάλυνε την εντύπωση της καταπληκτικής σύμπτωσης και θα έκανε το γεγονός να δείχνει πιο πιθανό. Οι εξηγήσεις μάς δίνουν τη δυνατότητα να κατανοούμε πώς και γιατί συνέβη ένα γεγονός, οπότε μας δίνουν και τη δυνατότητα να διαβλέψουμε πώς και γιατί θα μπορούσε να συμβεί ξανά. Πράγματι, όποτε λέμε ότι κάτι *δεν μπορεί* να συμβεί —για παράδειγμα, το διάβασμα του νου ή η ανύψωση από το έδαφος ή ένας νόμος που θα περιόριζε τη δύναμη των ιθυνόντων—, συνήθως εννοούμε ότι δεν θα είχαμε τρόπο να το εξηγήσουμε, αν συνέβαινε. Τα ανεξήγητα γεγονότα φαίνεται να σπανίζουν, και τα σπάνια γεγονότα έχουν φυσικά μεγαλύτερο συναισθηματικό αντίκτυπο απ' ό,τι τα συνήθη γεγονότα. Παρακολουθούμε με δέος μια ηλιακή έκλειψη, αλλά απλώς εντυπωσιαζόμαστε από ένα ηλιοβασίλεμα, μολονότι το ηλιοβασίλεμα είναι πιο όμορφο θέαμα.

Ο δεύτερος λόγος για τον οποίο τα ανεξήγητα συμβάντα ασκούν μια δυσανάλογα μεγάλη συναισθηματική επιρροή είναι ότι πιθανότατα μας αρέσει να συνεχίζουμε να σκεφτόμαστε τέτοια περιστατικά. Όλοι οι άνθρωποι έχουμε την αυθόρμητη τάση να προσπαθούμε να δίνουμε εξηγήσεις στα γεγονότα[36], και οι μελέτες υποστηρίζουν ότι, όταν δεν καταφέρνουμε να ολοκληρώσουμε όσα ξεκινήσαμε να κάνουμε, είναι πολύ πιθανόν ότι θα συνεχίσουμε να τα σκεφτόμαστε —να θυμόμαστε τις δουλειές που δεν τελειώσαμε[37]. Αφότου δώσουμε μια εξήγηση σε ένα γεγονός, μπορούμε να το διπλώσουμε σαν φρεσκοπλυμένο ρούχο, να το τακτοποιήσουμε στα συρτάρια της μνήμης μας και να προχωρήσουμε στο επόμενο· αν όμως ένα γεγονός αντιστέκεται στις εξηγήσεις, τότε μετατρέπεται σε *μυστήριο* ή *αίνιγμα*

—και αυτό που όλοι γνωρίζουμε για τα αινίγματα είναι ότι μάλλον αρνούνται να παραμείνουν στο πίσω μέρος του νου. Οι σκηνοθέτες και οι συγγραφείς συχνά αξιοποιούν στο έπακρο το συγκεκριμένο φαινόμενο, δίνοντας μυστηριώδη κατάληξη στην αφήγησή τους· η έρευνα δείχνει μάλιστα ότι είναι πιο πιθανόν οι θεατές μιας ταινίας να συνεχίσουν να τη σκέφτονται όταν δεν μπορούν να εξηγήσουν τι συνέβη στον πρωταγωνιστή της. Επιπλέον, αν η ταινία τούς *άρεσε*, τότε αυτή η σταλίτσα μυστηρίου τούς κάνει να παραμένουν ικανοποιημένοι για περισσότερο καιρό[38].

Η εξήγηση στερεί από τα γεγονότα τον συναισθηματικό αντίκτυπό τους, διότι τα κάνει να φαίνονται πιο πιθανά, και επομένως μας επιτρέπει να σταματήσουμε να τα σκεφτόμαστε. Όσο παράξενο κι αν φαίνεται, μια εξήγηση δεν είναι αναγκαίο να *εξηγεί* πράγματι κάτι για να φέρει τέτοιο αποτέλεσμα —απλώς χρειάζεται να *δείχνει* ότι εξηγεί. Παραδείγματος χάρη, σε μια μελέτη ένας ερευνητής πλησίασε φοιτητές που μελετούσαν στη βιβλιοθήκη, τους έδωσε μία κάρτα —από δύο είδη καρτών— καθώς και ένα δολάριο κολλημένο πάνω της, και ύστερα έφυγε. Πιθανότατα θα συμφωνούσατε ότι αυτό εδώ είναι ένα παράξενο γεγονός που πρέπει να εξηγηθεί. Όπως δείχνει η Εικόνα 20, και στις δύο κάρτες δηλωνόταν ότι ο ερευνητής ήταν μέλος της «Εταιρείας του χαμόγελου» η οποία αποσκοπούσε σε «τυχαίες πράξεις καλοσύνης». Η μια από τις δύο κάρτες όμως περιείχε και δύο επιπλέον φράσεις: «Ποιοι είμαστε;» και «Γιατί το κάνουμε;». Στην πραγματικότητα, αυτές οι κενές νοήματος φράσεις δεν παρείχαν νέες πληροφορίες, όμως έκαναν τους παραλήπτες φοιτητές να *νιώθουν* ότι το παράξενο γεγονός είχε εξηγηθεί («Αχά! *Τώρα* κατάλαβα γιατί μου έδωσαν το δολάριο!»). Περίπου πέντε λεπτά αργότερα, ένας δεύτερος ερευνητής πλησίαζε τους φοιτητές και ισχυριζόταν ότι έκανε μια φοιτητική εργασία για «τα αισθήματα και τις σκέψεις της πανεπιστημιακής κοινότητας». Ο ερευνητής ζητούσε από τους φοιτητές να συμπληρώσουν ένα ερωτηματολόγιο που περιείχε και την ερώτηση «Πόσο θετικά ή αρνητικά είναι τα συναισθήματά σας ακριβώς τώρα;». Τα αποτελέσματα έδειξαν ότι όσοι φοιτητές είχαν λάβει τις κάρτες με τις ψευδοεπεξηγηματικές φράσεις είχαν λιγότερο θετικά συναισθήματα από εκείνους που είχαν λάβει κάρτες χωρίς επεξηγήσεις. Όπως φαίνεται, ακόμα και μια ψευδοεξήγηση είναι δυνατόν να μας κάνει να παραμερίσουμε ένα γεγονός και να προχωρήσουμε στο επόμενο.

Η αβεβαιότητα μπορεί να διατηρήσει και να επιμηκύνει την

Εικόνα 20.

ευτυχία μας, και επομένως θα περιμέναμε να τη λατρεύουν οι άνθρωποι. Στην πραγματικότητα, όμως, το αντίθετο είναι ο κανόνας. Όταν μια νέα ομάδα φοιτητών ερωτήθηκε ποια από τις δύο κάρτες της Εικόνας 20 θα τους έδινε περισσότερη ικανοποίηση, το 75% επέλεξαν την κάρτα με τις κενές νοήματος επεξηγήσεις. Παρομοίως, όταν μια άλλη ομάδα φοιτητών ερωτήθηκε αν θα προτιμούσαν να γνωρίζουν ή όχι την ταυτότητα των εικονικών φοιτητών οι οποίοι είχαν γράψει τα εκθειαστικά μηνύματα στην προαναφερθείσα δικτυακή ομάδα συζήτησης, το 100% είπαν ότι ήθελαν να γνωρίζουν. Και στις δύο περιπτώσεις, οι φοιτητές επέλεξαν τη βεβαιότητα σε σύγκριση με την αβεβαιότητα και την αλήθεια σε σύγκριση με το μυστήριο —παρά το γεγονός ότι και στις δύο περιπτώσεις η αλήθεια και η βεβαιότητα προκαλούσαν αποδεδειγμένα ελάττωση της ικανοποίησης. Ο ποιητής John Keats παρατήρησε ότι, ενώ οι μεγάλοι συγγραφείς «μπορούν να περνούν όλη τη ζωή τους μέσα σε αβεβαιότητα, μυστήριο και αμφιβολία χωρίς να νιώθουν την ανάγκη να πιαστούν από τα γεγονότα και τη λογική», εμείς οι υπόλοιποι «είμαστε ανίκανοι να μείνουμε ευχαριστημένοι με μισές αλήθειες»[39]. Η αδήριτη ανάγκη μας να εξηγούμε όλα όσα συμβαίνουν μπορεί βέβαια να μας ξεχωρίζει από τις μύγες, αλλά μπορεί επίσης να σκοτώνει την απόλαυσή μας.

Περαιτέρω

Το μάτι και ο εγκέφαλος είναι συνωμότες, και όπως όλες οι συνωμοσίες, έτσι και η δική τους στήνεται κεκλεισμένων των θυρών, στο πίσω δωμάτιο, έξω από τη συνείδησή μας. Επειδή δεν συνειδητοποιούμε ότι έχουμε δημιουργήσει μια θετική θεώρηση για την τρέχουσα εμπειρία μας, δεν συνειδητοποιούμε επίσης ότι θα το ξανακάνουμε στο μέλλον. Η αφέλειά μας όχι μόνο μάς οδηγεί να υπερεκτιμάμε την ένταση και τη διάρκεια της στενοχώριας την οποία θα μας προκαλούσαν οι όποιες μελλοντικές αναποδιές, αλλά μας κάνει επίσης να παίρνουμε μέτρα που μπορεί να υπονομεύσουν αυτή τη συνωμοσία. Έχουμε περισσότερες πιθανότητες να κατασκευάσουμε θετική θεώρηση για μια πράξη παρά για την απραξία μας, για μια οδυνηρή εμπειρία παρά για μια απλώς εκνευριστική εμπειρία, για μια δυσάρεστη αλλά αναπόδραστη κατάσταση παρά για συνθήκες από τις οποίες μπορούμε να αποδράσουμε. Ωστόσο, σπανίως διαλέγουμε τη δράση από την αδράνεια, τον πόνο από την ενόχληση, και τη δέσμευση από την ελευθερία. Οι διεργασίες μέσω των οποίων κατασκευάζουμε θετικές θεωρήσεις είναι πολλές. Δίνουμε περισσότερη προσοχή στις πληροφορίες που μας ευνοούν, εξασφαλίζουμε ότι περιτριγυριζόμαστε από ανθρώπους που θα μας δώσουν τέτοιες πληροφορίες, και τις αποδεχόμαστε χωρίς κριτικό έλεγχο. Αυτές οι τάσεις μάς διευκολύνουν να δίνουμε στις δυσάρεστες εμπειρίες εξηγήσεις οι οποίες μάς απαλλάσσουν από την ευθύνη και μας κάνουν να αισθανόμαστε καλύτερα. Το τίμημα που πληρώνουμε όμως για την ακατάσχετη ανάγκη μας για εξηγήσεις είναι ότι συχνά καταστρέφουμε τις πιο όμορφες εμπειρίες μας με το να τις εξηγούμε διεξοδικώς.

Η περιήγησή μας στη φαντασία έχει καλύψει αρκετό έδαφος —από το ρεαλισμό έως τον παροντισμό και την εκλογίκευση— και, πριν προχωρήσουμε στον τελικό μας προορισμό, θα ήταν χρήσιμο να εντοπίσουμε την τωρινή μας θέση στο χάρτη. Έχουμε δει πόσο δύσκολο είναι να προβλέψουμε σωστά τις συναισθηματικές μας αντιδράσεις απέναντι σε μελλοντικά γεγονότα, διότι δυσκολευόμαστε να τα φανταστούμε όπως ακριβώς θα συμβούν και δυσκολευόμαστε επίσης να φανταστούμε πώς θα σκεφτόμαστε για αυτά, όταν τελικά θα συμβούν. Σε όλο το βιβλίο παρέθεσα συγκρίσεις της φαντασίας με την αντίληψη και με τη μνήμη, και προσπάθησα να σας πείσω ότι η διορατικότητα είναι εξίσου ευάλωτη στην πλάνη όσο η όραση και η μνήμη. Τη σφαλερή όραση τη διορθώνουμε με τα γυαλιά, και τη σφαλερή μνήμη την αντιμετωπίζουμε προστρέχοντας σε καταγραφές του παρελθόντος —αλλά τι μπορεί να γίνει για τη σφαλερή διορατικότητα; Δεν υπάρχουν γυαλιά για να κάνουν πιο διεισδυτική τη ματιά μας στο μέλλον, και δεν υπάρχουν καταγραφές των πραγμάτων που πρόκειται να συμβούν. Μπορούμε, λοιπόν, να θεραπεύσουμε τα προβλήματα της διορατικότητας; Όπως θα δούμε παρακάτω, μπορούμε. Αλλά κατά κανόνα επιλέγουμε να μην το κάνουμε.

ΜΕΡΟΣ VI

Διορθωσιμότητα

corrigibility (διορθωσιμότητα): Η δυνατότητα να διορθωθεί, να αναμορφωθεί ή να βελτιωθεί κάτι.

Κεφάλαιο 10

Όποιος καεί στο χυλό

Ω, πείρα, βγάζεις ψεύτρα τη φήμη.
—Ουίλλιαμ Σαίξπηρ, *Κυμβελίνος*

Την τελευταία δεκαετία έχουν εκδοθεί πολλά παιδικά βιβλία για... κακά. Όταν η μικρή εγγονή μου ανεβαίνει στα γόνατά μου, κουβαλάει πάντα μαζί της μια στοίβα βιβλία με εικόνες. Ανάμεσά τους υπάρχουν και κάμποσα που παρουσιάζουν με αξιοσημείωτη λεπτομέρεια το θαύμα της αφόδευσης και τα μυστήρια των εσωτερικών υδραυλικών μας. Μερικά προσφέρουν λεπτομερείς περιγραφές για εκκολαπτόμενους ανατόμους· άλλα περιέχουν κυρίως σκίτσα χαρούμενων παιδιών να κάθονται ανακούρκουδα, όρθια ή να σκουπίζονται. Παρά τις διαφορές τους, όλα αυτά τα βιβλία στέλνουν το ίδιο μήνυμα: *Οι μεγάλοι δεν τα κάνουν πάνω τους, αλλά αν εσύ τα κάνεις εκεί, μη στενοχωριέσαι και πολύ.* Η εγγονή μου δείχνει να καθησυχάζεται και να εμψυχώνεται από το μήνυμα. Καταλαβαίνει ότι υπάρχει ένας σωστός και ένας λάθος τρόπος να κάνει κανείς τα κακά του, και μολονότι δεν περιμένουμε ακόμα από αυτή να τα κάνει με τον σωστό τρόπο, θέλουμε πάντως να προσέξει ότι όλοι οι γύρω της έχουμε μάθει να τα κάνουμε με τον σωστό τρόπο, πράγμα που υπονοεί ότι με λίγη εξάσκηση και λίγη εκπαίδευση μπορεί και εκείνη να μάθει να τα κάνει με τον σωστό τρόπο.

Καθώς φαίνεται, η εξάσκηση και η εκπαίδευση δεν αποδεικνύονται ωφέλιμες μόνο για τη συγκεκριμένη δεξιότητα. Στην πραγματικότητα μάλιστα, η εξάσκηση και η εκπαίδευση είναι οι δύο τρόποι με τους οποίους μαθαίνουμε σχεδόν όλα όσα ξέρουμε. Η γνώση από πρώτο χέρι και η γνώση από δεύτερο χέρι είναι τα μοναδικά είδη γνώσης, και, ανεξάρτητα από τη δεξιότητα που προσπαθούμε να κατακτήσουμε —να κάνουμε τα κακά μας σωστά, να μαγειρεύουμε, να επενδύουμε ή να οδηγούμε έλκυθρο—, η άρτια εκμάθηση προέρχεται πάντοτε από την προσωπική εμπειρία ή/και ακούγοντας εκείνους οι οποίοι είχαν προσωπική εμπειρία. Τα μωρά τα κάνουν στις πάνες τους επειδή είναι «στραβάδια» και επειδή δεν μπορούν να αξιοποιήσουν τα μαθήματα που μπορούν να τους δώσουν οι βετεράνοι. Επειδή τα μωρά δεν έχουν γνώση —ούτε άμεση ούτε έμμεση— του «πρωτοκόλλου χρήσης τού γιογιό», περιμένουμε ότι θα μας δημιουργήσουν προβλήματα —αλλά περιμένουμε επίσης ότι, μέσα σε λίγα χρόνια, η εξάσκηση και η εκπαίδευση θα φέρουν τα διορθωτικά τους αποτελέσματα, ότι η αθωότητα θα δώσει τη θέση της στην εμπειρία και τη μάθηση, και ότι τα σχετικά με την αφόδευση λάθη θα εξαφανιστούν τελείως. Γιατί όμως αυτή η ανάλυση δεν επεκτείνεται και στα λάθη κάθε είδους; Όλοι έχουμε προσωπική εμπειρία των πραγμάτων που μας κάνουν ή δεν μας κάνουν ευτυχισμένους, και όλοι έχουμε ακούσει φίλους, θεραπευτές, ταξιτζήδες και παρουσιαστές εκπομπών να μας λένε για πράγματα που θα μας κάνουν ή δεν θα μας κάνουν ευτυχισμένους, εντούτοις, παρ' όλη την εξάσκηση και την εκμάθηση, η αναζήτησή μας για την ευτυχία συχνά καταλήγει ένα μαύρο χάλι. Προσδοκούμε ότι το επόμενο αυτοκίνητο, το επόμενο σπίτι ή η επόμενη προαγωγή θα μας κάνουν ευτυχισμένους, παρότι όλα τα αντίστοιχα προηγούμενα δεν το κατάφεραν και παρότι οι γύρω μας επιμένουν να μας λένε ότι τα επόμενα δεν θα μας ευχαριστήσουν. Γιατί δεν μαθαίνουμε να αποφεύγουμε αυτά τα σφάλματα όπως μαθαίνουμε να αποφεύγουμε τις βρεγμένες πάνες; Αν η εξάσκηση και η εκπαίδευση μπορούν να μας διδάξουν να κρατάμε τα παντελόνια μας στεγνά, τότε γιατί δεν μπορούν να μας διδάξουν να προβλέπουμε και το συναισθηματικό μας μέλλον;

Ο λιγότερο πιθανός χρόνος

Πολλά ωραία πράγματα συνοδεύουν τη μεγάλη ηλικία, αλλά κανείς δεν τα ξέρει. Αποκοιμιόμαστε και ξυπνάμε στις λάθος στιγμές, τα φαγητά που αποφεύγουμε είναι πιο πολλά από όσα επιτρέπεται να φάμε, και πίνουμε χάπια για να θυμόμαστε να πάρουμε τα υπόλοιπα χάπια. Στην πραγματικότητα, το μόνο αληθινά καλό πράγμα με τα γηρατειά είναι ότι όσοι έχουν ακόμα όλα τους τα μαλλιά υποχρεώνονται πότε πότε να παραμερίσουν μπροστά μας και να θαυμάσουν τον πλούτο της εμπειρίας μας. Θεωρούν την εμπειρία μας ως μια μορφή πλούτου, διότι υποθέτουν ότι μας δίνει τη δυνατότητα αποφυγής του ίδιου λάθους για δεύτερη φορά —και μερικές φορές πράγματι έτσι συμβαίνει: *Υπάρχουν* εμπειρίες τις οποίες, μερικοί που είμαστε πάμπλουτοι από δαύτες, δεν σκοπεύουμε να ξαναζήσουμε —το πλύσιμο της γάτας με ταυτόχρονη κατανάλωση λικέρ μέντας μού έρχεται τώρα στο μυαλό, για λόγους που δεν θα επιθυμούσα να αναλύσω εδώ. Από την άλλη μεριά, όμως, υπάρχουν αρκετά σφάλματα που εμείς, οι έμπειροι άνθρωποι, φαίνεται πως τα κάνουμε ξανά και ξανά. Παντρευόμαστε ανθρώπους οι οποίοι για κάποιον παράξενο λόγο μοιάζουν με εκείνους που χωρίσαμε, πηγαίνουμε σε ετήσιες οικογενειακές συγκεντρώσεις και ετησίως ορκιζόμαστε να μην ξαναπατήσουμε, και κάνουμε προσεκτικό προϋπολογισμό των μηνιαίων εξόδων μας για να εξασφαλίσουμε ότι για ακόμη μία φορά θα μείνουμε πανί με πανί όλες τις ημερομηνίες που αρχίζουν από 3. Αυτές οι κυκλικές υποτροπές φαίνεται να εξηγούνται δύσκολα. Στο κάτω κάτω δεν θα έπρεπε να μαθαίνουμε από την ίδια την εμπειρία μας; Η φαντασία έχει βέβαια τις αδυναμίες της, και πιθανόν να είναι αναπόφευκτο να κάνουμε εσφαλμένες προβλέψεις για τα συναισθήματά μας απέναντι σε μελλοντικά γεγονότα, όταν δεν έχουμε ξαναβιώσει παρόμοια γεγονότα. Αφού όμως έχουμε ήδη αποκτήσει την εμπειρία του γάμου με ένα υπεραπασχολημένο διευθυντικό στέλεχος που περνά περισσότερες ώρες στη δουλειά του απ' ό,τι στο σπίτι, και αφού έχουμε πάει και προηγουμένως σε οικογενειακές συγκεντρώσεις όπου οι θείες τσακώνονται με τους θείους και οι θείοι βάζουν τα δυνατά τους για να προσβάλουν τα εξαδέλφια, και αφού έχουμε περάσει κι άλλοτε δύσκολες μέρες τρώγοντας ρύζι και φασόλια ώς την επόμενη πληρωμή μας, τότε δεν θα έπρεπε να μπορούμε να φανταστούμε, με αρκετή μάλιστα ακρίβεια, αυτά τα γεγονότα και επομένως να πάρουμε μέτρα για να τα αποφύγουμε στο μέλλον;

Θα έπρεπε, και όντως το κάνουμε, αλλά όχι τόσο συχνά και όχι τόσο καλά όσο θα περιμένατε. *Προσπαθούμε* να ξαναζήσουμε τις εμπειρίες που θυμόμαστε με ευχαρίστηση και περηφάνια, και *προσπαθούμε* να αποφύγουμε να ξαναβιώσουμε εκείνες που θυμόμαστε με ντροπή και τύψεις[1]. Το πρόβλημα είναι ότι συχνά δεν τις θυμόμαστε σωστά. Η ανάμνηση μιας εμπειρίας μάς δίνει λίγο-πολύ την *αίσθηση* ότι ανοίγουμε ένα συρτάρι για να ανασύρουμε μια ιστορία η οποία αρχειοθετήθηκε την ημέρα που γράφτηκε, αλλά, όπως έχουμε δει και σε προηγούμενα κεφάλαια, αυτό το αίσθημα συνιστά μία από τις πιο περίτεχνες ψευδαισθήσεις που δημιουργεί ο εγκέφαλός μας. Η μνήμη δεν είναι κανένας ευσυνείδητος αντιγραφέας επιφορτισμένος με την αρχειοθέτηση όλων των εμπειριών μας, αλλά ένας εκλεπτυσμένος διορθωτής που ψαλιδίζει τα περιττά και φυλάσσει μόνο τα στοιχεία-κλειδιά των εμπειριών μας, τα οποία και χρησιμοποιεί για να ξαναγράψει την ιστορία κάθε φορά που θέλουμε να την ξαναδιαβάσουμε. Η μέθοδος «ψαλίδισμα και φύλαξη» συνήθως λειτουργεί πολύ καλά, διότι ο διορθωτής συνήθως διαθέτει μεγάλη οξυδέρκεια αναφορικά με το ποια στοιχεία είναι απαραίτητα και ποια μπορούν να αντικατασταθούν. Γι' αυτό το λόγο θυμόμαστε την εικόνα του γαμπρού καθώς φιλούσε τη νύφη αλλά όχι και ποιο δάχτυλο είχε στη μύτη της η παράνυφος όταν συνέβη το γεγονός. Δυστυχώς όμως, όσο καλές κι αν είναι οι ικανότητές της στη διόρθωση, η μνήμη έχει και μερικές παραξενιές που μας οδηγούν σε εσφαλμένη αναπαράσταση του παρελθόντος και επομένως και σε σχηματισμό εσφαλμένων νοητικών εικόνων του μέλλοντος.

Παραδείγματος χάρη, ίσως *χρησιμοποιείτε* λέξεις των τεσσάρων γραμμάτων —και εννοώ χυδαίες λέξεις—, ίσως και όχι· αλλά είμαι σίγουρος ότι δεν τις έχετε μετρήσει ποτέ. Προσπαθήστε να μαντέψετε λοιπόν: Στην αγγλική γλώσσα υπάρχουν άραγε περισσότερες λέξεις των τεσσάρων γραμμάτων που αρχίζουν με k (λέξεις k-1) ή περισσότερες που έχουν το k ως τρίτο γράμμα τους (λέξεις k-3); Αν είστε συνηθισμένος άνθρωπος, μαντέψατε ότι οι λέξεις k-1 είναι περισσότερες[2]. Πιθανότατα απαντήσατε σε αυτή την ερώτηση κάνοντας έναν σύντομο έλεγχο στη μνήμη σας («Λοιπόν, υπάρχει kite, kilt, kale...»), και επειδή σας φάνηκε πιο εύκολο να ανακαλέσετε στη μνήμη σας λέξεις k-1 παρά λέξεις k-3, υποθέσατε ότι *πρέπει να υπάρχουν* περισσότερες από τις πρώτες. Αυτή θα ήταν κανονικά μια πολύ έξυπνη συναγωγή συμπεράσματος. Στο κάτω κάτω, μπορείτε να *ανακαλέσετε* στη μνήμη σας περισσότερους τετράποδες ελέφαντες (ελέφαντες ε-4) παρά ελέφαντες με έξι πόδια (ελέφαντες ε-6), επειδή έχετε *δει* περισσότερους ε-4 απ' ό,τι ε-6, και αυτό επειδή *υπάρχουν* περισσότεροι ε-4 απ' ό,τι ε-6. Ο πραγματικός αριθμός των ελεφάντων ε-4 και ε-6 που υπάρχουν στον κόσμο καθορίζει το πόσο συχνά συναντάτε κάθε είδος, και η συχνότητα με την οποία τα συναντάτε καθορίζει πόσο εύκολα θυμάστε αυτά τα συναπαντήματα.

Δυστυχώς, αυτή η συλλογιστική πορεία, που αποδεικνύεται εξόχως αποτελεσματική με τους ελέφαντες, δεν είναι καθόλου χρήσιμη αναφορικά με τις λέξεις. Πράγματι, θυμάστε ευκολότερα λέξεις k-1 παρά λέξεις k-3, αλλά *όχι* επειδή έχετε συναντήσει περισσότερες k-1. Το γεγονός ότι ανασύρετε ευκολότερα λέξεις που αρχίζουν από k οφείλεται στο ότι σας είναι πιο εύκολο να θυμηθείτε *οποιαδήποτε* λέξη με βάση το αρχικό γράμμα της απ' ό,τι με βάση το τρίτο γράμμα της. Τα νοητικά λεξικά μας είναι οργανωμένα με αλφαβητικό πάνω-κάτω τρόπο, σαν το *Webster*, και έτσι δεν μπορούμε να «αναζητήσουμε» εύκολα μια λέξη στη μνήμη μας με βάση κάποιο άλλο γράμμα εκτός από το αρχικό. Η αλήθεια είναι ότι υπάρχουν πολύ περισσότερες λέξεις k-3 απ' ό,τι λέξεις k-1 στην αγγλική γλώσσα, αλλά επειδή θυμόμαστε ευκολότερα τις τελευταίες, οι περισσότεροι κατά κανόνα απαντούμε λάθος σε αυτή την ερώτηση. Το κουίζ της λέξης από k έχει το συγκεκριμένο αποτέλεσμα διότι από τη φύση μας (αλλά λανθασμένα) υποθέτουμε ότι τα πράγματα τα οποία μάς έρχονται εύκολα στο νου είναι και τα πράγματα που έχουμε συναντήσει πιο συχνά.

Ό,τι ισχύει για τους ελέφαντες και τις λέξεις ισχύει επίσης και για τις εμπειρίες[3]. Οι περισσότεροι μπορούμε να φέρουμε ευκολότερα στο νου μας αναμνήσεις του εαυτού μας να κάνει ποδήλατο παρά αναμνήσεις ιππασίας με γιακ, και επομένως συμπεραίνουμε σωστά ότι στο παρελθόν ανεβήκαμε περισσότερες φορές σε σέλα ποδηλάτου απ' ό,τι στη ράχη ενός γιακ. Τούτος εδώ θα ήταν ένας άψογος συλλογισμός —αν κρατήσουμε έξω το γεγονός ότι η συχνότητα με την οποία είχαμε βιώσει στο παρελθόν μια εμπειρία δεν είναι ο μόνος παράγοντας που καθορίζει την ευκολία με την οποία τη θυμόμαστε. Στην πραγματικότητα, οι σπάνιες ή οι *ασυνήθιστες* εμπειρίες είναι συχνά και αλησμόνητες, και γι' αυτόν ακριβώς το λόγο οι περισσότεροι Αμερικανοί γνωρίζουν ακριβώς πού βρίσκονταν το πρωινό της 11ης Σεπτεμβρίου τού 2001, αλλά δεν θυμούνται το ίδιο πράγμα για το πρωινό της 10ης Σεπτεμβρίου[4]. Το γεγονός ότι οι ασυνήθιστες εμπειρίες είναι τόσο εύκολο να ανασυρθούν από τη μνήμη μπορεί να μας οδηγήσει σε μερικά παράξενα συμπεράσματα. Παραδείγματος χάρη, έχω τη σαφή εντύπωση ότι στο μεγαλύτερο μέρος της ενήλικης ζωής μου μπαίνω πάντα στην πιο αργή ουρά στο σούπερ μάρκετ, και ότι, όποτε κουράζομαι πια να περιμένω και αλλάζω ουρά, η ουρά που αφήνω αρχίζει να κινείται πιο γρήγορα από την καινούργια που διαλέγω[5]. Λοιπόν, αν αυτό ίσχυε —αν στ' αλήθεια είχα κακό κάρμα, κακό τζούντζου, κακή *μοίρα* ή όποιο άλλο μεταφυσικό είδος κακοτυχίας θέλετε, το οποίο θα επιβράδυνε κάθε ουρά στην οποία θα έμπαινα—, τότε θα έπρεπε επίσης να υπάρχει στον κόσμο τουλάχιστον ένας άνθρωπος που θα αισθανόταν ότι έχει κάποιο μεταφυσικό είδος καλοτυχίας ικανό να επιταχύνει κάθε ουρά στην οποία ο ίδιος μπαίνει. Στο κάτω κάτω της γραφής, δεν είναι δυνατόν να μπαίνουν όλοι στην πιο αργή ουρά κάθε φορά· έτσι δεν είναι; Ωστόσο, κανένας άνθρωπος από όσους εγώ τουλάχιστον ξέρω δεν αισθάνεται ότι έχει τη δύναμη να επιταχύνει τις ουρές στις οποίες μπαίνει. Αντιθέτως μάλιστα, σχεδόν όλοι τους φαίνεται να πιστεύουν ότι και εκείνοι, όπως και εγώ, έλκονται αδυσώπητα από τη βραδύτερη από όλες τις πιθανές ουρές, και ότι, στις περιστασιακές τους προσπάθειες να αποδράσουν από το πεπρωμένο τους, καταφέρνουν απλώς να επιβραδύνουν τις νέες ουρές που βρίσκουν και να επισπεύδουν το ρυθμό όσων εγκαταλείπουν. Μα γιατί το πιστεύουμε όλοι αυτό;

Το πιστεύουμε επειδή το να περιμένουμε σε μια ουρά κινούμενη με γρήγορο ρυθμό, ή ακόμα και με μέτριο ρυθμό, είναι τόσο ανιαρά συνηθισμένη εμπειρία ώστε δεν της δίνουμε καμία σημασία, ούτε τη θυμόμαστε. Αντί να στεκόμαστε εκεί βαριεστημένοι, περνάμε την ώρα μας ρίχνοντας βιαστικές ματιές στις εφημερίδες, σκεφτόμαστε να αγοράσουμε σοκολάτες και αναρωτιόμαστε ποιος βλάκας αποφάσισε ότι οι μπαταρίες διαφορετικών μεγεθών πρέπει να διακρίνονται από τον αριθμό των Α στην ετικέττα τους και όχι με χαρακτηρισμούς όπως *μεγάλη*, *μεσαία* και *μικρή*. Καθώς τα κάνουμε όλα τούτα, σπανίως θα γυρίζαμε ποτέ να πούμε στο σύντροφό μας: «Δες εδώ. Παρατήρησες πόσο φυσιολογικά κινείται αυτή η ουρά; Δηλαδή, είναι τόσο διαβολεμένα μέτρια ώστε νιώθω την υποχρέωση να κρατήσω σημειώσεις για να γοητεύσω και άλλους με αυτή την ιστορία.» Όχι. Οι εμπειρίες από ουρές που μένουν στη μνήμη μας είναι σαν κι εκείνη όπου ο τύπος με το κόκκινο καπελάκι, ο οποίος πριν αλλάξουμε ουρά στεκόταν πίσω μας, τα κατάφερε να βγει από το κατάστημα και να μπει στο αυτοκίνητό του πριν εμείς φτάσουμε καν στο ταμείο, επειδή η χοντρή γιαγιάκα μπροστά μας ανέμιζε τα κουπόνια της στα μούτρα του ταμία και επιχειρηματολογούσε για το αληθές νόημα της φράσης «ημερομηνία λήξης». Αυτό δεν συμβαίνει και πολύ συχνά, αλλά, επειδή είναι τόσο αλησμόνητο, έχουμε την τάση να νομίζουμε ότι συμβαίνει και συχνά.

Το γεγονός ότι η *λιγότερο πιθανή εμπειρία* συχνά είναι και η *πιο πιθανή ανάμνηση* μπορεί να σπείρει τον όλεθρο όσον αφορά την ικανότητά μας να προβλέπουμε μελλοντικές εμπειρίες[6]. Σε μια μελέτη, παραδείγματος χάρη, οι ερευνητές ρώτησαν τους επιβάτες που περίμεναν σε ένα σταθμό του υπόγειου σιδηροδρόμου πώς θα αισθάνονταν αν έχαναν εκείνη την ημέρα το τρένο τους[7]. Από μερικούς επιβάτες (η ομάδα οποιασδήποτε ανάμνησης) ζητήθηκε πριν κάνουν την πρόβλεψή τους να θυμηθούν και να περιγράψουν «κάποια φορά» που έχασαν το τρένο τους. Από άλλους επιβάτες (η ομάδα της χειρότερης ανάμνησης) ζητήθηκε να θυμηθούν και να περιγράψουν «τη χειρότερη φορά» που έτυχε να χάσουν το τρένο τους. Τα αποτελέσματα έδειξαν ότι οι επιβάτες της ομάδας οποιασδήποτε ανάμνησης ανέσυραν επεισόδια που ήταν εξίσου απαίσια με τα επεισόδια που θυμήθηκαν και οι επιβάτες της ομάδας της χειρότερης ανάμνησης. Με άλλα λόγια, όταν οι επιβάτες σκέφτονταν το ενδεχόμενο να χάσουν το τρένο τους, στο νου τους έρχονταν τα περιστατικά που τους προκάλεσαν τη μεγαλύτερη ταλαιπωρία και εκνευρισμό («Άκουγα το τρένο να έρχεται και άρχισα να τρέχω για να το προφτάσω, αλλά παραπάτησα στη σκάλα, έπεσα πάνω σε έναν πωλητή ομπρελών, και το αποτέλεσμα ήταν να πάω μισή ώρα καθυστερημένος στη συνέντευξη για τη δουλειά· όταν έφτασα, είχαν κιόλας προσλάβει άλλον»). Τα περισσότερα περιστατικά στα οποία χάνουμε το τρένο είναι συνηθισμένα και ξεχνιούνται εύκολα· συνεπώς, όταν σκεφτόμαστε το ενδεχόμενο να χάσουμε το τρένο, έχουμε την τάση να θυμόμαστε τις πιο ακραίες περιπτώσεις.

Τώρα, τι σχέση έχει αυτό με την πρόβλεψη του συναισθηματικού μας μέλλοντος; Οι λέξεις k-l αναδύονται γρήγορα στο νου μας εξαιτίας του τρόπου με τον οποίο οργανώνονται τα νοητικά λεξικά μας και όχι διότι είναι συνήθεις· και οι αναμνήσεις από ουρές που κινούνται αργά στο σούπερ μάρκετ έρχονται εύκολα στο νου μας διότι τους δίνουμε ιδιαίτερη προσοχή όταν καθυστερούμε εξαιτίας τους και όχι επειδή είναι συνήθεις. Επειδή όμως δεν αναγνωρίζουμε τους *πραγματικούς* λόγους για τους οποίους αυτές οι αναμνήσεις έρχονται εύκολα στο νου, συμπεραίνουμε εσφαλμένα ότι είναι πιο συνηθισμένες απ' ό,τι στην πραγματικότητα. Παρομοίως, τα απαίσια περιστατικά χαμένων τρένων έρχονται γρήγορα στο νου μας όχι επειδή είναι συνηθισμένα αλλά ακριβώς επειδή είναι *ασυνήθιστα*. Επειδή όμως δεν αναγνωρίζουμε τους *πραγματικούς* λόγους για τους οποίους έρχονται γρήγορα στο νου μας αυτά τα δυσάρεστα επεισόδια, οδηγούμαστε στο λανθασμένο συμπέρασμα ότι είναι πιο συνήθη απ' ό,τι συμβαίνει στην πραγματικότητα. Όταν μάλιστα ζητήθηκε από τους επιβάτες να κάνουν *προβλέψεις* για το πώς θα ένιωθαν αν έχαναν το τρένο τους *εκείνη την ημέρα*, αυτοί πίστευαν λανθασμένα ότι η εμπειρία επρόκειτο να τους ταλαιπωρήσει και να τους θυμώσει πολύ περισσότερο από όσο ήταν πράγματι πιθανό.

Τούτη η τάση μας να ανακαλούμε στη μνήμη μας ασυνήθιστα περιστατικά και να βασιζόμαστε σε αυτά είναι ένας από τους λόγους για τους οποίους συχνά επαναλαμβάνουμε τα λάθη μας. Όταν σκεφτόμαστε τις περσινές οικογενειακές διακοπές, δεν επιλέγουμε ένα αμερόληπτο και αντιπροσωπευτικό δείγμα επεισοδίων από τις δύο εβδομάδες περιήγησής μας στο Αϊντάχο. Αντιθέτως, η ανάμνηση που έρχεται πιο φυσικά και πιο γρήγορα στο νου μας είναι εκείνη του πρώτου σαββατιάτικου απογεύματος που πήγαμε τα παιδιά για ιππασία, φτάσαμε με τα άλογα ώς την κορυφή του βουνού, και βρεθήκαμε να θαυμάζουμε την υπέροχη θέα της κοιλάδας κάτω, με το ποτάμι στον ορίζοντα να μοιάζει με χρυσή κορδέλα καθώς ο ήλιος λαμπύριζε στην επιφάνεια του νερού. Ο αέρας ήταν δροσερός και το δάσος ήσυχο. Τα παιδιά ξαφνικά σταμάτησαν να τσακώνονται και έμειναν ακίνητα πάνω στα άλογα· κάποιος είπε με πολύ σιγανή φωνή «Ουάου!», όλοι χαμογέλασαν σε όλους, και η στιγμή αποτυπώθηκε για πάντα σαν η καλύτερη όλου του ταξιδιού. Γι' αυτό και ξεπηδάει αυτόματα στο νου μας. Αν όμως βασιστούμε σε αυτή την ανάμνηση καθώς θα σχεδιάζουμε το επόμενο ταξίδι μας, και παραβλέψουμε το γεγονός ότι το υπόλοιπο εκείνων των διακοπών ήταν γενικώς απογοητευτικό, διακινδυνεύουμε να βρεθούμε συνωστισμένοι στο ίδιο κάμπινγκ και την επόμενη χρονιά, να τρώμε τα ίδια μπαγιάτικα σάντουιτς, να μας τρώνε τα ίδια ενοχλητικά μυρμήγκια, και να αναρωτιόμαστε πώς στο καλό καταφέραμε και διδαχθήκαμε τόσο λίγα από την προηγούμενη επίσκεψή μας. Επειδή έχουμε την τάση να θυμόμαστε τις καλύτερες και τις χειρότερες στιγμές, και όχι τις πιο συνήθεις, ο πλούτος της εμπειρίας που θαυμάζουν σε εμάς οι νέοι δεν αποφέρει πάντοτε καθαρά κέρδη.

Τέλος καλό

Είχα πρόσφατα μια διαφωνία με τη γυναίκα μου, διότι εκείνη επέμενε ότι μου αρέσει η ταινία *Η λίστα τού Σίντλερ*. Ας γίνω όμως σαφής: Δεν επέμενε ότι η ταινία *θα μου άρεσε* ή ότι η ταινία *θα έπρεπε να μου αρέσει*. Επέμενε ότι η ταινία, που την είδαμε μαζί το 1993, *μου αρέσει*. Αυτό μου φάνηκε τελείως άδικο. Δεν βρίσκω το δίκιο μου για ένα σωρό πράγματα, αλλά το μοναδικό πράγμα για το οποίο διατηρώ το δικαίωμα να έχω δίκιο είναι το τι μου αρέσει. Και όπως λέω σε όλους πάνω από μία δεκαετία τώρα, η *Λίστα τού Σίντλερ* δεν μου αρέσει. Η γυναίκα μου όμως έλεγε ότι έκανα λάθος, και ως επιστήμων αισθάνομαι την ηθική υποχρέωση να ελέγξω την όποια υπόθεση αφορά εμένα και το διάστημα όπου καταναλώνω ποπ κορν. Έτσι, νοικιάσαμε τη *Λίστα τού Σίντλερ*, την παρακολουθήσαμε πάλι, και τα αποτελέσματα του πειράματός μου απέδειξαν πέραν πάσης αμφιβολίας ποιος είχε δίκιο: και οι δυο μας. Εκείνη είχε δίκιο διότι πράγματι είχα καθηλωθεί στην ταινία καθ' όλη τη διάρκεια των πρώτων διακοσίων λεπτών της. Αλλά είχα και εγώ δίκιο, διότι στο τέλος της ταινίας συνέβη κάτι απαίσιο. Αντί η ταινία να ολοκληρωθεί με το τέλος της αφήγησης, ο σκηνοθέτης πρόσθεσε μια σκηνή όπου εμφανίζονται οι άνθρωποι στους οποίους είχαν βασιστεί οι χαρακτήρες να επαινούν τον βασικό ήρωα της ταινίας. Βρήκα αυτή τη σκηνή τόσο αδιάκριτη, τόσο δακρύβρεχτη και τόσο τελείως περιττή, ώστε είπα στη γυναίκα μου «Ε, μα κάνε μας τη χάρη», πράγμα που, καθώς φαίνεται, είχα επίσης αναφωνήσει, και μάλιστα δυνατά, μες στον κινηματογράφο το 1993. Το πρώτο 98% της ταινίας ήταν εξαιρετικό, το τελικό 2% ήταν ανόητο, και έτσι θυμόμουν ότι δεν μου άρεσε η ταινία επειδή (για μένα) είχε τελειώσει άσχημα. Το μόνο παράξενο με αυτή την ανάμνηση είναι ότι έχω μείνει για να παρακολουθήσω πολλές άλλες ταινίες οι οποίες άξιζαν σε ποσοστό πολύ μικρότερο του 98%, και μάλιστα θυμάμαι ότι μερικές μού άρεσαν αρκετά. Υπήρχε όμως μια διαφορά: σε αυτές τις ταινίες το ανόητο κομμάτι τύχαινε να είναι στην αρχή ή στη μέση ή, εν πάση περιπτώσει, κάπου αλλού, και όχι στο τέλος τους. Οπότε, γιατί μου αρέσουν περισσότερο οι μέτριες ταινίες με έξοχο τέλος παρά οι σχεδόν τέλειες ταινίες με άσχημο τέλος; Στο κάτω κάτω, η σχεδόν τέλεια ταινία δεν μου προσφέρει περισσότερο χρόνο έντονης και απολαυστικής συναισθηματικής εμπλοκής σε σύγκριση με τη μέτρια ταινία;

Ναι, αλλά προφανώς δεν είναι αυτό που μετράει. Όπως έχουμε ήδη δει, η μνήμη δεν αποθηκεύει ολόκληρη την ταινία της εμπειρίας μας, αλλά διασώζει μια μάλλον ιδιοσυγκρασιακή σύνοψη —και ανάμεσα στα ιδιοσυγκρασιακά χαρακτηριστικά της μνήμης συγκαταλέγεται και η εμμονή της με τις τελικές σκηνές[8]. Είτε ακούμε μια ακολουθία ήχων είτε διαβάζουμε κάποια ακολουθία γραμμάτων είτε βλέπουμε μια σειρά εικόνων είτε μυρίζουμε μυρωδιές είτε κάνουμε νέες γνωριμίες, έχουμε την ισχυρή τάση να θυμόμαστε πολύ καλύτερα όσα και όσους βρίσκονται στο τέλος της ακολουθίας σε σχέση με εκείνα που βρίσκονται στην αρχή ή στο μέσον[9]. Έτσι, όταν αναλογιζόμαστε ολόκληρη τη σειρά, οι εντυπώσεις μας χρωματίζονται έντονα από ό,τι υπήρχε στο τέλος[10]. Αυτή η τάση είναι ιδιαίτερα ισχυρή όταν θυμόμαστε εμπειρίες ευχαρίστησης ή οδύνης. Σε μια μελέτη, οι εθελοντές χρειάστηκε να βυθίσουν τα χέρια τους σε παγωμένο νερό (συνηθισμένη δοκιμασία του εργαστηρίου η οποία είναι αρκετά δυσάρεστη αλλά δεν προκαλεί καμιά βλάβη) και να χρησιμοποιήσουν ένα ηλεκτρονικό εργαλείο για να βαθμολογήσουν το πόσο δυσάρεστα ένιωθαν στη διάρκεια του πειράματος[11]. Κάθε εθελοντής υποβλήθηκε σε μια σύντομη και σε μια πιο παρατεταμένη δοκιμασία. Κατά τη σύντομη δοκιμασία, οι εθελοντές βύθιζαν τα χέρια τους επί 60 δευτερόλεπτα σε νερό θερμοκρασίας 14 βαθμών Κελσίου. Στην παρατεταμένη δοκιμασία, οι εθελοντές βύθιζαν τα χέρια τους επί 90 δευτερόλεπτα σε νερό το οποίο είχε θερμοκρασία 14 βαθμούς Κελσίου για τα πρώτα 60 δευτερόλεπτα και, χωρίς οι εθελοντές να το ξέρουν, ζεσταινόταν λιγάκι (η θερμοκρασία ανέβαινε στους 15 βαθμούς) για τα υπόλοιπα 30 δευτερόλεπτα. Έτσι, η σύντομη δοκιμασία αποτελούνταν από 60 «παγωμένα» δευτερόλεπτα, και η πιο παρατεταμένη δοκιμασία αποτελούνταν από *τα ίδια 60 «παγωμένα» δευτερόλεπτα με επιπλέον 30 «δροσερά» δευτερόλεπτα.* Ποια δοκιμασία ήταν πιο οδυνηρή;

Ε, λοιπόν, αυτό εξαρτάται από το τι εννοούμε με τη λέξη *οδυνηρό*. Η παρατεταμένη δοκιμασία περιλάμβανε μεγαλύτερο αριθμό οδυνηρών στιγμών, και πράγματι οι αναφορές των εθελοντών στη διάρκεια του πειράματος έδειξαν ότι βίωσαν την ίδια δυσφορία στη διάρκεια των πρώτων 60 δευτερολέπτων και στις δύο δοκιμασίες. Αισθάνθηκαν όμως πολύ μεγαλύτερη δυσφορία στα επόμενα 30 δευτερόλεπτα στην περίπτωση όπου κράτησαν τα χέρια τους βυθισμένα στο νερό (όπως συνέβη στην παρατεταμένη δοκιμασία) παρά στην περίπτωση όπου τα είχαν τραβήξει (όπως στη σύντομη δοκιμασία). Εντούτοις, όταν ζητήθηκε αργότερα από τους εθελοντές να *θυμηθούν* την εμπειρία τους και να πουν ποια από τις δύο δοκιμασίες *υπήρξε* πιο οδυνηρή, είχαν την τάση να απαντούν ότι η πιο σύντομη ήταν πιο οδυνηρή. Η παρατεταμένη δοκιμασία υπέβαλε μεν τους εξεταζόμενους σε 50% περισσότερα δευτερόλεπτα παγωμένου νερού, αλλά είχε μια κατάληξη ελαφρώς πιο ζεστή, και συνεπώς οι εθελοντές τη θυμόνταν σαν τη λιγότερο οδυνηρή από τις δύο εμπειρίες. Ο φετιχισμός που δείχνει η μνήμη για την κατάληξη των πραγμάτων εξηγεί γιατί οι γυναίκες συχνά θυμούνται τον τοκετό σαν λιγότερο οδυνηρό από όσο είχε πράγματι υπάρξει[12], και γιατί τα ζευγάρια που εσχάτως αντιμετωπίζουν προβλήματα στη σχέση τους θυμούνται ότι δεν υπήρξαν ποτέ στ' αλήθεια ευτυχισμένοι μαζί[13]. Όπως έγραψε ο Σαίξπηρ, «Μια δύση, τέλος μουσικής, σαν τελευταία νοστιμάδα, είναι πιο γλυκά, στη μνήμη μένουν πιότερο απ' όσα έχουν από καιρό περάσει.»[14]

Το γεγονός ότι συχνά κρίνουμε από την κατάληξή της το πόσο ευχάριστη υπήρξε μια εμπειρία, μπορεί να μας οδηγήσει σε κάποιες παράξενες επιλογές. Παραδείγματος χάρη, όταν οι ερευνητές που διεξήγαγαν τη μελέτη με το παγωμένο νερό ρώτησαν τους εθελοντές ποια από τις δύο δοκιμασίες θα προτιμούσαν να επαναλάβουν, το 69% των εθελοντών επέλεξαν την παρατεταμένη —δηλαδή *εκείνη που περιλάμβανε 30 επιπλέον δευτερόλεπτα πόνου.* Καθώς οι εθελοντές θυμόνταν την παρατεταμένη δοκιμασία ως λιγότερο οδυνηρή, την επέλεξαν κιόλας για να την επαναλάβουν. Μπορεί εύκολα να αμφισβητηθεί η σύνεση αυτής της επιλογής —στο κάτω κάτω της γραφής, η «συνολική ευχαρίστηση» που δοκιμάζουμε από μια εμπειρία είναι συνάρτηση τόσο της ποιότητας όσο και της ποσότητας των στιγμών που την αποτελούν—, και αυτοί οι εθελοντές προφανώς δεν έλαβαν υπόψη τους την ποσότητα[15]. Θα ήταν εξίσου εύκολο όμως να υποστηριχθεί η λογική της συγκεκριμένης επιλογής. Καβαλάμε τον μηχανικό ταύρο και φωτογραφιζόμαστε με κάποιο αστέρι του κινηματογράφου όχι μόνο επειδή αυτές οι εμπειρίες είναι εγγενώς ευχάριστες· το κάνουμε για να μπορούμε και στην υπόλοιπη ζωής μας να βυθιζόμαστε στην υπέροχη ανάμνηση της στιγμής («Έμεινα πάνω στον ταύρο ένα ολόκληρο λεπτό!»). Αν είμαστε ικανοί να περνάμε ώρες ολόκληρες απολαμβάνοντας την ανάμνηση μιας εμπειρίας που διήρκεσε λίγα μόνο δευτερόλεπτα, και αν στις αναμνήσεις υπάρχει η τάση να υπερτονίζεται η κατάληξη των επεισοδίων, τότε γιατί να μην αντέξει κανείς λίγο παραπάνω πόνο έτσι ώστε να έχει μια ανάμνηση λιγότερο οδυνηρή[16];

Και οι δύο αυτές τοποθετήσεις είναι λογικές και θα μπορούσατε, πολύ λογικά, να υποστηρίξετε οποιαδήποτε. Το πρόβλημα όμως είναι ότι πιθανότατα υποστηρίζετε *και τις δύο.* Σκεφτείτε, για παράδειγμα, τα αποτελέσματα της παρακάτω μελέτης στην οποία οι εθελοντές έμαθαν την ιστορία μιας γυναίκας, που θα την ονομάσουμε κυρία Διακεκομμένη. Η γυναίκα αυτή έζησε μια υπέροχη ζωή ώς τα 60 χρόνια της, αλλά, από εκείνη την ηλικία και ύστερα, η ζωή της άλλαξε από υπέροχη σε απλώς ικανοποιητική[17]. Σε ηλικία μάλιστα 65 ετών, η κυρία Διακεκομμένη σκοτώθηκε σε τροχαίο ατύχημα. Πόσο καλή ήταν η ζωή που έζησε (η οποία αναπαριστάνεται με τη διακεκομμένη γραμμή στην Εικόνα 21); Χρησιμοποιώντας μια εννιάβαθμη κλίμα-

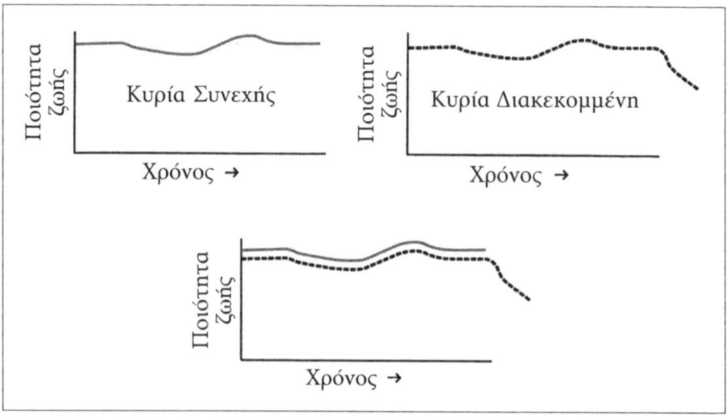

Εικόνα 21. Όταν γίνονται ξεχωριστές εκτιμήσεις, σημασία έχει η μορφή των καμπυλών. Όταν όμως γίνεται απευθείας σύγκριση, σημασία έχει το μήκος των καμπυλών.

κα, οι εθελοντές απάντησαν ότι η ζωή της κυρίας Διακεκομμένης έπαιρνε το βαθμό 5,7. Μια δεύτερη ομάδα εθελοντών άκουσε την ιστορία κάποιας γυναίκας (θα την ονομάσουμε κυρία Συνεχή), η οποία έζησε μια υπέροχη ζωή ώς τα 60 χρόνια της, οπότε και σκοτώθηκε σε ένα τροχαίο ατύχημα. Πόσο καλή ήταν η ζωή της (η οποία αναπαριστάται με τη συνεχή γραμμή στην Εικόνα 21); Οι εθελοντές έδωσαν το βαθμό 6,5 στη ζωή της κυρίας Συνεχούς. Όπως φαίνεται, λοιπόν, αυτοί οι εθελοντές προτιμούσαν μια υπέροχη ζωή (της κυρίας Συνεχούς) συγκριτικά με μια υπέροχη ζωή που περιλάμβανε μερικά ακόμα απλώς ικανοποιητικά χρόνια (της κυρίας Διακεκομμένης). Αν το σκεφτείτε για μια στιγμή, θα διαπιστώσετε ότι αυτός ακριβώς ήταν και ο τρόπος με τον οποίο σκέφτονταν οι εθελοντές στη μελέτη με το παγωμένο νερό. Η ζωή της κυρίας Διακεκομμένης είχε περισσότερη «συνολική ευχαρίστηση» από τη ζωή της κυρίας Συνεχούς, αλλά η ζωή της κυρίας Συνεχούς ήταν, πριν από το τέλος της, καλύτερη από τη ζωή της κυρίας Διακεκομμένης. Συνεπώς, οι εθελοντές ξεκάθαρα έδωσαν πάλι περισσότερη σημασία στην ποιότητα που είχε η κάθε ζωή στην κατάληξή της, παρά στη συνολική ποσότητα ικανοποίησης της κάθε ζωής. Αλλά, για περιμένετε μια στιγμή. Όταν μια τρίτη ομάδα εθελοντών συνέκρινε τις δύο ζωές δίπλα δίπλα (όπως μπορείτε να δείτε στο κάτω μέρος της Εικόνας 21), αυτοί δεν έδειξαν πια την ίδια προτίμηση. Καθώς η διαφορά διάρκειας που είχαν οι δύο ζωές έγινε πιο προφανής, όταν ζητήθηκε από τους εξεταζόμενους να τις αξιολογήσουν, εκείνοι δεν ήταν πλέον τόσο σίγουροι ότι θα προτιμούσαν να ζήσουν με τέρμα το γκάζι, να πεθάνουν νέοι και να αφήσουν ένα όμορφο πτώμα. Καθώς δείχνουν τα πράγματα, ο τρόπος με τον οποίο τελειώνει μια εμπειρία είναι πιο σημαντικός από το συνολικό ποσό ευχαρίστησης που παίρνουμε από αυτή —έως ότου το ξανασκεφτούμε καλύτερα.

Όπως δεν υπήρξαμε

Εάν το βράδυ της 8ης Νοεμβρίου 1988 ήσασταν αμερικανός πολίτης σε ηλικία ψήφου, τότε πιθανότατα βρισκόσασταν στο σπίτι και παρακολουθούσατε στην τηλεόραση τα αποτελέσματα της εκλογικής αναμέτρησης των Michael Dukakis και George Bush για την προεδρία των ΗΠΑ. Όταν σκέφτεστε εκείνες τις εκλογές, ίσως να θυμάστε το διαβόητο διαφημιστικό με τον Willie Horton* ή την έκφραση «υποστηρικτής τού ACLU με κάρτα μέλους»** ή τη δηκτικότατη απάντηση του Lloyd Bentsen στον Dan Quayle: «Κύριε γερουσιαστά, δεν είστε Jack Kennedy.»*** Σίγουρα θα θυμάστε ότι, όταν όλες οι ψήφοι είχαν πλέον καταμετρηθεί, οι Αμερικανοί έδειξαν τη βούλησή τους να μη στείλουν στον Λευκό Οίκο ένα φιλελεύθερο από τη Μασαχουσέτη. Ο Dukakis έχασε βέβαια τις εκλογές, όμως κέρδισε

* Το 1986, έπειτα από μια άδεια Σαββατοκύριακου από τη φυλακή, ο Willie Horton, καταδικασμένος σε ισόβια κάθειρξη για ληστεία και φόνο, όχι μόνο δεν επέστρεψε, αλλά διέπραξε ξανά φόνο και βιασμό. Οι αντίπαλοι του Dukakis χρησιμοποίησαν στη διάρκεια της προεκλογικής εκστρατείας μια επιθετική «πολιτική διαφήμιση» με τη φωτογραφία σύλληψης του Horton, για να υπενθυμίσουν στους ψηφοφόρους ότι ο Dukakis είχε αντιτεθεί σε προσπάθειες να απαγορευτούν τέτοιες άδειες σε βαρυποινίτες. (Σ.τ.μ.)

** Ο χαρακτηρισμός απευθύνθηκε με μειωτικό σκοπό στον Dukakis, για να παρουσιαστεί ως υπερβολικά φιλελεύθερος, αφού είχε ο ίδιος γνωστοποιήσει την ιδιότητά του ως μέλους τού ACLU (American Civil Liberties Union), ενός προοδευτικού οργανισμού που επιδιώκει την προστασία των πολιτικών ελευθεριών. (Σ.τ.μ.)

*** Σε μια αναμέτρηση των παραπάνω υποψηφίων για τη θέση του αντιπροέδρου των ΗΠΑ, ο Quayle, επιχειρώντας να διασκεδάσει την εντύπωση άπειρου πολιτικού που προσπαθούσε να του προσδώσει η πλευρά τού Dukakis, συνέκρινε τη μικρή έως τότε θητεία του στο Κογκρέσο με την επίσης μικρή θητεία που είχε J.F. Kennedy όταν έθεσε υποψηφιότητα για την προεδρία. Ο Lloyd Bentsen απάντησε με μια φράση που έγινε παροιμιώδης: «Κύριε γερουσιαστά, υπηρέτησα με τον Jack Kennedy· ήξερα τον Jack Kennedy· ο Jack Kennedy ήταν φίλος μου. Κύριε γερουσιαστά, δεν είστε Jack Kennedy.» (Σ.τ.μ.)

μερικές από τις πιο φιλελεύθερες πολιτείες· και μια και συζητάμε περί μνήμης, θέλω τώρα να σας ζητήσω να χρησιμοποιήσετε τη δική σας. Κλείστε για μια στιγμή τα μάτια σας και προσπαθήστε να θυμηθείτε πώς ακριβώς νιώσατε όταν ο εκφωνητής των ειδήσεων ανακοίνωσε ότι ο Dukakis είχε κερδίσει την πολιτεία της Καλιφόρνιας. Απογοητευτήκατε ή ευχαριστηθήκατε; Χοροπηδούσατε ή κουνούσατε το κεφάλι σας; Έτρεξαν από τα μάτια σας δάκρυα χαράς ή δάκρυα λύπης; Είπατε μήπως «Ευτυχώς, Θεέ μου, που υπάρχει και η αριστερή ακτή!» ή αναφωνήσατε «Τι να περιμένει κανείς από δαύτους;». Αν πολιτικά ανήκετε στο φιλελεύθερο άκρο του πολιτικού φάσματος, τότε πιθανότατα θυμάστε ότι αισθανθήκατε ευτυχείς όταν ανακοινώθηκαν τα αποτελέσματα της Καλιφόρνιας, ενώ αν ανήκετε στο συντηρητικό άκρο, τότε πιθανότατα θυμάστε ότι ήσασταν λιγότερο ευτυχείς. Και αν έτσι τα θυμάστε τα πράγματα, τότε, φίλοι και συμπολίτες μου, στέκομαι ενώπιόν σας σήμερα για να σας ανακοινώσω ότι η μνήμη σας σας απατά. Και αυτό επειδή, το 1988, οι κάτοικοι της Καλιφόρνιας υπερψήφισαν τον George Herbert Walker Bush.

Μα γιατί να πετυχαίνει έτσι εύκολα ένα τόσο φτηνό κολπάκι; Πετυχαίνει διότι η μνήμη είναι μια διεργασία ανακατασκευής, και χρησιμοποιεί κάθε κομματάκι πληροφορίας που έχει στη διάθεσή της για να χτίσει νοητικές εικόνες οι οποίες εισδύουν εύκολα στο νου όταν προσπαθούμε να θυμηθούμε κάτι. Μια τέτοια πληροφορία αποτελεί το γεγονός ότι η Καλιφόρνια είναι η προοδευτική πολιτεία η οποία μάς έδωσε τον υπερβατικό διαλογισμό, τα δημητριακά για πρωινό, την ψυχεδελική ροκ, τον κυβερνήτη Moonbeam* και την τσόντα *Debbie Does Dallas*. Επομένως, θα ήταν λογικό ο Dukakis —όπως και ο Bill Clinton, ο Al Gore και ο John Kerry— να είχε κερδίσει αυτή την πολι-

* Παρατσούκλι τού Jerry Brown, προοδευτικού —αλλά και με εκκεντρικές ενίοτε ιδέες— κυβερνήτη της Καλιφόρνιας, ο οποίος είχε θέσει, χωρίς επιτυχία, υποψηφιότητα για την προεδρία των ΗΠΑ. (Σ.τ.μ.)

τεία εύκολα. Εντούτοις, ενώ πολλοί Καλιφορνέζοι έχουν ψηφίσει υπέρ του Bill Clinton, του Al Gore και του John Kerry, πολλοί επίσης έχουν υποστηρίξει και τον Gerald Ford, τον Ronald Reagan και τον Richard Nixon. Αν δεν είστε πολιτικός επιστήμονας ή εδισμένος στο CNN ή επί μακρόν κάτοικος της Καλιφόρνιας, πιθανότατα δεν θυμηθήκατε αυτή την ασήμαντη ιστορική πληροφορία· έτσι, βγάλατε το λογικό συμπέρασμα ότι, αφού η Καλιφόρνια είναι μια φιλελεύθερη πολιτεία και αφού ο Dukakis ήταν υποψήφιος με τους φιλελεύθερους, οι Καλιφορνέζοι μάλλον τον είχαν ψηφίσει. Όπως ακριβώς οι ανθρωπολόγοι χρησιμοποιούν και τα ιστορικά γεγονότα (ένα μακρόστενο κρανίο ηλικίας δεκατριών χιλιάδων ετών βρέθηκε κοντά στην Πόλη του Μεξικού) και θεωρίες («Τα μακρόστενα κρανία μαρτυρούν ευρωπαϊκή καταγωγή») για να κάνουν εικασίες σχετικά με γεγονότα του παρελθόντος («Οι Καυκάσιοι έφτασαν στον Νέο Κόσμο δύο χιλιάδες χρόνια πριν η μογγολοειδής φυλή κυριαρχήσει σε αυτή την περιοχή»), έτσι και ο εγκέφαλός σας χρησιμοποίησε ένα γεγονός («Ο Dukakis ήταν φιλελεύθερος») και μια θεωρία («Οι Καλιφορνέζοι είναι φιλελεύθεροι») για να μαντέψει τι έγινε στο παρελθόν («Οι Καλιφορνέζοι ψήφισαν τον Dukakis»). Αλίμονο, όμως: καθώς η θεωρία σας ήταν λανθασμένη, εκείνο που υποθέσατε ήταν επίσης λάθος.

Ο εγκέφαλός μας χρησιμοποιεί γεγονότα και θεωρίες για να κάνει εικασίες για το τι συνέβη στο παρελθόν, αλλά χρησιμοποιεί επίσης γεγονότα και θεωρίες για να κάνει υποθέσεις σχετικά με συναισθήματα που είχαμε στο παρελθόν[18]. Επειδή όμως τα συναισθήματα δεν αφήνουν πίσω τους το είδος των δεδομένων που αφήνουν οι προεδρικές εκλογές ή οι αρχαίοι πολιτισμοί, ο εγκέφαλός μας χρειάζεται να βασιστεί ακόμα περισσότερο σε θεωρίες για να σχηματίσει αναμνήσεις για το πώς αισθανθήκαμε κάποτε. Όταν αυτές οι θεωρίες είναι εσφαλμένες, καταλήγουμε να μη θυμόμαστε σωστά τα ίδια μας τα συναισθήματα. Σκεφτείτε, για παράδειγμα, πώς θα μπορούσαν οι θεωρίες που έχετε για κάποια πράγματα —ας πούμε, για τα χα ρακτηριστικά των δύο φύλων— να επηρεάσουν την ανάκληση παλιότερων συναισθημάτων σας. Οι περισσότεροι πιστεύουμε ότι οι άντρες είναι λιγότερο συναισθηματικοί από τις γυναίκες («Εκείνη έκλαψε, εκείνος όχι»), ότι οι άντρες και οι γυναίκες εκδηλώνουν διαφορετικές συναισθηματικές αντιδράσεις απέναντι σε παρόμοια συμβάντα («Εκείνος θύμωσε, εκείνη στενοχωρήθηκε») και ότι οι γυναίκες έχουν μια ιδιαίτερη ροπή προς τα αρνητικά συναισθήματα όταν βρίσκονται σε συγκεκριμένες μέρες του έμμηνου κύκλου τους («Έχει τα νεύρα της σήμερα —καταλαβαίνεις τι εννοώ»). Όπως φαίνεται, πολύ λίγες αποδείξεις υποστηρίζουν τις παραπάνω πεποιθήσεις —αλλά δεν είναι αυτό το θέμα μας. Σημασία έχει ότι τούτες οι πεποιθήσεις είναι θεωρίες, οπότε μπορούν να ασκήσουν επίδραση στον τρόπο με τον οποίο θυμόμαστε τα ίδια μας τα συναισθήματα. Εξετάστε τις παρακάτω περιπτώσεις:

- Σε μια μελέτη, οι εθελοντές χρειάστηκε να θυμηθούν πώς είχαν αισθανθεί πριν από μερικούς μήνες, και οι εθελοντές και των δύο φύλων θυμήθηκαν ότι είχαν νιώσει ισχυρά συναισθήματα[19]. Από μια άλλη ομάδα εθελοντών ζητήθηκε να θυμηθούν πώς είχαν αισθανθεί πριν από ένα μήνα, αλλά, πριν το κάνουν, έπρεπε να σκεφτούν λίγο σχετικά με τα δύο φύλα. Αφού οι εθελοντές είχαν παρακινηθεί να στοχαστούν για τα δύο φύλα, οι μεν γυναίκες θυμήθηκαν ότι είχαν νιώσει πιο έντονα συναισθήματα, οι δε άντρες ότι είχαν νιώσει λιγότερο έντονα συναισθήματα.
- Σε κάποια άλλη μελέτη, οι γυναίκες και οι άντρες εθελοντές χωρίστηκαν σε ομάδες και έπαιξαν ένα παιχνίδι με αντίπαλες ομάδες εθελοντών[20]. Μερικοί από τους εξεταζόμενους χρειάστηκε να περιγράψουν τι συναισθήματα ένιωσαν στη διάρκεια του παιχνιδιού αμέσως μετά το παιχνίδι, και άλλοι περιέγραψαν πώς ένιωσαν αφού είχε περάσει μία εβδομάδα. Δεν υπήρχαν διαφορές στα είδη των συναισθημάτων που περιγράφηκαν από τους εθελοντές

και των δύο φύλων. Αλλά στην περίπτωση της περιγραφής τους ύστερα από μία εβδομάδα, οι γυναίκες θυμήθηκαν ότι είχαν αισθανθεί περισσότερα συναισθήματα που στερεοτυπικά θεωρούνται γυναικεία (λόγου χάρη, συμπόνια και ενοχή), ενώ οι άντρες θυμήθηκαν ότι είχαν βιώσει περισσότερα συναισθήματα που στερεοτυπικά θεωρούνται αντρικά (λόγου χάρη, θυμό και περηφάνια).

• Σε μια τρίτη μελέτη, οι γυναίκες που συμμετείχαν έπρεπε να κρατήσουν ημερολόγιο και να βαθμολογούν καθημερινά τα συναισθήματά τους επί τέσσερεις έως έξι εβδομάδες[21]. Η εξέταση αυτών των βαθμολογιών έδειξε ότι τα συναισθήματα των γυναικών δεν κυμαίνονταν σύμφωνα με τη φάση του έμμηνου κύκλου τους. Εντούτοις, όταν ζητήθηκε αργότερα από τις γυναίκες να ξαναδιαβάσουν την περιγραφή τους για μια συγκεκριμένη μέρα και να θυμηθούν τι συναισθήματα ένιωθαν τότε, εκείνες θυμήθηκαν ότι είχαν νιώσει περισσότερο αρνητικά συναισθήματα τις ημέρες που είχαν έμμηνο ρύση.

Φαίνεται ότι οι θεωρίες μας για το πώς νιώθουν *συνήθως* τα άτομα του φύλου μας, μπορούν να επηρεάσουν τις αναμνήσεις μας για τα πραγματικά συναισθήματα που είχαμε βιώσει. Οι θεωρίες μας για τα χαρακτηριστικά των δύο φύλων αποτελούν μία μόνο κατηορία θεωριών από πολλές άλλες που έχουμε, και οι οποίες μπορούν να αλλάξουν τις αναμνήσεις μας. Παραδείγματος χάρη, η ασιατική κουλτούρα δεν αποδίδει στην προσωπική ευτυχία τόση σπουδαιότητα όση η ευρωπαϊκή, και έτσι οι Αμερικανοί ασιατικής καταγωγής πιστεύουν ότι γενικώς είναι λιγότερο ευτυχισμένοι απ’ ό,τι οι Αμερικανοί ευρωπαϊκής καταγωγής. Σε μια μελέτη, οι εθελοντές επί μία εβδομάδα κουβαλούσαν παντού μαζί τους έναν φορητό ηλεκτρονικό υπολογιστή, και κατέγραφαν τα συναισθήματά τους κάθε φορά που ο υπολογιστής, σε τυχαίες χρονικές στιγμές μέσα στη μέρα, εξέπεμπε ένα ηχητικό σήμα[22]. Από αυτές τις καταγραφές φάνηκε ότι οι εθελοντές Αμερικανοί ασιατικής καταγωγής ήταν στην πραγματικότητα ελαφρώς πιο ευτυχισμένοι από τους Αμερικανούς ευρωπαϊκής καταγωγής. Αλλά όταν ζητήθηκε από τους εθελοντές να *θυμηθούν* τα συναισθήματα που είχαν την προηγούμενη εβδομάδα, οι ασιάτες Αμερικανοί ανέφεραν ότι είχαν αισθανθεί *λιγότερο* ευτυχισμένοι και όχι περισσότερο. Σε μια άλλη μελέτη με παρόμοια μεθοδολογία, Αμερικανοί ισπανικής και ευρωπαϊκής καταγωγής έδωσαν σχεδόν ίδιες περιγραφές για τα συναισθήματα που είχαν βιώσει στη διάρκεια μιας συγκεκριμένης εβδομάδας, αλλά οι Αμερικανοί ισπανικής καταγωγής θυμήθηκαν αργότερα ότι σε αυτό το διάστημα είχαν αισθανθεί πιο ευτυχισμένοι απ' ό,τι οι εθελοντές ευρωπαϊκής καταγωγής[23]. Οι θεωρίες μας δεν αφορούν μόνο αμετάβλητα χαρακτηριστικά όπως το φύλο ή η κουλτούρα. Πάρτε ως παράδειγμα την εξής ερώτηση: Ποιοι φοιτητές παίρνουν τους καλύτερους βαθμούς στις εξετάσεις —εκείνοι που ανησυχούν για τους βαθμούς τους ή εκείνοι που δεν ανησυχούν; Ως καθηγητής πανεπιστημίου, σας λέω ότι η δική μου θεωρία είναι ότι οι φοιτητές που τους απασχολεί πολύ η απόδοσή τους στις εξετάσεις έχουν την τάση να μελετούν περισσότερο και επομένως να παίρνουν και καλύτερους βαθμούς από τους πιο «χαλαρούς» συμφοιτητές τους. Όπως φαίνεται, και οι ίδιοι οι φοιτητές έχουν την ίδια θεωρία, καθώς η έρευνα δείχνει ότι, όταν οι φοιτητές πηγαίνουν καλά σε μια εξέταση, θυμούνται ότι ήταν πιο αγχωμένοι πριν από την εξέταση από όσο πράγματι ήταν, ενώ όταν δεν αποδίδουν καλά, θυμούνται ότι είχαν λιγότερο άγχος για την εξέταση από όσο πράγματι είχαν[24].

Θυμόμαστε ότι νιώσαμε έτσι όπως θεωρούμε λογικό να νιώσαμε. Το πρόβλημα με αυτό το σφάλμα ανασκόπησης είναι ότι μπορεί να μας εμποδίσει να ανακαλύψουμε τα λάθη που κάνουμε στην προσκόπηση. Σκεφτείτε λίγο την περίπτωση των αμερικανικών προεδρικών εκλογών τού 2000. Οι ψηφοφόροι προσήλθαν στις κάλπες στις 7 Νοεμβρίου για να αποφασίσουν αν ο George Bush ή ο Al Gore θα γινόταν ο 43ος πρόεδρος των ΗΠΑ, αλλά σύντομα φάνηκε ότι ο νικητής θα κέρδιζε με διαφορά στήθους και ότι θα περνούσαν εβδομάδες μέχρι να καθοριστεί το τελικό αποτέλεσμα. Την επόμενη μέρα, στις 8 Νοεμβρίου, κάποιοι ερευνητές ζήτησαν από έναν αριθμό ψηφοφόρων να προβλέψουν πόσο ευτυχισμένοι θα ένιωθαν την ημέρα που θα ανακοινωνόταν η τελική απόφαση, είτε υπέρ είτε κατά του υποψηφίου που υποστήριζαν. Στις 13 Δεκεμβρίου, ο Al Gore αποδέχθηκε την ήττα του έναντι του George Bush, και την επομένη, στις 14 Δεκεμβρίου, οι ερευνητές μέτρησαν την ευτυχία που ένιωθαν οι εθελοντές τους. Ύστερα από τέσσερεις μήνες, τον Απρίλιο του 2001, οι ερευνητές αναζήτησαν πάλι τους εθελοντές, και τους ζήτησαν να θυμηθούν πώς είχαν νιώσει στις 14 Δεκεμβρίου. Όπως δείχνει και η Εικόνα 22, η μελέτη αποκάλυψε τρία πράγματα. Πρώτον, ότι, αν ο Bush ανακηρυσσόταν νικητής την επομένη των εκλογών, οι ψηφοφόροι τού Gore προσδοκούσαν ότι θα ένιωθαν πολύ στενοχωρημένοι και οι ψηφοφόροι τού Bush πολύ χαρούμενοι. Δεύτερον, ότι, όταν πράγματι ο George Bush ανακηρύχθηκε τελικός νικητής, οι υποστηρικτές τού Gore ήταν λιγότερο στενοχωρημένοι και οι υποστηρικτές τού Bush λιγότερο ενθουσιασμένοι από όσο είχαν οι ίδιοι προβλέψει (μια τάση που έχετε δει και προηγουμένως, σε άλλα κεφάλαια). Τρίτον και σπουδαιότερο, η έρευνα έδειξε ότι, λίγους μήνες αφού είχε καθοριστεί το αποτέλεσμα των εκλογών, και οι δύο ομάδες ψηφοφόρων θυμήθηκαν ότι είχαν αισθανθεί έτσι *όπως είχαν προβλέψει ότι θα αισθάνονταν*, και *όχι έτσι όπως πράγματι αισθάνθηκαν*. Κατά τα φαινόμενα, η προσκόπηση και η ανασκόπηση είναι δυνατόν να βρίσκονται σε απόλυτη συμφωνία μεταξύ τους, παρά το γεγονός ότι καμιά από τις δύο δεν περιγράφει σωστά την πραγματική μας εμπειρία[25]. Οι θεωρίες που μας οδηγούν στην πρόβλεψη ότι ένα γεγονός θα μας κάνει ευτυχισμένους («Αν κερδίσει ο Bush, θα καταχαρώ») μας οδηγούν επίσης στο να θυμόμαστε ότι έτσι συνέβησαν τα πράγματα («Όταν κέρδισε ο Bush, είχα καταχαρεί»), και με αυτό τον τρόπο εξαλείφονται τα στοιχεία που τεκμηριώνουν τα λάθη των θεωριών μας. Έτσι όμως δυσκολευόμαστε ιδιαίτερα να ανακαλύψουμε ότι οι προβλέψεις μας ήταν εσφαλμένες. Υπερεκτιμάμε το πόσο ευτυχισμένοι θα αισθανόμαστε την ημέρα των γενεθλίων μας[26], υποτιμάμε την ευτυχία που θα νιώθουμε τα πρωινά της Δευτέρας[27], και κάνουμε αυτές τις κοινότοπες αλλά λανθασμένες προβλέψεις ξανά και ξανά, μολονότι τις πιο πολ-

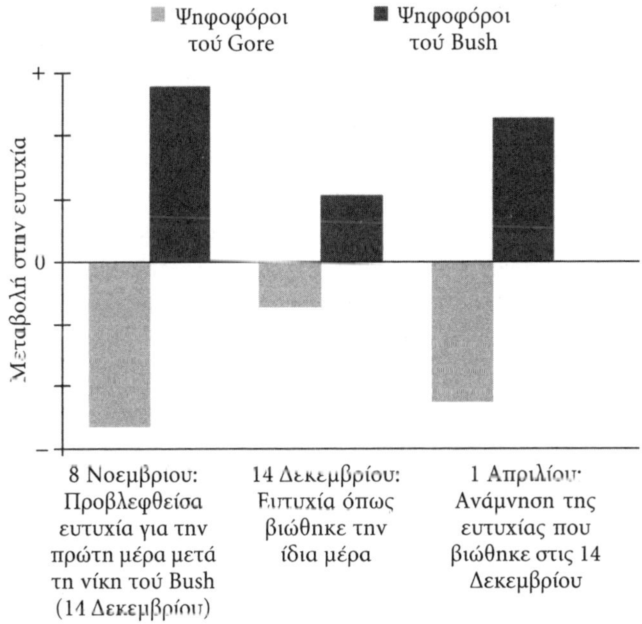

Εικόνα 22. Στις αμερικανικές προεδρικές εκλογές τού 2000, οι υποστηρικτές των δύο υποψηφίων προσδοκούσαν ότι η απόφαση του Ανώτατου Δικαστηρίου θα επηρέαζε αποφασιστικά το πόσο ευτυχισμένοι θα ένιωθαν την επομένη της ανακοίνωσης της απόφασης (*στήλες στα αριστερά*). Μερικούς μήνες αργότερα θυμήθηκαν ότι η απόφαση είχε όντως επηρεάσει πολύ τα συναισθήματά τους (*στήλες στα δεξιά*). Στην πραγματικότητα όμως, η απόφαση είχε πολύ μικρότερο αντίκτυπο στην ευτυχία τους από όσο οι οπαδοί είχαν είτε προβλέψει είτε θυμηθεί (*στήλες στο κέντρο*).

λές φορές δεν επιβεβαιώνονται. Η ανικανότητά μας να θυμηθούμε πώς πραγματικά αισθανθήκαμε αποτελεί έναν από τους λόγους για τους οποίους ο πλούτος της εμπειρίας μας τελικά μένει ανεκμετάλλευτος.

Περαιτέρω

Όταν οι άνθρωποι ερωτώνται ποιο μοναδικό πράγμα θα έσωζαν αν το σπίτι τους έπιανε φωτιά, η πιο συνηθισμένη απάντηση (προς μεγάλη δυσαρέσκεια του σκύλου της οικογένειας) είναι «Το φωτογραφικό μου άλμπουμ». Τις αναμνήσεις μας δεν τις θεωρούμε απλώς πολύτιμες· εμείς οι ίδιοι *είμαστε* οι αναμνήσεις μας. Εντούτοις, οι έρευνες αποκαλύπτουν ότι η μνήμη μας μοιάζει λιγότερο με συλλογή φωτογραφιών και περισσότερο με συλλογή εμπρεσιονιστικών έργων, φιλοτεχνημένων από έναν καλλιτέχνη ο οποίος πραγματεύεται το θέμα του με αρκετή ελευθερία. Όσο πιο αφηρημένο είναι το θέμα τόσο περισσότερο ελεύθερα το χειρίζεται ο καλλιτέχνης —και λίγα θέματα είναι τόσο αφηρημένα και ακαθόριστα όσο η συναισθηματική εμπειρία. Οι αναμνήσεις που έχουμε για επεισόδια με συναισθηματικό τόνο επηρεάζονται υπερβολικά από ασυνήθιστα γεγονότα, από το πώς τελειώνουν τα επιμέρους επεισόδια και από τις θεωρίες μας για το πώς *πρέπει* να είχαμε νιώσει τότε. Όλα αυτά περιορίζουν σε σημαντικό βαθμό την ικανότητά μας να μάθουμε από την προσωπική μας εμπειρία. Η εξάσκηση, καθώς φαίνεται, δεν οδηγεί στην τελειότητα. Αν όμως ξανασκεφτείτε όλη εκείνη την κουβέντα μας σχετικά με τα κακά και το γιογιό, θα θυμηθείτε ότι η εξάσκηση είναι μόνο ένας από τους τρόπους με τους οποίους μαθαίνουμε. Αν με την εξάσκηση δεν τα καταφέρνουμε, τότε τι θα λέγατε για λίγη εκπαίδευση;

Κεφαλαιο 11

Σε ζωντανή ανταπόκριση από το αύριο

Έχοντας τη μάθησή του από πανάρχαιους χρόνους, πρέπει να είναι, κι είναι και δεν μπορεί να μην είναι, σοφός.
—Ουίλλιαμ Σαίξπηρ, *Τρωίλος και Χρυσίδα*

Στο ριμεϊκ της ταινιας *Ο άνθρωπος που ήξερε πολλά* τού Alfred Hitchcock (1956), η Doris Day τραγουδούσε ένα βαλς, του οποίου οι τελευταίοι στίχοι πήγαιναν κάπως έτσι:

When I was just a child in school,
I asked my teacher, "What will I try?
Should I paint pictures, should I sing songs?"
This was her wise reply:
"*Que sera, sera.* Whatever will be, will be.
The future's not ours to see. *Que sera, sera.*"[1] *

Τώρα, βέβαια, δεν σκοπεύω να παραστήσω τον σχολαστικό α-

* Όταν ήμουν παιδάκι στο σχολείο, ρωτούσα τη δασκάλα μου: «Τι να γίνω; Να ζωγραφίζω εικόνες; Να λέω τραγούδια;» Και αυτή απαντούσε σοφά: *Que sera, sera.* Ό,τι είναι να γίνει, θα γίνει. Το μέλλον δεν μπορούμε να το δούμε. *Que sera, sera.*» (Σ.τ.μ.)

ναλυτή στίχων, και μάλιστα έχω πολύ όμορφες αναμνήσεις από την Doris Day, αλλά αποτελεί γεγονός ότι τούτη εδώ *δεν είναι* και ιδιαίτερα σοφή απάντηση. Όταν ένα παιδί ζητά συμβουλές για τη δραστηριότητα με την οποία θα έπρεπε να ασχοληθεί, ο δάσκαλος πρέπει να είναι σε θέση να προσφέρει κάτι παραπάνω από ένα μουσικό κλισέ. Το μέλλον είναι *προφανώς* δύσκολο να προβλεφθεί. Όλοι όμως οδεύουμε προς αυτή την κατεύθυνση και, όσο δύσκολο κι αν είναι να το οραματιστούμε, οφείλουμε να πάρουμε *κάποιες* αποφάσεις σχετικά με το μέλλον που θα επιδιώξουμε και εκείνο που θα αποφύγουμε. Αν λοιπόν είμαστε επιρρεπείς σε λάθη όταν προσπαθούμε να φανταστούμε το μέλλον, τότε πώς *πρέπει* να αποφασίζουμε τι θα κάνουμε;

Ακόμα κι ένα παιδί ξέρει την απάντηση σε αυτό το ερώτημα: πρέπει να ρωτήσουμε το δάσκαλο. Ένα από τα οφέλη που αποκομίζουμε ως ζώα κοινωνικά και με γλώσσα είναι ότι μπορούμε να αξιοποιήσουμε στον μέγιστο βαθμό την εμπειρία των άλλων αντί να προσπαθούμε να λύσουμε κάθε πρόβλημα από την αρχή. Εδώ και εκατομμύρια χρόνια, τα ανθρώπινα όντα νικούν την άγνοιά τους με καταμερισμό του έργου της ανακάλυψης και με διάδοση των ανακαλύψεών τους μεταξύ τους, και αυτός είναι ο λόγος για τον οποίο ο μέσος νεαρός διανομέας Τύπου στο Πίτσμπουργκ έχει περισσότερες γνώσεις για το Σύμπαν από όσες είχαν ο Αριστοτέλης, ο Γαλιλαίος, ο Leonardo, ή οποιοσδήποτε άλλος από αυτούς τους τύπους οι οποίοι ήταν τόσο έξυπνοι ώστε αρκούσε να έχουν ένα μόνο όνομα. Όλοι κάνουμε άφθονη χρήση αυτών των πόρων. Αν επρόκειτο να φτιάξετε έναν κατάλογο με όλα όσα γνωρίζετε, και ύστερα να τον πάρετε από την αρχή και να βάλετε ένα σημάδι δίπλα σε κάθε πράγμα που το ξέρετε επειδή κάποιος σάς το είπε, θα αναπτύσσατε διαταραχή από στερεότυπες κινήσεις, καθώς *όλα* σχεδόν όσα γνωρίζετε προέρχονται από δεύτερο χέρι. Ο πρώτος άνθρωπος που ταξίδεψε στο Διάστημα ήταν ο Γιούρι Γκαγκάριν; Το *croissant* είναι γαλλική λέξη; Η Κίνα ή η Βόρεια

Ντακότα έχει περισσότερους κατοίκους; Ένα ράμμα που γίνεται εγκαίρως εξοικονομεί εννέα επιπλέον; Οι περισσότεροι ξέρουμε τις απαντήσεις σε αυτά τα ερωτήματα, παρότι δεν ήμασταν παρόντες στην εκτόξευση του *Vostok I*, ούτε κανείς μας επέβλεψε προσωπικά την εξέλιξη της γλώσσας, ούτε μέτρησε ένα ένα τα κεφάλια των ανθρώπων στο Πεκίνο και στο Μπίσμαρκ, αλλά ούτε και διεξήγαγε ποτέ καμιά διπλά τυφλή μελέτη σχετικά με τα ράμματα. Γνωρίζουμε τις απαντήσεις διότι κάποιος τις μοιράστηκε μαζί μας. Η επικοινωνία είναι ένα είδος «παρατήρησης δι' υποκαταστάσεως»[2], πράγμα που μας επιτρέπει να αποκτάμε γνώση του κόσμου χωρίς να βγαίνουμε καν από την άνεση της πολυθρόνας μας. Τα έξι δισεκατομμύρια ανθρώπων, που σε διασύνδεση μεταξύ τους καλύπτουν την επιφάνεια του πλανήτη μας, συγκροτούν έναν αληθινό Λεβιάθαν με δώδεκα δισεκατομμύρια μάτια, και έτσι, οτιδήποτε προσλαμβάνεται από ένα ζευγάρι μάτια μπορεί να γίνει γνωστό σε ολόκληρο το θηρίο μέσα σε λίγους μήνες, μέρες ή ακόμα και σε λίγα λεπτά.

Το γεγονός ότι μπορούμε να επικοινωνούμε για τις εμπειρίες μας θα έπρεπε να μας παρέχει μια απλή λύση στο κύριο πρόβλημα με το οποίο καταπιάνεται αυτό το βιβλίο. Ναι, πράγματι, η ικανότητά μας να φανταστούμε τα μελλοντικά μας συναισθήματα είναι ελλιπής —αλλά δεν πειράζει, διότι δεν χρειάζεται να φανταστούμε πώς θα νιώθαμε αν παντρευόμασταν ένα δικηγόρο ή αν μετακομίζαμε στο Τέξας ή αν τρώγαμε σαλιγκάρια, αφού υπάρχουν τόσοι άλλοι γύρω μας που *έχουν ήδη κάνει* αυτά τα πράγματα και είναι πολύ πρόθυμοι να μας τα περιγράψουν. Δάσκαλοι, γείτονες, συνεργάτες, γονείς, φίλοι, εραστές, παιδιά, θείοι, ξαδέρφια, προπονητές, ταξιτζήδες, μπάρμαν, κομμωτές, οδοντίατροι και διαφημιστές —καθένας τους έχει κάτι να μας πει σχετικά με το πώς θα έμοιαζε η ζωή μας σε αυτό εδώ ή σε κείνο το μέλλον, και μπορούμε να είμαστε σίγουροι ότι ανά πάσα στιγμή υπάρχει κάποιος άνθρωπος που έχει πράγματι *ζήσει* την εμπειρία την οποία εμείς απλώς και μόνο εξετάζουμε τώρα ως ενδεχόμενο. Επειδή είμαστε το θηλαστικό που δείχνει και μιλάει, καθένας μας έχει πρόσβαση σε πληροφορίες για οποιαδήποτε σχεδόν εμπειρία μπορούμε να φανταστούμε —και σε πολλές μάλιστα που αδυνατούμε να φανταστούμε. Οι σύμβουλοι επαγγελματικού σχεδιασμού μάς δίνουν πληροφορίες για καλύτερες σταδιοδρομίες, οι κριτικοί μάς προτείνουν τα καλύτερα εστιατόρια, οι ταξιδιωτικοί πράκτορες μας οργανώνουν τις καλύτερες διακοπές, και οι φίλοι μας μας συστήνουν τους καλύτερους ταξιδιωτικούς πράκτορες. Καθένας μας περιτριγυρίζεται από ένα λόχο συμβουλάτορες οι οποίοι μπορούν να μας αφηγηθούν τις εμπειρίες τους και, έτσι, να μας πουν ποιο μέλλον αξίζει περισσότερο να επιδυμούμε.

Δεδομένου τού ότι υπάρχουν άφθονοι σύμβουλοι, πρότυπα προς μίμηση, γκουρού, μέντορες, καλοθελητές και αδιάκριτοι συγγενείς, θα περιμέναμε οι περισσότεροι άνθρωποι να τα καταφέρνουν καλά με τις σπουδαίες αποφάσεις της ζωής τους, όπως πού να εγκατασταθούν, πού να εργαστούν, και ποιον να παντρευτούν. Εντούτοις, ο μέσος Αμερικανός μετακομίζει πάνω από έξι φορές[3], αλλάζει δουλειά πάνω από δέκα φορές[4] και παντρεύεται πάνω από μία φορές[5], πράγμα που υποδηλώνει ότι οι περισσότεροι παίρνουμε αρκετές λάθος αποφάσεις. Αν η ανθρωπότητα αποτελεί μια ζωντανή βιβλιοθήκη από πληροφορίες για το πώς θα έμοιαζε η ζωή μας αν κάναμε σχεδόν οτιδήποτε μπορεί να γίνει, τότε γιατί οι «αναγνώστες» παίρνουν τόσες λάθος αποφάσεις; Υπάρχουν μόνο δύο πιθανές εξηγήσεις: Πρώτον, πολλές από τις συμβουλές που μας δίνουν οι άλλοι είναι κακές συμβουλές τις οποίες, βλακωδώς, ακολουθούμε. Δεύτερον, παίρνουμε πολλές καλές συμβουλές, αλλά, βλακωδώς, δεν τις ακολουθούμε. Τι από τα δύο ισχύει; Ακούμε με υπερβολικά μεγάλη προσοχή τους άλλους ή δεν τους ακούμε και πολύ; Όπως θα δούμε παρακάτω, η απάντηση σε αυτό το ερώτημα είναι *ναι.*

Υπεραυτοαντιγραφείς

Ο φιλόσοφος Bertrand Russell δήλωσε κάποτε ότι το να πιστεύουμε είναι «το πιο "διανοητικό" πράγμα που κάνουμε»[6]. Ίσως, αλλά είναι επίσης και το πιο *κοινωνικό* πράγμα που κάνουμε. Όπως με την κληροδότηση των γονιδίων μας προσπαθούμε να δημιουργήσουμε ανθρώπους που το πρόσωπό τους θα μοιάζει με το δικό μας, ομοίως με την κληροδότηση των πεποιθήσεών μας προσπαθούμε να διαμορφώσουμε ανθρώπους που ο νους τους θα σκέφτεται όπως ο δικός μας. Σχεδόν οποτεδήποτε λέμε κάτι στους άλλους, κάνουμε και μια απόπειρα να αλλάξουμε τον τρόπο με τον οποίο λειτουργεί ο εγκέφαλός τους —προσπαθούμε να αλλάξουμε τον τρόπο που βλέπουν τον κόσμο ώστε να μοιάζει περισσότερο με τον δικό μας. Σχεδόν κάθε ισχυρισμός —από πιο τους μεγαλόστομους («Είναι θέλημα Θεού») έως τους πιο κοινότοπους («Στρίψε αριστερά στο φανάρι, συνέχισε για τρία χιλιόμετρα και θα βρεις τα MacDonalds στα δεξιά σου»)— επιδιώκει να εναρμονίσει τις πεποιθήσεις που έχουν για τον κόσμο ο ομιλητής και ο ακροατής. Κάποτε οι προσπάθειες αυτές πετυχαίνουν, κάποτε όχι. Επομένως, ποιος παράγοντας καθορίζει το αν μια πεποίθηση θα μεταδοθεί με επιτυχία από τον ένα νου στον άλλο;

Οι αρχές που εξηγούν γιατί μερικά γονίδια κληροδοτούνται πιο επιτυχώς από κάποια άλλα εξηγούν επίσης γιατί κάποιες πεποιθήσεις μεταδίδονται με μεγαλύτερη επιτυχία απ' ό,τι κάποιες άλλες[7]. Η εξελικτική βιολογία μάς διδάσκει ότι όποιο γονίδιο προάγει τα δικά του «μέσα μεταβίβασης» θα αντιπροσωπεύεται επίσης σε ολοένα αυξανόμενο ποσοστό πληθυσμού με το πέρασμα του χρόνου. Φανταστείτε, για παράδειγμα, να ευθυνόταν ένα μοναδικό γονίδιο για τις πολύπλοκες νευρικές διασυνδέσεις που κάνουν τον οργασμό τόσο απολαυστικό. Όσοι άνθρωποι θα είχαν αυτό το γονίδιο θα ένιωθαν... τέλος πάντων, «οργασμικά». Όσοι δεν θα το είχαν θα ένιωθαν τους οργασμούς περίπου όπως τα φτερνίσματα —σαν σύντομους σωματικούς σπασμούς, συνοδευόμενους από θορύβους, με μάλλον πενιχρές απολαβές από άποψη ηδονής. Τώρα, αν παίρναμε πενήντα υγιείς και γόνιμους ανθρώπους που θα είχαν το γονίδιο, και πενήντα υγιείς και γόνιμους ανθρώπους που δεν θα το είχαν, και τους αφήναμε σε κάποιον φιλόξενο πλανήτη για κανένα εκατομμύριο χρόνια, στην επιστροφή μας πιθανότατα θα βρίσκαμε έναν πληθυσμό χιλιάδων ή εκατομμυρίων ανθρώπων που θα είχαν σχεδόν όλοι το γονίδιο. Γιατί; Διότι ένα γονίδιο το οποίο θα καθιστούσε τους οργασμούς απολαυστικούς θα έτεινε να μεταβιβάζεται από γενιά σε γενιά, απλώς και μόνο επειδή όσοι άνθρωποι θα απολάμβαναν τους οργασμούς θα είχαν την τάση να κάνουν εκείνο που βοηθά τα γονίδιά τους να μεταβιβάζονται. Αυτή η λογική είναι τόσο κυκλική ώστε καταλήγει ουσιαστικά αναπόδραστη: τα γονίδια συνήθως κληροδοτούνται όταν αυτά μάς ωθούν να κάνουμε τα πράγματα μέσω των οποίων κληροδοτούνται. Επιπλέον μάλιστα, ακόμα και τα *κακά* γονίδια —όσα μάς δίνουν την προδιάθεση για καρκίνο ή καρδιοπάθειες— μπορούν να γίνουν υπεραυτοαντιγραφείς αν καταφέρουν, αντισταθμιστικά, να προωθήσουν τα δικά τους μέσα μεταβίβασης. Για παράδειγμα, αν το γονίδιο που θα καθιστούσε τους οργασμούς τόσο ηδονικούς μάς έκανε επίσης ευάλωτους στην αρθρίτιδα και στην τερηδόνα, τότε το συγκεκριμένο γονίδιο θα αντιπροσωπευόταν επίσης σε συνεχώς αυξανόμενο πληθυσμό. Και αυτό διότι οι αρθριτικοί και φαφούτηδες άνθρωποι θα έβρισκαν τους οργασμούς υπέροχους, οπότε θα είχαν περισσότερες πιθανότητες να αποκτήσουν παιδιά σε σύγκριση με τους ευλύγιστους και με γερά δόντια ανθρώπους, οι οποίοι δεν θα συγκινούνταν ιδιαίτερα από τους οργασμούς.

Η ίδια λογική μπορεί να εξηγήσει και τη διάδοση των πεποιθήσεων. Αν μια συγκεκριμένη πεποίθηση έχει κάποια ιδιότητα η οποία διευκολύνει την ίδια της τη διάδοση, τότε αυτή η πεποίθηση συνήθως υιοθετείται από όλο και περισσότερους ανθρώπους. Φαίνεται ότι υπάρχουν αρκετές τέτοιες ιδιότητες που αυξάνουν την επιτυχία διάδοσης των πεποιθήσεων, και η πιο προφανής είναι η ορθότητά τους. Όταν κάποιος μάς λέει πού θα βρούμε χώρο στάθμευσης στο κέντρο της πόλης ή πώς θα φτιάξουμε κέικ σε μεγάλο υψόμετρο, υιοθετούμε αυτή την πεποίθηση και τη διαδίδουμε, επειδή βοηθάει εμάς και τους φίλους μας να κάνουμε τα πράγματα που θέλουμε να κάνουμε, όπως να παρκάρουμε στο κέντρο ή να φτειάξουμε κέικ σε μεγάλο υψόμετρο. Όπως παρατήρησε ένας φιλόσοφος, «Η ικανότητα της επικοινωνίας δεν θα είχε κερδίσει έδαφος κατά την εξέλιξη αν δεν αντιπροσώπευε ουσιαστικά την ικανότητα για διάδοση αληθών πεποιθήσεων.»[8] Οι ορθές πεποιθήσεις μάς δίνουν ισχύ, και επομένως εύκολα αντιλαμβανόμαστε γιατί διαδίδονται τόσο αυτόματα από τον ένα νου στον άλλον.

Είναι κάπως πιο δύσκολο να καταλάβουμε γιατί και οι *εσφαλμένες* πεποιθήσεις διαδίδονται τόσο εύκολα από τον ένα νου στον άλλο —αλλά έτσι συμβαίνει. Οι εσφαλμένες πεποιθήσεις, όπως και τα κακά γονίδια, μπορούν να γίνουν —και γίνονται— υπεραυτοαντιγραφείς· ένα νοητικό πείραμα διευκρινίζει το πώς: Φανταστείτε ένα παιχνίδι που παίζεται από δύο ομάδες, καθεμιά από τις οποίες έχει χίλιους παίκτες και κάθε παίκτης συνδέεται με τους συμπαίκτες του μέσω τηλεφώνου. Ο στόχος του παιχνιδιού είναι να μοιραστούν οι παίκτες τής κάθε ομάδας όσες περισσότερες ορθές πεποιθήσεις γίνεται. Όποιος παίκτης λαμβάνει ένα μήνυμα το οποίο πιστεύει ότι είναι σωστό τηλεφωνεί σε κάποιο συμπαίκτη του και του το μεταβιβάζει. Αντιθέτως, όταν λαμβάνει ένα μήνυμα που το θεωρεί ανακριβές, δεν το μεταβιβάζει. Στο τέλος, ο διαιτητής σφυρίζει τη λήξη και δίνει σε κάθε ομάδα από ένα βαθμό για κάθε σωστή πεποίθηση που μοιράζεται ολόκληρη η ομάδα, και αφαιρεί ένα βαθμό για κάθε εσφαλμένη πεποίθηση που έχει διαδοθεί επίσης σε όλη την ομάδα. Τώρα, φανταστείτε έναν τέτοιο αγώνα που διεξάγεται μια ωραία μέρα ανάμεσα στην ομάδα με την ονομασία «Τέλειοι» (της οποίας τα μέλη πάντοτε μεταβιβάζουν σωστές πεποιθήσεις) και στην ομάδα με την ονομασία «Ατελείς» (της οποίας τα μέλη μεταβιβάζουν πότε πότε κάποιες εσφαλμένες πεποιθήσεις). Θα περιμέναμε να νικήσουν οι Τέλειοι, έτσι δεν είναι;

Όχι απαραίτητα. Μάλιστα, σε κάποιες ειδικές περιπτώσεις οι Ατελείς θα τους νικούσαν κατά κράτος: Σκεφτείτε, για παράδειγμα, τι θα γινόταν αν ένας παίκτης από την ομάδα των Ατελών έστελνε το ψευδές μήνυμα «Το να μιλάς στο τηλέφωνο όλη μέρα και όλη νύχτα θα σε κάνει τελικά πολύ ευτυχισμένο», και φανταστείτε επίσης ότι και άλλοι παίκτες των Ατελών είναι αρκετά αφελείς ώστε να το πιστέψουν και να το διαδώσουν. Αυτό το μήνυμα είναι εσφαλμένο, και τελικά θα στοιχίσει στους Ατελείς ένα βαθμό. Αλλά θα μπορούσε, αντισταθμιστικά, να κρατήσει τους Ατελείς στο τηλέφωνο για περισσότερο χρόνο, και έτσι να αυξήσει τον συνολικό αριθμό σωστών μηνυμάτων που ανταλλάσσουν. Υπό ευνοϊκές συνθήκες, το κόστος αυτής της εσφαλμένης πεποίθησης θα ήταν λιγότερο σημαντικό σε σύγκριση με τα οφέλη της, καθώς θα ωθούσε τους παίκτες να συμπεριφερθούν με τρόπο που θα αύξανε τις πιθανότητες να μοιραστούν άλλες, σωστές πεποιθήσεις. Ο συγκεκριμένος αγώνας μάς διδάσκει ότι οι εσφαλμένες πεποιθήσεις μπορεί να επικρατήσουν στο παιχνίδι της διάδοσης πεποιθήσεων αν αυτές καταφέρουν με κάποιον τρόπο να διευκολύνουν τα «μέσα διάδοσής» τους. Στην προκειμένη περίπτωση, το μέσο διάδοσης δεν είναι το σεξ αλλά η επικοινωνία, και, επομένως, οποιαδήποτε πεποίθηση προκαλεί αύξηση της επικοινωνίας —ακόμα και μια ψευδής πεποίθηση— έχει μεγάλες πιθανότητες να διαδοθεί ξανά και ξανά. Οι ψευδείς πεποιθήσεις οι οποίες συμβαίνει να προάγουν την ύπαρξη σταθερών κοινωνιών συνήθως διαδίδονται επειδή οι άνθρωποι με τέτοιες πεποιθήσεις τείνουν να διαβιούν μέσα σε τέτοιες κοινωνίες, οι οποίες με τη σειρά τους παρέχουν το μέσο διάδοσης ψευδών πεποιθήσεων.

Ένα μέρος της πολιτισμικά αποκτημένης γνώσης μας σχετικά με την ευτυχία δίνει την πολύ ύποπτη εντύπωση υπεραντιγραφόμενης ψευδούς πεποιθήσεως. Εξετάστε, λόγου χάρη, την περίπτωση των χρημάτων. Αν προσπαθήσατε ποτέ να πουλήσετε κάτι, τότε πιθανότατα δοκιμάσατε να το πουλήσετε όσο πιο α κριβά γινόταν, ενώ οι άλλοι πιθανότατα προσπάθησαν να το αγοράσουν με όσο λιγότερα χρήματα γινόταν. Όλες οι πλευρές που έλαβαν μέρος στη συναλλαγή λειτούργησαν με την παραδοχή ότι θα είναι καλύτερα για τους ίδιους αν στο τέλος θα έχουν κερδίσει περισσότερα παρά λιγότερα χρήματα, και αυτή η παραδοχή συνιστά τον θεμέλιο λίθο της οικονομικής μας συμπεριφοράς. Ωστόσο, τα επιστημονικά δεδομένα που μπορούν να υποστηρίξουν τούτη την πεποίθηση είναι πολύ λιγότερα από όσα θα περίμενε κανείς. Οι οικονομολόγοι και οι ψυχολόγοι έχουν ξοδέψει δεκαετίες μελετώντας τη σχέση ανάμεσα στον πλούτο και την ευτυχία, και έχουν καταλήξει στο γενικό συμπέρασμα ότι ο πλούτος αυξάνει μεν την ευτυχία των ανθρώπων όταν τους ανεβάζει από την έσχατη ένδεια στη μεσαία τάξη, αλλά, πέρα από αυτό το σημείο, ο πλούτος δεν φέρνει και πολύ περισσότερη ευτυχία[9]. Οι Αμερικανοί με ετήσιο εισόδημα 50.000 δολάρια είναι πολύ πιο ευτυχισμένοι από εκείνους με εισόδημα 10.000 δολάρια, αλλά οι Αμερικανοί με ετήσιο εισόδημα 5 εκατομμύρια δολάρια δεν είναι πολύ πιο ευτυχισμένοι από εκείνους που βγάζουν 100.000 δολάρια. Όσοι κατοικούν σε φτωχές χώρες είναι πολύ λιγότερο ευτυχισμένοι από τους κατοίκους ανεπτυγμένων χωρών, αλλά οι κάτοικοι ανεπτυγμένων χωρών δεν είναι πολύ λιγότερο ευτυχισμένοι από τους πολίτες των πλουσιότερων χωρών. Οι οικονομολόγοι εξηγούν ότι ο πλούτος έχει «φθίνουσα οριακή χρησιμότητα» —εντυπωσιακός τρόπος για να πει κανείς ότι είναι μεν οδυνηρό να πεινάς, να κρυώνεις, να αισθάνεσαι άρρωστος, κουρασμένος και φοβισμένος, αλλά αφότου απαλλαχτείς από αυτά τα βάσανα, όσα χρήματα μαζεύεις στο εξής αποτελούν μια άχρηστη στοίβα χαρτιών[10].

Άρα, όταν καταφέρουμε να κερδίσουμε τα χρήματα που μας αρκούν για να περνάμε καλά, τότε σταματάμε να δουλεύουμε και τα απολαμβάνουμε, έτσι δεν είναι; Λάθος. Οι κάτοικοι των πλούσιων χωρών κατά κανόνα εργάζονται σκληρά και πολύ για να κερδίσουν πολύ περισσότερα χρήματα από όσα χρειάζονται για να είναι ευχαριστημένοι[11]. Αυτό το γεγονός δεν μας προκαλεί ιδιαίτερη απορία, αν και θα έπρεπε. Στο κάτω κάτω, ένας αρουραίος μπορεί να πειστεί να διασχίσει έναν ολόκληρο λαβύρινθο αν στο τέρμα του έχουμε τοποθετήσει λίγο τυρί για αμοιβή, αλλά αφότου ο φιλαράκος μας χορτάσει, ούτε το πιο φίνο Stilton δεν πρόκειται να τον κουνήσει από τη θέση του. Από τη στιγμή που τρώμε μια καλή μερίδα τηγανίτες, οι επιπλέον τηγανίτες παύουν να μας δίνουν ευχαρίστηση, και επομένως σταματάμε να τις τρώμε. Δεν κάνουμε όμως το ίδιο, όπως φαίνεται, με τα χρήματα. Το 1776, ο Adam Smith, ο πατέρας της σύγχρονης επιστήμης των οικονομικών, έγραψε: «Για όλους τους ανθρώπους, η επιθυμία για φαγητό οριοθετείται από την περιορισμένη χωρητικότητα του ανθρώπινου στομάχου· αλλά η επιθυμία για άνεση και καλαισθησία όσον αφορά τα οικοδομήματα, την ένδυση, τα σκεύη και την οικιακή επίπλωση δείχνει να μην έχει συγκεκριμένο όριο.»[12]

Αφού το φαγητό και τα χρήματα σταματούν να μας προσφέρουν ευχαρίστηση όταν πλέον έχουμε αρκετά από αυτά, γιατί συνεχίζουμε να παραγεμίζουμε τις τσέπες μας ακόμη και όταν σταματάμε να μπουκωνόμαστε; Ο Adam Smith έδωσε μια απάντηση. Ξεκίνησε παραδεχόμενος εκείνο που οι περισσότεροι σίγουρα υποπτευόμαστε, ότι δηλαδή η παραγωγή πλούτου δεν αποτελεί απαραιτήτως πηγή προσωπικής ευτυχίας.

> Σε ό,τι αφορά την αληθινή ευτυχία για τους ανθρώπους, [οι φτωχοί] δεν είναι με κανέναν τρόπο κατώτεροι από εκείνους που δείχνουν να βρίσκονται πολύ ψηλότερα. Όσον αφορά την ανάπαυση του σώματος και τη γαλήνη του πνεύματος, οι άνθρωποι όλων των τάξεων βρίσκονται σχεδόν στο ίδιο επίπεδο, και ο ζητιάνος, που λιάζεται στην άκρη της δημοσιάς, έχει αυτή την αίσθηση ασφάλειας που οι βασιλείς κάνουν πολέμους για να κατακτήσουν.[13]

Όλα αυτά ακούγονται υπέροχα, αλλά, αν αληθεύουν, τότε έχουμε μεγάλο πρόβλημα. Αν οι πλούσιοι βασιλιάδες δεν είναι πιο ευτυχισμένοι από τους φτωχούς ζητιάνους, τότε για ποιο λόγο οι φτωχοί ζητιάνοι θα έπρεπε να σταματήσουν να λιάζονται στην άκρη του δρόμου και να δουλέψουν, ώστε να γίνουν πλούσιοι βασιλιάδες; Αν όμως κανένας δεν θέλει να γίνει πλούσιος, τότε έχουμε σημαντικό οικονομικό πρόβλημα, αφού οι ανθηρές οικονομίες προϋποθέτουν ανθρώπους που συνεχώς προμηθεύονται και καταναλώνουν τα αγαθά και τις υπηρεσίες ο ένας του άλλου. Οι οικονομίες της ελεύθερης αγοράς απαιτούν να έχουμε όλοι μια ακόρεστη όρεξη για *πράγματα*· αν όμως ο καθένας μας ήταν ευχαριστημένος μόνο με όσα πράγματα είχε, τότε η οικονομία θα αποτελματωνόταν. Τούτο είναι μεν σημαντικό *οικονομικό* πρόβλημα, ωστόσο δεν αποτελεί και σημαντικό *προσωπικό* πρόβλημα. Μπορεί ο πρόεδρος της Κεντρικής Ομοσπονδιακής Τράπεζας να ξυπνάει κάθε πρωί έχοντας την επιθυμία να κάνει όλα εκείνα που απαιτεί η οικονομία, αλλά οι περισσότεροι από εμάς ξυπνάμε με την επιθυμία να κάνουμε όσα *εμείς* θέλουμε, όπερ σημαίνει ότι οι θεμελιώδεις ανάγκες μιας σφύζουσας οικονομίας και οι θεμελιώδεις ανάγκες ενός ευτυχισμένου ατόμου δεν συμπίπτουν απαραιτήτως. Τι είναι λοιπόν εκείνο που κινητοποιεί τους ανθρώπους να εργάζονται κάθε μέρα σκληρά για να κάνουν πράγματα τα οποία θα ικανοποιήσουν τις ανάγκες της οικονομίας αλλά όχι τις δικές τους; Όπως τόσοι και τόσοι διανοητές, ο Smith πίστευε ότι οι άνθρωποι επιθυμούν μόνο ένα πράγμα —την ευτυχία—, οπότε οι οικονομίες μπορούν να αναπτυχθούν και να ανθήσουν μόνο αν οι άνθρωποι οδηγηθούν στην ψευδαίσθηση ότι εκείνο που θα τους κάνει ευτυχισμένους είναι η παραγωγή πλούτου[14]. Οι άνθρωποι θα παραγάγουν, θα αγοράσουν και θα καταναλώσουν στο βαθμό που απαιτείται για να στηριχτεί η οικονομία, αν και μόνο αν διατηρούν αυτή την ψευδή πεποίθηση.

> Οι τέρψεις του πλούτου και του μεγαλείου [...] εντυπώνονται στη φαντασία μας ως πράγματα επιβλητικά, όμορφα και ευγενή, των οποίων η επιδίωξη αξίζει στο έπακρο όλο

> τον κόπο και την αγωνία που με τόση ετοιμότητα επενδύουμε. [...] Τούτη ακριβώς η παραπλάνηση εγείρει και διατηρεί σε εγρήγορση την εργατικότητα του ανθρώπου. Αυτή είναι που καταρχάς τον παρακίνησε να καλλιεργήσει τη γη, να χτίσει σπίτια, να θεμελιώσει πόλεις και κοινοπολιτείες, και να αναπτύξει όλες τις επιστήμες και τις τέχνες, οι οποίες εξευγενίζουν και κοσμούν τον ανθρώπινο βίο, έχουν αλλάξει εντελώς το πρόσωπο της υδρογείου, έχουν μετατρέψει τα άγρια δάση της φύσης σε όμορφες, γόνιμες εκτάσεις, και έχουν βρει στους αχανείς και άκαρπους ωκεανούς νέους πόρους για τη διαβίωση, αλλά και τη μεγάλη οδό για την επικοινωνία των εθνών του κόσμου.[15]

Εν ολίγοις, η παραγωγή του πλούτου δεν καθιστά απαραιτήτως ευτυχισμένους τους ανθρώπους, αλλά υπηρετεί τις ανάγκες της οικονομίας, η οποία υπηρετεί τις ανάγκες μιας σταθερής κοινωνίας, η οποία παίζει το ρόλο δικτύου για τη διάδοση απατηλών πεποιθήσεων αναφορικά με την ευτυχία και τον πλούτο. Οι οικονομίες ευημερούν όταν τα άτομα πασχίζουν και αγωνίζονται· επειδή όμως τα άτομα δεν πρόκειται να αγωνιστούν παρά μόνο για την κατάκτηση της προσωπικής τους ευτυχίας, πρέπει απαραίτητα να έχουν την εσφαλμένη αντίληψη ότι η παραγωγή και η κατανάλωση είναι οι δρόμοι που οδηγούν στην προσωπική τους ευημερία. Μολονότι χαρακτηρισμοί όπως «απατηλών» φαίνεται να παραπέμπουν σε κάποια σκοτεινή σκευωρία που στήνεται από μια μικρή ομάδα αντρών με μαύρα κοστούμια, το παιχνίδι της διάδοσης πεποιθήσεων μας διδάσκει ότι η διασπορά ψευδών πεποιθήσεων δεν προϋποθέτει απαραιτήτως κάποιον που θα *προσπαθούσε* να διαπράξει μεγαλοπρεπή απάτη εις βάρος του αθώου κοσμάκη. Δεν υπάρχει καμιά συνωμοσία κορυφής, ούτε συνεδριάσεις κεκλεισμένων των θυρών, ούτε κανένας αρχιεκμεταλλευτής που, έχοντας καταστρώσει ένα έξυπνο πρόγραμμα κατήχησης και προπαγάνδας, μας έχει κάνει όλους να πιστεύουμε ότι τα λεφτά αγοράζουν την ευτυχία. Αντιθέτως, θα πρέπει να παραδεχτούμε ότι αυτή η ψευδής πεποίθηση είναι ένας υπεραυτοαντιγραφέας, διότι η διατήρησή της μας οδηγεί ακριβώς στις δραστηριότητες που τη διαιωνίζουν[16].

Το παιχνίδι της διάδοσης των πεποιθήσεων εξηγεί για ποιο λόγο διατηρούμε ορισμένες αντιλήψεις για την ευτυχία μολονότι είναι ψευδείς. Η χαρά της απόκτησης πλούτου αποτελεί ένα παράδειγμα. Η χαρά της απόκτησης παιδιών είναι άλλο ένα παράδειγμα, που μας αγγίζει πιο βαθιά. Κάθε ανθρώπινος πολιτισμός λέει στα μέλη του ότι η απόκτηση παιδιών θα τους κάνει ευτυχισμένους. Όταν οι άνθρωποι σκέφτονται τους απογόνους τους —είτε δηλαδή φαντάζονται μελλοντικούς απογόνους είτε σκέπτονται τους υπάρχοντες—, συνήθως δημιουργούν νοητικές εικόνες μωρών που γουργουρίζουν και χαμογελούν μέσα στα καροτσάκια τους, αξιαγάπητων νηπίων που τρέχουν πάνω-κάτω στο γρασίδι, όμορφων αγοριών και κοριτσιών που παίζουν τρομπέτα και τούμπα στην παρέλαση της σχολικής μπάντας, επιμελών φοιτητών που στη συνέχεια κάνουν υπέροχους γάμους, λαμπρές σταδιοδρομίες και υπέροχα εγγόνια, τα οποία χαρίζουν αγκαλιές και φιλιά με αντάλλαγμα σοκολάτες. Οι υποψήφιοι γονείς ξέρουν επίσης ότι θα υπάρχουν και βρόμικες πάνες που θα χρειάζονται άλλαγμα, και επίμονη σχολική μελέτη που θα πρέπει να γίνεται καθημερινά, και ξέρουν μάλιστα ότι ο ορθοδοντικός τους θα αποκτήσει εξοχικό στην Καραϊβική χάρη στις δικές τους οικονομίες· όμως συνολικά σκέφτονται με πολλή χαρά την απόκτηση παιδιών, και αυτός εξάλλου είναι ο λόγος που οι περισσότεροι πραγματοποιούν τελικά το μεγάλο βήμα. Όταν οι άνθρωποι αναπολούν τη ζωή τους ως γονείς, θυμούνται ότι ένιωθαν έτσι όπως περιμένουν να νιώσουν όσοι ετοιμάζονται να γίνουν γονείς. Λίγοι μόνο έχουμε ανοσία σε αυτές τις χαρωπές ενατενίσεις. Έχω ένα γιο 29 ετών, και είμαι απολύτως πεπεισμένος ότι αποτελούσε πάντοτε, όπως και τώρα, μια από τις μεγαλύτερες πηγές χαράς στη ζωή μου —παρότι αυτή έχει προσφάτως επισκιαστεί από τη μικρή μου εγγονή, η οποία είναι εξίσου αξιολάτρευτη αλλά δεν μου έχει ζητήσει ακόμα να περπατάω σε απόσταση, για να μη φαίνεται ότι γνωριζόμαστε. Όταν οι άνθρωποι ερωτώνται για τις πηγές από τις οποίες αντλούν χαρά, κάνουν ακριβώς ό,τι και εγώ: δείχνουν τα παιδιά τους.

Ωστόσο, αν μετρήσουμε την *πραγματική* ικανοποίηση των ανθρώπων που έχουν παιδιά, έρχεται στο φως μια πολύ διαφορετική ιστορία. Όπως δείχνει η Εικόνα 23, τα ζευγάρια ξεκινούν πολύ ευτυχισμένα το γάμο τους, αλλά προοδευτικά η ικανοποίηση από την κοινή τους ζωή μειώνεται, για να φτάσει πάλι κοντά στο αρχικό επίπεδό της μόνο αφού φύγουν τα παιδιά τους από το σπίτι[17]. Παρά τα όσα διαβάζουμε στον μαζικό Τύπο, το μόνο γνωστό σύμπτωμα του «συνδρόμου της άδειας φωλιάς» είναι η αυξημένη συχνότητα του χαμόγελου[18]. Το ενδιαφέρον μάλιστα είναι ότι αυτό το πρότυπο ικανοποίησης στη διάρκεια του κύκλου ζωής περιγράφει καλύτερα την εμπειρία των γυναικών (οι οποίες συνήθως επωμίζονται τη φροντίδα των παιδιών) παρά των αντρών[19]. Προσεκτικές μελέτες σχετικές με τα συναισθήματα που βιώνουν οι γυναίκες στις καθημερινές τους δραστηριότητες δείχνουν ότι αντλούν μικρότερη ικανοποίηση όταν φροντίζουν τα παιδιά τους παρά όταν τρώνε, κάνουν γυμναστική, πάνε για ψώνια, παίρνουν έναν υπνάκο ή βλέπουν τηλεόραση[20]. Στην πραγματικότητα, η φροντίδα των παιδιών δείχνει να τους είναι ελαφρώς μόνο πιο ευχάριστη από τις δουλειές του σπιτιού.

Τίποτε από όλα αυτά δεν θα έπρεπε να μας προκαλεί έκπληξη. Κάθε γονιός ξέρει ότι τα παιδιά σημαίνουν δουλειά —πολλή και σκληρή δουλειά—, και παρότι όταν είναι κανείς γονιός απολαμβάνει πολλές στιγμές ικανοποίησης, οι περισσότερες στιγμές, πάντως, έχουν να κάνουν με μονότονη και ανιδιοτελή προσφορά υπηρεσιών σε ανθρώπους οι οποίοι μόνο έπειτα από δεκαετίες θα εκφράσουν —έστω και βαρυγγωμώντας— λίγη ευγνωμοσύνη για τα όσα κάνουμε. Αν το να είναι κάποιος γονιός απαιτεί τόσο δύσκολη δουλειά, τότε γιατί έχουμε τόσο εξωραϊσμένες απόψεις επί του θέματος; Ο ένας λόγος είναι ότι μιλούσαμε στο τηλέφωνο όλη μέρα με άλλους «κατόχους μετοχών της κοινωνίας» —με τις μαμάδες, τις θείες μας και προσωπικούς μας εκπαιδευτές— οι οποίοι μάς μετέδωσαν μια ιδέα που τη θεωρούν μεν ορθή αλλά η ορθότητά της δεν είναι ο λόγος για την επιτυχή διάδοσή της. «Τα παιδιά φέρνουν την ευτυχία» είναι ένας υπεραυτοαντιγραφέας. Το δίκτυο διάδοσης πεποιθήσεων στο οποίο συμμετέχουμε δεν μπορεί να λειτουργήσει χωρίς τον συνεχή ανεφοδιασμό με ανθρώπους οι οποίοι θα διεξάγουν τη διάδοση, και έτσι η πίστη ότι τα παιδιά φέρνουν την ευτυχία γίνεται μέρος της πολιτισμικής μας γνώσης απλώς και μόνο επειδή η αντίθετη πεποίθηση ξηλώνει τον συνδετικό ιστό των κοινωνιών που την προσυπογράφουν. Πράγματι, εάν οι άνθρωποι πίστευαν ότι τα παιδιά φέρνουν δυστυχία

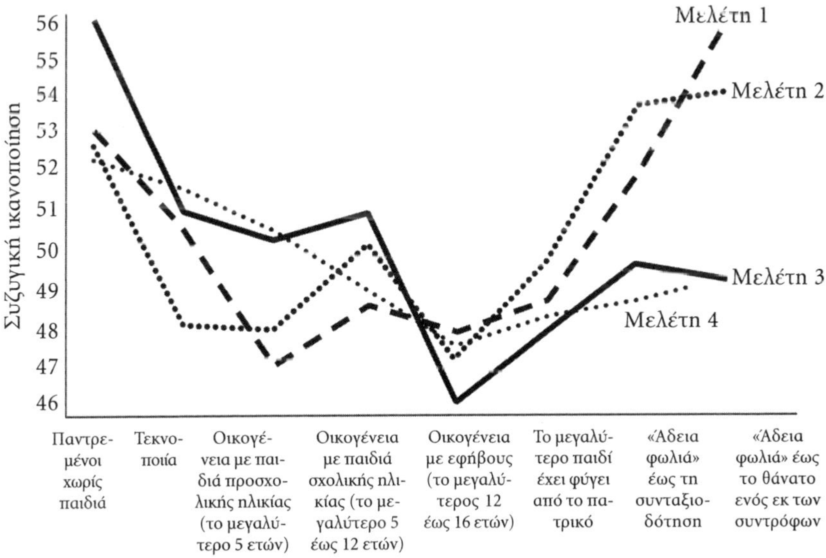

Εικόνα 23. Όπως δείχνουν τα αποτελέσματα τεσσάρων μελετών σε αυτό το γράφημα, η συζυγική ικανοποίηση μειώνεται δραστικά μετά τη γέννηση του πρωτότοκου, και αυξάνεται πάλι μόνο όταν και το μικρότερο παιδί αφήσει το πατρικό.

και απελπισία —και συνεπώς σταματούσαν να κάνουν παιδιά—, σε περίπου πενήντα χρόνια θα έθεταν εκτός λειτουργία το δίκτυο διάδοσης των πεποιθήσεών τους, και έτσι θα εξολόθρευαν την πεποίθηση η οποία θα είχε εξολοθρέψει πρώτα τους ίδιους. Οι Shakers ήταν μια αγροτική κοινότητα με ουτοπικές αντιλήψεις η οποία ιδρύθηκε τον 19ο αιώνα και σε κάποια χρονική στιγμή αριθμούσε περίπου 6.000 άτομα. Επιδοκίμαζαν την απόκτηση παιδιών αλλά όχι και τις φυσικές πράξεις με τις οποίες τα παιδιά έρχονται στον κόσμο. Με το πέρασμα των ετών, η αυστηρή προσήλωσή τους στην αγαμία προκάλεσε τη συρρίκνωση του δικτύου τους, και σήμερα επιζούν λίγοι μόνο γηραιοί Shakers, οι οποίοι μεταβιβάζουν τις αντιλήψεις τους για την Ημέρα της Κρίσης μεταξύ τους και σε κανέναν άλλο.

Το παιχνίδι της διάδοσης πεποιθήσεων είναι στημένο, επομένως *πρέπει* να πιστεύουμε ότι τα παιδιά και τα χρήματα φέρνουν ευτυχία, ανεξάρτητα από την ορθότητα αυτών των πεποιθήσεων. Αυτό όμως δεν σημαίνει ότι τώρα πρέπει όλοι να παρατήσουμε τις δουλειές μας και να εγκαταλείψουμε τις οικογένειές μας. Απλώς σημαίνει ότι, ενώ *πιστεύουμε* πως ανατρέφουμε παιδιά και βγάζουμε χρήματα για να αυξήσουμε το μερίδιο της ευτυχίας μας, στην πραγματικότητα κάνουμε αυτά τα πράγματα για λόγους που δεν πάει ο νους μας. Είμαστε κόμβοι ενός κοινωνικού δικτύου που αναδύεται και καταρρέει σύμφωνα με μια δική του λογική, και αυτός είναι ο λόγος για τον οποίο συνεχίζουμε να μοχθούμε, συνεχίζουμε να ζευγαρώνουμε και συνεχίζουμε να μένουμε έκπληκτοι όταν δεν νιώθουμε όλη εκείνη τη χαρά που με πολλή αφέλεια προσδοκούμε.

Ο μύθος των δακτυλικών αποτυπωμάτων

Οι φίλοι μου μου επισημαίνουν ότι έχω την τάση να παρουσιάζω προβλήματα χωρίς να προσφέρω και λύσεις, αλλά ποτέ δεν μου λένε τι να κάνω για να διορθωθώ. Στα προηγούμενα κεφάλαια περιέγραψα τους λόγους για τους οποίους η φαντασία δεν καταφέρνει να μας προσφέρει μια ακριβή προεπισκόπηση του συναισθηματικού μας μέλλοντος. Υποστήριξα ότι, όταν φανταζόμαστε το μέλλον μας, έχουμε την τάση να κάνουμε συμπληρώσεις και παραλείψεις, και να λαμβάνουμε ελάχιστα υπόψη το πόσο διαφορετικά θα σκεφτόμαστε για το μέλλον όταν θα βρισκόμαστε εκεί. Έχω υποστηρίξει επίσης ότι ούτε η προσωπική εμπειρία ούτε η πολιτισμική γνώση μπορούν να αντισταθμίσουν τους περιορισμούς της φαντασίας. Σας έχω μαρινάρει τόσο καλά μέσα στις αδυναμίες, τις πολώσεις, τις πλάνες και τα λάθη του ανθρώπινου νου, ώστε μπορεί να αναρωτιέστε πώς στο καλό καταφέρνουμε έστω και να ψήσουμε ένα τοστ χωρίς να αλείψουμε με βούτυρο τα γόνατά μας. Αν είναι έτσι, τότε θα αναθαρρήσετε αν μάθετε ότι *υπάρχει* μια απλή μέθοδος την οποία μπορούν όλοι να χρησιμοποιήσουν για να κάνουν εντυπωσιακά ακριβείς προβλέψεις σχετικά με το πώς θα αισθάνονται στο μέλλον. Ίσως όμως αποθαρρυνθείτε αν μάθετε ότι, σε γενικές γραμμές, κανένας δεν θέλει να τη χρησιμοποιήσει.

Καταρχάς, γιατί βασιζόμαστε στη φαντασία μας; Η φαντασία είναι η χωροχρονική «σκουληκότρυπα» των φτωχών. Δεν μπορούμε να κάνουμε ό,τι στ' αλήθεια θα *θέλαμε* να κάνουμε —ας πούμε, να ταξιδέψουμε μέσα στο χρόνο, να πραγματοποιήσουμε μια επίσκεψη στους μελλοντικούς μας εαυτούς και να *δούμε* πόσο ευτυχισμένοι είναι—, επομένως φανταζόμαστε το μέλλον αντί να πάμε εκεί. Ακόμα κι αν δεν μπορούμε να ταξιδέψουμε στη διάσταση του χρόνου, μπορούμε πάντως να ταξιδέψουμε στις διαστάσεις του χώρου, και είναι πολύ πιθανόν να υπάρχει σε αυτές τις τρεις διαστάσεις κάποιος άλλος άνθρωπος ο οποίος πράγματι *βιώνει* το γεγονός που εμείς αυτή τη στιγμή απλώς εξετάζουμε ως ενδεχόμενο. Είναι σίγουρο ότι δεν υπήρξαμε οι πρώτοι άνθρωποι που αναρωτήθηκαν ποτέ αν αξίζει να μετακομίσουμε στο Σινσινάτι ή να ξεκινήσουμε μια σταδιοδρομία στη διεύθυνση ξενοδοχείων ή να φάμε άλλο ένα κομμάτι πίτα ή να συνάψουμε εξωσυζυγική σχέση, και, κατά κανόνα, όλοι όσοι έχουν ήδη εμπειρία αυτών των πραγμάτων είναι πρόθυμοι να μας μιλήσουν σχετικά. Αληθεύει ότι, όταν οι άλλοι μάς μιλούν για τις παλιότερες εμπειρίες τους («Αυτό το παγωμένο νερό δεν ήταν δα και τόσο παγωμένο» ή «Μου αρέσει πολύ να φροντίζω την κόρη μου»), τα μικρά παραπτώματα της μνήμης τους ίσως να καθιστούν αυτές τις μαρτυρίες αναξιόπιστες. Αλλά αληθεύει επίσης ότι, όταν οι άλλοι μάς μιλούν για τις *τωρινές* εμπειρίες τους («Πώς αισθάνομαι τώρα; Ότι θέλω να βγάλω το χέρι μου από τούτο τον κουβά με το παγωμένο νερό και να βουτήξω στη θέση του το κεφάλι της έφηβης κόρης μου!»), μας δίνουν μια περιγραφή της υποκειμενικής τους κατάστασης η οποία θεωρείται το χρυσό κριτήριο για την αξιολόγηση της ευτυχίας. Αν πιστεύετε (όπως εγώ) ότι οι άνθρωποι σε γενικές γραμμές μπορούν να δηλώσουν με σχετική ακρίβεια πώς αισθάνονται όταν ερωτώνται, τότε ένας τρόπος για να κάνουμε προβλέψεις για το δικό μας συναισθηματικό μέλλον είναι να βρούμε κάποιον που βιώνει τη συγκεκριμένη εμπειρία για την οποία αναρωτιόμαστε και να τον ρωτήσουμε πώς αισθάνεται. Αντί να θυμόμαστε τις παλιότερες εμπειρίες μας για να κάνουμε μια προσομοίωση της μελλοντικής μας εμπειρίας, ίσως θα έπρεπε απλώς να παρατηρούμε άλλους ανθρώπους καθώς κάνουν ενδοσκόπηση. Ίσως χρειάζεται να αφήσουμε κατά μέρος τη μνήμη και τη φαντασία και να χρησιμοποιήσουμε τους άλλους ανθρώπους ως *αντικαταστάτες* των μελλοντικών μας εαυτών.

Αυτή η ιδέα ακούγεται πολύ απλοϊκή, και υποψιάζομαι ότι έχετε μια ένσταση, η οποία μάλλον πάει κάπως έτσι: «*Ναι, υπάρχουν άλλοι άνθρωποι που βιώνουν τούτη ακριβώς τη στιγμή όσα πράγματα εγώ απλώς και μόνο στοχάζομαι, αλλά δεν μπορώ να χρησιμοποιήσω τις εμπειρίες άλλων ανθρώπων σαν προσεγγίσεις των δικών μου, διότι αυτοί οι άλλοι άνθρωποι δεν είναι εγώ. Κάθε ανθρώπινο ον είναι τόσο μοναδικό όσο και τα δακτυλικά του αποτυπώματα, και συνεπώς το να μάθω πώς αισθάνονται άλλοι άνθρωποι δεν θα με βοηθήσει και πολύ στις καταστάσεις που αντιμετωπίζω. Παρεκτός και αυτοί οι άλλοι άνθρωποι είναι κλώνοι μου και έχουν βιώσει όλες τις εμπειρίες που έχω βιώσει κι εγώ, θεωρώ σίγουρο ότι οι αντιδράσεις τους διαφέρουν από τις δικές μου. Έχω ιδιαίτερα, ιδιοσυγκρασιακά χαρακτηριστικά, και επομένως θα τα καταφέρω καλύτερα αν βασίσω τις προβλέψεις μου στη φαντασία μου, έστω κι αν είναι λίγο άστατη, παρά αν βασιστώ στις αναφορές άλλων ανθρώπων, των οποίων οι προτιμήσεις, τα γούστα και οι συναισθηματικές προδιαθέσεις διαφέρουν ριζικά από τα αντίστοιχα δικά μου.»* Εάν αυτή είναι η ένστασή σας, τότε ακούγεται καλή —τόσο καλή ώστε θα μου πάρει μόνο δύο βήματα για να την κατεδαφίσω. Κατά πρώτον, αφήστε με να σας δείξω ότι η εμπειρία ενός και μόνο, τυχαία επιλεγμένου ατόμου μπορεί μερικές φορές να προσφέρει καλύτερη βάση για να προβλέψετε τη μελλοντική εμπειρία σας απ' ό,τι η δική σας φαντασία. Και δεύτερον, αφήστε με να σας εξηγήσω γιατί και οι δύο δυσκολευόμαστε τόσο πολύ να το πιστέψουμε.

Βρίσκοντας τη λύση

Η φαντασία έχει τρεις περιορισμούς, και αν δεν το μάθατε ακόμη, τότε ίσως διαβάζετε το βιβλίο από το τέλος προς την αρχή. Αν το ξέρετε, τότε ξέρετε επίσης ότι ο πρώτος περιορισμός της φαντασίας είναι η τάση της να συμπληρώνει και να παραλείπει πράγματα χωρίς να μας το λέει (με τον οποίο ασχοληθήκαμε στο μέρος σχετικά με το *ρεαλισμό*). Κανένας δεν μπορεί να φανταστεί κάθε χαρακτηριστικό ή συνέπεια κάποιου μελλοντικού γεγονότος, άρα θα εξετάσουμε ορισμένα από αυτά και θα αποτύχουμε να εξετάσουμε κάποια άλλα. Το πρόβλημα είναι ότι τα χαρακτηριστικά και οι συνέπειες που δεν καταφέρνουμε να υπολογίσουμε συχνά έχουν και μεγάλη σπουδαιότητα. Ίσως θυμάστε τη μελέτη εκείνη στην οποία ζητήθηκε από τους φοιτητές να φανταστούν πώς θα αισθάνονταν λίγες μέρες αφότου η ομάδα της σχολής τους θα είχε αντιμετωπίσει τον αιώνιο αντίπαλό της[21]. Τα αποτελέσματα έδειξαν ότι οι φοιτητές υπερεκτίμησαν το πόσο θα διαρκούσε ο συναισθηματικός αντίκτυπος του αγώνα, καθώς, όταν προσπάθησαν να φανταστούν τη μελλοντική τους εμπειρία, εκείνοι οραματίστηκαν ότι η ομάδα τους κέρδιζε («Θα σημάνει το τέλος χρόνου, θα ορμήσουμε στο γήπεδο, όλοι θα ζητωκραυγάζουν...») αλλά δεν μπόρεσαν να φανταστούν τι θα έκαναν αργότερα («Και ύστερα θα πάω σπίτι να διαβάσω για τις τελικές εξετάσεις»). Καθώς οι φοιτητές ήταν επικεντρωμένοι στο παιχνίδι, δεν κατάφεραν να φανταστούν πώς θα επηρεάζονταν τα αισθήματα ευτυχίας τους από τα γεγονότα που θα συνέβαιναν *μετά* το παιχνίδι. Επομένως, τι έπρεπε να είχαν κάνει;

Έπρεπε να είχαν παραιτηθεί εντελώς από τη φαντασία. Δείτε τι συνέβη σε μια μελέτη όπου οι συμμετέχοντες βρέθηκαν σε παρόμοια δύσκολη θέση και ύστερα υποχρεώθηκαν να αφήσουν κατά μέρος τη φαντασία τους. Σε αυτή τη μελέτη, κάποιοι εθελοντές (η ομάδα αναφοράς) έλαβαν αρχικά ένα νοστιμότατο δώρο —ένα κουπόνι αγορών από το κοντινότερο ζαχαροπλαστείο— και μετά χρειάστηκε να συμμετάσχουν σε μια ανιαρή και παρατεταμένη άσκηση μέτρησης και καταγραφής των γεωμετρικών σχημάτων που εμφανίζονταν στην οθόνη ενός υπολογιστή[22]. Οι εθελοντές ύστερα δήλωσαν πώς ένιωθαν. Ακολούθως, κάποιοι άλλοι εθελοντές ενημερώθηκαν ότι θα έπαιρναν ένα δώρο και ότι θα εκτελούσαν την ίδια βαρετή άσκηση. Οι ερευνητές πληροφόρησαν ορισμένους από αυτούς τους νέους εθελοντές (την ομάδα προσομοίωσης) ποιο ήταν το δώρο και τους ζήτησαν να χρησιμοποιήσουν τη φαντασία τους για να προβλέψουν τα μελλοντικά τους συναισθήματα. Στους υπόλοιπους εθελοντές (την ομάδα αντικατάστασης) δεν αποκάλυψαν το είδος του δώρου, αλλά τους έδειξαν τη δήλωση ενός τυχαία επιλεγμένου εθελοντή της ομάδας αναφοράς. Καθώς δεν ήξεραν ποιο ήταν το δώρο, αυτοί οι εθελοντές δεν μπορούσαν φυσικά να καταφύγουν στη φαντασία τους για να προβλέψουν τα μελλοντικά τους συναισθήματα. Αντιθέτως, χρειάστηκε να βασιστούν στην αναφορά του άλλου εθελοντή. Αφού όλοι οι εθελοντές είχαν κάνει τις προβλέψεις τους, είχαν πάρει το δώρο τους και είχαν κάνει τη βαρετή άσκηση, δήλωσαν ύστερα πώς πράγματι αισθάνονταν εκείνη τη στιγμή. Όπως φαίνεται από τις στήλες στο αριστερό άκρο της Εικόνας 24, οι εθελοντές της ομάδας προσομοίωσης δεν ένιωθαν τόσο χαρούμενοι όσο περίμεναν. Γιατί; Διότι δεν μπόρεσαν να φανταστούν πόσο γρήγορα θα ξεθώριαζε η χαρά τους αφού θα είχε ακολουθήσει την προσφορά του δώρου μια ανιαρή και παρατεταμένη άσκηση. Πρόκειται για το ίδιο ακριβώς λάθος που είχαν κάνει και οι φοιτητές-οπαδοί. Ρίξτε μια ματιά τώρα και στα αποτελέσματα των εθελοντών της ομάδας αντικατάστασης. Όπως παρατηρείτε και εσείς, έκαναν εξαιρετικά ακριβείς προβλέψεις για τη μελλοντική χαρά τους. Οι εθελοντές της ομάδας αντικατάστασης δεν γνώριζαν τι είδους δώρο θα έπαιρναν, αλλά ήξεραν ότι όποιος το είχε ήδη πάρει δεν ήταν ακριβώς ξετρελαμένος μετά το τέ-

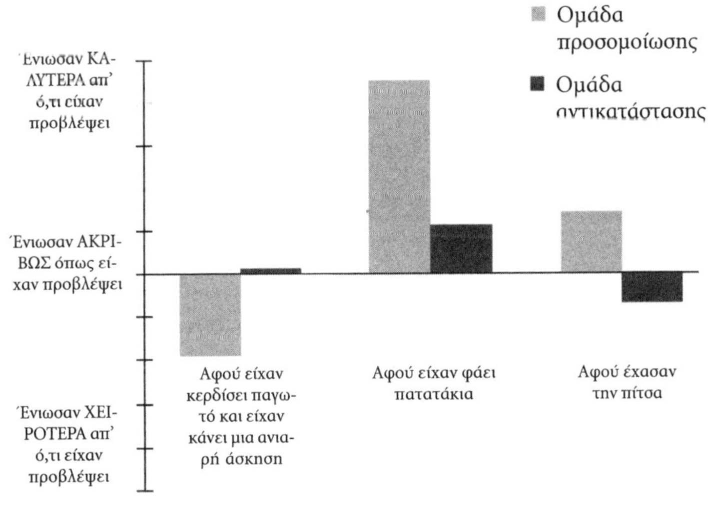

Εικόνα 24. Οι εθελοντές έκαναν πολύ πιο ακριβείς προβλέψεις για τα μελλοντικά τους συναισθήματα αφού είχαν μάθει πώς είχε νιώσει κάποιος άλλος που βρέθηκε στην ίδια κατάσταση (αντικατάσταση) παρά όταν προσπάθησαν από μόνοι τους να φανταστούν πώς θα αισθάνονταν (προσομοίωση).

λος της βαρετής άσκησης. Ανασήκωσαν τους ώμους λοιπόν και έβγαλαν το συμπέρασμα ότι και οι ίδιοι μάλλον δεν θα ένιωθαν έκσταση μετά το τέλος της ανιαρής άσκησης —και είχαν δίκιο!

Το δεύτερο ελάττωμα της φαντασίας είναι η τάση της να προβάλλει το παρόν στο μέλλον (και αυτό το πραγματευτήκαμε στο μέρος του *παροντισμού*). Όταν η φαντασία ζωγραφίζει μια εικόνα του μέλλοντος, πολλές λεπτομέρειες αναγκαστικά απουσιάζουν, και η φαντασία λύνει τούτο το πρόβλημα γεμίζοντας τα κενά με λεπτομέρειες που δανείζεται από το παρόν. Όποιος πήγε για ψώνια με άδειο στομάχι ή ορκίστηκε να σταματήσει το κάπνισμα την ώρα που έσβηνε ένα τσιγάρο ή έκανε πρόταση γάμου ενώ ήταν σε άδεια εξόδου από το πλοίο, ξέρει καλά ότι το πώς αισθανόμαστε τώρα μπορεί να επιδράσει στο πώς *νομίζουμε* ότι θα αισθανόμαστε αργότερα και να μας οδηγήσει σε λάθη. Καθώς δείχνουν τα πράγματα, η αντικατάσταση μπορεί να θεραπεύσει και αυτή την αδυναμία. Σε μια έρευνα, αρχικά μερικοί εθελοντές (της ομάδας αναφοράς) έφαγαν λίγα τσιπς και δήλωσαν πόσο τους άρεσαν[23]. Αργότερα, οι ερευνητές τάισαν μια άλλη ομάδα εθελοντών με φρυγανιές, κρακεράκια με τυρί και φιστικοβούτυρο, τορτίγιες, κριτσίνια και τοστ, και, όπως καταλαβαίνετε, κατέληξαν τελείως φουσκωμένοι και χωρίς ιδιαίτερη επιθυμία πλέον για αλμυρά σνακ. Αυτοί οι παραγεμισμένοι εθελοντές χρειάστηκε ύστερα να προβλέψουν πόσο θα απολάμβαναν κάποια συγκεκριμένη τροφή την επόμενη μέρα. Μερικοί (της ομάδας προσομοίωσης) έμαθαν ότι αυτό που θα έτρωγαν την επομένη θα ήταν πατατάκια, και τους ζητήθηκε να χρησιμοποιήσουν τη φαντασία τους για να προβλέψουν πώς θα αισθάνονταν αφού θα τα είχαν φάει. Στους άλλους παραγεμισμένους εθελοντές (της ομάδας αντικατάστασης) δεν είπαν ποιο θα ήταν το φαγητό της επομένης, αλλά τους έδειξαν τη δήλωση κάποιου τυχαία επιλεγμένου εθελοντή της ομάδας αναφοράς. Καθώς οι εθελοντές της ομάδας αντικατάστασης δεν ήξεραν τι θα έτρωγαν την επόμενη μέρα, δεν μπορούσαν να χρησιμοποιήσουν τη φαντασία τους για να προβλέψουν τη μελλοντική τους ικανοποίηση· έπρεπε λοιπόν να βασιστούν στη δήλωση του εθελοντή της ομάδας αναφοράς. Αφού όλοι οι εθελοντές είχαν κάνει τις προβλέψεις τους, έφυγαν, επέστρεψαν την επόμενη μέρα, έφαγαν λίγα πατατάκια και δήλωσαν πόσο τους άρεσαν. Όπως δείχνουν οι μεσαίες στήλες στην Εικόνα 24, στους εθελοντές της ομάδας προσομοίωσης άρεσαν τα πατατάκια περισσότερο από όσο είχαν προβλέψει. Γιατί; Επειδή, όταν είχαν κάνει τις προβλέψεις τους, η κοιλιά τους ήταν γεμάτη με κρακεράκια και κριτσίνια. Αλλά οι εθελοντές της ομάδας αντικατάστασης —οι οποίοι ήταν εξίσου παραφουσκωμένοι όταν έκαναν τις προβλέψεις τους— στηρίχτηκαν στην αναφορά ενός ανθρώπου που δεν είχε γεμάτο στομάχι και συνεπώς έκαναν πολύ πιο ακριβείς προβλέψεις. Είναι μάλιστα σημαντικό το ότι οι εθελοντές της ομάδας αντικατάστασης πρόβλεψαν με ακρίβεια πόσο θα απολάμβαναν ένα φαγητό παρά το γεγονός ότι δεν ήξεραν καν για ποιο φαγητό επρόκειτο!

Ο τρίτος περιορισμός της φαντασίας έγκειται στο ότι δεν καταφέρνει να αναγνωρίσει πως τα πράγματα θα δείχνουν διαφορετικά αφού θα έχουν συμβεί —συγκεκριμένα, ότι τα άσχημα πράγματα θα φαίνονται πολύ καλύτερα (πράγμα που είδαμε στο μέρος για την *εκλογίκευση*). Παραδείγματος χάρη, όταν φανταζόμαστε τι θα συνέβαινε αν χάναμε τη δουλειά μας, εκείνο που βλέπουμε είναι μια οδυνηρή εμπειρία («Το αφεντικό θα εισβάλει στο γραφείο μου, θα κλείσει την πόρτα πίσω του...») χωρίς να φανταζόμαστε όμως πώς θα μεταμορφωθεί το νόημά της από το ψυχολογικό ανοσοποιητικό μας σύστημα («Θα έρθει η στιγμή που θα διαπιστώσω ότι αυτή ήταν η ευκαιρία μου να αφήσω τις λιανικές πωλήσεις και να ακολουθήσω την αληθινή μου κλίση στη γλυπτική»). Είναι δυνατόν να διορθωθεί και αυτή η ανεπάρκεια με την αντικατάσταση; Για να το μάθουν, κάποιοι ερευνητές προκάλεσαν σε μερικούς ανθρώπους μια δυσάρεστη εμπειρία. Είπαν σε κάποιους εθελοντές (της ομάδας αναφοράς) ότι ο ερευνητής θα έστριβε ένα νόμισμα, και, αν ερχόταν κορώνα, ο συμμετέχων θα κέρδιζε ένα κουπόνι δώρου για μια πιτσαρία. Έριχναν το νόμισμα, και —αχ, τι κρίμα— επειδή ερχόταν γράμματα, οι συμμετέχοντες δεν έπαιρναν τίποτε[24]. Οι εθελοντές της ομάδας αναφοράς δήλωσαν ύστερα πώς είχαν αισθανθεί. Ακολούθως, κάποιοι άλλοι εθελοντές ενημερώθηκαν για το παιχνίδι με το νόμισμα και χρειάστηκε να προβλέψουν πώς θα αισθάνονταν αν το νόμισμα ερχόταν γράμματα και δεν έπαιρναν το κουπόνι για την πίτσα. Μερικοί από τους εθελοντές (της ομάδας προσομοίωσης) έμαθαν την ακριβή αξία του κουπονιού και άλλοι (της ομάδας αντικατάστασης) βασίστηκαν πάλι μόνο στη δήλωση ενός τυχαία επιλεγμένου ατόμου από τους εθελοντές της ομάδας αναφοράς. Αφού οι εθελοντές είχαν κάνει τις προβλέψεις τους, το νόμισμα ριχνόταν και —αχ, τι κρίμα— ερχόταν γράμματα. Οι εθελοντές δήλωσαν έπειτα πώς ένιωθαν. Όπως φαίνεται από τις στήλες στο δεξιό άκρο της Εικόνας 24, οι εθελοντές της ομάδας προσομοίωσης αισθάνθηκαν καλύτερα απ' ό,τι είχαν προβλέψει για την περίπτωση όπου θα έχαναν στο ρίξιμο του νομίσματος. Γιατί; Διότι οι εθελοντές της προσομοίωσης δεν είχαν υπολογίσει πόσο γρήγορα και εύκολα θα εκλογίκευαν την απώλεια («Η πίτσα είναι πολύ παχυντική —εξάλλου, αυτό το εστιατόριο δεν μου αρέσει»). Οι εθελοντές της ομάδας αντικατάστασης όμως —που βασίζονταν μόνο στην αναφορά ενός άλλου, τυχαία επιλεγμένου ατόμου— έκαναν πιο ακριβείς προβλέψεις.

Απορρίπτοντας τη λύση

Αυτές οι τρεις έρευνες δείχνουν ότι, όταν κάποιοι άνθρωποι στερούνται τις πληροφορίες που έχει ανάγκη η φαντασία τους, και επομένως *υποχρεώνονται* να χρησιμοποιήσουν τους άλλους ως αντικαταστάτες των εαυτών τους, τότε κάνουν εντυπωσιακά ακριβείς προβλέψεις για τα μελλοντικά τους συναισθήματα, και αυτό υποδηλώνει ότι ο καλύτερος τρόπος για να προβλέψουμε τα αυριανά μας συναισθήματα είναι να δούμε πώς νιώθουν κάποιοι άλλοι, σήμερα[25]. Με δεδομένη την εντυπωσιακή ισχύ αυτής της απλούστατης τεχνικής, θα περιμέναμε ότι οι πιο πολλοί θα ήταν παραπάνω από πρόθυμοι να τη χρησιμοποιήσουν. Δεν το κάνουν όμως. Όταν μια εντελώς διαφορετική ομάδα εθελοντών άκουσαν την περιγραφή των τριών συνθηκών που προανέφερα —το δώρο, το μυστικό φαγητό και το κουπόνι δώρου— και ρωτήθηκαν αν θα προτιμούσαν να κάνουν προβλέψεις για τα μελλοντικά συναισθήματά τους βασιζόμενοι (α) σε πληροφορίες σχετικά με το δώρο, το φαγητό και το κουπόνι ή (β) σε πληροφορίες για το πώς αισθάνθηκε κάποιο τυχαία επιλεγμένο άτομο αφού κέρδισε ένα τέτοιο δώρο, έφαγε ένα τέτοιο φαγητό ή έχασε ένα τέτοιο κουπόνι, τότε σχεδόν όλοι οι εθελοντές επέλεξαν την πρώτη εναλλακτική λύση. Αν δεν είχατε μάθει τα αποτελέσματα των προηγούμενων αυτών ερευνών, πιθανότατα θα κάνατε και εσείς το ίδιο. Αν σας πρότεινα να πληρώσω εγώ το δείπνο σας σε ένα εστιατόριο εφόσον προβλέπατε σωστά την ικανοποίηση που θα σας έδινε, θα θέλατε άραγε να δείτε πρώτα το μενού του εστιατορίου ή την άποψη που εξέφρασε κάποιος τυχαία επιλεγμένος πελάτης του; Αν λειτουργείτε όπως οι περισσότεροι άλλοι άνθρωποι, θα προτιμούσατε να ρίξετε μια ματιά στο μενού, και αν είστε σαν τους περισσότερους ανθρώπους, θα καταλήγατε να πληρώσετε εσείς το γεύμα. Γιατί;

Διότι, αν μοιάζετε με τους περισσότερους άλλους ανθρώπους, τότε, όπως και οι περισσότεροι άνθρωποι, δεν ξέρετε ότι μοιάζετε με τους περισσότερους άλλους ανθρώπους. Η επιστήμη μάς έχει προσφέρει πολλά δεδομένα για τον μέσο άνθρωπο, και ένα από τα πιο αξιόπιστα τέτοια δεδομένα είναι ότι ο μέσος άνθρωπος δεν βλέπει τον εαυτό του ως μέσο άνθρωπο. Οι πιο πολλοί φοιτητές θεωρούν τον εαυτό τους πιο έξυπνο από τον μέσο φοιτητή[26], οι περισσότεροι διευθυντές επιχειρήσεων θεωρούν τον εαυτό τους πιο ικανό από τον μέσο διευθυντή[27], και οι πιο πολλοί ποδοσφαιριστές θεωρούν ότι έχουν καλύτερη «αίσθηση του ποδοσφαίρου» απ' ό,τι οι συμπαίκτες τους[28]. Το 90% των οδηγών θεωρούν ότι οδηγούν με περισσότερη ασφάλεια από όση ο μέσος όρος των οδηγών[29], και το 94% των καθηγητών πανεπιστημίου θεωρούν ότι είναι καλύτεροι δάσκαλοι από τον μέσο όρο των πανεπιστημιακών δασκάλων[30]. Η ειρωνεία μάλιστα του θέματος είναι ότι η τάση να βλέπουμε τον εαυτό μας ως καλύτερο από τον μέσο άνθρωπο μας οδηγεί επίσης να θεωρούμε τον εαυτό μας και πιο αντικειμενικό από τον μέσο όρο[31]. Όπως συμπέρανε μια ερευνητική ομάδα: «Φαίνεται ότι οι περισσότεροι πιστεύουμε πως είμαστε πιο αθλητικοί, έξυπνοι, οργανωμένοι, ηθικοί, λογικοί, ενδιαφέροντες, δίκαιοι και υγιείς —και παρεμπιπτόντως, πιο ελκυστικοί— από όσο ο μέσος άνθρωπος.»[32]

Αυτή η τάση να πιστεύουμε ότι είμαστε καλύτεροι από τους άλλους δεν αποτελεί απαραιτήτως έκφραση του ασύστολου ναρκισσισμού μας, αλλά ίσως φαινόμενο που ανήκει σε μια συνολικότερη τάση μας να θεωρούμε τον εαυτό μας *διαφορετικό* από τους άλλους —συχνά προς το καλύτερο αλλά μερικές φορές και προς το χειρότερο. Όταν ρωτάμε ανθρώπους για το πόσο γενναιόδωροι είναι, ισχυρίζονται ότι κάνουν περισσότερες πράξεις γενναιοδωρίας από τους άλλους· αλλά όταν τους ρωτάμε για το πόσο ιδιοτελείς είναι, δηλώνουν επίσης ότι κάνουν περισσότερες ιδιοτελείς πράξεις από τους άλλους[33]. Όταν ερωτώνται για την ικανότητά τους σε κάτι εύκολο, όπως στην οδήγηση αυτοκινήτου ή ποδηλάτου, αξιολογούν τον εαυτό τους ως καλύτερο από τους άλλους· όταν όμως τους ρωτούν πόσο ικανοί είναι σε πιο δύσκολα πράγματα, όπως σε ζογκλερικά κόλπα ή στο σκάκι, βαθμολογούν τον εαυτό τους ως χειρότερο από τους άλλους[34]. Δεν βλέπουμε πάντοτε τον εαυτό μας ως *ανώτερο*, όμως σχεδόν πάντοτε τον βλέπουμε ως *μοναδικό*. Ακόμα και όταν κάνουμε ακριβώς ό,τι και οι άλλοι, έχουμε την τάση να πιστεύουμε ότι το κάνουμε για λόγους μοναδικούς. Παραδείγματος χάρη, έχουμε την τάση να αποδίδουμε τις επιλογές των άλλων σε χαρακτηριστικά των ίδιων («Ο Phil διάλεξε αυτό το μάθημα επειδή είναι κουλτουριάρης»), αλλά αποδίδουμε τις δικές μας επιλογές σε χαρακτηριστικά των επιλογών μας

(«Εγώ όμως το διάλεξα επειδή ήταν πιο εύκολο από τα οικονομικά»)[35]. Αναγνωρίζουμε ότι οι αποφάσεις μας επηρεάζονται από τις κοινωνικές συμβάσεις («Ντράπηκα πολύ να σηκώσω το χέρι μου στην τάξη, μολονότι είχα μπερδευτεί τελείως»), αλλά δεν καταφέρνουμε να διακρίνουμε ότι και των άλλων οι επιλογές επηρεάζονται παρομοίως («Κανένας άλλος δεν σήκωσε το χέρι του, διότι κανείς δεν είχε μπερδευτεί όσο εγώ»)[36]. Γνωρίζουμε ότι μερικές επιλογές μας αντικατοπτρίζουν τις απέχθειές μας («Ψήφισα τον Kerry επειδή δεν μπορώ να ανεχτώ τον Bush»), αλλά υποθέτουμε ότι οι επιλογές των άλλων αντικατοπτρίζουν τις προτιμήσεις τους («Αφού η Rebecca ψήφισε τον Kerry, τότε μάλλον τον προτιμά»)[37]. Ο κατάλογος των διαφορών είναι μακρύς, αλλά το συμπέρασμα βραχύ: Ο εαυτός θεωρεί τον εαυτό του πολύ ιδιαίτερο άνθρωπο[38].

Τι στο καλό μάς κάνει να θεωρούμε ότι είμαστε τόσο ξεχωριστοί; Τρία πράγματα, τουλάχιστον. Πρώτον, ακόμα κι αν δεν είμαστε ξεχωριστοί, ξεχωρίζει ο τρόπος με τον οποίο γνωρίζουμε τον εαυτό μας. Ο εαυτός μας είναι ο μόνος άνθρωπος στον κόσμο που γνωρίζουμε εκ των ένδον. *Βιώνουμε* τις σκέψεις μας και τα συναισθήματά μας, αλλά πρέπει να *συναγάγουμε* ότι οι άλλοι βιώνουν τα αντίστοιχα δικά τους. Όλοι πιστεύουμε πως, πίσω από τα μάτια τους και μέσα στο κεφάλι τους, οι φίλοι και οι γείτονές μας βιώνουν υποκειμενικές εμπειρίες παρόμοιες με τις δικές μας, αλλά αυτή η πίστη είναι απλώς πίστη, και όχι η χειροπιαστή, αυταπόδεικτη αλήθεια των δικών μας υποκειμενικών εμπειριών. Το να κάνουμε έρωτα διαφέρει από το να διαβάζουμε για αυτό, και παρόμοια διαφορά διακρίνει τη γνώση που έχουμε για τη δική μας πνευματική ζωή από τη γνώση μας για την πνευματική ζωή των άλλων. Επειδή γνωρίζουμε τον εαυτό μας και τους άλλους με τόσο διαφορετικά μέσα, συλλέγουμε για τον καθένα πολύ διαφορετικές πληροφορίες, τόσο από άποψη είδους όσο και ποσότητας. Κάθε στιγμή παρακολουθούμε τον σταθερό ρου των σκέψεων και των συναισθημάτων που διατρέχουν τη συνείδησή μας, αλλά απλώς παρακολουθούμε τις λέξεις και τις πράξεις των άλλων, και μάλιστα μόνο όταν βρισκόμαστε μαζί τους. Ένας λόγος, επομένως, που δείχνουμε τόσο ξεχωριστοί είναι το γεγονός ότι γνωρίζουμε τον εαυτό μας με τόσο ξεχωριστό τρόπο.

Ο δεύτερος λόγος είναι ότι *μας αρέσει* να θεωρούμε τον εαυτό μας ιδιαίτερο. Οι περισσότεροι θέλουμε να ταιριάζουμε αρμονικά με τους γύρω μας, αλλά όχι να ταιριάζουμε και τόσο καλά πια[39]. Έχουμε σε υψηλή εκτίμηση τη μοναδικότητά μας, και η έρευνα δείχνει ότι, όταν οι άνθρωποι υποχρεώνονται να αισθανθούν πολύ ίδιοι με τους άλλους, η διάθεσή τους σύντομα χαλάει, και προσπαθούν να πάρουν απόσταση και να διαφοροποιηθούν με ποικίλους τρόπους[40]. Αν πήγατε ποτέ σε κάποιο πάρτι και συναντήσατε κάποια ή κάποιον που φορούσε ακριβώς το ίδιο φόρεμα ή την ίδια γραβάτα με εσάς, τότε ξέρετε ήδη πόσο μας ενοχλεί να μοιραζόμαστε το ίδιο δωμάτιο με έναν ανεπιθύμητο δίδυμο που η παρουσία του μειώνει προσωρινά την αίσθηση της ατομικότητάς μας. Επειδή εκτιμούμε τόσο τη μοναδικότητά μας, δεν προκαλεί έκπληξη που έχουμε την τάση να την υπερεκτιμάμε.

Ο τρίτος λόγος για τον οποίο κλίνουμε προς την υπερεκτίμηση της μοναδικότητάς μας είναι η τάση μας να υπερεκτιμάμε τη μοναδικότητα όλων μας —δηλαδή, τείνουμε να θεωρούμε τους ανθρώπους ως πιο διαφορετικούς μεταξύ τους από όσο είναι στην πραγματικότητα. Ας το παραδεχτούμε: Όλοι οι άνθρωποι μοιάζουν από κάποιες απόψεις και διαφέρουν από άλλες. Οι ψυχολόγοι, βιολόγοι, οικονομολόγοι και κοινωνιολόγοι, οι οποίοι αναζητούν καθολικούς νόμους της ανθρώπινης συμπεριφοράς, ενδιαφέρονται φυσικά για τις ομοιότητες, αλλά εμείς οι υπόλοιποι ενδιαφερόμαστε για τις διαφορές. Ως κοινωνικά όντα οφείλουμε να επιλέγουμε συγκεκριμένα άτομα που θα γίνουν οι σεξουαλικοί μας σύντροφοι, οι συνεταίροι μας στην επιχείρηση, οι συμπαίκτες μας στο μπόουλινγκ, και ένα σωρό άλλα. Για να κάνουμε αυτές τις επιλογές, χρειάζεται να εστιαστούμε στα πράγματα που διακρίνουν τον έναν άνθρωπο από τον άλλον, και όχι σε πράγματα κοινά σε όλους, και έτσι εξηγείται κιόλας γιατί στις προσωπικές αγγελίες είναι πολύ πιθανότερο να αναφέρει κάποιος την αγάπη του για το μπαλέτο παρά την αγάπη του για το οξυγόνο. Μια έφεση στην αναπνοή εξηγεί κάμποσα πράγματα για την ανθρώπινη συμπεριφορά —για παράδειγμα, το γιατί οι άνθρωποι ζουν στην ξηρά, γιατί αρρωσταίνουν στο μεγάλο υψόμετρο, γιατί έχουν πνεύμονες, γιατί αντιστέκονται στον πνιγμό, γιατί αγαπούν τα δέντρα, και τόσα άλλα. Σίγουρα εξηγεί πολύ περισσότερα από όσα θα εξηγούσε η αγάπη κάποιου για το μπαλέτο. Δεν κάνει όμως τίποτε για να διακρίνει τον έναν άνθρωπο από τον άλλο· επομένως, για τους συνηθισμένους ανθρώπους που βρίσκονται στη συνηθισμένη προσπάθεια επιλογής άλλων ανθρώπων για εμπόριο, διάλογο ή συνουσία, η αρέσκεια στο οξυγόνο είναι εξαιρετικά άσχετο χαρακτηριστικό. Οι ατομικές ομοιότητες είναι πάρα πολλές, αλλά δεν μας ενδιαφέρουν και πολύ, διότι δεν μας βοηθούν να κάνουμε αυτό για το οποίο βρισκόμαστε στη Γη, δηλαδή να ξεχωρίζουμε τον Jack από την Jill και την Jill από την Jenifer. Επομένως, αυτές οι ατομικές ομοιότητες αποτελούν ένα ουδέτερο φόντο πάνω στο οποίο ξεχωρίζουν κάποιες σχετικά ελάσσονες ατομικές διαφορές τονισμένες ανάγλυφα.

Καθώς ξοδεύουμε τόσο πολύ χρόνο αναζητώντας, προσέχοντας, εξετάζοντας και ανακαλώντας τέτοιες διαφορές στη μνήμη μας, έχουμε την τάση να υπερεκτιμάμε το μέγεθος και τη συχνότητά τους, καταλήγοντας έτσι να θεωρούμε τους ανθρώπους ως άτομα που ποικίλλουν περισσότερο από όσο στην πραγματικότητα. Αν περνούσατε μια ολόκληρη μέρα ταξινομώντας σταφύλια σε διαφορετικές κατηγορίες σχήματος, χρώματος και ειδών, θα γινόσασταν ένας από κείνους τους εκνευριστικούς σταφυλόφιλους και θα μιλούσατε χωρίς τελειωμό για τις υποψίες αρώματος και τις παραλλαγές υφής. Θα φτάνατε στο σημείο να θεωρείτε ότι τα σταφύλια παρουσιάζουν άπειρη ποικιλότητα, και θα ξεχνούσατε ότι όλες σχεδόν οι *σημαντικές* πληροφορίες σχετικά με ένα σταφύλι μπορούν να συναχθούν από το απλό γεγονός της σταφυλότητάς του. Η πίστη μας στην ανομοιομορφία των άλλων και στη μοναδικότητα του εαυτού μας είναι ιδιαίτερα ισχυρή όσον αφορά τα συναισθήματα[41]. Επειδή μπορούμε να *νιώσουμε* τα δικά μας συναισθήματα, αλλά χρειάζεται να *συναγάγουμε* τα συναισθήματα των άλλων παρατηρώντας το πρόσωπό τους και ακούγοντας τη φωνή τους, έχουμε συχνά την εντύπωση ότι οι άλλοι δεν βιώνουν συναισθήματα με την ίδια ένταση όπως εμείς· αυτός είναι και ο λόγος για τον οποίο περιμένουμε από τους άλλους να αναγνωρίζουν τα αισθήματά μας ακόμα και όταν εμείς δεν μπορούμε να αναγνωρίσουμε τα δικά τους[42]. Αυτή η αίσθηση της συναισθηματικής μοναδικότητας αρχίζει νωρίς. Όταν ρωτάμε παιδιά του νηπιαγωγείου να μας πουν πώς θα αισθάνονταν τα ίδια και τα άλλα παιδιά σε διάφορες καταστάσεις, εκείνα περιμένουν ότι θα νιώσουν μοναδικά συναισθήματα («Ο Billy θα στενοχωριόταν αλλά εγώ όχι») και παραθέτουν μοναδικούς λόγους για τους οποίους θα τα βιώσουν («Εγώ θα έλεγα στον εαυτό μου ότι το χάμστερ πήγε στον ουρανό, αλλά ο Billy απλώς θα έκλαιγε»)[43]. Όταν οι ενήλικοι επιχειρούν παρόμοιες προβλέψεις, κάνουν και εκείνοι ακριβώς το ίδιο[44].

Η μυθική μας πεποίθηση όσον αφορά την ανομοιομορφία και τη μοναδικότητα των ατόμων είναι ο βασικός λόγος για τον οποίο αρνούμαστε να αξιοποιήσουμε τους άλλους ως αντικαταστάτες. Στο κάτω κάτω, η αντικατάσταση αποδεικνύεται χρήσιμη μόνο όταν μπορούμε να υπολογίζουμε ότι ο αντικαταστάτης μας θα αντιδράσει σε ένα συμβάν όπως περίπου θα αντιδρούσαμε και εμείς· συνεπώς, αν πιστεύουμε ότι οι συναισθηματικές αντιδράσεις των ανθρώπων παρουσιάζουν μεγαλύτερη διακύμανση από όση πράγματι έχουν, τότε η αντικατάσταση θα φαντάζει και λιγότερο χρήσιμη από όσο είναι στην πραγματικότητα. Η ειρωνεία βέβαια έγκειται στο ότι η αντικατάσταση αποτελεί έναν οικονομικό και αποτελεσματικό τρόπο για την πρόβλεψη των μελλοντικών μας συναισθημάτων, αλλά, επειδή δεν αναγνωρίζουμε πόσο πολύ όμοιοι είμαστε μεταξύ μας, απορρίπτουμε αυτή την αξιόπιστη μέθοδο και βασιζόμαστε τελικά στη φαντασία μας, παρά τις αδυναμίες της και τα πιθανά σφάλματά της.

Περαιτέρω

Άχυρα δεν τρώνε μόνο κάποια συμπαθή τετράποδα· καμιά φορά, «άχυρα» τρώμε και οι άνθρωποι: μας ταΐζουν με τέτοια οι φίλοι, οι δάσκαλοι, οι γονείς. Σε αντίθεση όμως με τα άχυρα των ζώων, τα άχυρα των ανθρώπων δεν εκπληρώνουν πάντοτε το σκοπό τους: δεν μας «χορταίνουν» ούτε μας ικανοποιούν καθόλου. Όπως είδαμε, οι ιδέες ανθούν όταν οι ίδιες συντηρούν επίσης τα κοινωνικά συστήματα που επιτρέπουν τη διάδοσή τους. Επειδή όμως τα άτομα συνήθως δεν νιώθουν την προσωπική υποχρέωση να διατηρήσουν τα κοινωνικά συστήματα, αυτές οι ιδέες χρειάζεται να μασκαρευτούν ως συνταγές προσωπικής ευτυχίας. Ίσως θα περιμέναμε ότι, αφότου θα ζούσαμε για λίγο σε αυτό τον κόσμο, οι εμπειρίες μας θα μας οδηγούσαν στην απομυθοποίηση τέτοιων ιδεών· αλλά τα πράγματα δεν λειτουργούν πάντοτε έτσι. Για να μάθουμε από τις εμπειρίες μας, χρειάζεται να τις θυμόμαστε —και, για μια σειρά λόγους, η μνήμη δεν είναι πιστός φίλος. Η εξάσκηση και η εκπαίδευση μας βγάζουν μεν από τις πάνες μας και μας φορούν παντελόνια, αλλά δεν επαρκούν για να μας βγάλουν από το παρόν μας και να μας στείλουν στο μέλλον. Η μεγαλύτερη ειρωνεία σχετικά με τούτο το πεπρωμένο μας είναι ότι οι πληροφορίες που χρειαζόμαστε για να κάνουμε ακριβείς προβλέψεις σχετικά με το συναισθηματικό μας μέλλον βρίσκονται ακριβώς κάτω από τη μύτη μας, αλλά φαίνεται πως δεν καταφέρνουμε να τις πάρουμε μυρωδιά.

Δεν είναι πάντοτε σωστό να δίνουμε προσοχή σε ό,τι μας λένε οι άλλοι όταν μας εξηγούν τις πεποιθήσεις τους για το τι σημαίνει ευτυχία· αντίθετα, φαίνεται πιο λογικό να παρατηρούμε πόσο ευτυχισμένοι είναι οι ίδιοι υπό διαφορετικές συνθήκες. Αλίμονο, όμως, πιστεύουμε ότι είμαστε μοναδικές υπάρξεις —νοήσεις που δεν μοιάζουν με καμιά άλλη—, και έτσι πολύ συχνά αποποιούμαστε τα μαθήματα τα οποία μπορεί να μας δώσει η συναισθηματική εμπειρία των άλλων.

Επιλογος

...ο νους μου προμαντεύει επιτυχία
και θρίαμβο.

—Ουίλλιαμ Σαίξπηρ,
Ο Βασιλιάς Ερρίκος ο ΣΤ', τρίτο μέρος

Οι ΠΕΡΙΣΣΟΤΕΡΟΙ ΠΑΙΡΝΟΥΜΕ τουλάχιστον τρεις σημαντικές αποφάσεις στη ζωή μας: πού θα ζήσουμε, τι θα κάνουμε και με ποιον θα το κάνουμε. Επιλέγουμε τις πόλεις και τις γειτονιές μας, επιλέγουμε τις δουλειές και τα χόμπι μας, επιλέγουμε τους συντρόφους και τους φίλους μας. Αυτές οι αποφάσεις αποτελούν τόσο φυσικό μέρος της ενήλικης ζωής ώστε εύκολα ξεχνάμε ότι είμαστε από τα πρώτα ανθρώπινα όντα που τις παίρνουν. Στο μεγαλύτερο μέρος της καταγεγραμμένης ιστορίας, οι άνθρωποι ζούσαν όπου είχαν γεννηθεί, έκαναν ό,τι δουλειά έκαναν και οι γονείς τους, και συναναστρέφονταν με όσους ανθρώπους έκαναν παρόμοια πράγματα. Οι Millers[2] άλεθαν, οι Smiths ήταν τεχνίτες, και οι μικροί Smiths και οι μικροί Millers παντρεύονταν όποιον και όποτε έπρεπε. Οι κοινωνικές κατασκευές (όπως οι θρησκείες και οι κάστες) και οι φυσικές δομές (όπως τα βουνά και οι ωκεανοί) ήταν οι μεγάλοι δικτάτορες που καθόριζαν πώς, πού και με ποιον θα περνούσαν οι άνθρωποι τη ζωή τους, και ως εκ τούτου οι περισσότεροι απέμεναν με μικρά περιθώρια προσωπικών αποφάσεων. Όμως, οι αγροτικές, βιομηχανικές και τεχνολογικές επαναστάσεις τα άλλαξαν όλα, και έτσι, η ακόλουθη έκρηξη προσωπικής ελευθερίας έχει παρατάξει μπροστά μας ένα πλήθος δυνατοτήτων, εναλλακτικών λύσεων, επιλογών και αποφάσεων, τόσο εντυπωσιακό ώστε οι πρόγονοί μας δεν είχαν ποτέ συναντήσει. Για πρώτη φορά, η ευτυχία μας βρίσκεται στα χέρια μας.

Ποιος είναι ο καλύτερος τρόπος να πάρουμε τέτοιες αποφάσεις; Το 1738, ένας ολλανδός πολυμαθής ονόματι Daniel Bernoulli ισχυρίστηκε ότι είχε βρει την απάντηση. Υποστήριξε ότι η σοφία οποιασδήποτε επιλογής μας μπορεί να υπολογιστεί με πολλαπλασιασμό της *πιθανότητας* να μας δώσει η επιλογή ό,τι θέλουμε επί τη *χρησιμότητα* που έχει το να πάρουμε ό,τι θέλουμε. Με τον όρο *χρησιμότητα*, ο Bernoulli εννοούσε κάτι σαν το *ωφέλεια* ή την *ευχαρίστηση*[1]. Το πρώτο μέρος της συνταγής τού Bernoulli είναι αρκετά εύκολο να το καταλάβουμε, καθώς, στις περισσότερες περιπτώσεις, μπορούμε με αδρό έστω τρόπο να υπολογίσουμε πόσες πιθανότητες υπάρχουν να οδηγηθούμε από τις επιλογές μας εκεί όπου επιθυμούμε. Πόσο πιθανό είναι να προαχθείς σε γενικό διευθυντή αν πάρεις εκείνο το πόστο στην IBM; Πόσο πιθανό είναι να περνάς τα Σαββατοκύριακά σου στη θάλασσα αν μετακομίσεις στην Αγία Πετρούπολη; Πόσο πιθανό είναι να αναγκαστείς να πουλήσεις τη μοτοσικλέτα αν παντρευτείς την Eloise; Ο υπολογισμός τέτοιων ενδεχομένων συνιστά σχετικά απλή δουλειά, γι' αυτό και οι ασφαλιστικές εταιρείες πλουτίζουν χωρίς να κάνουν τίποτα παραπάνω από το να υπολογίζουν τις πιθανότητες που υπάρχουν να καεί το σπίτι σου, να σου κλέψουν το αυτοκίνητο και να αποδημήσεις εις Κύριον πριν την ώρα σου. Με λίγο αστυνομικό δαιμόνιο, με ένα μολύβι και μια καλή γομολάστιχα, συνήθως μπορούμε να υπολογίσουμε —τουλάχιστον αδρομερώς— την πιθανότητα να πάρουμε εκείνο που επιθυμούμε μέσω της επιλογής μας.

Το πρόβλημα όμως είναι ότι δεν μπορούμε να υπολογίσουμε εύκολα πώς θα αισθανθούμε όταν θα το πάρουμε. Η μεγαλοφυΐα τού Bernoulli δεν έγκειται στους μαθηματικούς του τύπους αλλά στην ψυχολογική του γνώση —στη διαπίστωσή του ότι αυτό που αντικειμενικά παίρνουμε (*πλούτος*) δεν είναι το ίδιο με ό,τι υποκειμενικά *βιώνουμε* όταν το παίρνουμε (*χρησιμότητα*). Ο πλούτος μπορεί να αξιολογηθεί με μέτρηση των χρημάτων, αλλά η χρησιμότητα πρέπει να υπολογιστεί με μέτρηση της ωφέλειας που μπορούν να αγοράσουν αυτά τα χρήματα[2]. Σημασία δεν έχει ο πλούτος αλλά η χρησιμότητα. Δεν ενδιαφερόμαστε για αυτά καθεαυτά τα χρήματα, τις προαγωγές και τις διακοπές στη θάλασσα· μας ενδιαφέρουν η ωφέλεια ή η ευχαρίστηση που μπορούν (ή δεν μπορούν) να μας φέρουν αυτές οι μορφές πλούτου. Σωστές επιλογές είναι όσες μεγιστοποιούν την ευχαρίστησή μας και όχι τα χρήματά μας. Έτσι, αν πρόκειται να έχουμε την παραμικρή ελπίδα να επιλέξουμε σωστά, πρέπει να υπολογίσουμε σωστά πόση ευχαρίστηση θα αγοράσουμε με αυτά τα χρήματα. Ο Bernoulli γνώριζε ότι ήταν πολύ ευκολότερο να προβλεφθεί ο πλούτος παρά η χρησιμότητα μιας απόφασης, και έτσι επινόησε έναν απλό τύπο μετατροπής, που ήλπιζε ότι θα χρησίμευε σε οποιονδήποτε θα ήθελε να μεταφράσει υπολογισμούς του πρώτου σε υπολογισμούς της δεύτερης. Υποστήριξε ότι κάθε διαδοχικό νέο δολάριο προσδίδει κάπως λιγότερη ευχαρίστηση από το προηγούμενό του, και ότι επομένως ένας άνθρωπος μπορεί να υπολογίσει πόση ευχαρίστηση θα αποκομίσει από ένα δολάριο κάνοντας απλώς μια διόρθωση στον αριθμό των δολαρίων που ήδη έχει.

> Ο προσδιορισμός της αξίας ενός αντικειμένου δεν πρέπει να βασίζεται στην *τιμή* του, αλλά στη *χρησιμότητα* που προσφέρει. Η τιμή του εξαρτάται από το πράγμα καθεαυτό και είναι ίση για όλους· η χρησιμότητα, όμως, εξαρτάται από τις ιδιαίτερες περιστάσεις της ζωής του ατόμου που κάνει τους υπολογισμούς. Επομένως, δεν υπάρχει αμφιβολία ότι ένα κέρδος χιλίων δουκάτων είναι πιο σημαντικό για έναν άπορο παρά για έναν πλούσιο, μολονότι και οι δύο κερδίζουν το ίδιο ποσό.[3]

Ο Bernoulli σωστά διαπίστωσε ότι οι άνθρωποι έχουν ευαισθησία σε σχετικά μάλλον παρά σε απόλυτα μεγέθη, και με τον τύπο του ήθελε ακριβώς να αποδώσει αυτή τη βασική ψυχολογική αλήθεια. Αλλά ήξερε επίσης ότι η μετάφραση του πλούτου σε χρησιμότητα δεν ήταν τόσο απλή υπόθεση όσο την είχε κάνει ο ίδιος να δείχνει, και ότι υπήρχαν και άλλες ψυχολογικές αλήθειες τις οποίες δεν απέδιδε ο τύπος του.

> Αν και ένας φτωχός άνθρωπος γενικά αποκομίζει μεγαλύτερη χρησιμότητα από όση ένας πλούσιος όταν καρπώνονται ίσο κέρδος, εντούτοις μπορούμε να θεωρήσουμε περιπτώσεις, όπως για παράδειγμα ενός πλούσιου που έχει δύο χιλιάδες δουκάτα αλλά είναι φυλακισμένος και χρειάζεται άλλα τόσα δουκάτα επιπλέον για να εξαγοράσει την ελευθερία του· αυτός θα αποδώσει μεγαλύτερη αξία σε ένα κέρδος δύο χιλιάδων δουκάτων απ' ό,τι ένας άνθρωπος με λιγότερα χρήματα. Μολονότι μπορούν να αναφερθούν αναρίθμητα παραδείγματα τέτοιου είδους, αυτά αντιπροσωπεύουν σπάνιες εξαιρέσεις.[4]

Ήταν μια καλή προσπάθεια. Ο Bernoulli είχε δίκιο όταν θεωρούσε ότι το εκατοστό δολάριο (ή φιλί ή ντόνατ ή τούμπα στο λειβάδι) κατά κανόνα δεν μας ευχαριστεί τόσο πολύ όσο το πρώτο, αλλά είχε άδικο όταν νόμιζε πως αυτό ήταν το μοναδικό πράγμα που διέκρινε τον πλούτο από τη χρησιμότητα και, επομένως, το μόνο για το οποίο πρέπει να κάνουμε διορθώσεις όταν προβλέπουμε τη χρησιμότητα βάσει του πλούτου. Όπως δείχνουν τα πράγματα, οι «αναρίθμητες εξαιρέσεις» τις οποίες ο Bernoulli έχωσε κάτω από το χαλί δεν είναι εξαιρετικά σπάνιες. Υπάρχουν *πολλά* άλλα πράγματα εκτός από τον τραπεζικό λογαριασμό κάποιου ανθρώπου που καθορίζουν πόση χρησιμότητα θα αποκομίσει από το επόμενο δολάριό του. Παραδείγματος χάρη, πολύ συχνά εκτιμάμε διάφορα πράγματα περισσότερο όταν τα έχουμε αποκτήσει παρά πριν γίνουν δικά μας, συχνά εκτιμάμε περισσότερο τα προσεχή γεγονότα παρά τα απομακρυσμένα στο χρόνο, συχνά πονάμε πιο πολύ από μικρές απώλειες παρά από μεγάλες, συχνά φανταζόμαστε ότι ο πόνος της απώλειας κάποιου αντικειμένου θα είναι μεγαλύτερος από την ευχαρίστηση της απόκτησης του ίδιου αντικειμένου κ.ο.κ. Τα πολλά και διαφορετικά φαινόμενα με τα οποία ασχολήθηκε αυτό εδώ το βιβλίο είναι μόνο λίγες από τις τελικά όχι και τόσο σπάνιες εξαιρέσεις, οι οποίες καθιστούν την αρχή τού Bernoulli μια πολύ όμορφη αλλά άχρηστη αφαίρεση. Ναι, θα έπρεπε να κάνουμε επιλογές πολλαπλασιάζοντας πιθανότητες με χρησιμότητες, αλλά πώς είναι δυνατόν να κάνουμε κάτι τέτοιο αν δεν μπορούμε να υπολογίσουμε αυτές τις χρησιμότητες εκ των προτέρων; Οι ίδιες αντικειμενικές συνθήκες μπορεί να παράγουν μια εξαιρετικά μεγάλη ποικιλία υποκειμενικών εμπειριών, οπότε καθίσταται πολύ δύσκολο να προβλέψουμε τις υποκειμενικές μας εμπειρίες με την εκ των προτέρων γνώση των αντικειμενικών συνθηκών στις οποίες βρισκόμαστε. Το λυπηρό είναι ότι η μετατροπή του πλούτου σε χρησιμότητα —δηλαδή, η πρόβλεψη για το πώς θα αισθανθούμε με βάση τη γνώση εκείνου που θα αποκτήσουμε— δεν μοιάζει και τόσο με τη μετατροπή των μέτρων σε γιάρδες ή τη μετάφραση γερμανικών σε γιαπωνέζικα. Οι απλές και συστηματικές σχέσεις που συνδέουν τους αριθμούς με αριθμούς και τις λέξεις με λέξεις δεν συνδέουν επίσης τα αντικειμενικά γεγονότα με τις συναισθηματικές εμπειρίες.

Επομένως, τι πρέπει να κάνει κάποιος όταν έχει μπροστά του μια επιλογή; Χωρίς έναν μαθηματικό τύπο για την πρόβλεψη της χρησιμότητας, τείνουμε να κάνουμε εκείνο το οποίο μόνο το είδος μας μπορεί να κάνει: να φανταζόμαστε. Ο εγκέφαλός μας έχει μια μοναδική δομή που μας επιτρέπει να μεταφέρουμε νοερά τον εαυτό μας σε μελλοντικές συνθήκες και ύστερα να τον ρωτήσουμε πώς αισθάνεται εκεί. Αντί να υπολογίζουμε χρησιμότητες με μαθηματική ακρίβεια, εμείς απλώς κάνουμε ένα βήμα, μπαίνουμε στη μελλοντική μας θέση και εξετάζουμε πόσο βολική μάς έρχεται. Η ικανότητά μας να προβάλλουμε τον εαυτό μας στο χρόνο και να βιώνουμε γεγονότα πριν αυτά συμβούν μας δίνει τη δυνατότητα να μάθουμε από λάθη χωρίς να τα κάνουμε, και να αξιολογήσουμε δράσεις χωρίς να τις αναλάβουμε. Αν η φύση μάς έχει χαρίσει κάποιο άλλο, μεγαλύτερο δώρο, κανένας ώς τώρα δεν το κατονόμασε. Και όμως, όσο εντυπωσιακή και αν φαίνεται, η ικανότητά μας να προσομοιώνουμε μελλοντικούς εαυτούς και μελλοντικές περιστάσεις δεν είναι καθόλου τέλεια. Όταν φανταζόμαστε μελλοντικές καταστάσεις, κάνουμε συμπληρώσεις με λεπτομέρειες που δεν θα υπάρξουν και παραλείπουμε γεγονότα που θα συμβούν. Όταν φανταζόμαστε μελλοντικά συναισθήματα, μας είναι αδύνατο να αγνοήσουμε ό,τι νιώθουμε στο παρόν και επίσης αδυνατούμε να αναγνωρίσουμε πώς θα σκεφτόμαστε για πράγματα που θα συμβούν αργότερα. Ο Daniel Bernoulli ονειρεύτηκε έναν κόσμο όπου κάποιος απλός μαθηματικός τύπος θα μας έδινε τη δυνατότητα να καθορίσουμε το μέλλον μας με διορατικότητα και προνοητικότητα. Η διορατικότητα όμως είναι ένα εύθραυστο ταλέντο, το οποίο τελικά μάς αφήνει να πασχίζουμε, μισοκλείνοντας τα μάτια, να διακρίνουμε από μακριά πώς θα ήταν αν είχαμε αυτό, αν πηγαίναμε εκεί ή αν κάναμε εκείνο. Δεν υπάρχει απλή συνταγή για να βρούμε την ευτυχία. Αλλά ακόμα και αν ο μέγας και τρανός εγκέφαλός μας δεν μας δίνει τη δυνατότητα να κάνουμε σταθερά βήματα προς το μέλλον, τουλάχιστον μας επιτρέπει να καταλάβουμε ποια είναι όλα εκείνα που μας κάνουν και σκοντάφτουμε.

Σημειωσεις

Πρόλογος

1. Οι υποσημειώσεις σε αυτό το βιβλίο περιέχουν παραπομπές σε ερευνητική βιβλιογραφία η οποία υποστηρίζει τους ισχυρισμούς που παραθέτω στο κείμενο. Μερικές φορές παρέχουν κάποιες παραπάνω πληροφορίες που ενδεχομένως είναι ενδιαφέρουσες αλλά όχι και αναγκαίες για την τεκμηρίωση των επιχειρημάτων μου. Αν δεν ενδιαφέρεστε για πηγές περαιτέρω μελέτης και για ό,τι δεν είναι απαραίτητο, και αν εκνευρίζεστε με τα βιβλία που σας στέλνουν πότε πίσω και πότε μπροστά, τότε να είστε σίγουροι ότι η μοναδική σημαντική σημείωση του βιβλίου είναι αυτή εδώ.

Κεφάλαιο 1: Ταξίδι στο Καπουκάποτε

1. W.A. Roberts, "Are Animals Stuck in Time?", *Psychological Bulletin*, τόμ. 128, σελ. 473-489 (2002).

2. D. Dennett, *Kinds of Minds*, Νέα Υόρκη: Basic Books, 1996.

3. M.M. Haith, "The Development of Future Thinking as Essential for the Emergence of Skill in Planning", στο S.L. Friedman και E.K. Scholnick (επιμ.), *The Developmental Psychology of Planning: Why, How, and When Do We Plan?*, Νιου Τζέρσι, Lawrence Erlbaum, σελ. 25-42 (1997).

4. E. Bates, J. Elman και P. Li, "Language In, On, and About Time", στο M.M. Haith κ.ά. (επιμ.), *The Development of Future Oriented Processes*, Σικάγο, University of Chicago Press, 1994.

5. B.M. Hood κ.ά., "Gravity Biases in a Nonhuman Primate?", *Developmental Science*, τόμ. 2, σελ. 35-41 (1999). Βλ. επίσης: D.A. Washburn και D.M. Rumbaugh, "Comparative Assessment of Psychomo-

tor Performance: Target Prediction by Humans and Macaques *(Macaca mulatta)*", *Journal of Experimental Psychology: General*, τόμ. 121, σελ. 305-312 (1992).

6. L.M. Oakes και L.B. Cohen, "Infant Perception of a Causal Event", *Cognitive Development*, τόμ. 5, σελ. 193-207 (1990). Βλ. επίσης: N. Wentworth και M.M. Haith, "Event-Specific Expectations of 2- and 3-Month-Old Infants", *Developmental Psychology*, τόμ. 28, σελ. 842-850 (1992).

7. C.M. Atance και D.K. O'Neill, "Planning in 3-Year-Olds: A Reflection of the Future Self?", στο C. Moore και K. Lemmon (επιμ.), *The Self in Time: Developmental Perspectives*, Νιου Τζέρσι: Lawrence Erlbaum, 2001· και J.B. Benson, "The Development of Planning: It's About Time", στο Friedman και Scholnick (επιμ.), *Developmental Psychology of Planning*.

8. Μολονότι τα παιδιά αρχίζουν να μιλούν για το μέλλον περίπου στην ηλικία των 2 ετών, η έννοιά του δεν φαίνεται να τους γίνεται πλήρως κατανοητή έως την ηλικία των 4. Βλ. D.J. Povinelli και B.B. Simon, "Young Children's Understanding of Briefly Versus Extremely Delayed Images of the Self: Emergence of the Autobiographical Stance", *Developmental Psychology*, τόμ. 34, σελ. 188-194 (1998), και K. Nelson, "Finding One's Self in Time", στο J.G. Snodgrass και R.L. Thompson (επιμ.), *The Self Across Psychology: Self-Recognition, Self-Awareness, and the Self Concept*, Νέα Υόρκη: New York Academy of Sciences, 1997, σελ. 103-116.

9. C.A. Banyas, "Evolution and Phylogenetic History of the Frontal Lobes", στο B.L. Miller και J.L. Cummings (επιμ.), *The Human Frontal Lobes*, Νέα Υόρκη, Guilford Press, 1999, σελ. 83-106.

10. Καθώς φαίνεται, ο Phineas κουβαλούσε τη σιδερόβεργα παντού όπου πήγαινε για το υπόλοιπο της ζωής του, και πιθανότατα θα είχε μείνει ευχαριστημένος αν μάθαινε ότι και το κρανίο του και η βέργα αποτελούν μόνιμα εκθέματα στο Ανθρωπολογικό Μουσείο Warren του Πανεπιστημίου Harvard.

11. Οι σύγχρονοι συγγραφείς αναφέρουν την περίπτωση του Gage ως αποδεικτική της *σπουδαιότητας* που έχει ο μετωπιαίος λοβός, αλλά, όταν συνέβη το περιστατικό, έτυχε διαφορετικής θεώρησης από τους επιστήμονες της εποχής. Βλ. M.B. Macmillan, "A Wonderful Journey Through Skull and Brains: The Travels of Mr. Gage's Tamping Iron", *Brain and Cognition*, τόμ. 5, σελ. 67-107 (1986),

12. M.B. Macmillan, "Phineas Gage's Contribution to Brain Surgery", *Journal of the History of the Neurosciences*, τόμ. 5, σελ. 56-77 (1996).

13. S.M. Weingarten, "Psychosurgery", στο Miller και Cummings (επιμ.), *Human Frontal Lobes*, σελ. 446-460.

14. D.R. Weinberger κ.ά, "Neural Mechanisms of Future-Oriented Processes", στο Haith κ.ά. (επιμ.), *Future Oriented processes*, σελ. 221-242, (1994).

15. J.M. Fuster, *The Prefrontal Cortex: Anatomy, Physiology, and Neuropsychology of the Frontal Lobe*, Νέα Υόρκη, Lippincott-Raven, 1997, σελ. 160-161.

16. A.K. MacLeod και M.L. Cropley, "Anxiety, Depression, and the Anticipation of Future Positive and Negative Experiences", *Journal of Abnormal Psychology*, τόμ. 105, σελ. 286-289 (1996).

17. M.A. Wheeler, D.T. Stuss και E. Tulving, "Toward a General Theory of Episodic Memory: The Frontal Lobes and Autonoetic Consciousness", *Psychological Bulletin*, τόμ. 121, σελ. 331-354 (1997).

18. F.T. Melges, "Identity and Temporal Perspective", στο R.A. Block (επιμ.), *Cognitive Models of Psychological Time*, Νιου Τζέρσι, Lawrence Erlbaum, 1990, σελ. 255-266.

19. P. Faglioni, "The Frontal Lobes", στο G. Denes και L. Pizzamiglio (επιμ.), *The Handbook of Clinical and Experimental Neuropsychology*, Σάσεξ, Ηνωμένο Βασίλειο: Psychology Press, 1999, σελ. 525-269.

20. J.M. Fuster, "Cognitive Functions of the Frontal Lobes", στο Miller και Cummings (επιμ.), *Human Frontal Lobes*, σελ. 187-195.

21. E. Tulving, "Memory and Consciousness", *Canadian Psychology*, τόμ. 26, σελ. 1-12 (1985). Η ίδια περίπτωση περιγράφεται εκτενώς με χρήση του ψευδωνύμου K.C. στο E. Tulving κ.ά., "Priming of Semantic Autobiographical Knowledge: A Case Study of Retrograde Amnesia", *Brain and Cognition*, τόμ. 8, σελ. 3-20 (1988).

22. Tulving, "Memory and Consciousness".

23. R. Dass, *Be Here Now*, Νέα Υόρκη: Crown, 1971.

24. L.A. Jason κ.ά., "Time Orientation: Past, Present, and Future Perceptions", *Psychological Reports*, τόμ. 64, σελ. 1.199-1.205 (1989).

25. E. Klinger και W.M. Cox, "Dimensions of Thought Flow in Everyday Life", *Imagination, Cognition, and Personality*, τόμ.7, σελ. 105-128 (1987-1988)· και E. Klinger, "On Living Tomorrow Today:

The Quality of Inner Life as a Function of Goal Expectations", στο Z. Zaleski (επιμ.), *Psychology of Future Orientation*, Λιούμπλιν, Πολωνία, Towarzystwo Naukowe KUL, 1994.

26. J.L. Singer, *Daydreaming and Fantasy*, Οξφόρδη: Oxford University Press, 1981· E. Klinger, *Daydreaming: Using Waking Fantasy and Imagery for Self-Knowledge and Creativity*, Λος Άντζελες, Tarcher, 1990· G. Oettingen, *Psychologie des Zukunftdenkens (On the Psychology of Future Thought)*, Γκέτινγκεν, Γερμανία, Hogrefe, 1997.

27. G.F. Loewenstein και D. Prelec, "Preferences for Sequences of Outcomes", *Psychological Review*, τόμ. 100, σελ. 91-108 (1993). Βλ. επίσης: G. Loewenstein, "Anticipation and the Valuation of Delayed Consumption", *Economy Journal*, τόμ. 97, σελ. 666-684 (1987)· και J. Elster και G.F. Loewenstein, "Utility from Memory and Anticipation", στο G.F. Loewenstein και J. Elster (επιμ.), *Choice Over Time*, Νέα Υόρκη, Russell Sage Foundation, 1992, σελ. 213-234.

28. G. Oettingen και D. Mayer, "The Motivating Function of Thinking About the Future: Expectations Versus Fantasies", *Journal of Personality and Social Psychology*, τόμ. 83, σελ. 1.198-1.212 (2002).

29. A. Tversky και D. Kahneman, "Availability: A Heuristic for Judgment Frequency and Probability", *Cognitive Psychology*, τόμ. 5, σελ. 207-232 (1973).

30. N. Weinstein, "Unrealistic Optimism About Future Life Events", *Journal of Personality and Social Psychology*, τόμ. 39, σελ. 806-820 (1980).

31. P. Brickman, D. Coates και R.J. Janoff-Bulman, "Lottery Winners and Accident Victims: Is Happiness Relative?", *Journal of Personality and Social Psychology*, τόμ. 36, σελ. 917-927 (1978).

32. E.C. Chang, K. Asakawa και L.J. Sanna, "Cultural Variations in Optimistic and Pessimistic Bias: Do Easterners Really Expect the Worst and Westerners Really Expect the Best When Predicting Future Life Events?", *Journal of Personality and Social Psychology*, τόμ. 81, σελ. 476-491 (2001).

33. J.M. Burger και M.L. Palmer, "Changes in and Generalization of Unrealistic Optimism Following Experiences with Stressful Events: Reactions to the 1989 California Earthquake", *Personality and Social Psychology Bulletin*, τόμ. 18, σελ. 39-43 (1992).

34. H.E. Stiegelis κ.ά., "Cognitive Adaptation: A Comparison of

Cancer Patients and Healthy References", *British Journal of Health Psychology*, τόμ.8, σελ. 303-318 (2003).

35. A. Arntz, M. Van Eck και P.J. de Jong, "Unpredictable Sudden Increases in Intensity of Pain and Acquired Fear", *Journal of Psychophysiology*, τόμ. 6, σελ. 54-64 (1992).

36. Καθώς αναφερόμαστε σε ηλεκτροσόκ, είναι μάλλον η σωστή στιγμή να πούμε ότι τέτοια ψυχολογικά πειράματα γίνονται πάντοτε σύμφωνα με τους κανόνες ερευνητικής δεοντολογίας που έχουν καταρτιστεί από την Αμερικανική Ένωση Ψυχολόγων (APA) και λαμβάνουν έγκριση από πανεπιστημιακές επιτροπές δεοντολογίας πριν διεξαχθούν. Όσοι συμμετέχουν το κάνουν εθελοντικά, ενημερώνονται πλήρως για τους όποιους πιθανούς κινδύνους ενέχει η μελέτη για την υγεία τους και για την ψυχολογική τους ευεξία, και έχουν τη δυνατότητα να αποσυρθούν από τη μελέτη οποιαδήποτε στιγμή και χωρίς καμιά συνέπεια για τους ίδιους. Αν στη διάρκεια του πειράματος δίνονται στους εθελοντές ψευδείς πληροφορίες, στη λήξη του πειράματος μαθαίνουν το πραγματικό σκεπτικό. Εν ολίγοις, είμαστε πραγματικά *πολύ* καλοί άνθρωποι.

37. M. Miceli και C. Castelfranchi, "The Mind and the Future: The (Negative) Power of Expectations", *Theory and Psychology*, τόμ. 12, σελ. 335-366 (2002).

38. J.N. Norem, "Pessimism: Accentuating the Positive Possibilities", στο E.C. Chang και L.J. Sanna (επιμ.), *Virtue, Vice, and Personality: The Complexity of Behavior*, Ουάσινγκτον: American Psychological Association, 2003, σελ. 91-104· J.K. Norem και N. Cantor, "Defensive Pessimism: Harnessing Anxiety as Motivation", *Journal of Personality and Social Psychology*, τόμ. 51, σελ. 1.208-1.217 (1986).

39. A. Bandura, "Self-Efficacy: Toward a Unifying Theory of Behavioral Change", *Psychological Review*, τόμ. 84, σελ. 191-215 (1977)· και "Self-Efficacy: Mechanism in Human Agency", *American Psychologist*, τόμ. 37, σελ. 122-147 (1982).

40. M.E.P. Seligman, *Helplessness: On Depression, Development, and Death*, Σαν Φρανσίσκο, Freeman, 1975.

41. E. Langer και J. Rodin, "The Effect of Choice and Enhanced Personal Responsibility for the Aged: A Field Experiment in an Institutional Setting", *Journal of Personality and Social Psychology*, τόμ. 34, σελ. 191-198 (1976)· και J. Rodin και E.J. Langer, "Long-Term Effects of a Control-Relevant Intervention with the Institutional

Aged", *Journal of Personality and Social Psychology*, τόμ. 35, σελ. 897-902 (1977).

42. R. Schulz και B.H. Hanusa, "Long-Term Effects of Control and Predictability- Enhancing Interventions: Findings and Ethical Issues", *Journal of Personality and Social Psychology*, τόμ. 36, σελ. 1.202-1.212 (1978).

43. E.J. Langer, "The Illusion of Control", *Journal of Personality and Social Psychology*, τόμ. 32, σελ. 311-328 (1975).

44. Ό.π.

45. D.S. Dunn και T.D. Wilson, "When the Stakes Are High: A Limit to the Illusion of Control Effect", *Social Cognition*, τόμ. 8, σελ. 305-323 (1991).

46. L.H. Strickland, R.J. Lewicki και A.M. Katz, "Temporal Orientation and Perceived Control as Determinants of Risk Taking", *Journal of Experimental Social Psychology*, τόμ. 2, σελ. 143-151 (1966).

47. Dunn και Wilson, "When the Stakes Are High".

48. S. Gollin κ.ά., "The Illusion of Control Among Depressed Patients", *Journal of Abnormal Psychology*, τόμ. 88, σελ. 454-457 (1979).

49. L.B. Alloy και L.Y. Abramson, "Judgment of Contingency in Depressed and Nondepressed Students: Sadder but Wiser?", *Journal of Experimental Psychology: General*, τόμ. 108, σελ. 441-485 (1979). Για μια αντίθετη άποψη, βλ.: D. Dunning και A.L. Story, "Depression, Realism and the Overconfidence Effect: Are the Sadder Wiser When Predicting Future Actions and Events?", *Journal of Personality and Social Psychology*, τόμ. 61, σελ. 521-532 (1991)· και R.M. Msetfi κ.ά., "Depressive Realism and Outcome Density Bias in Contingency Judgments: The Effect of the Context and Intertrial Interval", *Journal of Experimental Psychology: General*, τόμ. 134, σελ. 10-22 (2005).

50. S.E. Taylor και J.D. Brown, "Illusion and Well-Being: A Social-Psychological Perspective on Mental Health", *Psychological Bulletin*, τόμ. 103, σελ. 193-210 (1988).

Κεφάλαιο 2: Η θέα εκ των ένδον

1. N.L. Segal, *Entwined Lives: Twins and What They Tell Us About Human Behavior*, Νέα Υόρκη, Dutton, 1999.

2. N. Angier, "Joined for Life, and Living Life to the Full", *New York Times*, 23 Δεκ. 1997, F1.

3. A.D. Dreger, "The Limits of Individuality: Ritual and Sacrifice in the Lives and Medical Treatment of Conjoined Twins", *Studies in History and Philosophy of Biological and Biomedical Sciences*, τόμ. 29, σελ. 1-29 (1998).

4. Ό.π. Από τη δημοσίευση της παραπάνω εργασίας τουλάχιστον ένα ζεύγος ενήλικων σιαμαίων διδύμων επιδίωξαν να διαχωριστούν και πέθαναν στη διάρκεια της εγχείρησης. Βλ. "A Lost Surgical Gamble", *New York Times*, 9 Ιουλ. 2003, σελ. 20.

5. J.R. Searle, *Mind, Language, and Society: Philosophy in the Real World*, Νέα Υόρκη, Basic Books, 1998.

6. Οι υποκειμενικές καταστάσεις μπορούν να οριστούν μόνο με όρους των αντικειμενικών γεγονότων που προηγούνται, ή με άλλες υποκειμενικές καταστάσεις, αλλά το ίδιο ισχύει και για τα φυσικά αντικείμενα. Αν δεν είχαμε τη δυνατότητα να ορίσουμε ένα φυσικό αντικείμενο (ας πούμε, το λουκούμι) με βάση τις υποκειμενικές εμπειρίες που επιφέρει («Είναι μαλακό, κολλώδες και γλυκό») ή με βάση κάποιο άλλο φυσικό αντικείμενο («Φτειάχνεται με ζάχαρη, ροδόνερο και αμύγδαλα»), δεν θα μπορούσαμε να το ορίσουμε. Όλοι οι ορισμοί επιτυγχάνονται είτε με σύγκριση του πράγματος που θέλουμε να ορίσουμε με πράγματα της ίδιας οντολογικής κατηγορίας (λόγου χάρη, φυσικά αντικείμενα με φυσικά αντικείμενα) είτε με αντιστοίχησή τους προς αντικείμενα διαφορετικής οντολογικής κατηγορίας (λόγου χάρη, φυσικά αντικείμενα με υποκειμενικές καταστάσεις). Κανένας έως τώρα δεν έχει ανακαλύψει τρίτο τρόπο.

7. R.D. Lane κ.ά., "Neuroanatomical Correlates of Pleasant and Unpleasant Emotion", *Neuropsychologia*, τόμ. 35, σελ. 1.437-1.444 (1997).

8. C. Osgood, G.J. Suci και P. H. Tannenbaum, *The Measurement of Meaning*, Ουρμπάνα: University of Illinois Press, 1957. Το σύνηθες εύρημα είναι ότι οι λέξεις παρουσιάζουν διαφορές όσον αφορά τρεις διαστάσεις τους: αξιολόγηση [evaluation] (καλό ή κακό), ενέργεια [activity] (παθητικότητα ή ενεργητικότητα) και ισχύς [potency] (δύναμη ή αδυναμία). Έτσι, οι ψυχολόγοι αναφέρονται στην E-ness μιας λέξης, στην A-ness και στην P-ness της. Διαβάστε τις λέξεις αυτές δυνατά και ύστερα πείτε μου αν οι επιστήμονες δεν έχουν αίσθηση του χιούμορ.

9. T. Nagel, "What Is It Like to Be a Bat?", *Philosophical Review*, τόμ. 8, σελ. 435-450 (1974).

10. Βλ. A. Pope, *Essay on Man, Epistle* 4 (1744), στο H.W. Boynton (επιμ.), *The Complete Poetical Works of Alexander Pope*, Νέα Υόρκη: Houghton-Mifflin, 1903.

11. S. Freud, *Civilization and Its Discontents*, τόμ. 1, *Standard Edition of the Complete Psychological Works of Sigmund Freud, 1930*. Λονδίνο, Hogarth Press and Institute of Psychoanalysis, 1953, 75-76 [ελληνική έκδοση: *Ο πολιτισμός πηγή δυστυχίας*, μτφ. Γ. Βαμβαλής, Επίκουρος, Αθήνα, 1994].

12. B. Pascal, "Pensées", στο W.F. Trotter (επιμ.), *Pensées*, 1660· Νέα Υόρκη, Dutton, 1908 [ελληνική έκδοση: *Σκέψεις*, μτφ. Κ. Παπαγιώργης, Καστανιώτης, Αθήνα, 2000].

13. R. Nozick, *The Examined Life*, Νέα Υόρκη: Simon & Schuster, 1989, σελ. 102.

14. J.S. Mill, *On Liberty, the Subjection of Women and Utilitarianism (1863)*, "Utilitarianism" (1863), στο D.E. Miller (επιμ.), *The Basic Writings of John Stuart Mill*, Νέα Υόρκη: Modern Library, 2002.

15. R. Nozick, *Anarchy, State, and Utopia*, Νέα Υόρκη: Basic Books, 1974.

16. Nozick, *The Examined Life*, σελ. 111. Το πρόβλημα της «μηχανής της ευτυχίας» τού Nozick είναι δημοφιλές σε ακαδημαϊκούς κύκλους, καθώς τα μέλη τους δεν λαμβάνουν υπόψη τρία πράγματα: Πρώτον, ποιος *λέει* ότι κανένας δεν θα ήθελε να συνδεθεί στο μηχάνημα; Ο κόσμος είναι γεμάτος από ανθρώπους που επιθυμούν την ευτυχία και δεν τους νοιάζει καθόλου αν «την αξίζουν» ή όχι. Δεύτερον, όλοι όσοι ισχυρίζονται ότι δεν θα δέχονταν να συνδεθούν ίσως να είναι κιόλας συνδεμένοι. Στο κάτω κάτω, η συμφωνία λέει ότι ξεχνάς την προηγούμενη απόφασή σου. Τρίτον, κανένας δεν μπορεί *στ' αλήθεια* να απαντήσει σε αυτή την ερώτηση, διότι απαιτείται να φανταστεί μια μελλοντική κατάσταση όπου ο ίδιος δεν θα γνωρίζει αυτό καθεαυτό το πράγμα που εκείνη τη στιγμή θα εξετάζει. Βλ. E.B. Royzman, K.W. Cassidy και J. Baron, "'I Know, You Know': Epistemic Egocentrism in Children and Adults", *Review of General Psychology*, τόμ. 7, σελ. 38-65 (2003).

17. D.M. MacMahon, "From the Happiness of Virtue to the Virtue of Happiness: 400 BC-AD 1780", *Daedalus: Journal of the American Academy of Arts and Sciences*, τόμ. 133, σελ. 5-17 (2004).

18. Ό.π.

19. Για άλλες πραγματείες σχετικά με τη διάκριση ανάμεσα στην ηθική και τη συναισθηματική διάσταση της ευτυχίας, οι οποίες διαφοροποιούνται από τη δική μου θέση, βλ.: D.W. Hudson, *Happiness and the Limits of Satisfaction*, Λονδίνο, Rowman & Littlefield, 1996· M. Kingwell, *Better Living: In Pursuit of Happiness from Plato to Prozac*, Τορόντο, Viking, 1998· και E. Telfer, *Happiness*, Νέα Υόρκη, St. Martin's Press, 1980.

20. N. Block, "Begging the Question Against Phenomenal Consciousness", *Behavioral and Brain Sciences*, τόμ. 15, σελ. 205 (1992).

21. J.W. Schooler και T.Y. Engstler-Schooler, "Verbal Overshadowing of Visual Memories: Some Things Are Better Left Unsaid", *Cognitive Psychology*, τόμ. 22, σελ. 36-71 (1990).

22. G.W. McConkie και D. Zola, "Is Visual Information Integrated in Successive Fixations in Reading?", *Perception and Psychophysics*, τόμ. 25, σελ. 221-224 (1979).

23. D.J. Simons και D.T. Levin, "Change Blindness", *Trends in Cognitive Sciences*, τόμ. 1, σελ. 261-267 (1997).

24. M.R. Beck, B.L. Angelone και D.T. Levin, "Knowledge About the Probability of Change Affects Change Detection Performance", *Journal of Experimental Psychology: Human Perception and Performance*, τόμ. 30, σελ. 778-791 (2004).

25. D.J. Simons και D.T. Levin, "Failure to Detect Changes to People in a Real-World Interaction", *Psychonomic Bulletin and Review*, τόμ. 5, σελ. 644-649 (1998).

26. R.A. Rensink, J.K. O'Regan και J.J. Clark, "To See or Not to See: The Need for Attention to Perceive Changes in Scenes", *Psychological Science*, τόμ. 8, σελ. 368-373 (1997).

27. "HatsOff to the Amazing Hondo", www.hondomagic.com/html/a_little_magic.htm.

28. B. Fischoff, "Perceived Informativeness of Facts", *Journal of Experimental Psychology: Human Perception and Performance*, τόμ. 3, σελ. 349-358 (1977).

29. A. Parducci, *Happiness, Pleasure, and Judgment: The Contextual Theory and Its Applications*, Νιου Τζέρσι, Lawrence Erlbaum, 1995.

30. E. Shackleton, *South*, 1959, Νέα Υόρκη, Carroll & Graf, 1998, σελ. 192.

Κεφάλαιο 3: Κοιτάζοντας από έξω μέσα

1. J. LeDoux, *The Emotional Brain: The Mysterious Underpinnings of Emotional Life*, Νέα Υόρκη, Simon & Schuster, 1996.

2. R.B. Zajonc, "Feeling and Thinking: Preferences Need No Inferences", *American Psychologist*, τόμ. 35, σελ. 151-175 (1980)· R.B. Zajonc, "On the Primacy of Affect", *American Psychologist*, τόμ. 39, σελ. 117-123 (1984)· και "Emotions", στο D.T. Gilbert, S.T. Fiske και G. Lindzey (επιμ.), *The handbook of Social Psychology*, 4η έκδ., τόμ. 1, Νέα Υόρκη, McGraw-Hill, 1998, σελ. 591-632.

3. S. Schachter και J. Singer, "Cognitive, Social and Physiological Determinants of Emotional State", *Psychological Review*, τόμ. 69, σελ. 379-399 (1962).

4. D.G. Dutton και A.P. Aron, "Some Evidence for Heightened Sexual Attraction Under Conditions of High Anxiety", *Journal of Personality and Social Psychology*, τόμ. 30, σελ. 510-517 (1974).

5. Ενδιαφέρον παρουσιάζει επίσης το γεγονός ότι, μερικές φορές, και μόνο η αναγνώριση ενός συναισθήματος αρκεί για να το εξουδετερώσει. Βλ.: A.R. Hariri, S.Y. Bookheimer και J.C. Mazziotta, "Modulating Emotional Response: Effects of a Neocortical Network on the Limbic System", *NeuroReport*, τόμ. 11, σελ. 43-48 (2000)· και M.D. Lieberman κ.ά., "Two Captains, One Ship: A Social Cognitive Neuroscience Approach to Disrupting Automatic Affective Processes" (αδημοσίευτο χειρόγραφο, UCLA, 2003).

6. G. Greene, *The End of the Affair*, Νέα Υόρκη, Viking Press, 1951, σελ. 29.

7. R.A. Dienstbier και P.C. Munter, "Cheating as a Function of the Labeling of Natural Arousal", *Journal of Personality and Social Psychology*, τόμ. 17, σελ. 208-213 (1971).

8. M.P. Zanna και J. Cooper, "Dissonance and the Pill: An Attribution Approach to Studying the Arousal Properties of Dissonance", *Journal of Personality and Social Psychology*, τόμ. 29, σελ. 703-709 (1974).

9. D.C. Dennett, *Brainstorms: Philosophical Essays on Mind and Psychology*, Καίμπριτζ, Μασαχουσέτη, Bradford/MIT Press, 1981, σελ. 218.

10. J.W. Schooler, "Discovering Memories in the Light of Meta-Consciousness", *Journal of Aggression, Maltreatment, and Trauma* (υπό δημοσίευση).

11. L. Weiskrantz, *Blindsight*, Οξφόρδη, Oxford University Press, 1986.

12. A. Cowey και P. Stoerig, "The Neurobiology of Blindsight", *Trends in Neuroscience*, τόμ. 14, σελ. 140-145 (1991).

13. E.J. Vanman, M.E. Dawson και P.A. Brennan, "Affective Reactions in the Blink of An Eye: Individual Differences in Subjective Experience and Physiological Responses to Emotional Stimuli", *Personality and Social Psychology Bulletin*, τόμ. 24, σελ. 994-1.005 (1998).

14. R.D. Lane κ.ά., "Is Alexithymia the Emotional Equivalent of Blindsight?", *Biological Psychiatry*, τόμ. 42, σελ. 834-844 (1997).

15. Ο Francis Edgeworth, οικονομολόγος του 19ου αιώνα, αναφέρθηκε σε μια τέτοια συσκευή ονομάζοντάς την hedonimeter («ηδονόμετρο»). Βλ. F.Y. Edgeworth, *Mathematical Psychics: An Essay on the Application of Mathematics to the Moral Sciences*, Λονδίνο, Kegan Paul, 1881.

16. N. Schwarz και F. Strack, "Reports of Subjective Well-Being: Judgmental Processes and Their Methodological Implications", στο D. Kahneman, E. Diener και N. Schwarz (επιμ.), *Well-Being: The Foundations of Hedonic Psychology*, Νέα Υόρκη, Russell Sage Foundation, 1999, σελ. 61-84· D. Kahneman, "Objective Happiness", ό.π., 3-25.

17. R.J. Larsen και B.L. Fredrickson, "Measurement Issues in Emotion Research", ό.π., σελ. 40-60.

18. M. Minsky, *The Society of Mind*, Νέα Υόρκη, Simon & Schuster, 1985 [ελληνική έκδοση: *Η κοινωνία της νόησης*, 2η έκδ., μτφ. Μ. Αντωνοπούλου και Σ. Μανουσέλης, Κάτοπτρο, Αθήνα, 2007]· W.G. Lycan, "Homuncular Functionalism Meets PDP", στο W. Ramsey, S.P. Stich και D.E. Rumelhart (επιμ.), *Philosophy and Connectionist Theory*, Νιου Τζέρσι, Lawrence Erlbaum, 1991, σελ. 259-286.

19. O. Jowett, *Plato's Protagoras*, Νέα Υόρκη: Prentice Hall, 1956.

Κεφάλαιο 4: Στο τυφλό σημείο του ματιού της νόησης

1. R.O. Boyer και H.M. Morais, *Labor's Untold Story*, Νέα Υόρκη: Cameron, 1955· P. Avrich, *The Haymarket Tragedy*, Πρίνστον, Νιου Τζέρσι, Princeton University Press, 1984.

2. E. Brayer, *George Eastman: A Biography*, Βαλτιμόρη, Johns Hopkins University Press, 1996.

3. R. Karniol και M. Ross, "The Motivational Impact of Temporal Focus: Thinking About the Future and the Past", *Annual Review of Psychology*, τόμ. 47, σελ. 593-620 (1996)· και B.A. Mellers, "Choice and the Relative Pleasure of Consequences", *Psychological Bulletin*, τόμ. 126, σελ. 910-924 (2000).

4. D.L. Schacter, *Searching for Memory: The Brain, the Mind and the Past*, Νέα Υόρκη, Basic Books, 1996.

5. E.F. Loftus, D.G. Miller και H.J. Burns, "Semantic Integration of Verbal Information into Visual Memory", *Journal of Experimental Psychology: Human Learning and Memory*, τόμ. 4, σελ. 19-31 (1978).

6. E.F. Loftus, "When a Lie Becomes Memory's Truth: Memory Distortion after Exposure to Misinformation", *Current Directions in Psychological Sciences*, τόμ. 1, σελ. 121-123 (1992). Για μια αντίθετη άποψη, βλ.: M.S. Zaragoza, M. McCloskey και M. Jamis, "Misleading Postevent Information and Recall of the Original Event: Further Evidence Against the Memory Impairment Hypothesis", *Journal of Experimental Psychology: Learning, Memory, and Cognition*, τόμ. 13, σελ. 36-44 (1987).

7. M.K. Johnson και S.J. Sherman, "Constructing and Reconstructing the Past and the Future in the Present", στο E.T. Higgins και R.M. Sorrentino (επιμ.), *Handbook of Motivation and Cognition: Foundations of Social Behavior*, τόμ. 2, Νέα Υόρκη, Guilford Press, 1990, σελ. 482-526· και M.K. Johnson και C.L. Raye, "Reality Monitoring", *Psychological Review*, τόμ. 88, σελ. 67-85 (1981).

8. J. Deese, "On the Predicted Occurrence of Particular Verbal Intrusions in Immediate Recall", *Journal of Experimental Psychology*, τόμ. 58, σελ. 17-22 (1959).

9. H.L. Roediger και K.B. McDermott, "Creating False Memories: Remembering Words Not Presented in Lists", *Journal of Experimental Psychology: Learning, Memory, and Cognition*, τόμ. 21, σελ. 803-814 (1995).

10. K.B. McDermott και H.L. Roediger, "Attempting to Avoid Illusory Memories: Robust False Recognition of Associates Persists under Conditions of Explicit Warnings and Immediate Testing", *Journal of Memory and Language*, τόμ. 39, σελ. 508-520 (1998).

11. R. Warren, "Perceptual Restoration of Missing Speech Sounds", *Science*, τόμ. 167, σελ. 392-393 (1970).

12. A.G. Samuel, "A Further Examination of Attentional Effects in the Phonemic Restoration Illusion", *Quarterly Journal of Experimental Psychology*, τόμ. 43A, σελ. 679-699 (1991).

13. R. Warren, "Perceptual Restoration of Obliterated Sounds", *Psychological Bulletin*, τόμ. 96, σελ. 371-383 (1984).

14. L.F. Baum, *The Wonderful Wizard of Oz*, Νέα Υόρκη, G.M. Hill, 1900, σελ. 113-119 [ελληνική έκδοση: *Ο θαυμάσιος μάγος του Οζ*, μτφ. Σ. Κακίσης, Ερατώ, Αθήνα, 2005].

15. Locke, J., *Book IV An Essay Concerning Human Understanding*, τόμ. 2, 1690· Νέα Υόρκη, Dover, 1959.

16. I. Kant, *Critique of Pure Reason*, μτφ. N.K. Smith, 1781· Νέα Υόρκη, St. Martin's Press, 1965, σελ. 93 [ελληνική έκδοση: *Κριτική του καθαρού λόγου*, μτφ. Αν. Γιανναράς, Παπαζήσης, Αθήνα, 1979].

17. W. Durant, *The Story of Philosophy*, Νέα Υόρκη, Simon & Schuster, 1926.

18. A. Gopnik και J.W. Astington, "Children's Understanding of Representational Change and Its Relation to the Understanding of False Beliefs and the Appearance-Reality Distinction", *Child Development*, τόμ. 59, σελ. 26-37 (1988)· και H. Wimmer και J. Perner, "Beliefs About Beliefs: Representation and Constraining Function of Wrong Beliefs in Young Children's Understanding of Deception", *Cognition*, τόμ. 13, σελ. 103-128 (1983).

19. J. Piaget, *The Child's Conception of the World*, Λονδίνο, Routledge & Kegan Paul, 1929, σελ. 166.

20. B. Keysar κ.ά., "Taking Perspective in Conversation: The Role of Mutual Knowledge in Comprehension", *Psychological Science*, τόμ. 11, σελ. 32-38 (2000).

21. D.T. Gilbert, "How Mental Systems Believe", *American Psychologist*, τόμ. 46, σελ. 107-119 (1991).

22. Είναι ενδιαφέρον ότι αυτή η ικανότητα βελτιώνεται κατά την ανάπτυξη αλλά αρχίζει να φθίνει στη γεροντική ηλικία. Βλ. C. Ligneau-Herve και E. Mullet, "Perspective-Taking Judgments Among Young Adults, Middle-Aged, and Elderly People", *Journal of Experimental Psychology: Applied*, τόμ. 11, σελ. 53-60 (2005).

23. Piaget, *Child's Conception*, σελ. 124.

24. G.A. Miller, "Trends and Debates in Cognitive Psychology", *Cognition*, τόμ. 10, σελ. 215-225 (1981).

25. D.T. Gilbert και T.D. Wilson, "Miswanting: Some Problems in the Forecasting of Future Affective States", στο J. Forgas (επιμ.), *Feeling and Thinking: The Role of Affect in Social Cognition*, Καίμπριτζ, Cambridge University Press, 2000, σελ. 178-197.

26. D. Dunning κ.ά., "The Overconfidence Effect in Social Prediction", *Journal of Personality and Social Psychology*, τόμ. 58, σελ. 568-581 (1990)· και R. Vallone κ.ά., "Overconfident Predictions of Future Actions and Outcomes by Self and Others", *Journal of Personality and Social Psychology*, τόμ. 58, σελ. 582-592 (1990).

27. D.W. Griffin, D. Dunning και L. Ross, "The Role of Construal Processes in Overconfident Predictions About the Self and Others", *Journal of Personality and Social Psychology*, τόμ. 59, σελ. 1.128-1.139 (1990).

28. Kant, *Critique*, σελ. 93.

Κεφάλαιο 5: Ο σκύλος της σιωπής

1. A.C. Doyle, "Silver Blaze", *The Complete Sherlock Holmes*, 1892· Νέα Υόρκη, Gramercy, 2002, σελ. 149.

2. Ό.π.

3. R.S. Sainsbury και H.M. Jenkins, "Feature-Positive Effect in Discrimination Learning", *Proceedings of the Annual Convention of the American Psychological Association*, τόμ. 2, σελ. 17-18 (1967).

4. J.P. Newman, W.T. Wolff και E. Hearst, "The Feature-Positive Effect in Adult Human Subjects", *Journal of Experimental Psychology: Human Learning and Memory*, τόμ. 6, σελ. 630-650 (1980).

5. H.M. Jenkins και W.C. Ward, "Judgment of Contingency Between Responses and Outcomes", *Psychological Monographs*, τόμ. 79 (1965)· P.C. Wason, "Reasoning About a Rule", *Quarterly Journal of Experimental Psychology*, τόμ. 20 (1968)· και D.L. Hamilton και R.K. Gifford, "Illusory Correlation in Interpersonal Perception: A Cognitive Basis of Stereotypic Judgements", *Journal of Experimental Social Psychology*, τόμ. 12, σελ. 392-407 (1976). Βλ. επίσης: J. Crocker, "Judgment of Covariation by Social Perceivers", *Psychological Bulletin*, τόμ. 90, σελ. 272-292 (1981)· L.B. Alloy και Tabachnik, "The Assessment of Covariation by Humans and Animals: The Joint

Influence of Prior Expectations and Current Situational Information", *Psychological Review*, τόμ. 91, σελ. 112-149 (1984).

6. F. Bacon, *Novum organum*, 1620, μτφ. και επιμ., P. Urbach και J. Gibson, Σικάγο, Open Court, 1994, σελ. 60.

7. Ό.π., σελ. 57.

8. J. Klayman και Y.W. Ha, "Confirmation, Disconfirmation, και Information in Hypothesis-Testing", *Psychological Review*, τόμ. 94, σελ. 211-228 (1987).

9. A. Tversky, "Features of Similarity", *Psychological Review*, τόμ. 84, σελ. 327-352 (1977).

10. E. Shafir, "Choosing Versus Rejecting: Why Some Options Are Both Better and Worse Than Others", *Memory & Cognition*, τόμ. 21, σελ. 546-556 (1993).

11. T.D. Wilson κ.ά., "Focalism: A Source of Durability Bias in Affective Forecasting", *Journal of Personality and Social Psychology*, τόμ. 78, σελ. 821-836 (2000).

12. Οι λεπτομέρειες αυτής της μελέτης δόθηκαν σε ένα άρθρο που περιέγραφε και κάποιες άλλες παρόμοιες, στις οποίες είχε ζητηθεί από τους συμμετέχοντες να κάνουν προβλέψεις για το πώς θα αισθάνονταν αν: (α) το διαστημικό λεωφορείο *Columbia* εκρήγνυτο και σκοτώνονταν όλοι οι αστροναύτες του πληρώματος ή (β) εάν η κήρυξη πολέμου από τις ΗΠΑ ενάντια στο Ιράκ οδηγούσε σε ανατροπή τού Saddam Hussein. Το τρομακτικό της υπόθεσης είναι ότι οι έρευνες διεξήχθησαν το 1998 —δηλαδή πέντε χρόνια πριν αυτά τα γεγονότα συμβούν και στην πραγματικότητα, είτε το πιστεύετε είτε όχι.

13. D.A. Schkade και D. Kahneman, "Does Living in California Make People Happy? A Focusing Illusion in Judgments of Life Satisfaction", *Psychological Science*, τόμ. 9, σελ. 340-346 (1998).

14. Αυτό μπορεί να ισχύει σε μικρότερο βαθμό σε κουλτούρες που δίνουν έμφαση στον ολιστικό τρόπο σκέψης. Βλ.: K.C.H. Lam κ.ά., "Cultural Differences in Affective Forecasting: The Role of Focalism", *Personality and Social Psychology Bulletin* (υπό δημοσίευση).

15. P. Menzela κ.ά., "The Role of Adaptation to Disability and Disease in Health State Valuation: A Preliminary Normative Analysis", *Social Science & Medicine*, τόμ. 55, σελ. 2.149-2.158 (2002).

16. C. Turnbull, *The Forest People*, Νέα Υόρκη, Simon & Schuster, 1961, σελ. 222.

17. Y. Trope και N. Liberman, "Temporal Construal", *Psychological Review*, τόμ. 110, σελ. 403-421 (2003).

18. R.R. Vallacher και D.M. Wegner, *A Theory of Action Identification*, Hillsdale, Νιου Τζέρσι, Lawrence Erlbaum, 1985, σελ. 61-88.

19. N. Liberman και Y. Trope, "The Role of Feasibility and Desirability Considerations in Near and Distant Future Decisions: A Test of Temporal Construal Theory", *Journal of Personality and Social Psychology*, τόμ. 75, σελ. 5-18 (1998).

20. M.D. Robinson και G.L. Clore, "Episodic and Semantic Knowledge in Emotional Self-Report: Evidence for Two Judgment Processes", *Journal of Personality and Social Psychology*, τόμ. 83, σελ. 198-215 (2002).

21. T. Eyal κ.ά., "The Pros and Cons of Temporally Near and Distant Action", *Journal of Personality and Social Psychology*, τόμ. 86, σελ. 781-795 (2004).

22. I.R. Newby-Clark και M. Ross, "Conceiving the Past and Future", *Personality and Social Psychology Bulletin*, τόμ. 29, σελ. 807-818 (2003)· και "Construing the Past and Future", *Social Cognition*, τόμ. 16, σελ. 133-150 (1998).

23. N. Liberman, M. Sagristano και Y. Trope, "The Effect of Temporal Distance on Level of Mental Construal", *Journal of Experimental Social Psychology*, τόμ. 38, σελ. 523-534 (2002).

24. G. Ainslie, "Specious Reward: A Behavioral Theory of Impulsiveness and Impulse Control", *Psychological Bulletin*, τόμ. 82, σελ. 463-496 (1975)· και G. Ainslie, *Picoeconomics: The Strategic Interaction of Successive Motivational States Within the Person*, Καίμπριτζ, Cambridge University Press, 1992.

25. Ο πρώτος συγγραφέας που το παρατήρησε αυτό ήταν ο Πλάτων, ο οποίος χρησιμοποίησε το συγκεκριμένο δεδομένο για να στηρίξει το επιχείρημά του σχετικά με την αντικειμενική μέτρηση της ευτυχίας: «Μήπως και τα όμοια μεγέθη δεν παρουσιάζονται στην όρασή σου ως μεγαλύτερα όταν βρίσκονται κοντά και μικρότερα όταν βρίσκονται σε απόσταση; [...] Τώρα, αν υποθέσουμε ότι η ευτυχία συνίσταται στο να κάνει κάποιος ή να επιλέγει το μείζον και να μην κάνει ή να αποφεύγει το έλασσον, ποια θα μπορούσε να είναι η λυτρωτική αρχή για τους ανθρώπους; Δεν θα ήταν η ικανότητα για μέτρηση; Ή μήπως θα αρκούσε η δύναμη του παρουσιαστικού των πραγμάτων; Τούτη η

τελευταία δεν είναι η απατηλή ικανότητα που μας κάνει να παρασυρόμαστε και να προσλαμβάνουμε τη μια στιγμή τα πράγματα με έναν ορισμένο τρόπο για τον οποίο μετανιώνουμε την επομένη, τόσο όσον αφορά τις πράξεις μας αλλά και όσον αφορά τα πράγματα που επιλέγουμε, μείζονα και ελάσσονα;» O. Jowett, *Plato's Protagoras*, Νέα Υόρκη, Prentice Hall, 1956.

26. G. Loewenstein, "Anticipation and the Valuation of Delayed Consumption", *Economy Journal*, τόμ. 97, σελ. 666-684 (1987).

27. S.M. McClure κ.ά., "The Grasshopper and the Ant: Separate Neural Systems Value Immediate and Delayed Monetary Rewards", *Science*, τόμ. 306, σελ. 503-507 (2004).

28. Doyle, *Complete Sherlock Holmes*, σελ. 147.

Κεφάλαιο 6: Το μέλλον είναι τώρα

1. Φαίνεται ότι *όλοι* είναι σίγουροι πως αυτό το είπε ο Kelvin το 1895, αλλά, σας ορκίζομαι, δεν κατάφερα να βρω την πρωτογενή πηγή για να το αποδείξω.

2. S.A. Newcomb, *Side Lights on Astronomy*, Νέα Υόρκη, Harper & Brothers, 1906, σελ. 355.

3. W. Wright, "Speech to the Aero Club of France", στο M. McFarland (επιμ.), *The Papers of Wilbur and Orville Wright*, Νέα Υόρκη, McGraw-Hill, 1908, σελ. 934.

4. A.C. Clarke, "Profiles of the Future", Νέα Υόρκη, Bantam, 1963, σελ. 14. Παρεμπιπτόντως, ο Clarke θεωρεί «γηραιούς» όσους βρίσκονται κάπου ανάμεσα στα 30 και τα 45. Ωχ!

5. G.R. Goethals και R.F. Reckman, "The Perception of Consistency in Attitudes", *Journal of Experimental Social Psychology*, τόμ. 9, σελ. 491-501 (1973).

6. C. McFarland και M. Ross, "The Relation Between Current Impressions and Memories of Self and Dating Partners", *Personality and Social Psychology Bulletin*, τόμ. 13, σελ. 228-238 (1987).

7. M.A. Safer, L.J. Levine και A.L. Drapalski, "Distortion in Memory for Emotions: The Contributions of Personality and Post-Event Knowledge", *Personality and Social Psychology Bulletin*, τόμ. 28, σελ. 1.495-1.507 (2002).

8. E. Eich κ.ά., "Memory for Pain: Relation Between Past and Present Pain Intensity", *Pain*, τόμ. 23, σελ. 375-380 (1985).

9. L.N. Collins κ.ά., "Agreement Between Retrospective Accounts of Substance Use and Earlier Reported Substance Use", *Applied Psychological Measurement*, τόμ. 9, σελ. 301-309 (1985)· G.B. Markus, "Stability and Change in Political Attitudes: Observe, Recall, and 'Explain'", *Political Behavior*, τόμ. 8, σελ. 21-44 (1986)· D. Offer κ.ά., "The Altering of Reported Experiences", *Journal of the American Academy of Child and Adolescent Psychiatry*, τόμ. 39, σελ. 735-742 (2000).

10. M.A. Safer, G.A. Bonanno και N.P. Field, "'It Was Never That Bad': Biased Recall of Grief and Long-Term Adjustment to the Death of a Spouse", *Memory*, τόμ. 9, σελ. 195-204 (2001).

11. Για σχετικές ανασκοπήσεις, βλ. M. Ross, "Relation of Implicit Theories to the Construction of Personal Histories", *Psychological Review*, τόμ. 96, σελ. 341-357 (1989)· L.J. Levine και M.A. Safer, "Sources of Bias in Memory for Emotions", *Current Directions in Psychological Science*, τόμ. 11, σελ. 169-173 (2002).

12. L. J. Levine, "Reconstructing Memory for Emotions", *Journal of Experimental Psychology: General*, τόμ. 126, σελ. 165-177 (1997).

13. G.F. Loewenstein, "Out of Control: Visceral Influences on Behavior", *Organizational Behavior and Human Decision Processes*, τόμ. 65, σελ. 272-292 (1996)· G.F. Loewenstein, T. O'Donoghue και M. Rabin, "Projection Bias in Predicting Future Utility", *Quarterly Journal of Economics*, τόμ. 118, σελ. 1.209-1.248 (2003)· G. Loewenstein και E. Angner, "Predicting and Indulging Changing Preferences", στο G. Loewenstein, D. Read και R.F. Baumeister (επιμ.), *Time and Decision*, Νέα Υόρκη, Russell Sage Foundation, 2003, σελ. 351-391· L. van Boven, D. Dunning και G.F. Loewenstein, "Egocentric Empathy Gaps Between Owners and Buyers: Misperceptions of the Endowment Effect", *Journal of Personality and Social Psychology*, τόμ. 79, σελ. 66-76 (2000).

14. R.E. Nisbett και D.E. Kanouse, "Obesity, Food Deprivation and Supermarket Shopping Behavior", *Journal of Personality and Social Psychology*, τόμ. 12, σελ. 289-294 (1969)· D. Read και B. van Leeuwen, "Predicting Hunger: The Effects of Appetite and Delay on Choice", *Organizational Behavior and Human Decision Processes*, τόμ. 76, σελ. 189-205 (1998).

15. G.F. Loewenstein, D. Prelec και C. Shatto, "Hot/Cold intrapersonal Empathy Gaps and the Under-prediction of Curiosity"

(αδημοσίευτο χειρόγραφο, Carnegie-Mellon University (1998), όπως παρατίθεται στο G.F. Loewenstein, "The Psychology of Curiosity: A Review and Reinterpretation", *Psychological Bulletin*, τόμ. 116, σελ. 75-98 (1994).

16. S.M. Kosslyn κ.ά., "The Role of Area 17 in Visual Imagery: Convergent Evidence from PET and rTMS", *Science*, τόμ. 284, σελ. 167-170 (1999).

17. P.K. McGuire, G.M.S. Shah και R.M. Murray, "Increased Blood Flow in Broca's Area During Auditory Hallucinations in Schizophrenia", *Lancet*, τόμ. 342, σελ. 703-706 (1993).

18. D.J. Kavanagh, J. Andrade και J. May, "Imaginary Relish and Exquisite Torture: The Elaborated Intrusion Theory of Desire", *Psychological Review*, τόμ. 112, σελ. 446-467 (2005).

19. A.K. Anderson και E.A. Phelps, "Lesions of the Human Amygdala Impair Enhanced Perception of Emotionally Salient Events", *Nature*, τόμ. 411, σελ. 305-309 (2001)· E.A. Phelps κ.ά., "Activation of the Left Amygdala to a Cognitive Representation of Fear", *Nature Neuroscience*, τόμ. 4, σελ. 437-441 (2001)· και H.C. Breiter κ.ά., "Functional Imaging of Neural Responses to Expectancy and Experience of Monetary Gains and Losses", *Neuron*, τόμ. 30 (2001).

20. Απ' όσο ξέρω, η λέξη *prefeel* χρησιμοποιήθηκε για πρώτη φορά ως τίτλος τραγουδιού, στο άλμπουμ *Prize* του Arto Lindsay (1999). Βλ. επίσης C.M. Atance και D.K. O'Neill, "Episodic Future Thinking", *Trends in Cognitive Sciences*, τόμ. 5, σελ. 533-539 (2001).

21. T.D. Wilson κ.ά., "Introspecting About Reasons Can Reduce Postchoice Satisfaction", *Personality and Social Psychology Bulletin*, τόμ. 19, σελ. 331-339 (1993). Βλ. επίσης T.D. Wilson και J.W. Schooler, "Thinking Too Much: Introspection Can Reduce the Quality of Preferences and Decisions", *Journal of Personality and Social Psychology*, τόμ. 60, σελ. 181-192 (1991).

22. C.N. DeWall και R.F. Baumeister, *Alone but Feeling No Pain: Effects of Social Exclusion on Physical Pain Tolerance and Pain Threshold, Affective Forecasting, and Interpersonal Empathy* (αδημοσίευτο χειρόγραφο, Florida State University, 2005).

23. D. Reisberg κ.ά., "'Enacted' Auditory Images Are Ambiguous; 'Pure' Auditory Images Are Not", *Quarterly Journal of Experimental Psychology: Human Experimental Psychology*, τόμ. 41, σελ. 619-641 (1989).

24. Κάποιο έξυπνοι ψυχολόγοι κατάφεραν να δημιουργήσουν ορισμένες ασυνήθιστες συνθήκες υπό τις οποίες προκύπτουν εξαιρέσεις αυτού του κανόνα· βλ. C.W. Perky, "An Experimental Study of Imagination", *American Journal of Psychology*, τόμ. 21, σελ. 422-452 (1910). Αξίζει επίσης να επισημάνουμε, ότι, αν και μπορούμε πάντοτε σχεδόν να διακρίνουμε ό,τι βλέπουμε από ό,τι φανταζόμαστε, δεν καταφέρνουμε πάντα να ξεχωρίσουμε εκείνο που είδαμε από εκείνο που φανταστήκαμε· βλ. M.K. Johnson και C.L. Raye, "Reality Monitoring", *Psychological Review*, τόμ. 88, σελ. 67-85 (1981).

25. N. Schwarz και G.L. Clore, "Mood, Misattribution, and Judgments of Well-Being: Informative and Directive Functions of Affective States", *Journal of Personality and Social Psychology*, τόμ. 45, σελ. 513-523 (1983).

26. L. van Boven και G. Loewenstein, "Social Projection of Transient Drive States", *Personality and Social Psychology Bulletin*, τόμ. 29, σελ. 1.159-1.168 (2003).

27. A.K. MacLeod και M.L. Cropley, "Anxiety, Depression, and the Anticipation of Future Positive and Negative Experiences", *Journal of Abnormal Psychology*, τόμ. 105, σελ. 286-289 (1996).

28. E.J. Johnson και A. Tversky, "Affect, Generalization, and the Perception of Risk", *Journal of Personality and Social Psychology*, τόμ. 45, σελ. 20-31 (1983)· και D. DeSteno κ.ά., "Beyond Valence in the Perception of Likelihood: The Role of Emotion Specificity", *Journal of Personality and Social Psychology*, τόμ. 78, σελ. 397-416 (2000).

Κεφάλαιο 7: Χρονικές βόμβες

1. M. Hegarty, "Mechanical Reasoning by Mental Simulation", *Trends in Cognitive Sciences*, τόμ. 8, σελ. 280-285 (2004).

2. G. Lakoff και M. Johnson, *Metaphors We Live By*, Σικάγο, University of Chicago Press, 1980.

3. D. Gentner, M. Imai και L. Boroditsky, "As Time Goes By: Evidence for Two Systems in Processing Space Time Metaphors", *Language and Cognitive Processes*, τόμ. 17, σελ. 537-565 (2002)· και L. Boroditsky, "Metaphoric Structuring: Understanding Time Through Spatial Metaphors", *Cognition*, τόμ. 75, σελ. 1-28 (2000).

4. B. Tversky, S. Kugelmass και A. Winter, "Cross-Cultural and

Developmental Trends in Graphic Productions", *Cognitive Psychology*, τόμ. 23, σελ. 515-557 (1991).

5. L. Boroditsky, "Does Language Shape Thought? Mandarin and English Speakers' Conceptions of Time", *Cognitive Psychology*, τόμ. 43, σελ. 1-22 (2001).

6. R.K. Ratner, B.E. Kahn και D. Kahneman, "Choosing Less-Preferred Experiences for the Sake of Variety", *Journal of Consumer Research*, τόμ. 26, σελ. 1-15 (1999).

7. D. Read και G.F. Loewenstein, "Diversification Bias: Explaining the Discrepancy in Variety Seeking Between Combined and Separated Choices", *Journal of Experimental Psychology: Applied*, τόμ. 1, σελ. 34-49 (1995). Βλ. επίσης I. Simonson, "The Effect of Purchase Quantity and Timing on Variety-Seeking Behavior", *Journal of Marketing Research*, τόμ. 27, σελ. 150-162 (1990).

8. T.D. Wilson και D.T. Gilbert, *Making Sense: A Model of Affective Adaptation* (αδημοσίευτο χειρόγραφο, University of Virginia, 2005).

9. Οι άνθρωποι δεν είναι τα μόνα όντα που εκτιμούν την ποικιλία. Το *φαινόμενο Coolidge* υποτίθεται ότι πήρε το όνομά του από ένα περιστατικό που συνέβη κατά την ξενάγηση του προέδρου Calvin Coolidge και της συζύγου του σε μια φάρμα. Ο επιστάτης σχολίασε τη σεξουαλική ικανότητα του καλύτερου πετεινού του: «Αυτός ο πετεινός μπορεί να ζευγαρώνει όλη τη μέρα, χωρίς σταματημό», είπε. «Αλήθεια;», απόρησε η κυρία Coolidge. «Σας παρακαλώ να το πείτε αυτό στο σύζυγό μου». Ο πρόεδρος γύρισε και ρώτησε τον επιστάτη: «Ο πετεινός ζευγαρώνει με την ίδια κότα κάθε φορά;» «Όχι», απάντησε ο επιστάτης, «κάθε φορά και με άλλη κότα». Οπότε ο πρόεδρος απάντησε: «Αλήθεια; Σας παρακαλώ να το πείτε αυτό στη σύζυγό μου.» Η ιστορία είναι μάλλον αμφίβολης γνησιότητας, αλλά το φαινόμενο πέρα για πέρα αληθινό. Αρσενικά θηλαστικά που έχουν ζευγαρώσει μέχρι εξαντλήσεως, είναι δυνατόν να παρακινηθούν να ζευγαρώσουν και πάλι αν έχουν νέο θηλυκό ταίρι. Βλ. J. Wilson, R. Kuehn και F. Beach, "Modifications in the Sexual Behavior of Male Rats Produced by Changing the Stimulus Female", *Journal of Comparative and Physiological Psychology*, τόμ. 56, σελ. 636-644 (1963). Μάλιστα, ακόμα και οι ταύροι αναπαραγωγής, των οποίων το σπέρμα συλλέγεται από ειδικό μηχάνημα, εμφανίζουν σημαντική μείωση του χρόνου έως την εκσπερμάτιση όταν το μηχάνημα στο οποίο είναι συ-

νηθισμένοι απλώς μετακινείται σε διαφορετική θέση. E.B. Hale και J.O. Almquist, "Relation of Sexual Behavior to Germ Cell Output in Farm Animals", *Journal of Dairy Science*, τόμ. 43, Συμπλ., σελ. 145-167 (1960).

10. Αξίζει να σημειωθεί ότι, αν αλλάξουμε τις παραδοχές μας (ειδικά μάλιστα την παραδοχή της προσαρμογής), τότε η ανταλλαγή πιάτων ακριβώς τη στιγμή που το αγαπημένο μας φαγητό έχει χάσει την αίγλη του θα είναι μάλλον κακή στρατηγική για τη μεγιστοποίηση της απόλαυσής μας σε βάθος χρόνου. R.J. Hernstein, στο H. Rachlin και D.I. Laibson (επιμ.), *The Matching Law: Papers in Psychology and Economics*, Καίμπριτζ, Μασαχουσέτη, Harvard University Press, 1997.

11. Δράττομαι της ευκαιρίας να σημειώσω ότι, μολονότι η φαινομενική επιμονή μου σε μοιχούς ταχυδρόμους προδίδει ίσως τη νεανική αίσθηση χιούμορ που με διακατέχει, το παράδειγμα είναι εντελώς φανταστικό και δεν έχει πρόθεση να προσβάλει τους πολλούς εξαίρετους ταχυδρόμους και συντρόφους που είχα στη ζωή μου.

12. D.T. Gilbert, "Inferential Correction", στο T. Gilovich, D.W. Griffin και D. Kahneman (επιμ.), *Heuristics and Biases: The Psychology of Intuitive Judgment*, Καίμπριτζ, Cambridge University Press, 2002, σελ. 167-184.

13. A. Tversky και D. Kahneman, "Judgment Under Uncertainty: Heuristics and Biases", *Science*, τόμ. 185, σελ. 1.124-1.131 (1974).

14. N. Epley και T. Gilovich, "Putting Adjustment Back in the Anchoring and Adjustment Heuristic: Differential Processing of Self-Generated and Experimenter-Provided Anchors", *Psychological Science*, τόμ. 12, σελ. 391-396 (2001).

15. D.T. Gilbert, M.J. Gill και T.D. Wilson, "The Future Is Now: Temporal Correction in Affective Forecasting", *Organizational Behavior and Human Decision Processes*, τόμ. 88, σελ. 430-444 (2002).

16. Βλ. επίσης J.E.J. Ebert, "The Role of Cognitive Resources in the Valuation of Near and Far Future Events", *Acta Psychologica*, τόμ. 108, σελ. 155-171 (2001).

17. G.F. Loewenstein και D. Prelec, "Preferences for Sequences of Outcomes", *Psychological Review*, τόμ. 100, σελ. 91-108 (1993).

18. D. Kahneman και A. Tversky, "Prospect Theory: An Analysis of Decision Under Risk", *Econometrica*, τόμ. 47, σελ. 263-291 (1979).

19. J.W. Pratt, D.A. Wise και R. Zeckhauser, "Price Differences

in Almost Competitive Markets", *Quarterly Journal of Economics*, τόμ. 93, σελ. 189-211 (1979)· A. Tversky και D. Kahneman, "The Framing of Decisions and the Psychology of Choice", *Science*, τόμ. 211, σελ. 453-458 (1981)· R.H. Thaler, "Toward a Positive Theory of Consumer Choice", *Journal of Economic Behavior and Organization*, τόμ. 1, σελ. 39-60 (1980).

20. R.H. Thaler, "Mental Accounting Matters", *Journal of Behavioral Decision Making*, τόμ. 12, σελ. 183-206 (1999).

21. R.B. Cialdini κ.ά., "Reciprocal Concessions Procedure for Inducing Compliance: The Door-in-the-Face Technique", *Journal of Personality and Social Psychology*, τόμ. 31, σελ. 206-215 (1975). Υπάρχουν κάποιες διαφωνίες σχετικά με το αν αυτό το φαινόμενο οφείλεται πράγματι στην αντίθεση ανάμεσα σε μικρότερα και μεγαλύτερα αιτήματα. Βλ. J.P. Dillard, "The Current Status of Research on Sequential-Request Compliance Techniques", *Personality and Social Psychology Bulletin*, τόμ. 17, σελ. 283-288 (1991).

22. D. Kahneman και D.T. Miller, "Norm Theory: Comparing Reality to Its Alternatives", *Psychological Review*, τόμ. 93, σελ. 136-153 (1986).

23. O.E. Tykocinski και T.S. Pittman, "The Consequences of Doing Nothing: Inaction Inertia as Avoidance of Anticipated Counterfactual Regret", *Journal of Personality and Social Psychology*, τόμ. 75, σελ. 607-616 (1998)· και O.E. Tykocinski, T.S. Pittman και E.E. Tuttle, "Inaction Inertia: Foregoing Future Benefits as a Result of an Initial Failure to Act", *Journal of Personality and Social Psychology*, τόμ. 68, σελ. 793-803 (1995).

24. D. Kahneman και A. Tversky, "Choices, Values, and Frames", *American Psychologist*, τόμ. 39, σελ. 341-350 (1984).

25. I. Simonson και A. Tversky, "Choice in Context: Tradeoff Contrast and Extremeness Aversion", *Journal of Marketing Research*, τόμ. 29, σελ. 281-295 (1992).

26. R.B. Cialdini, *Influence: Science and practice*, Ιλινόις: Scott, Foresman, 1985.

27. D.A. Redelmeier και E. Shafir, "Medical Decision Making in Situations That Offer Multiple Alternatives", *JAMA: Journal of the American Medical Association*, τόμ. 273, σελ. 302-305 (1995).

28. S.S. Iyengar και M.R. Lepper, "When Choice Is Demotivating: Can One Desire Too Much of a Good Thing?", *Journal of Perso-*

nality and Social Psychology, τόμ. 79, σελ. 995-1.006 (2000)· και B. Schwartz, "Self-Determination: The Tyranny of Freedom", *American Psychologist*, τόμ. 55, σελ. 79-88 (2000).

29. A. Tversky, S. Sattath και P. Slovic, "Contingent Weighting in Judgment and Choice", *Psychological Review*, τόμ. 95, σελ. 371-384 (1988).

30. C.K. Hsee κ.ά., "Preference Reversals Between Joint and Separate Evaluations of Options: A Review and Theoretical Analysis", *Psychological Bulletin*, τόμ. 125, σελ. 576-590 (1999).

31. C. Hsee, "The Evaluability Hypothesis: An Explanation for Preference Reversals Between Joint and Separate Evaluations of Alternatives", *Organizational Behavior and Human Decision Processes*, τόμ. 67, σελ. 247-257 (1996).

32. J.R. Priester, U.M. Dholakia και M.A. Fleming, "When and Why the Background Contrast Effect Emerges: Thought Engenders Meaning by Influencing the Perception of Applicability", *Journal of Consumer Research*, τόμ. 31, σελ. 491-501 (2004).

33. K. Myrseth, C.K. Morewedge και D.T. Gilbert, αδημοσίευτα δεδομένα, Harvard University, 2004.

34. D. Kahneman και A. Tversky, "Prospect Theory: An Analysis of Decision Under Risk", *Econometrica*, τόμ. 47, σελ. 263-291 (1979)· A. Tversky και D. Kahneman, "The Framing of Decisions and the Psychology of Choice", *Science*, τόμ. 211, σελ. 453-458 (1981)· και A. Tversky και D. Kahneman, "Loss Aversion in Riskless Choice: A Reference-Dependent Model", *Quarterly Journal of Economics*, τόμ. 106, σελ. 1.039-1.061 (1991).

35. D. Kahneman, J.L. Knetsch και R.H. Thaler, "Experimental Tests of the Endowment Effect and the Coase Theorem", *Journal of Political Economy*, τόμ. 98, σελ. 1.325-1.348 (1990)· και D. Kahneman, J. Kentsch και D. Thaler, "The Endowment Effect, Loss Aversion, and Status Quo Bias", *Journal of Economic Perspectives*, τόμ. 5, σελ. 193-206 (1991).

36. L. van Boven, D. Dunning και G.F. Loewenstein, "Egocentric Empathy Gaps Between Owners and Buyers: Misperceptions of the Endowment Effect", *Journal of Personality and Social Psychology*, τόμ. 79, σελ. 66-76 (2000)· και Z. Carmon και D. Ariely, "Focusing on the Foregone: How Value Can Appear So Different to Buy-

ers and Sellers", *Journal of Consumer Research*, τόμ. 27, σελ. 360-370 (2000).

37. L. Hunt, "Against Presentism", *Perspectives*, τόμ. 40 (2002).

Κεφάλαιο 8: Ο Παράδεισος απομυθοποιημένος

1. C.B. Wortman και R.C. Silver, "The Myths of Coping with Loss", *Journal of Consulting and Clinical Psychology*, τόμ. 57, σελ. 349-357 (1989)· G.A. Bonanno, "Loss, Trauma, and Human Resilience: Have We Underestimated the Human Capacity to Thrive After Extremely Aversive Events?", *American Psychologist*, τόμ. 59, σελ. 20-28 (2004)· και C.S. Carver, "Resilience and Thriving: Issues, Models, and Linkages", *Journal of Social Issues*, τόμ. 54, σελ. 245-266 (1998).

2. G.A. Bonanno και S. Kaltman, "Toward an Integrative Perspective on Bereavement", *Psychological Bulletin*, τόμ. 125, σελ. 760-776 (1999)· και G.A. Bonnano κ.ά., "Resilience to Loss and Chronic Grief: A Prospective Study from Preloss to 18-Months Postloss", *Journal of Personality and Social Psychology*, τόμ. 83, σελ. 1.150-1.164 (2002).

3. E.J. Ozer κ.ά., "Predictors of Posttraumatic Stress Disorder and Symptoms in Adults: A Meta-analysis", *Psychological Bulletin*, τόμ. 129, σελ. 52-73 (2003).

4. G.A. Bonanno, C. Rennicke και S. Dekel, "Self-Enhancement Among High-Exposure Survivors of the September 11th Terrorist Attack: Resilience or Social Maladjustment?", *Journal of Personality and Social Psychology* (υπό δημοσίευση).

5. R.G. Tedeschi και L.G. Calhoun, "Posttraumatic Growth: Conceptual Foundations and Empirical Evidence", *Psychological Inquiry*, τόμ. 15, σελ. 1-18 (2004)· και P.A. Linley και S. Joseph, "Positive Change Following Trauma and Adversity: A Review", *Journal of Traumatic Stress*, τόμ. 17, σελ. 11-21 (2004)· και C.S. Carver, "Resilience and Thriving: Issues, Models, and Linkages", *Journal of Social Issues*, τόμ. 54, σελ. 245-266 (1998).

6. K. Sack, "After 37 Years in Prison, Inmate Tastes Freedom", *New York Times*, 11 Ιαν. 1996, σελ. 18.

7. C. Reeve, *Ohio State University*, εναρκτήριος λόγος, 13 Ιουνίου 2003.

8. D. Becker, "Cycling Through Adversity: Ex-World Champ Stays on Cancer Comeback Course", *USA Today*, 22 Μαΐου 1998, σελ. 3C.

9. R.G. Tedeschi και L.G. Calhoun, *Trauma and Transformation: Growing in the Aftermath of Suffering*, Καλιφόρνια, Sage, 1995, σελ. 1.

10. R. Schulz και S. Decker, "Long-Term Adjustment to Physical Disability: The Role of Social Support, Perceived Control, and Self-Blame", *Journal of Personality and Social Psychology*, τόμ. 48, σελ. 1.162-1.172 (1985)· C.B. Wortman και R.C. Silver, "Coping with Irrevocable Loss", στο G.R. VandenBos και B.K. Bryant (επιμ.), *Cataclysms, Crises, and Catastrophes: Psychology in Action*, Ουάσινγκτον: American Psychological Association, 1987, σελ. 185-235· και P. Brickman, D. Coates και R.J. Janoff-Bulman, "Lottery Winners and Accident Victims: Is Happiness Relative?", *Journal of Personality and Social Psychology*, τόμ. 36, σελ. 917-927 (1978).

11. S.E. Taylor, "Adjustment to Threatening Events: A Theory of Cognitive Adaptation", *American Psychologist*, τόμ. 38, σελ. 1.161-1.173 (1983).

12. D.T. Gilbert, E. Driver-Linn και T.D. Wilson, "The Trouble with Vronsky: Impact Bias in the Forecasting of Future Affective States", στο L.F. Barrett και P. Salovey (επιμ.), *The Wisdom in Feeling: Psychological Processes in Emotio-nal Intelligence*, Νέα Υόρκη, Guilford Press, 2002, σελ. 114-143· και T.D. Wilson και D.T. Gilbert, "Affective Forecasting", στο M. Zanna (επιμ.), *Advances in Experimental Social Psychology*, τόμ. 35, Νέα Υόρκη, Elsevier, 2003.

13. D.L. Sackett και G.W. Torrance, "The Utility of Different Health States as Perceived by the General Public", *Journal of Chronic Disease*, 1978, σελ. 697-704· P. Dolan και D. Kahneman, *Interpretations of Utility and Their Implications for the Valuation of Health* (αδημοσίευτο χειρόγραφο, Princeton University, 2005)· και J. Riis κ.ά., "Ignorance of Hedonic Adaptation to Hemo-Dialysis: A Study Using Ecological Momentary Assessment", *Journal of Experimental Psychology: General*, τόμ. 134, σελ. 3-9 (2005).

14. P. Menzela κ.ά., "The Role of Adaptation to Disability and Disease in Health State Valuation: A Preliminary Normative Analysis", *Social Science & Medicine*, τόμ. 55, σελ. 2.149-2.158 (2002).

15. P. Dolan, "Modelling Valuations for EuroQol Health States", *Medical Care*, τόμ. 11, σελ. 1.095-1.108 (1997).

16. J. Jonides και H. Gleitman, "A Conceptual Category Effect in Visual Search: O as Letter or as Digit", *Perception and Psychophysics*, τόμ. 12, σελ. 457-460 (1972).

17. C.M. Solley και J.F. Santos, "Perceptual Learning with Partial Verbal Reinforcement", *Perceptual and Motor Skills*, τόμ. 8, σελ. 183-193 (1958)· E.D. Turner και W. Bevan, "Patterns of Experience and the Perceived Orientation of the Necker Cube", *Journal of General Psychology*, τόμ. 70, σελ. 345-352 (1964).

18. D. Dunning, J.A. Meyerowitz και A.D. Holzberg, "Ambiguity and Self-Evaluation: The Role of Idiosyncratic Trait Definitions in Self-Serving Assessments of Ability", *Journal of Personality and Social Psychology*, τόμ. 57, σελ. 1-9 (1989).

19. C.K. Morewedge και D.T. Gilbert, αδημοσίευτα δεδομένα, Harvard University, 2004.

20. J.W. Brehm, "Post-decision Changes in Desirability of Alternatives", *Journal of Abnormal and Social Psychology*, τόμ. 52, σελ. 384-389 (1956).

21. E.E. Lawler κ.ά., "Job Choice and Post Decision Dissonance", *Organizational Behavior and Human Decision Processes*, τόμ. 13, σελ. 133-145 (1975).

22. S. Lyubomirsky και L. Ross, "Changes in Attractiveness of Elected, Rejected, and Precluded Alternatives: A Comparison of Happy and Unhappy Individuals", *Journal of Personality and Social Psychology*, τόμ. 76, σελ. 988-1.007 (1999).

23. R.E. Knox και J.A. Inkster, "Postdecision Dissonance at Post Time", *Journal of Personality and Social Psychology*, τόμ. 8, σελ. 319-323 (1968).

24. O.J. Frenkel και A.N. Doob, "Post-decision Dissonance at the Polling Booth", *Canadian Journal of Behavioural Science*, τόμ. 8, σελ. 347-350 (1976).

25. F.M. Voltaire, *Candide* (1759), κεφ. 1 [ελληνική έκδοση: *Καντίντ ή η απαισιοδοξία*, μτφ. Π. Κοντογιάννης, Πόλις, Αθήνα, 2005].

26. R.F. Baumeister, "The Optimal Margin of Illusion", *Journal of Social and Clinical Psychology*, τόμ. 8, σελ. 176-189 (1989)· S.E. Taylor, *Positive illusions*, Νέα Υόρκη, Basic Books, 1989· S.E. Taylor και

J.D. Brown, "Illusion and Well-Being: A Social-Psychological Perspective on Mental Health", *Psychological Bulletin*, τόμ. 103, σελ. 193-210 (1988)· Z. Kunda, "The Case for Motivated Reasoning", *Psychological Bulletin*, τόμ. 108, σελ. 480-498 (1990)· T. Pyszczynski και J. Greenberg, "Toward an Integration of Cognitive and Motivational Perspectives on Social Inference: A Biased Hypothesis-Testing Model", στο L.E. Berkowitz (επιμ.), *Advances in Experimental Social Psychology*, τόμ. 20, Σαν Ντιέγκο: Academic Press, 1987, σελ. 297-340.

27. Τόσο ο Sigmund όσο και η Anna Freud ονόμασαν το εν λόγω σύστημα «μηχανισμοί άμυνας»· από τότε, σχεδόν κάθε ψυχολόγος έχει σχολιάσει αυτό το σύστημα και του έχει δώσει και από ένα διαφορετικό όνομα. Μια πρόσφατη ανασκόπηση της βιβλιογραφίας σχετικά με τις ψυχολογικές άμυνες μπορείτε να βρείτε στο: D.L. Paulhus, B. Fridhandler και S. Hayes, "Psychological Defense: Contemporary Theory and Research", στο R. Hogan, J. Johnson και S. Briggs (επιμ.), *Handbook of Personality Psychology*, Σαν Ντιέγκο, Academic Press, 1997, 543-579.

28. W.B. Swann, B.W. Pelham και D.S. Krull, "Agreeable Fancy or Disagreeable Truth? Reconciling Self-Enhancement and Self-Verification", *Journal of Personality and Social Psychology*, τόμ. 57, σελ. 782-791 (1989)· W.B. Swann, P.J. Rentfrow και J. Guinn, "Self-Verification: The Search for Coherence", στο M. Leary και J. Tagney (επιμ.), *Handbook of Self and Identity*, Νέα Υόρκη, Guilford Press, 2002, σελ. 367-383· και W.B. Swann, *Self-Traps: The Elusive Quest for Higher Self-Esteem*, Νέα Υόρκη, Freeman, 1996.

29. W.B. Swann και B.W. Pelham, "Who Wants Out When the Going Gets Good? Psychological Investment and Preference for Self-Verifying College Roommates", *Journal of Self and Identity*, τόμ. 1, σελ. 219-233 (2002).

30. J.L. Freedman και D.O. Sears, "Selective Exposure", στο L. Berkowitz (επιμ.), *Advances in Experimental Social Psychology*, τόμ. 2, Νέα Υόρκη, Academic Press, 1965, σελ. 57-97· και D. Frey, "Recent Research on Selective Exposure to Information", στο L. Berkowitz (επιμ.), *Advances in Experimental Social Psychology*, τόμ. 19, Νέα Υόρκη, *Academic Press*, 1986, σελ. 41-80.

31. D. Frey και D. Stahlberg, "Selection of Information After Receiving More or Less Reliable Self-Threatening Information", *Per*

sonality and Social Psychology Bulletin, τόμ. 12, σελ. 434-441 (1986).

32. B. Holton και T. Pyszczynski, "Biased Information Search in the Interpersonal Domain", *Personality and Social Psychology Bulletin*, τόμ. 15, σελ. 42-51 (1989).

33. D. Ehrlich κ.ά., "Postdecision Exposure to Relevant Information", *Journal of Abnormal and Social Psychology*, τόμ. 54, σελ. 98-102 (1957).

34. R. Sanitioso, Z. Kunda και G.T. Fong, "Motivated Recruitment of Autobiographical Memories", *Journal of Personality and Social Psychology*, τόμ. 59, σελ. 229-241 (1990).

35. A. Tesser και S. Rosen, "Similarity of Objective Fate as a Determinant of the Reluctance to Transmit Unpleasant Information: The MUM Effect", *Journal of Personality and Social Psychology*, τόμ. 23, σελ. 46-53 (1972).

36. M. Snyder και W.B. Swann, Jr., "Hypothesis Testing Processes in Social Interaction", *Journal of Personality and Social Psychology*, τόμ. 36, σελ. 1.202-1.212 (1978)· και W.B.J. Swann, T. Giuliano και D.M. Wegner, "Where Leading Questions Can Lead: The Power of Conjecture in Social Interaction", *Journal of Personality and Social Psychology*, τόμ. 42, σελ. 1.025-1.035 (1982).

37. D.T. Gilbert και E.E. Jones, "Perceiver-Induced Constraint: Interpretations of Self-Generated Reality", *Journal of Personality and Social Psychology*, τόμ. 50, σελ. 269-280 (1986).

38. L. Festinger, "A Theory of Social Comparison Processes", *Human Relations*, τόμ. 7, σελ. 117-140 (1954)· A. Tesser, M. Millar και J. Moore, "Some Affective Consequences of Social Comparison and Reflection Processes: The Pain and Pleasure of Being Close", *Journal of Personality and Social Psychology*, τόμ. 54, σελ. 49-61 (1988)· S.E. Taylor και M. Lobel, "Social Comparison Activity Under Threat: Downward Evaluation and Upward Contacts", *Psychological Review*, τόμ. 96, σελ. 569-575 (1989)· και T.A. Wills, "Downward Comparison Principles in Social Psychology", *Psychological Bulletin*, τόμ. 90, σελ. 245-271 (1981).

39. T. Pyszczynski, J. Greenberg και J. LaPrelle, "Social Comparison After Success and Failure: Biased Search for Information Consistent with a Self-Servicing Conclusion", *Journal of Experimental Social Psychology*, τόμ. 21, σελ. 195-211 (1985).

40. J.V. Wood, S.E. Taylor και R.R. Lichtman, "Social Comparison

in Adjustment to Breast Cancer", *Journal of Personality and Social Psychology*, τόμ. 49, σελ. 1.169-1.183 (1985).

41. S.E. Taylor κ.ά., "Social Support, Support Groups, and the Cancer Patient", *Journal of Consulting and Clinical Psychology*, τόμ. 54, σελ. 608-615 (1986).

42. A. Tesser και J. Smith, "Some Effects of Task Relevance and Friendship on Helping: You Don't Always Help the One You Like", *Journal of Experimental Social Psychology*, τόμ. 16, σελ. 582-590 (1980).

43. A.H. Hastorf και H. Cantril, "They Saw a Game: A Case Study", *Journal of Abnormal and Social Psychology*, τόμ. 49, σελ. 129-134 (1954).

44. L. Sigelman και C.K. Sigelman, "Judgments of the Carter-Reagan Debate: The Eyes of the Beholders", *Public Opinion Quarterly*, τόμ. 48, σελ. 624-628 (1984)· R.K. Bothwell και J.C. Brigham, "Selective Evaluation and Recall During the 1980 Reagan-Carter Debate", *Journal of Applied Social Psychology*, τόμ. 13, σελ. 427-442 (1983)· J.G. Payne κ.ά., "Perceptions of the 1988 Presidential and Vice-Presidential Debates", *American Behavioral Scientist*, τόμ. 32, σελ. 425-435 (1989)· G.D. Munro κ.ά., "Biased Assimilation of Sociopolitical Arguments: Evaluating the 1996 U.S. Presidential Debate", *Basic and Applied Social Psychology*, τόμ. 24, σελ. 15-26 (2002).

45. R.P. Vallone, L. Ross και M.R. Lepper, "The Hostile Media Phenomenon: Biased Perception and Perceptions of Media Bias in Coverage of the Beirut Massacre", *Journal of Personality and Social Psychology*, τόμ. 49, σελ. 577-585 (1985).

46. C.G. Lord, L. Ross και M.R. Lepper, "Biased Assimilation and Attitude Polarization: The Effects of Prior Theories on Subsequently Considered Evidence", *Journal of Personality and Social Psychology*, τόμ. 37, σελ. 2.098-2.109 (1979).

47. Δεν είναι καθόλου παρήγορο επίσης το γεγονός ότι σε μεταγενέστερες έρευνες βρέθηκε ότι επιστήμονες οι οποίοι ακόμα εκπαιδεύονταν αλλά και φτασμένοι επιστήμονες εμφάνιζαν την ίδια τάση, να προτιμούν δηλαδή τις μεθόδους εκείνες που παρήγαν τα προτιμώμενα από τους ίδιους συμπεράσματα. Βλ. J.J. Koehler, "The Influence of Prior Beliefs on Scientific Judgments of Evidence Quality", *Organizational Behavior and Human Decision Processes*, τόμ. 56, σελ. 28-55 (1993).

48. T. Pyszczynski, J. Greenberg και K. Holt, "Maintaining Consistency Between Self-Serving Beliefs and Available Data: A Bias in Information Evaluation", *Personality and Social Psychology Bulletin*, τόμ. 11, σελ. 179-190 (1985).

49. P.H. Ditto και D.F. Lopez, "Motivated Skepticism: Use of Differential Decision Criteria for Preferred and Nonpreferred Conclusions", *Journal of Personality and Social Psychology*, τόμ. 63, σελ. 568-584 (1992).

50. Ό.π.

51. T. Gilovich, *How We Know What Isn't So: The Fallibility of Human Reason in Everyday Life*, Νέα Υόρκη, Free Press, 1991.

52. Αυτή η τάση μπορεί να έχει καταστροφικές συνέπειες. Παραδείγματος χάρη, το 2004 η Επιτροπή Πληροφοριών της Γερουσίας των ΗΠΑ αποφάνθηκε ότι η CIA είχε δώσει στον Λευκό Οίκο λανθασμένες πληροφορίες σχετικά με τα όπλα μαζικής καταστροφής τού Ιράκ, πληροφορίες που οδήγησαν τις ΗΠΑ σε στρατιωτική εισβολή στο Ιράκ. Σύμφωνα με αυτή την αναφορά, η τάση για μαγείρεμα των δεδομένων «οδήγησε όσους συνέλεγαν, ανέλυαν και διαχειρίζονταν στρατιωτικές πληροφορίες αφενός να ερμηνεύσουν αμφιλεγόμενα στοιχεία ως οριστικώς αποδεικτικά της ύπαρξης προγράμματος παραγωγής όπλων μαζικής καταστροφής, αφετέρου δε να αγνοήσουν ή να ελαχιστοποιήσουν τη σημασία στοιχείων που έδειχναν ότι το Ιράκ δεν είχε στην κατοχή του δραστικά όπλα μαζικής καταστροφής ούτε ανέπτυσσε τέτοια προγράμματα». K.P. Shrader, "Report: War Rationale Based on CIA Error", *Associated Press*, 9 Ιουλ. 2004.

53. Agence-France-Presse, "Italy: City Wants Happier Goldfish", *New York Times*, 24 Ιουλ. 2004, σελ. A5.

Κεφάλαιο 9: Ανοσία στην πραγματικότητα

1. T.D. Wilson, *Strangers to Ourselves: Discovering the Adaptive Unconscious, Cambridge: Harvard University Press*, 2002· και J.A. Bargh και T.L. Chartrand, "The Unbearable Automaticity of Being", *American Psychologist*, τόμ. 54, σελ. 462-479 (1999).

2. R.E. Nisbett και T.D. Wilson, "Telling More Than We Can Know: Verbal Reports on Mental Processes", *Psychological Review*, τόμ. 84, σελ. 231-259 (1977)· D.J. Bem, "Self-Perception Theory", στο L. Berkowitz (επιμ.), *Advances in Experimental Social Psychology*, τόμ.

6, Νέα Υόρκη, Academic Press, 1972, σελ. 1-62· M.S. Gazzaniga, *The Social Brain*, Νέα Υόρκη, Basic Books, 1985· και D.M. Wegner, *The Illusion of Conscious Will*, Καίμπριτζ, Μασαχουσέτη, MIT Press, 2003.

3. E.T. Higgings, W.S. Rholes και C.R. Jones, "Category Accessibility and Impression Formation", *Journal of Experimental Social Psychology*, τόμ. 13, σελ. 141-154 (1977).

4. J. Bargh, M. Chen και L. Burrows, "Automaticity of Social Behavior: Direct Effects of Trait Construct and Stereotype Activation on Action", *Journal of Personality and Social Psychology*, τόμ. 71, σελ. 230-244 (1996).

5. A. Dijksterhuis και A. van Knippenberg. "The Relation Between Perception and Behavior, or How to Win a Game of Trivial Pursuit", *Journal of Personality and Social Psychology*, τόμ. 74, σελ. 865-877 (1998).

6. Nisbett και Wilson, "Telling More Than We Can Know".

7. J.W. Schooler, D. Ariely και G. Loewenstein, "The Pursuit and Assessment of Happiness Can Be Self-Defeating", στο I. Brocas και J. Carillo (επιμ.), *The Psychology of Economic Decisions: Rationality and Well-Being*, τόμ. 1, Οξφόρδη, Oxford University Press, 2003.

8. K.N. Ochsner κ.ά., "Rethinking Feelings: An fMRI Study of the Cognitive Regulation of Emotion", *Journal of Cognitive Neuroscience*, τόμ. 14, σελ. 1.215-1.229 (2002).

9. D.M. Wegner, R. Erber και S. Zanakos, "Ironic Processes in the Mental Control of Mood and Mood-Related Thought", *Journal of Personality and Social Psychology*, τόμ. 65, σελ. 1.093-1.104 (1993)· D.M. Wegner, A. Broome και S.J. Blumberg, "Ironic Effects of Trying to Relax Under Stress", *Behaviour Research and Therapy*, τόμ. 35, σελ. 11-21 (1997).

10. D.T. Gilbert κ.ά., "Immune Neglect: A Source of Durability Bias in Affective Forecasting", *Journal of Personality and Social Psychology*, τόμ. 75, σελ. 617-638 (1998).

11. Ό.π.

12. D.T. Gilbert κ.ά., "Looking Forward to Looking Backward: The Misprediction of Regret", *Psychological Science*, τόμ. 15, σελ. 346-350 (2004).

13. M. Curtiz, *Casablanca*, Warner Bros., 1942.

14. T. Gilovich και V.H. Medvec, "The Experience of Regret: What When, and Why", *Psychological Review*, τόμ. 102, σελ. 379-395 (1995).

N. Roese, *If Only: How to Turn Regret into Opportunity*, Νέα Υόρκη, Random House 2004· G. Loomes και R. Sugden, "Regret Theory: An Alternative Theory of Rational Choice Under Uncertainty", *Economic Journal*, τόμ. 92, σελ. 805-824 (1982)· και D. Bell, "Regret in Decision Making Under Uncertainty", *Operations Research*, τόμ. 20, σελ. 961-981 (1982).

15. I. Ritov και J. Baron, "Outcome Knowledge, Regret, and Omission Bias", *Organizational Behavior and Human Decison Processes*, τόμ. 64, σελ. 119-127 (1998)· I. Ritov και J. Baron, "Probability of Regret: Anticipation of Uncertainty Resolution in Choice: Outcome Knowledge, Regret, and Omission Bias", *Organizational Behavior and Human Decision Processes*, τόμ. 66, σελ. 228-236 (1996)· και M. Zeelenberg, "Anticipated Regret, Expected Feedback and Behavioral Decision Making", *Journal of Behavioral Decision Making*, τόμ. 12, σελ. 93-106 (1999).

16. M.T. Crawford κ.ά., "Reactance, Compliance, and Anticipated Regret", *Journal of Experimental Social Psychology*, τόμ. 38, σελ. 56-63 (2002).

17. I. Simonson, "The Influence of Anticipating Regret and Responsibilty on Purchase Decisions", *Journal of Consumer Research*, τόμ. 19, σελ. 105-118 (1992).

18. V.H. Medvec, S.F. Madey και T. Gilovich, "When Less Is More: Counterfactual Thinking and Satisfaction Among Olympic Medalists", *Journal of Personality and Social Psycholgoy*, τόμ. 69, σελ. 603-610 (1995)· και D. Kahneman και A. Tversky, "Variants of Uncertainty", *Cognition*, τόμ. 11, σελ. 143-157 (1982).

19. D. Kahneman και A. Tversky, "The Psychology of Preferences", *Scientific American*, τόμ. 246, σελ. 160-173.

20. T. Gilovich και V.H. Medvec, "The Experience of Regret: What, When, and Why", *Psychological Review*, τόμ. 102, σελ. 379-395.

21. T. Gilovich, V.H. Medvec και S. Chen, "Omission, Commission, and Dissonance Reduction: Overcoming Regret in the Monty Hall Problem", *Personality and Social Psychology Bulletin*, τόμ. 21, σελ. 182-190 (1995).

22. H.B. Gerard και G.C. Mathewson, "The Effects of Severity of Initiation on Liking for a Group: A Replication", *Journal of Experimenal Social Psychology*, τόμ. 2, σελ. 278-287 (1966).

23. P.G. Zimbardo, "Control of Pain Motivation by Cognitive Dissonance", *Science*, τόμ. 151, σελ. 217-219 (1966).

24. Βλ. επίσης: E. Aronson και J. Mills, "The Effect of Severity of Initiation on Liking for a Group", *Journal of Abnormal and Social Psychology*, τόμ. 59, σελ. 177-181 (1958)· J.L. Freedman, "Long-Term Behavioral Effects of Cognitive Dissonance", *Journal of Experimental Social Psychology*, τόμ. 1, σελ. 145-155 (1965)· D.R. Shaffer και C. Hendrick, "Effects of Actual Effort and Anticipated Effort on Task Enhancement", *Journal of Experimental Social Psychology*, τόμ. 7, σελ. 435-447 (1971)· H.R. Arkes και C. Blumer, "The Psychology of Sunk Cost", *Organizational Behavior and Human Decision Processes*, τόμ. 35, σελ. 124-140 (1985)· και J.T. Jost κ.ά., "Social Inequality and the Reduction of Ideological Dissonance on Behalf of the System: Evidence of Enhanced System Justification Among the Disadvantaged", *European Journal of Social Psychology*, τόμ. 33, σελ. 13-36 (2003).

25. D.T. Gilbert κ.ά., "The Peculiar Longevity of Things Not So Bad", *Psychologial Science*, τόμ. 15, σελ. 14-19 (2004).

26. D. Frey κ.ά., "Re-evaluation of Decision Alternatives Dependent Upon the Reversibility of a Decision and the Passage of Time", *European Journal of Social Psychology*, τόμ. 14, σελ. 447-450 (1984)· D. Frey, "Reversible and Irreversible Decisions: Preference for Consonant Information as a Function of Attractiveness of Decision Alternatives", *Personality and Social Psychology Bulletin*, τόμ. 7, σελ. 621-626 (1981).

27. S. Wiggins κ.ά., "The Psychological Consequences of Predictive Testing for Huntington's Disease", *New England Journal of Medicine*, τόμ. 327, σελ. 1.401-1.405 (1992).

28. D.T. Gilbert και J.E.J. Ebert, "Decisions and Revisions: The Affective Forecasting of Changeable Outcomes", *Journal of Personality and Social Psychology*, τόμ. 82, σελ. 503-514 (2002).

29. J.W. Brehm, *A Theory of Psychological Reactance*, Νέα Υόρκη, Academic Press, 1966.

30. R.B. Cialdini, *Influence: Science and Practice*, Ιλινόις, Scott, Foresman, 1985.

31. S.S. Iyengar και M.R. Lepper, "When Choice Is Demotivating: Can One Desire Too Much of a Good Thing?", *Journal of Personality and Social Psychology*, τόμ. 79, σελ. 995-1.006 (2000)· και B. Schwartz,

"Self-Determination: The Tyranny of Freedom", *American Psychologist*, τόμ. 55, σελ. 79-88 (2000).

32. J.W. Pennebaker, "Writing About Emotional Experiences as a Therapeutic Process", *Psychological Science*, τόμ. 8, σελ. 162-166 (1997).

33. J.W. Pennebaker, T.J. Mayne και M.E. Francis, "Linguistic Predictors of Adaptive Bereavement", *Journal of Personality and Social Psychology*, τόμ. 72, σελ. 863-871 (1997).

34. T.D. Wilson κ.ά., "The Pleasures of Uncertainty: Prolonging Positive Moods in Ways People Do Not Anticipate", *Journal of Personality and Social Psychology*, τόμ. 88, σελ. 5-21 (2005).

35. B. Fischoff, "Hindsight =/= foresight: The Effects of Outcome Knowledge on Judgment Under Uncertainty", *Journal of Experimental Psychology: Human Perception and Performance*, τόμ. 1, σελ. 288-299 (1975)· C.A. Anderson, M.R. Lepper και L. Ross, "Perseverance of Social Theories: The Role of Explanation in the Persistence of Discredited Information", *Journal of Personality and Social Psychology*, τόμ. 39, σελ. 1.037-1.049 (1980).

36. B. Weiner, "'Spontaneous' Causal Thinking", *Psychological Bulletin*, τόμ. 97, σελ. 74-84 (1985)· και R.R. Hassin, J.A. Bargh και J.S. Uleman, "Spontaneous Causal Inferences", *Journal of Experimental Social Psychology*, τόμ. 38, σελ. 515-522 (2002).

37. B. Zeigarnik, "Das Behalten erledigter und unerledigter Handlungen", *Psychologische Forschung*, τόμ. 9, σελ. 1-85 (1927)· και G.W. Boguslavsky, "Interruption and Learning", *Psychological Review*, τόμ. 58, σελ. 248-255 (1951).

38. Wilson κ.ά., "Pleasures of Uncertainty".

39. J. Keats, *Letter to Richard Woodhouse*, 27 Οκτ. 1881, στο D. Bush (επιμ.), *Selected Poems and Letters by John Keats*, Βοστόνη: Houghton-Mifflin, 1959.

Κεφάλαιο 10: Όποιος καεί στο χυλό

1. D. Wirtz κ.ά., "What to Do on Spring Break? The Role of Predicted, Online, and Remembered Experience in Future Choice", *Psychological Science*, τόμ. 14, σελ. 520-524 (2003)· και S. Bluck κ.ά. "A Tale of Three Functions: The Self-Reported Use of Autobiographical Memory", *Social Cognition*, τόμ. 23, σελ. 91-117 (2005).

2. A. Tversky και D. Kahneman, "Availability: A Heuristic for Judgment Frequency and Probability", *Cognitive Psychology*, τόμ. 5, σελ. 207-232 (1973).

3. L.J. Sanna και N. Schwarz, "Integrating Temporal Biases: The Interplay of Focal Thoughts and Accessibility Experiences", *Psychological Science*, τόμ. 15, σελ. 474-481 (2004).

4. R. Brown και J. Kulik, "Flashbulb Memories", *Cognition*, τόμ. 5, σελ. 73-99 (1977)· και P.H. Blaney, "Affect and Memory: A Review", *Psychological Bulletin*, τόμ. 99, σελ. 229-246 (1986).

5. D.T. Miller και B.R. Taylor, "Counterfactual Thought, Regret and Superstition: How to Avoid Kicking Yourself", στο N.J. Roese και J.M. Olson (επιμ.), *What Might Have Been: The Social Psychology of Counterfactual Thinking*, *Hillsdale*, Νιου Τζέρσι, Lawrence Erlbaum, 1995, σελ. 305-331· και J. Kruger, D. Wirtz και D.T. Miller, "Counterfactual Thinking and the First Instinct Fallacy", *Journal of Personality and Social Psychology* (υπό δημοσίευση).

6. R. Buehler και C. McFarland, "Intensity Bias in Affective Forecasting: the Role of Temporal Focus", *Personality and Social Psychology Bulletin*, τόμ. 27, σελ. 1.480-1.493 (2001).

7. C.K. Morewedge, D.T. Gilbert και T.D. Wilson, "The Least Likely of Times: How Memory for Past Events Biases the Prediction of Future Events", *Psychological Science*, τόμ. 16, σελ. 626-630 (2005).

8. B.L. Fredrickson και D. Kahneman, "Duration Neglect in Retrospective Evaluations of Affective Episodes", *Journal of Personality and Social Psychology*, τόμ. 65, σελ. 45-55 (1993)· και D. Ariely και Z. Carmon, "Summary Assessment of Experiences: The Whole Is Different from the Sum of Its Parts", στο G. Loewenstein, D. Read και R.F. Baumeister (επιμ.), *Time and Decision*, Νέα Υόρκη, Russell Sage Foundation, 2003, σελ. 323-349.

9. W.M. Lepley, "Retention as a Function of Serial Position", *Psychological Bulletin*, τόμ. 32, σελ. 730 (1935)· B.B. Murdock, "The Serial Position Effect of Free Recall", *Journal of Experimental Psychology*, τόμ. 64, σελ. 482-488 (1962)· και T.L. White και M. Treisman, "A Comparison of the Encoding of Content and Order in Olfactory Memory and in Memory for Visually Presented Verbal Materials", *British Journal of Psychology*, τόμ. 88, σελ. 459-472 (1997).

10. N.H. Anderson, "Serial Position Curves in Impression For-

mation", *Journal of Experimental Psychology*, τόμ. 97, σελ. 8-12 (1973).

11. D. Kahneman κ.ά., "When More Pain Is Preferred to Less: Adding a Better Ending", *Psychological Science*, τόμ. 4, σελ. 401-405 (1993).

12. J.J. Christensen-Szalanski, "Discount Functions and the Measurement of Patients' Values: Women's Decisions During Childbirth", *Medical Decision Making*, τόμ. 4, σελ. 47-58 (1984).

13. D. Holmberg και J.G. Holmes, "Reconstruction of Relationship Memories: A Mental Models Approach", στο N. Schwarz και N. Sudman (επιμ.), *Autobiographical Memory and the Validity of Retrospective Reports*, Νέα Υόρκη, Springer-Verlag, 1994, σελ. 267-288· και C. McFarland και M. Ross, "The Relation Between Current Impressions and Memories of Self and Dating Partners", *Personality and Social Psychology Bulletin*, τόμ. 13, σελ. 228-238 (1987).

14. William Shakespeare, *King Richard II*, act 2, scene 1, 1594-1596· Λονδίνο, Penguin Classics, 1981 [ελληνική έκδοση: *Ο Βασιλιάς Ριχάρδος ο Β'*, μτφ. Β. Ρώτα, Επικαιρότητα, Αθήνα, 1989].

15. D. Kahneman, "Objective Happiness", στο D. Kahneman, E. Diener και N. Schwarz (επιμ.), *Well-Being: The Foundations of Hedonic Psychology*, Νέα Υόρκη, Russell Sage Foundation, 1999, σελ. 3-25.

16. Βλ.: "Well-Being and Time", στο J.D. Velleman, *The Possibility of Practical Reason*, Οξφόρδη, Oxford University Press, 2000.

17. E. Diener, D. Wirtz και S. Oishi, "End Effects of Rated Quality of Life: The James Dean Effect", *Psychological Science*, τόμ. 12, σελ. 124-128 (2001).

18. M.D. Robinson και G.L. Clore, "Belief and Feeling: Evidence for an Accessibility Model of Emotional Self-Report", *Psychological Bulletin*, τόμ. 128, σελ. 934-960 (2002)· και L.J. Levine και M.A. Safer, "Sources of Bias in Memory for Emotions", *Current Directions in Psychological Science*, τόμ. 11, σελ. 169-173 (2002).

19. M.D. Robinson και G.L. Clore, "Episodic and Semantic Knowledge in Emotional Self-Report: Evidence for Two Judgment Processes", *Journal of Personality and Social Psychology*, τόμ. 83, σελ. 198-215 (2002).

20. M.D. Robinson, J.T. Johnson και S.A. Shields, "The Gender Heurristic and the Database: Factors Affecting the Perception of

Gender-Related Differences in the Experience and Display of Emotions", *Basic and Applied Social Psychology*, τόμ. 20, σελ. 206-219 (1998).

21. C. McFarland, M. Ross και N. DeCourville, "Women's Theories of Menstruation and Biases in Recall of Menstrual Symptoms", *Journal of Personality and Social Psychology*, τόμ. 57, σελ. 522-531 (1981).

22. S. Oishi, "The Experiencing and Remembering of Well-Being: A Cross-Cultural Analysis", *Personality and Social Psychology Bulletin*, τόμ. 28, σελ. 1.398-1.406 (2002).

23. C.N. Scollon κ.ά., "Emotions Across Cultures and Met-hods", *Journal of Cross-Cultural Psychology*, τόμ. 35, σελ. 304-326 (2004).

24. M.A. Safer, L.J. Levine και A.L. Drapalski, "Distortion in Memory for Emotions: The Contributions of Personality and Post-Event Knowledge", *Personality and Social Psychology Bulletin*, τόμ. 28, σελ. 1.495-1.507 (2002)· και S.A. Dewhurst και M.A. Marlborough, "Memory Bias in the Recall of Pre-exam Anxiety: The Influence of Self-Enhancement", *Applied Cognitive Psychology*, τόμ. 17, σελ. 695-702 (2003).

25. T.R. Mitchell κ.ά., "Temporal Adjustments in the Evaluation of Events: The 'Rosy View'", *Journal of Experimental Social Psychology*, τόμ. 33, σελ. 421-448 (1997).

26. T.D. Wilson κ.ά., "Preferences as Expectation-Driven Inferences: Effects of Affective Expectations on Affective Experience", *Journal of Personality and Social Psychology*, τόμ. 56, σελ. 519-530 (1989).

27. A.A. Stone κ.ά., "Prospective and Cross-Sectional Mood Reports Offer No Evidence of a 'Blue Monday' Phenomenon", *Journal of Personality and Social Psychology*, τόμ. 49, σελ. 129-134 (1985).

Κεφάλαιο 11: Σε ζωντανή ανταπόκριση από το αύριο

1. J. Livingston και R. Evans, "Whatever will Be, Will Be (Que Sera, Sera)" (1955).

2. W.V. Quine και J.S. Ullian, *The Web of Belief*, 2η έκδ., Νέα Υόρκη, Random House, 1978, σελ. 51.

3. Οι μισοί Αμερικανοί άλλαξαν τόπο διαμονής κατά την πενταετία 1995-2000, πράγμα που δηλώνει ότι ο μέσος Αμερικανός μετεγκα-

διστάται περίπου ανά δέκα χρόνια· B. Berkner και C.S. Faber, *Geographical Mobility, 1995-2000*: Στατιστική Υπηρεσία των ΗΠΑ, Ουάσινγκτον, 2003.

4. Ο μέσος Αμερικανός της γενιάς τού baby boom (οι γεννηθέντες από το 1946 έως το 1964) απασχολήθηκε σε τουλάχιστον δέκα διαφορετικές δουλειές από τα 18 έως τα 36 του χρόνια, πράγμα που σημαίνει ότι ο μέσος Αμερικανός απασχολείται σε τουλάχιστον τόσες κατά τη διάρκεια της ζωής του. Bureau of Labor Statistics, *Number of Jobs Held, Labor Market Activity, and Earnings Growth Among Younger Baby Boomers: Results from More Than Two Decades of a Longitudinal Survey*, Bureau of Labor Statistics news release, U.S. Department of Labor, Ουάσινγκτον: 2002.

5. Η Στατιστική Υπηρεσία των ΗΠΑ υπολογίζει ότι, στα επόμενα χρόνια, το 10% των Αμερικανών δεν θα παντρευτούν ποτέ, το 60% θα παντρευτούν μόνο μία φορά και το 30% θα παντρευτούν τουλάχιστον δύο φορές. R.M. Kreider και J.M. Fields, *Number, Timing, and Duration of Marriages and Divorces, 1996*: Στατιστική Υπηρεσία των ΗΠΑ, Ουάσινγκτον, 2002.

6. B. Russell, *The Analysis of Mind*, Νέα Υόρκη, Macmillan, 1921, σελ. 231.

7. Ο βιολόγος Richard Dawkins αναφέρεται σε αυτές τις πεποιθήσεις με τον όρο *μιμίδια*· Βλ. R.J. Dawkins, *The Selfish Gene*, Οξφόρδη, Oxford University Press, 1976 [ελληνική έκδοση: *Το εγωιστικό γονίδιο*, τριακονταετής επετειακή έκδοση, μτφ. Π. Δεληβοριάς, Κάτοπτρο, Αθήνα, 2007]. Βλ. επίσης S. Blackmore, *The Meme Machine*, Οξφόρδη, Oxford University Press, 2000.

8. D.C. Dennett, *Brainstorms: Philosophical Essays on Mind and Psychology*, Καίμπριτζ, Μασαχουσέτη, Bradford/MIT Press, 1981, σελ. 18.

9. R. Layard, *Happiness: Lessons from a New Science*, Νέα Υόρκη, Penguin, 2005· E. Diener και M.E.P. Seligman, "Beyond Money: Toward an Economy of Well-Being", *Psychological Science in the Public Interest*, τόμ. 5, σελ. 1-31, (2004)· B.S. Frey και A. Stutzer, *Happiness and Economics: How the Economy and Institutions Affect Human Well-Being*, Πρίνστον, Νιου Τζέρσι, Princeton University Press, 2002· R.A. Easterlin, "Income and Happiness: Towards a Unified Theory", *Economic Journal*, τόμ. 111, σελ. 465-484 (2001)· και D.G. Blanchflower και A.J. Oswald, "Well-Being Over Time in Britain and

the USA", *Journal of Public Economics*, τόμ. 88, σελ. 1.359-1.386 (2004). [Παρόμοια άποψη είχε διατυπώσει και ο Επίκουρος, ήδη από τον 4ο αιώνα π.Χ.: «Ο πλούτος που μας αρκεί για να ζούμε φυσική ζωή, και ορισμένος είναι και εύκολα αποκτιέται. Ο πλούτος αντίθετα που ζητάει η ματαιοδοξία μας, χάνεται στο άπειρο.» (Σ.τ.μ.)]

10. Το φαινόμενο της φθίνουσας οριακής χρησιμότητας επιβραδύνεται όταν ξοδεύουμε τα χρήματά μας σε πράγματα στα οποία έχουμε μικρή πιθανότητα να εμφανίσουμε προσαρμογή. Βλ.: T. Scitovsky, *The Joyless Economy: The Psychology of Human Satisfaction*, Οξφόρδη: Oxford University Press, 1976· L. Van Boven και T. Gilovich, "To Do or to Have? That Is the Question", *Journal of Personality and Social Psychology*, τόμ. 85, σελ. 1.193-1.202 (2003)· και R.H. Frank, "How Not to Buy Happiness", *Daedalus: Journal of the American Academy of Arts and Sciences*, τόμ. 13, σελ. 69-79 (2004). Δεν πιστεύουν όλοι οι οικονομολόγοι ότι η οριακή χρησιμότητα μειώνεται: R.A. Easterlin, "Diminishing Marginal Utility of Income? Caveat Emptor", *Social Indicators Research*, τόμ. 70, σελ. 243-326 (2005).

11. J.D. Graaf κ.ά., *Affluenza: The All-Consuming Epidemic*, Νέα Υόρκη, Berrett-Koehler, 2002· D. Myers, *The American Paradox: Spiritual Hunger in an Age of Plenty*, Νιου Χάβεν: Yale University Press, 2000· R.H. Frank, *Luxury Fever*, Πρίνστον, Νιου Τζέρσι, Princeton University Press, 2000· J.B. Schor, *The Overspent American: Why We Want What We Don't Need*, Νέα Υόρκη, Perennial, 1999· και P.L. Wachtel, *Poverty of Affluence: A Psychological Portrait of the American Way of Life*, Νέα Υόρκη, Free Press, 1983.

12. Adam Smith, *An Inquiry into the Nature and Causes of the Wealth of Nations*, (1776), Βιβλίο 1, Νέα Υόρκη, Modern Library, 1994.

13. Ό.π., *The Theory of Moral Sentiments* (1759).

14. N. Ashraf, C. Camerer και G. Loewenstein, "Adam Smith, Behavorial Economist", *Journal of Economic Perspectives*, (υπό δημοσίευση).

15. Adam Smith, *The Theory of Moral Sentiments* (1759), Καίμπριτζ, Cambridge University Press, 2002.

16. Μερικοί θεωρητικοί έχουν υποστηρίξει ότι οι κοινωνίες εμφανίζουν ένα κυκλικό πρότυπο, κατά το οποίο οι άνθρωποι πράγματι διαπιστώνουν κάποτε ότι η ευτυχία δεν αγοράζεται με χρήματα, για να ξεχάσουν αυτό το μάθημα στην επόμενη γενιά. Βλ.: O. Hirschman,

Shifting Involvements: Private Interest and Public Action, Πρίνστον, Νιου Τζέρσι, Princeton University Press, 1982.

17. C. Walker, "Some Variations in Marital Satisfaction", στο R. Chester και J. Peel (επιμ.), *Equalities and Inequalities in Family Life*, Λονδίνο, Academic Press, 1977, σελ. 127-139.

18. D. Myers, *The Pursuit of Happiness: Discovering the Pathway to Fulfillment, Well-Being, and Enduring Personal Joy*, Νέα Υόρκη, Avon, 1992, σελ. 71.

19. J.A. Feeney, "Attachment Styles, Communication Patterns and Satisfaction Across the Life Cycle of Marriage", *Personal Relationships*, τόμ. 1, σελ. 333-348 (1994).

20. D. Kahneman κ.ά., "A Survey Method for Characterizing Daily Life Experience: The Day Reconstruction Method", *Science*, τόμ. 306, σελ. 1.776-1.780 (2004).

21. T.D. Wilson κ.ά., "Focalism: A Source of Durability Bias in Affective Forecasting", *Journal of Personality and Social Psychology*, τόμ. 78, σελ. 821-836 (2000).

22. R.J. Norwick, D.T. Gilbert και T.D. Wilson, "Surrogation: An Antidote for Errors in Affective Forecasting" (αδημοσίευτο χειρόγραφο, Harvard University, 2005).

23. Ό.π.

24. Ό.π.

25. Αυτός είναι επίσης ο καλύτερος τρόπος για να προβλέψουμε τη μελλοντική μας συμπεριφορά. Λόγου χάρη, έχει βρεθεί ότι υπερεκτιμάμε την πιθανότητα να κάνουμε οι ίδιοι μια φιλάνθρωπη πράξη, αλλά εκτιμάμε σωστά την πιθανότητα να κάνουν κάτι τέτοιο οι άλλοι. Αυτό δείχνει ότι, εάν βασίζαμε τις προβλέψεις της δικής μας συμπεριφοράς στα όσα βλέπουμε τους γύρω μας να κάνουν, τότε θα πετυχαίναμε διάνα. Βλ. N. Epley και D. Dunning, "Feeling 'Holier Than Thou': Are Self-Serving Assessments Produced by Errors in Self- or Social Prediction?", *Journal of Personality and Social Psychology*, τόμ. 79, σελ. 861-175 (2000).

26. R.C. Wylie, *The Self-Concept: Theory and Research on Selected Topics*, τόμ. 2, Λίνκολν: University of Nebraska Press, 1979.

27. L. Larwood και W. Whittaker, "Managerial Myopia: Self-Serving Biases in Organizational Planning", *Journal of Applied Psychology*, τόμ. 62, σελ. 194-198 (1977).

28. R.B. Felson, "Ambiguity and Bias in the Self-Concept", *Social Psychology Quarterly*, τόμ. 44, σελ. 64-69.

29. D. Walton και J. Bathurst, "An Exploration of the Perceptions of the Average Driver's Speed Compared to Perceived Driver Safety and Driving Skill", *Accident Analysis and Prevention*, τόμ. 30, σελ. 821-830 (1998).

30. P. Cross, "Not Can but Will College Teachers Be Improved?", *New Directions for Higher Education*, τόμ. 17, σελ. 1-15 (1977).

31. E. Pronin, D.Y. Lin και L. Ross, "The Bias Blind Spot: Perceptions of Bias in Self Versus Others", *Personality and Social Psychology Bulletin*, τόμ. 28, σελ. 369-381 (2002).

32. J. Kruger, "Lake Wobegon Be Gone! The 'Below-Average Effect' and the Egocentric Nature of Comparative Ability Judgments", *Journal of Personality and Social Psychology*, τόμ. 77, σελ. 221-232 (1999), σελ. 221.

33. J.T. Johnson κ.ά., "The 'Barnum Effect' Revisited: Cognitive and Motivational Factors in the Acceptance of Personality Descriptions", *Journal of Personality and Social Psychology*, τόμ. 49, σελ. 1.378-1.391 (1985).

34. Kruger, "Lake Wobegon".

35. E.E. Jones και R.E. Nisbett, "The Actor and the Observer: Divergent Perceptions of the Causes of Behavior", στο E.E. Jones κ.ά. (επιμ.), *Attribution: Perceiving the Causes of Behavior*, Νιου Τζέρσι, General Learning Press, 1972· και R.E. Nisbett και E. Borgida, "Attribution and the Psychology of Prediction", *Journal of Personality and Social Psychology*, τόμ. 32, σελ. 932-943 (1975).

36. D.T. Miller και C. McFarland, "Pluralistic Ignorance: When Similarity Is Interpreted as Dissimilarity", *Journal of Personality and Social Psychology*, τόμ. 53, σελ. 298-305 (1987).

37. D.T. Miller και L.D. Nelson, "Seeing Approach Motivation in the Avoidance Behavior of Others: Implications for an Understanding of Pluralistic Ignorance", *Journal of Personality and Social Psychology*, τόμ. 83, σελ. 1.066-1.075 (2002).

38. C.R. Snyder και H.L. Fromkin, "Abnormality as a Positive Characteristic: The Development and Validation of a Scale Measuring Need for Uniqueness", *Journal of Abnormal Psychology*, τόμ. 86, σελ. 518-527 (1977).

39. M.B. Brewer, "The Social Self: On Being the Same and Diffe-

rent at the Same Time", *Personality and Social Psychology Bulletin*, τόμ. 17, σελ. 475-482 (1991).

40. H.L. Fromkin, "Effects of Experimentally Aroused Feelings of Undistinctiveness Upon Valuation of Scarce and Novel Experiences", *Journal of Personality and Social Psychology*, τόμ. 16, σελ. 521-529 (1970)· H.L. Fromkin, "Feelings of Interpersonal Undistinctiveness: An Unpleasant Affective State", *Journal of Experimental Research in Personality*, τόμ. 6, σελ. 178-185 (1972).

41. R. Karniol, T. Eylon και S. Rish, "Predicting Your Own and Others' Thoughts and Feelings: More Like a Stranger Than a Friend", *European Journal of Social Psychology*, τόμ. 27, σελ. 301-311 (1997)· J.T. Johnson, "The Heart on the Sleeve and the Secret Self: Estimations of Hidden Emotion in Self and Acquaintances", *Journal of Personality*, τόμ. 55, σελ. 563-582 (1987)· και R. Karniol, "Egocentrism Versus Protocentrism: The Status of Self in Social Prediction", *Psychological Review*, τόμ. 110, σελ. 564-580 (2003).

42. C.L. Barr και R.E. Kleck, "Self-Other Perception of the Intensity of Facial Expressions of Emotion: Do We Know What We Show?", *Journal of Personality and Social Psychology*, τόμ. 68, σελ. 608-618 (1995).

43 R. Karniol και L. Koren, "How Would You Feel? Children's Inferences Regarding Their Own and Others' Affective Reactions", *Cognitive Development*, τόμ. 2, σελ. 271-278 (1987).

44 C. McFarland και D.T. Miller, "Judgments of Self-Other Similarity: Just Like Other People, Only More So", *Personality and Social Psychology Bulletin*, τόμ. 16, σελ. 475-484 (1990).

Επίλογος

1. Στην πραγματικότητα, είναι λίγο ασαφές το τι ακριβώς εννοούσε ο Bernoulli με τον όρο *χρησιμότητα* (utility) διότι δεν τον όρισε, και έτσι η σημασία του τροφοδοτεί διαφωνίες εδώ και τρεισήμισι αιώνες. Οι πιο πρώιμοι χρήστες του όρου προφανώς μιλούσαν για τη δυνατότητα των αγαθών να προκαλούν θετικές υποκειμενικές εμπειρίες σε εκείνους που τα κατανάλωναν. Για παράδειγμα, το 1750 ο οικονομολόγος Ferdinando Galiani όρισε την *utilità* ως «τη δύναμη ενός αντικειμένου να μας προσφέρει ευτυχία» (F. Galiani, *Della moneta*, [1750]). Το 1789, ο φιλόσοφος Jeremy Bentham την όρισε ως «την ποιότητα

κάθε αντικειμένου μέσω της οποίας παράγεται όφελος, πλεονέκτημα, ευχαρίστηση, ωφέλεια ή ευτυχία» (J. Bentham, *An Introduction to the Principles of Morals and Legislation*, [1789], επιμ. J.H. Burns και H.L.A. Hart, Οξφόρδη: Oxford University Press, 1996). Οι πιο πολλοί σύγχρονοι οικονομολόγοι έχουν απομακρυνθεί από τέτοιου είδους ορισμούς —όχι επειδή διαθέτουν καλύτερους, αλλά διότι δεν τους αρέσει να συζητούν για υποκειμενικές εμπειρίες. Έτσι, η χρησιμότητα έχει καταστεί πια μια υποθετική και αφηρημένη έννοια της οποίας μέτρο είναι οι επιλογές των ανθρώπων. Αν τώρα αυτό σάς φαίνεται και εσάς ως τέχνασμα, καλωσήλθατε στην παρέα μας. Για περισσότερα αναφορικά με την ιστορία της έννοιας, βλ. N. Georgescu-Roegen, "Utility and Value in Economic Thought", *New Dictionary of the History of Ideas*, τόμ. 4, Νέα Υόρκη, Charles Scribner's Sons, 2004, σελ. 450-458· και D. Kahneman, P.P. Wakker και R. Sarin, "Back to Bentham? Explorations of Experienced Utility", *Quarterly Journal of Economics*, τόμ. 112, σελ. 375-405 (1997).

2. Οι περισσότεροι σύγχρονοι οικονομολόγοι θα διαφωνούσαν με αυτή τη δήλωση, διότι η επιστήμη των οικονομικών είναι προσηλωμένη σε μια παραδοχή την οποία εγκατέλειψε η ψυχολογία εδώ και μισό αιώνα: ότι δηλαδή μια επιστήμη της ανθρώπινης συμπεριφοράς μπορεί να αγνοήσει εκείνα που αισθάνονται και λένε οι άνθρωποι, και να βασιστεί αποκλειστικά σε όσα κάνουν.

3. D. Bernoulli, "Exposition of a New Theory on the Measurement of Risk", *Econometrica*, τόμ. 22, σελ. 23-36 (1954)· πρωτοδημοσιεύθηκε υπό τον τίτλο "Specimen theoriae novae de mensura sortis", στο *Commentarii Academiae Scientiarum Imperialis Petropolitanae*, τόμ. 5 (1738), σελ. 175-192.

4. Όπ., σελ. 25.

ΕΥΧΑΡΙΣΤΙΕΣ ΠΑΡΑΧΩΡΗΣΗΣ ΑΔΕΙΑΣ

Σελ. 212: Απόσπασμα από το τραγούδι "Whatever Will Be, Will Be (Que Sera, Sera)", στίχοι και μουσική των Jay Livingston και Ray Evans. Copyright © 1955 από Jay Livingston Music, Inc. και St. Angelo Music. Ανανέωση πνευματικών δικαιωμάτων. Με διασφαλισμένα πνευματικά δικαιώματα και την επιφύλαξη παντός δικαιώματος. Ανατύπωση κατόπιν άδειας από Livingston Music, Inc. και Universal Music Publishing Group.

ΥΠΟΜΝΗΜΑ ΕΙΚΟΝΩΝ

Εικόνες 1, 2, 6, 7, 8, 9, 10, 11, 13, 14, 15, 16, 17, 18, 19, 21, 22, 23 και 24: σχεδιασμός από Mapping Specialists, Ltd.

Εικόνα 3: ανατύπωση από το J.M. Harlow, "Recovery from the passage of an Iron Bar Through the Head", *Publications of the Massachusetts Medical Society* 2: 327-347 (1868).

Εικόνα 12: από το κόμικ *Animal Crackers* του Fred Wagner. Copyright © 1983 από Tribune Media Services. Ανατύπωση κατόπιν άδειας της Tribune Media Services.

Εικόνα 14: ανατύπωση από το C. Walker, "Some Variations in Marital Satisfaction", στο R. Chester και J. Peel (επιμ.), *Equalities and Inequalities in Family Life*, Λονδίνο, Academic Press, 1977, σελ. 127-139. Copyright © 1977. Ανατύπωση κατόπιν άδειας της Elsevier.

Εικόνα 19: ανατύπωση, κατόπιν άδειας της Αμερικανικής Ένωσης Ψυχολόγων (APA), από το D.T. Gilbert, E.C. Pinel, T.D. Wilson, S.J. Blumberg και T.P. Wheatley, "Immune Neglect: A Source of Durability Bias in Affective Forecasting", *Journal of Personality and Social Psychology* 75: 617-638 (1998).

Εικόνα 20: ανατύπωση, κατόπιν άδειας της APA, από το T.D. Wilson,

D.B. Centerbar, D.A. Kermer και D.T. Gilbert, "The Pleasures of Uncertainty: Prolonging Positive Moods in Ways People Do Not Anticipate", *Jourlan of Personality and Social Psychology* 88: 5-21 (2005).

Εικόνα 22: ανατύπωση, κατόπιν άδειας της Quilford Publications, Inc., από το T.D. Wilson, J. Meyers και D.T. Gilbert, "How Happy Was I, Anyway? A retrospective Impact Bias", *Social Cognition* 21: 407-432 (2003).

ΕΥΡΕΤΗΡΙΟ ΟΡΩΝ ΚΑΙ ΟΝΟΜΑΤΩΝ

ΑΛΛΑ ΒΙΒΛΙΑ ΣΤΙΣ ΕΚΔΟΣΕΙΣ ΜΑΣ

ΑΘΗΝΑ 2007

• ΚΑΤΑΡΡΕΥΣΗ

ΠΩΣ ΟΙ ΚΟΙΝΩΝΙΕΣ ΕΠΙΛΕΓΟΥΝ ΝΑ ΑΠΟΤΥΧΟΥΝ Ή ΝΑ ΕΠΙΤΥΧΟΥΝ

Jared Diamond

• ΙΣΤΟΡΙΑ ΤΗΣ ΥΠΟΛΟΓΙΣΤΙΚΗΣ ΤΕΧΝΟΛΟΓΙΑΣ

ΑΠΟ ΤΟΝ ΕΝΙΑC ΕΩΣ ΤΟ ΔΙΑΔΙΚΤΥΟ

Paul Ceruzzi

• ΜΟΝΟΠΑΤΙΑ ΤΗΣ ΖΩΗΣ

ΒΙΟΛΟΓΙΑ, ΕΛΕΥΘΕΡΙΑ, ΝΤΕΤΕΡΜΙΝΙΣΜΟΣ

Steven Rose

• ΕΝΑ ΣΥΝΤΟΜΟΤΕΡΟ ΧΡΟΝΙΚΟ ΤΟΥ ΧΡΟΝΟΥ

ΑΠΟ ΤΗ ΜΕΓΑΛΗ ΕΚΡΗΞΗ ΕΩΣ ΤΙΣ ΜΑΥΡΕΣ ΤΡΥΠΕΣ

St. Hawking και L. Mlodinow

• ΤΟ ΝΕΟ ΚΒΑΝΤΙΚΟ ΣΥΜΠΑΝ

2η ΕΚΔΟΣΗ, ΠΛΗΡΩΣ ΑΝΑΘΕΩΡΗΜΕΝΗ ΚΑΙ ΕΠΑΥΞΗΜΕΝΗ

T. Hey και P. Walters

• ΦΑΝΤΑΣΤΙΚΕΣ ΙΣΤΟΡΙΕΣ

ΟΙ ΠΕΡΙΠΕΤΕΙΕΣ ΤΗΣ ΡΙΖΑΣ −1

Paul Nahin

• Ο ΤΥΦΛΟΣ ΩΡΟΛΟΓΟΠΟΙΟΣ

Η ΕΞΕΛΙΞΗ ΚΑΙ ΤΟ ΝΟΗΜΑ ΤΗΣ ΖΩΗΣ

Richard Dawkins

• ΤΙ ΕΙΝΑΙ Η ΕΞΕΛΙΞΗ

ΑΠΟ ΤΑ ΒΑΚΤΗΡΙΑ ΣΤΟΝ ΑΝΘΡΩΠΟ: ΓΕΓΟΝΟΤΑ, ΑΠΟΔΕΙΞΕΙΣ ΚΑΙ ΑΛΗΘΕΙΕΣ

Ernst Mayr

• Η ΧΑΡΑ ΤΗΣ ΑΝΑΚΑΛΥΨΗΣ

ΤΑ ΚΑΛΥΤΕΡΑ ΜΙΚΡΑ ΕΡΓΑ ΤΟΥ

Richard Feynman

• Ο ΣΑΤΑΝΑΣ, Ο CANTOR ΚΑΙ ΤΟ ΑΠΕΙΡΟ

ΚΑΙ ΑΛΛΟΙ ΓΡΙΦΟΙ ΜΑΘΗΜΑΤΙΚΗΣ ΛΟΓΙΚΗΣ

Raymond Smullyan

• ΟΠΛΑ, ΜΙΚΡΟΒΙΑ ΚΑΙ ΑΤΣΑΛΙ
ΟΙ ΤΥΧΕΣ ΤΩΝ ΑΝΘΡΩΠΙΝΩΝ ΚΟΙΝΩΝΙΩΝ
Jared Diamond

• ΤΡΕΙΣ ΔΡΟΜΟΙ ΠΡΟΣ ΤΗΝ ΚΒΑΝΤΙΚΗ ΒΑΡΥΤΗΤΑ
Η ΝΕΑ ΑΝΤΙΛΗΨΗ ΓΙΑ ΤΟ ΧΩΡΟ, ΤΟ ΧΡΟΝΟ ΚΑΙ ΤΟ ΣΥΜΠΑΝ
Lee Smolin

• ΤΟ ΠΑΡΑΘΥΡΟ ΤΟΥ ΕΥΚΛΕΙΔΗ
Η ΙΣΤΟΡΙΑ ΤΗΣ ΓΕΩΜΕΤΡΙΑΣ, ΑΠΟ ΤΙΣ ΠΑΡΑΛΛΗΛΕΣ ΕΥΘΕΙΕΣ ΕΩΣ ΤΟΝ ΥΠΕΡΧΩΡΟ
Leonard Mlodinow

• ΜΑΥΡΕΣ ΤΡΥΠΕΣ ΚΑΙ ΣΤΡΕΒΛΩΣΕΙΣ ΤΟΥ ΧΡΟΝΟΥ
Η ΠΡΟΚΛΗΤΙΚΗ ΚΛΗΡΟΝΟΜΙΑ ΤΟΥ ΑΪΝΣΤΑΪΝ
Kip Thorne

• ΤΟ ΓΛΩΣΣΙΚΟ ΕΝΣΤΙΚΤΟ
ΠΩΣ Ο ΝΟΥΣ ΔΗΜΙΟΥΡΓΕΙ ΤΗ ΓΛΩΣΣΑ
Steven Pinker

• ΟΙ ΓΕΝΙΕΣ ΤΩΝ ΚΒΑΝΤΩΝ
ΜΙΑ ΠΟΛΥΕΠΙΠΕΔΗ ΙΣΤΟΡΙΑ ΤΗΣ ΦΥΣΙΚΗΣ ΤΟΥ 20ού ΑΙΩΝΑ
Helge Kragh

• ΑΙΘΕΡΑΣ ΘΕΪΚΟΣ, ΛΑΜΠΕΡΗ ΦΩΤΙΑ
ΝΕΥΡΩΝΙΚΟΣ ΔΑΡΒΙΝΙΣΜΟΣ: Η ΑΝΑΔΥΣΗ ΤΗΣ ΣΥΝΕΙΔΗΣΗΣ ΚΑΙ ΤΗΣ ΣΚΕΨΗΣ ΜΕΣΑ ΑΠΟ ΤΗΝ ΕΞΕΛΙΞΗ ΤΟΥ ΑΝΘΡΩΠΙΝΟΥ ΕΓΚΕΦΑΛΟΥ
Gerald Edelman

• ΜΕΤΑ ΤΟΝ ΕΜΠΕΙΡΙΣΜΟ
ΦΙΛΟΣΟΦΙΑ ΚΑΙ ΣΥΓΧΡΟΝΕΣ ΘΕΩΡΗΤΙΚΕΣ ΑΝΑΖΗΤΗΣΕΙΣ
Quentin Skinner

• e: Η ΙΣΤΟΡΙΑ ΕΝΟΣ ΑΡΙΘΜΟΥ
Eli Maor

• ΜΙΑ ΕΚΠΛΗΚΤΙΚΗ ΥΠΟΘΕΣΗ
Η ΕΠΙΣΤΗΜΟΝΙΚΗ ΑΝΑΖΗΤΗΣΗ ΤΗΣ ΨΥΧΗΣ
Francis Crick